제 3 판

조직리더십

남중헌 지음

UUP

조직리더십

2017년 8월 30일 3판 발행
2014년 9월 01일 2판 발행
2012년 12월 28일 1판 발행

지은이 | 남 중 헌
발행인 | 오 연 천
발행처 | UUP(울산대학교출판부)

출판등록 | 제 370-1996-000001호(1996.3.13)
홈페이지 | http://uup.ulsan.ac.kr
주소 | 680-749 울산광역시 남구 대학로 93(무거동)
울산대학교 출판부
전화 | (052) 259-2488
팩스 | (052) 277-3011

값 16,000원

- 이도서의 국립중앙도서관 출판도서목록(CIP)은 e-CIP 홈페이지(http://www.nl.go.kr/ecip)에서 이용하실 수 있습니다.(CIP제어번호: CIP2017021666)

ISBN 978.89.7868.410.1 (93320)

머리말

최고 경영자 뿐만 아니라 중역, 중간관리자 등 조직구성원들의 조직리더십 능력의 확보는 바로 조직경쟁력 향상의 핵심적이며 결정적 요소이다. 이 책에서는 이를 위하여 조직이론을 종합학문적 관점에서 적극적으로 재편성하려는 시도를 하였다. 조직행동론, 인적자원관리, 조직환경론, 조직전략론, 노사관계, 조직설계, 프로세스 혁신 등 여러 과목을 "조직리더십"이라는 하나의 체계 속에 그 주요한 개념들을 포함시키고 또한 이를 유기적 입체적으로 조직화하여 구성하려고 하였다. 이러한 통합적 접근방법은 지식의 시너지 효과를 낳을 것으로 기대한다. 지금까지 인사조직분야의 과목들이 너무 파편화되어 전체적인 관련성이 약한 단점을 절감하여 왔기 때문이다.

필자는 리더십을 가장 좁은 의미의 소집단 리더십과 넓은 의미의 조직리더십(혹은 사회리더십)으로 둘로 구분하여 나누었다. 조직리더십은 소집단 리더십 이외에도 더 많은 지적 인식의 결합이 추가적으로 요구된다. 즉, 권력구조 및 배경, 조직설계와 프로세스 혁신, 정보기술, 네트워크, 조직환경의 지식 및 기술 등이다. 이는 즉 경영학 자체의 전체의 핵심적 영역과 흡사하다.

궁극적으로 이를 위하여 심리학, 사회심리학, 사회학, 인류학 등을 포함한 교양학문의 바탕이 근본적으로 요구된다. 그리고 직접경험을 통한 경륜 이외에도 많은 학문, 독서, 사색, 토론 등을 통한 간접적(間接的)인 정신적 산전수전(山戰水戰)을 겪는 것이 바로 조직리더십 능력을 함양키 위한 첩경이라고 본다.

필자는 조직리더십에 대한 기존의 좁은 관념은 깨뜨리고 새로운 지적 지평을 더욱 활짝 열고자 이 책을 쓴다. 그리고 이는 약 30여년간 교직에 몸담아 오면서 이 분야에 대한 평생의 생각을 정리하는 의미가 있다. 여기에서는 어떤 세부적인 개별 이론의 설명 보다는 나의 전공분야의 체계화 및 조직화 작업에 주력하였다.

또한 이 책은 필자가 강의를 하는 과정에서 대학교 학생 및 산업체 근무자 등의 수강자들에게 편의성을 제공하려는 목적에서도 집필되었다. 필자의 책 구상에 항상 지대한 영향과 가르침을 주신 오세철 교수님께 감사를 드린다. 그리고 이 책을 3번째 재출간할 수 있도록 기회를 주신 울산대학교 당국과 출판부에 감사를 표하는 바이다.

2017 년 08월 30일

지은이 남 중 헌 씀

목차

1장 : 조직 인식

1. 조직의 직접경험

조직리더십은 경영능력(조직관리능력)의 향상을 추구하는 학문이다. 조직리더십은 어떤 조직의 목적을 위하여 조직을 잘 만들고 잘 관리하는 능력이라고 말할 수 있다. 즉, 경영능력 그 자체이다. 조직리더십은 조직관리와 유사한 개념이지만 조직 방향의 설정 및 조직의 구조 형성, 조직 밖의 환경인식 및 네트워크 등을 포함하는 측면에서 조직관리의 개념 보다는 더욱 넓은 의미의 뉘앙스를 갖는다. 최고경영자 뿐만 아니라 중역, 중간관리자 등 조직구성원들의 조직리더십 능력의 확보는 바로 조직경쟁력 향상의 핵심적이며 결정적 요소이다. 이러한 조직리더십 인식의 대상이 되는 조직인식의 근본적, 보편적 문제에 대하여 우선 논하여 보자.

조직은 바로 삶의 현장 그 자체이다. 즉, 세상이요. 인생이다. 따라서 매사가 늘 그렇듯이 이것도 역시 우리가 아는 만큼 잘 대처할 수 있음은 물론이다. 조직은 인간과 불가피한 긴밀한 관계에 있다. 조직은 보편적인 경험 현상이며 그 중요성 때문에 모든 인간은 대체로 늘 조직에 대한 관심을 갖고 생각하지 않을 수 없다. 따라서 조직 속에서 직접 경험을 통하여 자연스럽게 조직에 대한 인식이 형성된다.

① 불가피한 긴밀한 관계 : 물고기와 물의 관계처럼 인간은 조직을 떠나 살 수 없다.

예) 데포의 소설 "로빈슨 크루소"

역시 조직의 영향 때문에 살아남을 수 있었음.

② 보편적 경험 현상 : 가정, 유치원 초등, 중등, 고등, 대학, 군대, 직장, 종교, 각종 클럽, 향우회 등의 조직경험. 요람에서 무덤까지,

③ 중요성 : 조직은 인간의 생사화복, 희노애락, 성공과 실패를 좌우함.

태어나서 어떤 가정을 만나는가에 따라 자신의 운명이 바뀜(예, 재벌아들 혹은 고아), 직장에서 어떤 상사를 만나느냐 그리고 조직 속에서 어떻게 처신하느냐에 따라 삶의 성패가 좌우됨. 보통 사람들의 일상적인 대화의 주제의 대부분은 조직현상이다. 조직이라는 대상을 잘 인식하는 만큼 잘 대처할 수 있다. 이때 조직관리를 잘 할 수 있게 된다.

2. 조직의 간접 경험(조직이론의 필요성)

조직 속에서 산전수전을 겪으면서 많은 경험을 쌓으면 조직에 대한 인식의 깊이와 폭이 높은 경지에 이를 수 있다. 우리는 이

경우에 소위 경륜(經綸)이 쌓였다고 한다. 경륜은 나라나 큰 조직을 다스릴 수 있는 능력을 말한다. 즉 조직리더십이다. 옛날부터 사회의 지도자는 오랫동안 전쟁을 많이 치르고 또한 수많은 어려운 문제를 해결한 경험이 있는 이러한 높은 경륜 수준의 나이 많은 사람이 대개 선택되었다.(예 - 부족사회의 추장) "왕관의 무게는 경륜의 정도가 감당한다."라는 속담도 있다.

(1) 경륜(經綸)

삶의 현장 그 자체에 대한 경험을 통하여 얻어진다. 여기서 산전수전을 겪어 경륜이 쌓이면 넓은 의미의 여기에 비례하여 대체로 조직리더십 능력이 형성된다.

(2) 간접적 산전수전(間接的 山戰水戰)

직접경험만으로는 높은 경륜에 도달하는 과정이 매우 비효율적이다. 우선 많은 독서와 토론과 정신적인 실험을 하면 정신적인 폭과 깊이가 더해지는 간접적 경륜을 얻는다. 간접적으로 이론 및 학문을 활용하는 것은 더욱 시간과 노력, 비용, 시행착오, 위험을 줄이고 높은 수준의 조직인식을 달성하는 방법이다. 사실상 인문사회과학 전체가 조직에 관한 경륜, 조직리더십과 밀접한 관련이 있다. 따라서 조직리더십을 핵심적 내용으로 하고 있는 경영학이 인문사회과학과 긴밀히 만나야 함은 당연하다. 더욱 넓게 보면, 조직현상은 과학일 뿐만아니라 문학이요 예술이요 종교라고도 할 수 있다. 그리고 같은 수준의 조직에 대한 경륜도 20대에 달성하는 것과 60대에 도달하는 것은 서로 그 의미와 효용이 다르다. 이론(학문)은 인간과 동물의 차이를 나타나게 한 주요한 원인이며 인간은 대개 약 95% 이상을 이와 같은 간접경험에 의존하고 있다. 동물은 이와 다르게 100% 직접 경험으로 삶의 능력을 터득한다. 이는 차로 달리는 것과 마라톤으로 뛰는 것의 차이만큼 큰 것이다(비유의 예, 직접경험으로 운전면허 따기, 지도(地圖) 없이 뉴욕 삼촌 집 찾기). 지도는 바로 조직이론과 같은 것이다. 실무뿐만 아니라 이론의 결합의 중요성을 이야기하고자 함이다. 여기 조직리더십 학문은 인류의 조직경험을 총정리 한 전 세계에서 가장 유명한 이론들을 중심으로 살펴보려는 것이다. 학문은 간접경험의 에센스(essence)이다. 학문은 옳을 가능성, 즉 진리가 될 가능성을 추구하는 것이다. 따라서 학문을 이용하면 간접경험을 통한 학습의 더욱 효율성을 가져다준다.

학문을 포함한 간접경험은 유한하고 불완전한 인간의 존재의 유형무형의 무한한 능력의 확장(extention)을 가능케 한다. 미래에 크고 중요한 조직을 담당하고자 하는 자는 리더로서의 위치보다는 먼저 조직리더십에 대한 인식의 그릇을 반드시 준비하는 것이 필요하다. 조직리더십이 부족한 자가 분수에 넘치는 조직을 책임지게 되면 자신은 물론 조직구성원 전체를 불행하게 만든다.(예, 로마의 쇠망기의 수많은 황제들의 비극)

3. 조직관점(perspective)

지금까지 나와 있는 조직의 이론들이 이야기하는 조직의 정의(定義) 혹은 본질은 다음 4가지로 정리된다. 실체를 잘 파악하기 위하여 다양한 관점의 종합적 인식이 필요하다. 직접경험은 개인이 갖는 시간적, 공간적 제약 때문에 어느 하나의 관점에 국한되어 편협된 조직의 인식을 갖게 하기 쉽다. 그러나 간접경험인 이론은 하나의 편견 및 고정관념에서 벗어난 정신적 자유와 해방을 돕는다. 그리고 종합적 인식 및 진리에 이르게 한다. 인간 자신의 기존의 관념은 마치 창살 없는 감옥과도 같은 것이기 때문이다(비유 예 - 대입생 실패자의 자살, 실연자의 자살 등). 경험의 능력으로 스스로 경험의 한계를 넘는 것은 거의 불가능하다. 이것을 극복하는 극히 희박한 경우를 창의적 발상이라고 부를 수 있을 것이다. 다음의 각 관점은 어느 것이 옳고 그른가의 문제가 아니다. 어느 관점이든 조직을 제대로 보려고 노력했지만 그 일부만을 보았기 때문이다. 따라서 각 관점의 적용 조건과 한계를 파악하고 종합화 하는 것이 중요하다. (예 - 장님이 코끼리 만지는 비유)

(1) 기능적(functional) 관점

조직이 성립하기 위한 목적을 전제한다. 조직은 이 목적을 달성하기 위한 도구, 수단, 기능 및 그 실천과정이다. 목적이 없으면 조직이 없다. 그리고 이 목적을 잘 달성하는 효율적(efficient)인 조직이 좋은 조직이다. 따라서 목적 달성 여하가 바로 조직진단 및 평가기준이 되며 혁신의 이유가 된다. 주로 자본주의 사회의 기업조직을 바라보는 관점이다. 사상으로는 보수주의의 성격의 막스 베버(M. Weber)의 이론에 닿아 있다.

(2) 비판적(critical) 관점

조직의 성립조건으로서 조직의 목적의 존재를 부정한다. 근본적으로 조직에는 목적이 없다고 본다. 조직을 들여다보면 사실상 이해관계의 상충 현상 혹은 갈등 현상만 있을 뿐이다. 따라서 조직의 효율성 보다는 여러 조직의 관련자들이 함께하는 삶의 공동체를 더 중시한다. 우리가 일견 보기에 조직에 목적이 있는 듯이 보이는 것은 조직 내 어느 이해관계자가 다른 이해관계자들을 제압하여 성공적으로 침묵시겼을 때 가장 강한 영향력의 이해관계자의 주장이 사후적으로 조직의 목표인 것처럼 보일 뿐이다. 비유로, 대학의 목적인 자유, 진리, 봉사는 학생, 교수, 직원을 구성하는 원리나 평소에 활동하는 이들의 생활원리라고 보기 어렵다. 학생은 졸업학력, 취업, 결혼의 유리함 때문에, 교수, 직원은 직장을 찾다가 여기에 들어왔을 것이다. 그러나 입학식 졸업식 때 총장이 진리, 자유, 봉사를 대학의 목표하고 말해도 아무도 이의를 달지 않는다. 종교조직의 목표는 영혼의 구원이라고 일컬어진다. 그러나 실제 그 구성원의 참가 동기를 보면, 정치적 득표를 위하여, 사업이나 장사의 유리함, 외로움 때문에, 길흉사의 도움이 필요해서, 직업상, 혹은 혼인의 대상을 찾기 위하는 등 다양한 이해관계자들로 구성되어 있다. 하나 밖에 없는 마이크를 잡고 목사가 "영혼의 구원"을 우리의 목표라고 말해도 아무도 이의를 달지 않는다.

기업조직에도 여러 이해관계자들이 있다. 투자자, 채권자, 노조, 고객, 납품업자, 전문경영자, 지역주민, 정부 등이다. 자본주의 사회에서는 이들 이해관계자 들 중에서 투자자의 입장이 가장 두드러지게 보호되고 있다. 따라서 자주 기업 조직의 목표를 투자자(자본가)의 이해관계인 이윤추구라고 언급하는 것이다. 이 비판주의 조직관은 기능주의 조직관에서 기업조직의 이윤추구의 목표를 비판하는 것을 겨냥하고 있다. 그리고 기능별 조직관의 대안(alternatives)을 제시하고자 시도하였다. Morgan의 "사회사상 및 조직분석의 지도"가 그러한 연구의 예이다(Burrell & Morgan, 1979 pp.29-30 참조)[1]. 조직은 바로 삶의 공동체이며 이 조직 자체가 가장 지고(至高)의 가치를 갖는 것이다. 이 공동체 보다 더 상위에 위치하는 목표가 없다. 이윤추구, 생산성, 능율성도 이 조직 공동체를 위하여 봉사하는 하위개념이며 이와는 반대로 조직이 기능별 관점에서처럼 이 이윤추구, 생산성, 능율성을 위한 수단이나 도구가 되는 것이 결코 아니다. 자본주의 사회에서도 이러한 공동체 중시의 조직관이 적용되는 곳이 있다. 노조나 가정, 마을 등이다(예, 가장(家長)은 돈을 벌고 출세하기 위하여 가정을 만든 것이 아니라 반대로 가정을 위하여 돈을 벌고 출세를 하는 것이다. 이와 반대로 말하면 정신이상자로 취급받을 가능성이 있다.) 이러한 비판주의 조직관은 진보주의의 칼 막스(K. Marx) 사상과 그 뿌리가 닿아 있다.

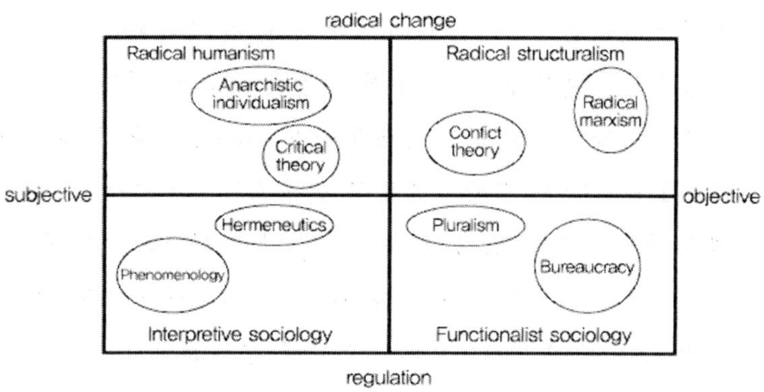

〈그림 1-1〉 사회사상 및 조직 분석의 지도

1) 필자가 필요한 부분을 발췌하여 수정하여 <그림I-1> 사회사상 및 조직분석의 지도를 그렸다.

(3) 교환적(exchange) 관점

조직의 성립조건 및 본질을 거래로 보는 관점이다. 교환없이 조직없다. 루소, 로크와 같은 사회계약론도 이와 같은 관점이다. 거래(exchange)는 인류가 존재하면서 바로 발생했다. 따라서 자급자족체제는 단지 개념적으로만 존재하며 실제적으로는 불가능한 상태이다. 사람은 자기가 더욱 효율적으로 잘 생산하는 생산물을 다른 사람이 생산하는 재화와 바꿈으로서 더욱 만족 및 효용가치를 증가시킬 수 있었다. 이러한 초기의 물물교환의 형태는 시장의 발달과 화폐의 등장을 통하여 그 교환이 더욱 편리하게 되었다. 그리고 임시적인 시장은 점차 상설시장으로 바뀌었고 이 시장은 때때로 주식회사의 형태를 띠기도 하였다. 백화점도 역시 시장이 보다 구조화 입체화 된 것일 뿐 근본적으로는 교환시장의 속성을 벗어나지 못한다. 백화점은 주식회사로 되어 있다. 그러면 제조기업은 속성이 과연 다를까? 마찬가지이다. 다만 점포에서 취급하는 품목의 차이가 날 뿐이다, 완제품 거래는 영업부에서, 원자재는 구매부에서, 돈은 자금부, 인력은 인사부, 기술은 기술부서에서 각각 거래된다. 이는 콩나물, 두부, 생선, 쇠고기 등을 파는 시장의 점포와 그 속성이 근본적으로 다를 바 없다. 개인이 아니고 조직 속으로 들어가 거래를 하고자 하는 것은 더 효용 창출이 보다 유리하다고 생각하기 때문이다.

학교조직은 학생들로부터 등록금을 받고 교육서비스를 제공하는 교환관계이며, 병원은 환자로부터 치료비를 받고 그 대신 의료서비스를 행하며, 그리고 국가는 국민들로부터 세금을 거두는 대신 국방, 치안, 각종 행정서비스를 제공하는 것이다. 모든 조직은 교환관계이다. 가정이라는 조직도 남녀의 교환체계이다.

가부장제는 강력한 교환체제이다. 옛날에 생산물은 전쟁이나 사냥을 통하여 획득되었다. 남자가 유리했다. 반면에 여자는 자녀를 낳고 양육을 하기에 적합하다. 따라서 이 양자의 교환관계가 이루어졌다. 남자는 확실한 자기의 씨의 아이가 낳아지는 확신을 갖기 위하여 여성에게 성적 통제를 가하며 여자는 자녀양육을 위한 보다 안정적이고 독점적인 영구적인 지원을 위하여 가부장체제의 강력한 가정조직을 수용하게 되었다. 그러나 점차 생산양식이 바뀌어지고 생산이 근육의 힘이 아니라 손끝의 움직임이나 지능에 의하여 이루어짐에 따라 여자들도 대거 생산활동 및 경제력을 갖게되고 또한 여권 신장으로 여성의 재산소유 및 상속이 가능함에 따라 여자가 자녀양육을 위하여 남자에게 의존할 필요가 적어졌다. 즉 남녀 사이의 교환관계가 점차 소원하게 됨에 따라 가부장체제의 가정도 많이 변동하게 된다.

(4) 문화적(culture) 관점

모든 조직은 눈에는 보이지 않지만 조직구성원들에게 심대한 영향을 준다. 공유의식은 바로 문화이다. 공유의식에는 약속, 기대, 회의, 규정, 소속, 지식, 정서, 추억 등이다. 두 남녀가 데이트 약속하면 약속 전(前)과 약속 후(後)는 그만큼 서로를 묶어 주는 관계의 조직화가 된 셈이다. 회의를 하면 회의 전과 후가 회의 결과만큼 그 조직이 변한 것이다. 구성원간의 서로의 기대가 틀리고 구성원들이 전체로부터 영향 받는 바가 서로 틀리다. 가령, 똑같은 두 관광버스에 그 중 한 차는 어느 대학의 경영학부 학생들이 MT를 위하여 타고 가는 클래스이고 또 다른 한 차는 지나가면서 길가에서 무작위로 태운 젊은이들로 구성되었다고 하자.

외견상 두 관광버스는 비슷하겠지만 공유의식 측면에서 보면 전혀 다르고 따라서 조직화 수준이 전혀 다른 것이다. 조직은 공유의식에 의하여 조직의 틀이 만들어지는 것이다. 그리고 이 조직의 틀에 의하여 많은 자원의 안전한 보존, 합리적 배분, 효율적인 사용 등이 가능해 진다. 그리고 이 문화적 관점은 조직변동의 이슈와 관련이 깊다. 조직의 변동은 바로 공유의식의 변동이다. 만약에 전체적인 총체적 공유의식의 변동이 없이 일방적인 일부의 법규만 변동한다고 해서 조직이 변동하는 것은 결코 아니다. 이러한 변동은 일시적이며 다시 원래의 상태로 다시 수렴해 갈 것이다. 또한 이 문화적 관점은 오늘날 소집단리더십이론의 개로운 패러다임인 Transformational leadership 이론의 등장과 밀접한 관련성이 있다.

4. 조직행동론 학문의 성립

(1) 경영학의 체계

경영현상은 다른 사람과 함께 혹은 다른 사람을 통하여 어떤 목적을 달성하려고 할 때 나타난다. 즉, 조직을 통하여 일을 할 깨의 현상이다. 조직의 규모가 크면 클수록 그리고 그 다양성이 클수록 경영현상에 대한 경영학 인식의 필요성이 더욱 높아진다. 이 경영학을 보다 세부적으로 보면 연구방법론적 분류와 기능적 분류의 둘로 나눌 수 있다.

첫째, 연구방법론적인 경우는 인간이해를 중심(heuristic)으로 종합적으로 접근하는 조직행동론(OB, Organizational Behavior)과

수리적(mathematical)인 모델을 이용하여 분석적으로 접근하는 경영과학(OR, Operational Research)으로 나눌 수 있으며, OB, OR의 이 둘은 일반적으로 경영학 구성을 위한 기초과목으로 되어 있다.

둘째, 기능별 분류로는 기업 조직의 각종 기능에 대응하여 이를 지원하는 지식의 성격으로서 마케팅, 구매관리, 생산관리, 회계, 재무, 인사, MIS 등이다. 이 기능별 분류 속에는 특수한 기능을 지원하기 위하여 보험경영학, 무역경영학, 호텔경영학, 병원경영학 등이 더 속할 수 있다.

1910년경에 인사관리가 있음에도 불구하고 1950년경에 조직행동론(Organizational Behavior)이 나타난 이유는 인사관리의 기능별 접근과는 달리 조직행동론의 '연계학문적 접근방법론'(Interdisciplinary approach), 즉, 종합학문의 방법론 때문이다.

일반적으로 새로운 학문이 성립하기 위하여는 3가지 고려가 필요하다. 윤리성, 연구대상의 독자성, 연구방법론의 특수성이다. 인사관리가 윤리성에 저촉되지 않음은 물론이다. 윤리성 때문에 조직행동론이 다시 생겨날 이유가 되지 못한다. 연구대상의 독자성도 조직현상으로서 인사관리와 별로 다르지 않다. 연구대상의 독자성의 조건으로는 조직행동론이 새로운 학문이 될 자격이 없다. 그러나 새로운 방법론의 특수성은 새로운 학문으로 탄생을 하기에 충분한 근거가 된다. 조직행동론은 종합학문의 방법론을 채택함으로서 기능별(functional)한 접근을 하는 인사관리와 그 연구방법론을 달리하였다. 따라서 새로운 학문이 가능하며 이 방법론의 특수성이 없었더라면 인사관리와 별도로 조직행동론의 학문의 성립이 근본적으로 불가능할 것이다.

(2) 1950년대의 새로운 학문 경향

아주 옛날에는 모든 학문이 철학 속에 포함되었다. 그래서 철학이 곧 학문이요 학문이 곧 철학이었다. 인류의 역사가 진행됨에 따라 철학에서 많은 학문들이 분화되기 시작하였다. 특히 계몽주의 시대를 거치면서 논리실증주의의 방법론에 의하여 경제학, 정치학, 사회학, 심리학, 물리학, 수학, 각종 자연과학 등 많은 학문이 철학으로부터 떨어져 나왔다. 지금 세계의 학문 분야의 종류가 약 1,500에 달한다고 한다. 뿐만 아니라, 일도 마찬가지로 계속 분업화하여 지금 세계의 직업의 수도 약 2,500 종에 달한다고 한다. 환경이 더욱 복잡해지고 경쟁이 치열함에 따라 한 인간이 향유할 수 있는 시간과 공간 및 능력의 한정이 있으므로 이와 같이 자꾸만 분업화하는 것은 어쩔 수 없는 흐름이다. 그러나 1950년대에 이르러 여기에 관한 반성이 크게 일어나는 계기가 있었고 이러한 흐름의 전환점(turning point)이 되었다. 지나치게 분업화 하는 과정은 마래에도 어쩔 수 없는 흐름이겠지만 대상을 본질적, 원리적으로 인식할 수 없고 피상적, 기능적으로만 파악할 것이라는 깨달음이 있었다. 따라서 앞으로는 분업화 한 가지만 일방적으로 나타나는 것이 아니라 분업화와 종합화가 동시에 같이 진행되는 셈이다. 이러한 배경에서 종합학문의 노력의 결과로서 행동과학과 구조주의(Structuralism), 시스템(System)에 대한 연구가 나타났다. 이와 같이 학문은 interdisciplinary approach의 새로운 경향이 나타났으며 동시에 산업사회에서의 일은 Re-engineering으로 변동하는 경향을 보였다.

단편적 학문	⟷	종합적 학문
(분화, 전문, 기능)		(근본, 본질, 원리)

(3) 행동과학, 구조주의 및 시스템

① 행동과학(Behavioral Science)은 1950년경 당시 세계 최대의 기업인 포드자동차의 소유주가 "인간, 조직, 사회의 발전에 도움이 되는 연구"를 목적으로 사회에 희사한 거액의 연구비에 의한 공동연구를 계기로 하여 나타났다. 이 연구주제와 조금이라도 관련된 수많은 각 학문분야에 속한 학자들의 공동연구를 한 결과 발표회에서 지금까지 지나치게 세분화된 각 분과학문으로는 대상의 본질이나 원리를 제대로 알지 못하고 피상적인 접근에 그친다는 반성과 함께 각 분야가 함께 협력해야 할 필요성에 만장일치로 합의하였다. 이는 과거의 기능적으로 분화된 접근에 대한 반성에 의한 종합학문 방법론의 합의이다. 이러한 연계학문(Interdisciplinary approach) 혹은 종합학문의 방법론 채택으로 새롭게 출발하려는 학문이 행동과학의 탄생이다.

② 조직행동론(Organizational Behavior)은 이러한 종합학문의 방법론에 입각한 행동과학을 사기업조직 및 공공조직에 적용함으로서 나타난 학문이다. 이러한 종합학문의 방법론이 없었다면 조직행동론은 나타나지 않았을 것이다. 그리고 조직행동론은 종합학문의 연구 소산인 구조주의와 시스템의 연구결과를 거의 그대로 흡수, 내포하게 된다. 비록 연구대상은 거의 같으나 1910년대에 나타난 인사관리는 기능적 접근인 반면 1950년대에 시작된 조직행동론은 종합학문적 방법론의 특수성으로 새로운 학문이 되었다. 새로운 학문이 성립하기 위한 3 조건은 윤리성, 새로운 연구대상, 방법론의 독자성이다. 이 중 마지막의 방법론의 독자성이 인사관리와는 달리 이 새 학문의 등장의 이유 및 근거에 해당된다. 인사관리가 분과학문의 방법에 의거한 기능적 접근인

데 반하여 조직행동론은 종합학문적 접근으로서 조직의 공동원리, 공동메카니즘 등 조직의 본질적 원리를 규명하는데 크게 기여하였다.

③ 구조주의(structuralism) 및 시스템(System) 연구는 종합학문의 대표적인 업적이다. 시스템은 오늘날 모든 연구의 대상을 포괄시키고 모든 학문의 대상의 공통언어, 공통메카니즘이 되고 있다. 구조주의는 Wholeness, Transformation, Self-regulation의 3가지 특성을 발견했었다. 구조주의는 그 뒤에 더 발달되고 보편적으로 적용되는 시스템이론의 부분집합으로 포함되고 구조가 시스템으로 그 명칭이 대체되어 가는 경향을 보인다. 조직행동론의 내용에는 이러한 종합학문의 연구결과인 시스템이론을 대폭 받아들여 구성하고 있다.

(4) 조직행동론의 인접학문의 분야

조직행동론은 종합학문의 성격을 갖었으므로 먼저 교양학문을 바탕으로 한다. 이 때 교양이라고 함은 삶의 현장에 대한 총체적 인식, 종합적인 인식을 하는 것이다. 퀴즈문답과 같은 단편적인 지식은 이러한 인식에 거의 도움이 되지 않는다. 인문 사회과학을 하는 사람들도 모두가 이 교양학문을 기초공사로 해야할 것이며 또한 여기서 서로 정신적으로 만나는 공통분모라고 할 것이다. 조직행동론은 방대한 교양학문 중에서 특히 심리학, 사회심리학, 사회학, 역사학, 문화인류학과 밀접한 관련이 있다.

조직행동론이 조직의 원리를 추구하는 순수이론적 성격을 갖는다면 인사관리 혹은 인적자원관리, 노사관계론, 조직설계, PI 방법론 등은 처방을 추구하는 응용학문적 특징을 갖는다. 이 순수이론과 응용학문 사이는 마치 의학과 약학(혹은 수술)의 상호 관계와 흡사하다.

5. 조직관리의 중요성

(1) 경영의 근간

경영은 두 사람 이상이 모여 함께 일을 하려고 할 때부터 발생하는 현상이다. 즉, 조직을 통하여 일하는 현상이다. 따라서 경영능력은 바로 조직관리이며 리더십 문제이다. 경영자는 직접관리 대상을 통하여 간접관리를 한다.

첫째, 조직관리는 경영자의 직접관리 대상이다. 조직관리는 경영학의 근간이다. 다른 사람과 협력하여 혹은 다른 사람을 통하여 일을 추진하는 경영현상은 본질적으로 직접관리인 인적자원 및 조직의 관리(넓은 의미에서의 조직리더십)를 통하여 이루어진다. 기타 모든 자원의 관리는 이 직접관리인 조직의 관리를 통한 간접적 관리의 성격을 갖는다. 조직관리는 최고경영자의 유일한 비교우위 능력이다. 조직관리 혹은 경영학 자체가 넓은 의미에서 조직리더십이다.

둘째, 기술과 기능은 경영자의 간접관리 대상이다. 자금, 원자재, 재공품, 거래선, 고객, 기술, 정보 등의 각종 자원 및 대상이다. 조직의 환경 및 특수성에 따라 조직관리와 다양한 결합관계를 갖는다.

마아케팅 경영자 = 조직관리 + 마아케팅 기술환경

컴퓨터부서 경영자 = 조직관리 + 컴퓨터 기술환경
은행 보험 회사 경영자 = 조직관리 + 금융기술환경
이와 같이 조직관리는 모든 경영자 능력의 공통분모이다.

(2) 직접관리를 통한 간접관리

직접관리 실패하면 반드시 간접관리가 실패한다. 자연상태의 조직은 자원이 줄줄 샌다(비유, 여기저기 구멍이 뚫린 물 담은 비닐 봉지). 이를 극복하기 위하여 조직리더십이 필요하다.

자재관리 부서조직관리 실패하면 자재관리 실패한다.
자금관리 부서조직관리 실패하면 자금관리 실패한다.
회계관리 부서조직관리 실패하면 조직관리 실패한다.
따라서 회계감사를 조직감사부터 실시한다.

6. 조직리더십 지식체계의 영역

경영현상은 다른 사람과 협력하거나 다른 사람을 통하여 일을 수행하려고 할 때 발생하는 현상이다. 즉, 조직을 통하여 일하는 현상이다. 따라서 경영현상의 가장 핵심은 1차적 직접관리 대상인 조직관리 혹은 조직리더십이 가장 중요하다. 리더십의 본질은 리더가 추종자에게 미치는 영향력(influence)이다. 그리고 이 영향력은 경영학에서는 늘 가치(value) 창출 혹은 자본(money)의 증식과 관련되어 있다. 경영현상은 그 조직규모가 크면 클수록 그리고 다양성, 복잡성이 클수록 더욱 어려워 질 것이다. 필자는 조직리더십을 수준별로 더 세분화하여 첫째, 특수리더십인 소집단리더십, 둘째, 일반리더십인 조직리더십(혹은 사회리더십)으로 나누어 설명하려고 하였다.

(1) 좁은 의미의 소집단 리더십(특수리더십)

좁은 의미에서 소집단 리더십 정의는 어떤 목적 달성을 위한 영향력(influence)으로서 그 배경의 너무나 많은 가정하에서의 영향력 분석이기 때문에 특수리더십으로서 현실 속에서의 실용성이 극히 떨어진다. “소집단을 둘러싸고 있는 배경의 구조의 영향력이 없다고 한다면”이라는 가정이 깔려있다. 일반적으로 리더십이라는 명칭이 붙은 책이나 논문은 이러한 소집단 리더십을 위한 행위이론이다. 소집단이 놓여있는 리더십에 관한 학습은 현실 속에 큰 조직을 관리하기에 근본적인 한계가 있다. 소집단 리더십의 개념은 어떤 목적 달성을 위하여 주로 리더의 행위 및 스타일의 변동을 통한 영향력 분석이기 때문에 너무나 많은 가정과 사전 전제가 깔려 있다. 따라서 만약 그 관리대상의 조직의 규모가 커 버리면 그 이론의 실용성은 극히 떨어지게 될 것이다.

(2) 넓은 의미의 조직리더십(일반리더십)

일반리더십의 경우이다. 조직리더십을 위하여 최소한 다음 8가지의 지식체계의 지원이 필요하다. 따라서 이 경우 거의 경영학 자체가 조직리더십 학문이라고 하여도 무방하다. 조직리더십은 조직경쟁력 향상의 문제와 직결된다. 그리고 조직리더십은 과학이다. 성공하면 성공의 이유가 있고 실패하면 실패의 이유가 있다.

첫째, 소집단 리더십

동창회나 동호회 같은 조직에서의 리더십.

둘째, 조직행동론

조직행동론은 원리를 중시하며 종합적 접근이다. 의학이 원리에 가까운 반면 약학과 수술은 처방적 기능에 해당된다. 조직행동론은 원리와 기능도 모두 조합한다. 넓은 의미로 인적자원관리, 노사관계도 포함한다.

셋째, 권력구조의 변동 및 배경, 소집단을 둘러싸고 있는 권력구조 및 그 변화의 흐름이 소집단에 미치는 과정이 파악되어야 한다.

넷째, 조직설계 및 프로세스

리더의 영향력이 조직 전체에 합리적이고 치밀하게 곳곳에 잘 미쳐야 한다. 이는 조기설계와 조직의 운영 메카니즘에 대한 이해가 필요하고 프로세스의 혁신능력을 가져야 함을 의미한다. 뿐만아니라 이는 비유적으로 댐에 물이 많아도 그 물이 수로나 도랑을 통하여 곳곳에 잘 이르러야 농사가 잘 되듯이 리더의 영향력이 곳곳에 올바르게 잘 미쳐야 하기 때문이다. 그리고 기계를 잘 아는 사람이 기계를 잘 고칠 수 있음과 같다.

다섯째, 정보기술

오늘날은 정보기술(IT) 때문에 대체로 조직의 반이 시스템이고 반이 사람이다. 조직리더십은 시스템의 이해와 관리능력을 포함한다. 인공지능(Artificial Intelligence)과 무선(wireless)으로 결합된 Ubiquitous 시대에는 시간과 공간을 소모시키는 조직이 사라지는 형태로 급속히 바뀌고 있다. 이는 경영자의 조기퇴임과 많은 관련이 있는 부분이기도 하다.

여섯째, 네트워크(Network)

오늘날 리더십은 조직 내부의 통제뿐만 아니라 조직 밖과의 네트워크 형성에도 영향력을 잘 발휘 하여야 한다. 이는 점차 대형복합첨단기술의 시대로 감에 따라서 외부와의 네트워크가 큰 이익과 시너지 효과를 창출하기 때문이다. 큰 그림(big picture)이 넓은 리더십(Broad leadership)가 필요하다.

일곱째, 기술 및 기능의 환경

조직이 놓여 있는 환경이나 조직이 취급하는 기술이나 기능을 이해함을 말한다. 석유관련회사를 경영하기 위하여 석유관련기술이나 관련제품을 잘 이해해야 하고 보험회사를 경영하기 위하여는 보험제도를, 컴퓨터 회사를 경영하기 위하여는 컴퓨터에 대한 지식을 알아야 할 것이다.

여덟째, 교양학문

삶의 현장에 대한 총체적 인식을 하는 것이다. 인문사회과학 전체를 섭렵할 필요가 있다. 특히, 심리학, 사회심리학, 사회학, 역사학, 문화인류학은 매우 중요하다.

광의의 조직리더십(혹은 사회리더십)을 위해서는 직접경험 외에도 간접경험으로서 학문, 독서[2], 대화, 토론, 사색, 정신적 실

---

2) 필자는 조직리더십 능력을 진정으로 원하는 사람들에게 옛 중국시인 두보(杜甫)의 남아수독오거서(男兒須讀五車書)의 정신을 살려 이 조직리더십 문제에 관하여 늘 겸손한 마음으로 최소한 일천 권 이상의 독서를 할 것을 권한다.

험 등을 통하여 정신적인 경륜 및 산전수전을 겪어야 한다. 몇 마디의 격언을 습득하는 리더십 비결은 절대로 없다. 단편적으로 사람을 대한 기술이나 비결 몇 가지를 알았다고 조직관리 혹은 리더십을 잘 할 수 있는 것이 결코 아니다. 그리고 몇 마디 명제나 충고를 들었다고 조직리더십이 습득되지 않을 것이다. 따라서 여기에 현혹되지 말아야 한다. 조직리더십을 위하여 학문적으로는 교양학문 및 인문사회과학 전체를 섭렵하는 것이 필요하다. 이는 조직리더십을 위한 탄탄한 기초공사라고 할 수 있다. 오늘날 조직리더십을 핵심적 내용으로 포함하는 경영학이 인문학과의 만남을 시도하는 것도 같은 맥락이다.

(3) 조직리더십과 조직관리의 차이

조직리더십은 조직관리보다 더 넓은 개념이다. 조직관리는 대개 조직의 목표와 조직의 체계가 정해져 있고 주로 이를 현상유지하는 차원의 리더의 행위의 뉘앙스가 강하다. 그러나 조직리더십은 목표를 새롭게 정하고 조직을 혁신하는 것을 포함하는 개념이다. 따라서 개념의 범위상 조직관리는 조직리더십의 부분집합이다.

(4) 조직리더십의 영향력 확보와 그 사용 문제

리더는 조직리더십을 발휘하기 위하여 최소한 다음의 5가지 영역과 주로 관계된다. 첫째, 리더는 영향력 확보에 성공하여야 한다. 즉, 영향력의 싸움에서 이겨야 한다.[3] 조직리더십의 본질은 영향력이다. 이 영향력은 조직을 움직이거나 변화시키는 능

3) 아카페적 사랑과 자기희생을 통한 도적적 윤리적인 차원의 종교적 리더십의 논리는 여기서 생략한다.

력이 된다. 따라서 영향력을 잃은 리더는 사실상 리더가 아니다. 좋은 리더이든 나쁜 리더이든 우선 리더로서 논의의 전제 조건은 영향력을 갖고 있어야 한다는 점이다. 영향력을 더 넓은 의미에서 보면 문제해결능력 혹은 생존능력이라고도 말할 수 있다. 그 다음에는 그 영향력이 잘 사용되어서 곳곳에 합리적으로 적용되도록 하여야 한다. 영향력만큼 일의 수준과 범위, 책임, 자원, 정보가 등가적으로 주워져야 합리적이다. 뿐만아니라 조직 내의 영향력 체계가 중요하다(예, 오너의 아들이 부하로 있는 경우의 리더십 행사). 그리고 노조의 영향력이 경영자의 영향력 보다 더 커서는 경영자가 조직리더십을 결코 행사할 수 없을 것이다. 그밖에 영향력 확보는 리더가 억울하게 책임을 지거나 죄를 뒤집어쓰는 것을 방어하는 능력이기도하다.

둘째, 조직리더십의 영향력만 크다고 해서 모든 문제가 저절로 해결되는 것은 아니다. 조직리더십의 영향력을 Plan-Do-See의 전 영역에서 잘 행사하는 것이 중요하다. 리더는 우선 조직의 환경의 변동을 기준으로 원점에서 조직이 나아가야 할 방향, 비전, 사명, 목적, 전략 등을 결정하여야 한다. 이는 리더의 가장 중요한 임무(primary responsibility)라고 할 것이다.

셋째, 조직의 목적 및 전략을 실천하기 위하여 가장 효율적인 조직구조의 설계 및 그 운영을 해야 한다.

넷째, 환경의 불확실성으로 말미암은 위험부담 및 제3의 시너지 효과의 창출을 위하여 조직 밖의 다른 조직과의 네트워크를 잘 구축 하여야 한다. 큰 그림(big picture)을 생각하고 넓은 리더십(broad leadership)의 행사의 필요성을 말한다.

다섯째, 조직이 잘 운영되었는지 조직평가, 조직진단, 조직감사를 하여야 한다. 그리고 그 결과를 다시 조직의 목표나 전략의 수립에 다시 피드백 하여야 한다.

7. 조직평가

조직평가는 조직진단 및 조직감사와 유사한 속성을 지닌다. 조직을 만들고 조직관리를 하는 등 조직리더십을 행사한 후에 그것의 결과를 평가하는 것은 매우 중요한 일이다. 경영을 동태적인 관점에서 접근할 때 흔히 Plan-Do-See의 과정이라고 본다. 조직평가는 바로 See의 단계이다. 이 feedback 과정인 See의 중요성 인식은 경영인식의 핵심이라고 할만하다. 여기서는 주로 조직의 평가의 중요성만 강조하고 조직 평가의 방법에 관해서는 다만 일부만을 소개토록 한다(보다 더 넓은 내용은 필자의 저서 "조직진단 체크리스트"나 이것을 요약한 이 책의 뒷부분 부록2를 참조할 수 있다)

조직을 평가할 때 목적이나 전략이 그 평가기준으로 많이 사용된다. 이 조직의 목적이나 전략들을 오픈시스템 (open system)의 제1의 특성인 input-transformatiom-output의 각 단계로 분류해 볼 수 있다. output의 목적과 전략에 의한 조직평가는 결과적 평가로서 당기순이익, 매출액, 시장점유, 기술개발, 이직율, 결근율, 상호협력, 직무만족 등이다. 이는 대개 사조직(Profit organization)의 주요 평가지표가 되고 있다. 그러나 이 결과적 평가에 기여하는 전 단계의 모든 다른 평가를 과정적 평가라고 볼 수 있다. 이 과정적 평가는 주로 공조직(Non-profit organization)에서 많이 사용하는 지표이지만 사조직에서 결과적 평가를 높이기 위한 중간평가의 수단으로서 역시 사용한다. 생산성(productivity), 능률성(efficiency) 등이 해당된다. input 지표에는 주로 공조직이 관련되나(예, 동창회조직, 종교조직) 에스오일, SK 등 석유관련회사와 같은 사조직도 관련된다.

transformation 지표에는 efficiency를 중시하는 한국전력, 도로공사, 수자원공사 등 공기업 혹은 공공기관이 해당된다. 공기업의 경우 output의 결과적 평가를 지나치게 강조하면 이상한 경영행태가 나타난다. 이를테면, 당기순이익으로 조직평가를 하게 되면, 한국전력은 전기요금을, 한국도로공사는 통행료를, 한국수자원공사는 수도요금을 인상하려 할 것이다. 이것들은 모두 준조세적 성격을 지녀서 결국 국민을 괴롭히는 대가로 이러한 경영이 칭찬을 받게 되는 셈이다. 과정적 평가를 너무 강조하면 결과적 평가가 무시될 수 도 있다. 그러나 조직을 기능적 관점(Functional perspective)에서 볼 때 조직의 목적 및 전략이 수립되면 이 모든 내용이 바로 조직평가의 기준이 된다. 조직의 전략의 종류에 대해서는 별도로 장(章)을 달리하여 상세히 논한다.

2장 : 조직 이론

1. 행동과학 및 조직행동론의 종합화 방향

조직의 규모 및 변동성이 크고, 조직구성원들의 다양성, 복잡한 첨단의 기술 및 지식을 보유하면 그만큼 관리하기가 어려운 조직이 될 것이다. 그리고 조직관리가 어려우면 어려울 수록 리더의 종합인식 및 종합학문적 접근이 더욱 요청될 것이다. 리더가 조직 및 조직구성원들의 다양성을 인정하고 종합인식을 하려는 것이 조직리더십의 첫걸음이라고 할 것이다. 경영자의 능력은 기술자의 능력과 가는 길이 상당히 다르다. 조직관리를 핵심으로 하는 경영자의 능력은 종합적, 구조적, 체계적인 인식에 거의 비례한다고 해도 과언이 아니다.

조직행동론(혹은 행동과학)은 첫째, 원리와 기능의 결합, 둘째, 미시적 접근과 거시적 접근의 결합, 그리고 셋째, 공시적 접근과 통시적 접근의 3 갈래의 종합화가 이루어지면서 종합학문의 내용이 더욱 구체화 된다. 단편적인 명제들의 습득으로 지식을 추구하는 것은 의미가 거의 없다고 보는 것이다(오세철, 1982).

Principle + Function
(원리, 본질) (기술, 기능)

조직의 원리 및 본질의 문제는 종합학문의 연구의 결과에 의존하게 된다. (* 인간이해에 비유 할 수 있다. 생로병사, 희노애락의 이해는 인간의 본질을 접근하는 것인 반면, 사람의 능력, 기술은 인간의 기능을 보는 것이다. 이 양자가 결합해야 인간이해를 더욱 충분하게 할 것이다.)

Micro + Macro
(미시적 접근) (거시적 접근)

윌리엄 골딩(William Golding)의 노벨문학상 작품 "파리대왕(Load of the Flies)"의 메시지는 착한 사람만으로 모인 조직이 반드시 더 착해지는 것이 아니다. 조직은 개인과 다른 그 자체의 메카니즘이 있다. 개인을 대하는 논리와 조직을 다루는 논리는 달라져야 한다.(예, 마키아벨리즘) 이는 시너지 효과, 전체성(wholeness) 특징, 구조주의 특징과도 관련 된다. 개인능력을 합한 것이 조직능력이 아니며 개인의 선(善)과 조직의 선은 서로 다르다. 수학적으로 개인의 1 더하기 1은 2이지만 조직에서는 2가 아니며 얼마든지 3, 4, 5 등이 될 수 있다. 이를 조직의 시너지(synergy) 효과라 한다. 미시경제학과 거시경제학의 구분이 대표적인 예이다. 미시적인으로는 개인의 저축이 미덕이지만 거시적으로 국가의 전체의 저축은 유효수요의 감소로 경제의 위축을 가져온다.

인문사회과학에서의 분석의 사이즈를 미시에서 거시로 나열하면 "성격-태도-동기-행위-소집단-조직-사회-세계-우주-초월세계"로 나타낼 수 있다. 마치 태양계의 수성, 금성, 지구, 화성, 목성, 천왕성, 해왕성, 명왕성 등과 같은 모양이다. 물론 자연과학에서는 분자, 원자, 양자, 전자 등으로 더 작아질 수 있다. 지구가 태양계에서 궁극적 관심의 대상이듯이 인문과학에서는 행위를 초점으로 행위를 이해하거나 예측하는 문제가 가장 중요하게 인식된다. 내적 영향력이 행위에 미치는 영향력을 주로 대상으로 하는 것이 심리학이며 외적 영향력이 행위에 미치는 영향력을 연구하는 것을 넓은 의미의 사회학(인류학 포함)이라고 한다. 미시와 거시의 중간은 양자의 영향력의 상호작용이 매우 심한 복잡한 현상이다. 흔히 이를 이론의 늪지대라고 일컬어지기도 한다. 이러한 내적영향력과 외적영향력의 상호작용이 행위에 영향을 미치는 현상을 특별히 연구대상으로 하는 사회심리학이 있다. 인간의 행위를 잘 이해하려면 심리학, 사회학, 사회심리학의 접근이 모두 필요하다.

Synchronic	+	Diachronic
(공시적 접근)		(통시적 접근)

(비유, 사진 한 커트와 비디오 동영상 사진의 차이)

사회학은 공시적(共時的) 접근인 반면에 역사학은 통시적(通時的) 접근이다. 이를테면 똑같은 고려말기를 연구한다 해도 사회학은 그 시대의 사회구조의 어느 부분과 부분사이의 상관 및 인과관계의 연구에 관심이 있는 반면, 역사학은 고려말기 어느 현상의 시간적 흐름에 따른 전후 현상사이의 상관 및 인과관계에 주목하는 것이다. 오늘 날은 이 둘 사이를 결합하는 역사사회학이 등장하기도 한다. 조직이론에서 통시적 접근의 예로는 각종

단계(step)이론 및 라이프사이클 이론이 있다.

(다른 예, 원자력발전소 - 구조설계 및 라이프사이클 운영설계)

2. 시스템이론

시스템이론은 종합학문이라는 새로운 학문의 흐름의 연구 성과이다. 새로운 인식론에 입각하여 인류의 또 다른 지적 영역을 활짝 열어놓은 위대한 사고방식의 발견이라고 평가할 수 있다. 시스템이론은 첫째, 모든 분과 학문이 대상으로 하고 있는 존재들을 시스템이라는 하나의 개념의 우산 속에 모두 포함시키면서 상호 독립되고 분리된 현상으로 파악하는 것이 아니라 상호작용 혹은 상호관련성의 체계로 파악한다는 점이다. 둘째, 오픈 시스템의 "관계의 구조적 특성"의 관점에서 인간, 조직, 국가, 우주, 신(神) 모두가 공통된 속성으로 서로 닮았음을 시사한다. 셋째, 실증적, 분석적, 과학적 접근방법론을 극복하는 종합적, 체계적, 구조적 사유의 접근방법론을 제시하였다.

1) 구조적 사고방식

자동차 부품 수천 개를 모두 쌓아 놓았다고 해서 자동차가 되는 것은 아니다. 자동차부품은 부품이고 자동차는 자동차인 것이다. 부품 사이의 어떤 합리적이고 체계적인 관계의 구조적 특성이 부품으로 하여금 자동차가 되게 하는 것이다. 자동차를 잘 이해하기 위해서는 이 관계의 구조적 특성을 파악할 필요가 있다.

우리는 오감으로 해와 별과 달이 동쪽에서 서쪽으로 지는 것을 알 뿐이다. 그러면 쉽게 천동설을 따르게 된다. 그러나 우리는 천동설이 틀렸고 지동설이 진리인 것을 알고 있다. 지동설은 해와 별과 달이 만드는 시시각각의 각도의 변화, 지평선의 곡선, 계절의 변화 등 수많은 단서들 사이의 구조적 관계를 종합적으로 생각해 낸 결과이다. 이러한 구조적 특성은 종합적 사유로 달성될 수 있는 지적 성과이다. 인문사회과학의 발전적 모습이라면 보다 종합적으로 구조적 특성을 잘 파악하는 것이다. 즉, 구조적 특성은 분석적 실증적 인식방법이 아닌 구조적 종합적 인식방법이 필요하다. 기존의 논리실증주의는 이러한 구조적 특성을 파악하는데 한계가 있다. 즉 해석학적 방법이 등장하는 것이다.

사람은 약 60조의 세포로 형성된다. 이 모든 세포를 이해한다고 해서 그 사람을 알게 되는 것이 아니다. 세포는 세포이고 사람은 사람인 것이다. 사람은 사실상 오감으로 확인되지 않는다. 사람은 이 수 많은 세포들의 관계의 구조적 특성, 더 나아가 이 세포 밖의 여러 환경적 특성과 결합된 전체적 관계의 구조적 특성 그 자체이다. 소크라테스는 "너 자신을 알라"라는 말을 했다고 한다. 그럼 어떻게 해야 자기를 알까? 내 자신을 안다는 것도 이러한 몸과 세상의 수많은 여러 관계의 구조적 특성을 종합적으로 인식하는 것이 바로 자기를 아는 것이 될 것이다.

노련한 수사관이 사건의 진상을 파악할 때 수집된 수 십개 혹은 수 백개의 증거물과 단서들, 상황, 범죄동기, 진술 등을 종합적 체계적 구조적으로 깊이 생각하는 것도 같은 인식방법이다. 그리고 어떤 사람이 진정으로 자기를 사랑하는지 그 마음을 파악할 때도 그 사람의 수 백가지 언행을 두고 종합적 구조적 체계적으로 구조적 사유를 하는 것도 마찬가지이다.

구조주의(Structuralism)의 대표적인 학자이며 인류학, 언어학의 대가인 Levi Straus는 인류의 고대 문명을 연구할 때 파편적인 유물을 근거로 유추할 것이 아니라 구조적 사유를 해야 할 것을 주장하였다. 구조주의는 Wholeness, Transformation, Self-regulation의 특성을 발견하였으며 그 뒤 더 넓은 개념인 시스템이론과 합쳐져서 계속 발전하고 있다.

시스템이론은 시간과 공간을 차지하지 않는 존재와 대상의 영역, 특히 "관계의 구조적 특성"을 인식하고 이것이 역으로 시간과 공간을 차지하는 존재와 대상에 미치는 상호영향력 관계를 파악하는데 지대한 공헌을 하고 있다고 보아진다. 시스템이론은 자연과학과 인문사회과학의 통합의 산물이라고 볼 수 있으며 특히 구조적 사유의 접근은 인간의 자유의지, 창의적 상상력의 능력, 인성발달과도 관련된다.

2) Bertalanffy의 시스템 개념

Bertalanffy는 이 세상의 만물을 System의 범위 속에 모두 포함시키고 또한 환경과의 상호작용의 수준에 따라 Closed system과 Open System으로 나누었다.

3) K. Boulding의 시스템 수준

K. Boulding은 더욱 상세하게 시스템을 closed에서 open의 속

성으로 향하여 다음 9가지 수준(levels)로 나누었다. 인간과 조직은 7~8 수준의 매우 높은 오픈시스템임을 알 수 있다. 즉, 인간과 조직은 비결정론적(nondeterministic)인 매우 복잡한 존재이다. 따라서 종합적(synthetic) 구조적(structural) 인 사유의 접근이 요구된다.

① Static Structure - 정적구조, 돌. 건물
② Clockworks – 시계, 공장
③ Thermostat – 자동온도조절장치, feedback, 컴퓨터
④ Cell - 생명, reproduction
⑤ plant – 성장, 감각
⑥ Animal - 이동
⑦ Human Being - 상징(언어, 그림 등) 사용능력 때문.
이는 동물과의 근본적 차이점, 현실의 재구성 능력, 자기 자신도 객체화하여 다양한 각도에서 바라볼 수 있는 자의식(Self-awareness)의 발달과 관련되며, 인간은 사실상 재구성된 세상 속에서 산다. 이러한 자의식의 중요성에 관하여 파스칼이 주장했다. "인간은 약하지만 이 약하다는 사실을 알기 때문에 위대하다." 상징에 의한 재구성 능력은 관점(perspective)의 차이를 결정하는 준거틀(frame of reference)이론의 바탕이 되고 현상학(phenomenology)과도 관련된다. 예술과 문학은 정서와 의미의 고차적 세계를 재구성하는 것이다.
⑧ Society - 문화의 공유, 문화의 학습, 상속, 학문, 간접경험.
인간과 달리 동물은 상징에 의한 재구성능력이 거의 전무

하기 때문에 이것의 공유의식인 문화나 사회의 형성이 불가능하고 오직 본능에 의한 직접경험으로만 살아가는 것을 반복할 뿐이다. 따라서 과거 능력의 전수나 학습, 축적이 인간처럼 이루어지지 않아서 인간에 비하여 크게 생존능력의 열등성을 갖게 되었다고 할 것이다.

⑨ Trenscendental - 우주(그 크기가 고도의 전자만원경을 통하여 확인 가능한 것만으로도 우리 은하계에 수 천 억개의 태양과 같은 항성이 존재하고 또한 우리 은하계가 우주에 수천억 개가 존재하며 우주의 반지름이 190억 광년이나 된다고 한다). 5차원 6차원 등의 세계, 우주 밖의 세계, 사후의 초월적 세계, 불가지(不可知)의 세계.

* '시스템이론의 확장'은 새로운 지적 영역을 거침없이 전개시키고 있다. 사상계, 문화 예술, 철학, 종교 등의 영역에 새로운 관점과 인식의 틀을 제공하는 놀라운 정신적 혁명을 일으키고 있다고 평가된다. 아마도 미래의 인문사회과학에 거대한 흐름이 될 것이라고 보아진다. 즉, 우주와 초우주를 포함하는 무한 확장의 가장 큰 전체시스템(total system)을 바로 신(神)이라고 보는 것이다. 학문이란 세상의 원리 법칙을 규명하여 바로 이러한 신의 성격을 아는 것이며, 도덕과 윤리는 신의 의지를 깨닫고 실천하는 것이며, 예술은 신의 정서를 따르는 것이다. 이것은 순수이성비판, 실천이성비판 판단력비판의 3부작으로 신의 본질을 진선미(眞善美)라는 사랑으로서 요청하며 규명한 칸트의 철학과도 부합된다.

인간, 조직, 국가, 우주, 신은 모두 오픈시스템(open system)으로서 관계의 구조적 특성이라는 공통점을 갖는다. 따라서 종합적

구조적 사유로서 파악될 수 있는 대상이다. 이러한 점에서 인간과 신은 모두 그 특성이 조직을 닮았다고 볼 수 있다.(A. N. Whitehead의 번역서 「과학과 근대세계」부분 참고)[4]. 인간이 약 60조의 세포를 다스리고 있듯이, 신은 이 세상의 동물과 식물, 별과 달, 그리고 은하계를 다스리고 계신 우주국가와 같은 거대한 구조적 시스템적 존재이다. 일반 국가가 목적과 이념을 갖고 부분사회를 변화시키는 역동성을 갖듯이 이 우주국가의 신은 단순한 범신론이 아니라 목적과 의지를 갖는 인격신과 같은 존재이다(범신론과 인격신을 결합하여 보는 사고방식이다.) 그리고 이 세상의 모든 만물은 이 신이라는 하나의 체계로 되어 있으며 에너지 파장으로 상호관련성으로 맺어있는 부분현상들이다.(Itzhak Bentov의 번역서 「우주심과 정신물리학」 부분 참고)[5].

이 우주국가와 같은 신은 스스로 존재하는 존재라고 할 것이다. 오픈시스템이론에 의하면 모든 output은 반드시 input와 transformation을 필요로 한다. 이것은 과학이다. 따라서 신이 우주를 창조했다는 것보다 우주가 영원 전부터 영원 이후까지 알파와 오메가로서 스스로 존재한다고 보는 것이 이해하기가 더 쉽다. 즉, 이 우주가 바로 신이라고 보는 것이다. 정확하게 표현하자면, 이 문제는 과학적 입장과 기독교의 일부가 끝내 만날 수 없는 영원한 쟁점이며 양자간 해결해야할 가장 큰 숙제라고 할 것이다.

---

4) Whitehead, A, N. *Science and Mordern world*, Cambridge Univ. Press, 1926 저서를 완역한 책을 활용.(오영환 옮김, 「과학과 근대세계」,(개정판) 서광사, 2014.)

5) Itzhak Bentov, *Stalking the wild pendulum*, New York : Bantam Books, 1981. 저서를 완역한 책을 활용.(류시화와 이상무 옮김, 「우주심과 정신물리학」, 정신세계사, 1987.).

3. Katz & Kahn의 Open system의 특징

Katz & Kahn은 Open system의 많은 특징을 열거해 주고 있다. 이 중에서 가장 중요한 특징은 "Input - transformation – Output"의 특징이다. Input - transformation - Output으로 어떤 사물을 이해하려고 할 때는 이를 "시스템적 사고방식"이라고 말할 정도로 가장 대표적인 특징이다. 이 오픈시스템의 특징 중에는 구조주의 특징도 내포하고 있다.

① Input - transformation - Output
② Wholeness : synergy
③ Differentiation : growth
④ Equilibrium ; 정(正). 반(反). 합(合)으로 Hegel의 변증법의 논리와 관계가 있다. 역동성을 부여하는 논리의 하나가 된다.
⑤ Feedback
⑥ Self-regulation
⑦ Negative Entropy ; 에너지를 흡수함으로서 더욱 구조화되는 속성.
high energy가 low energy 상태로 흘러가는 물리현상에의 역행. 생명현상은 자연스런 에너지흐름의 반란이다.
⑧ Equi-finality : flexibility

* 참고로 시스템 특징으로 예를들면 모든 시스템에는 wholeness와 differentiation의 경향의 서로 상반된 힘이 팽팽히 맞서 작용하고 있다. 전체주의 국가의 독재는 wholeness, 민주주의 및 무정부

상황은 differentiation이 두드러진 경우이다. 집단응집력이 강한 경우는 wholeness 특성, 그 집단이 cohorts로 갈라지고 갈등을 일으키는 경우는 differentiation이 큰 경우이다. 그리고 남녀 두사람이 강한 사랑에 빠지는 경우는 제3의 인격이 형성된 wholeness특징이 발현된 경우로서 이 3의 인격이 각자의 희생을 요구하는 경우이며 반면에 서로 사이가 나빠져 헤어지거나 각자의 이기적인 성향을 나타내는 경우는 differentiation의 특징이 강해지는 경우이다.

미시적으로 한 사람의 개체가 강한 어떤 의지를 갖거나 극기(克己)의 강한 경향을 보이는 경우는 자기 몸의 전 세포 약60조에 대하여 wholeness 경향이 강한 경우이며 반면에 삶의 목표를 잃고 쾌락주의에 빠지는 경우는 몸 세포의 각각의 differentiation가 강한 경우라고 할 것이다. 이는 철학적으로 각각 스토아학파와 에피쿠로스학파와도 관련된다고 할 것이다.

4. Kast Rosenzweig의 서브시스템(Sub-system) 분류

(1) 작은 조직이든 어떤 기능의 조직이든 전체 조직의 시스템은 환경, 목표(이념), 구조, 심리(문화), 기술(기능), 경영의 6가지 하부시스템(sub-system)으로 나눌 수 있다. 이러한 하부시스템은 하부개념(sub-concept)을 만드는 유용성과 흡사하다. 개념이란 사실상 모두 서로 다른 개체들을 편의상 같다고 간주하는 범주(category)를 정하는 것이다. 이 때 적정한 추상성 수준(abstractness level)을 유지하는 필요성은 중요하다. 조직을 한 덩어리로 생각

하면 분석이 어렵기 때문에 모든 조직은 sub-system으로 나누는 것이 좋다. 그러나 너무 큰 개념 및 서브시스템으로 접근하면 생각은 단순하지만 대상을 치밀하게 잘 분석하지 못한다. 반면에 너무 많은 세부적인 개념 및 서브시스템을 사용하면 생각에 혼돈이 온다.

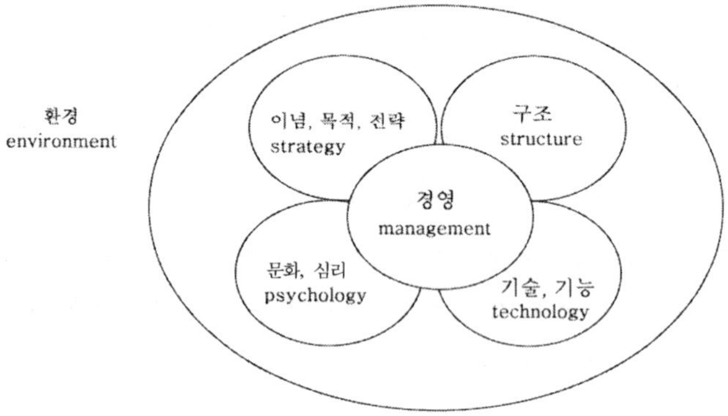

〈그림 2-1〉 기술(기능) 서브시스템의 상대적 비중

(2) 서브시스템으로 나눌 때 그 관련성을 살펴볼 때 몇 가지 이점이 있다.

첫째, 정보분류를 위한 분류체계가 될 수 있다. 회사의 개략적인 데이터베이스 구조의 윤곽을 설정하는데 도움이 된다.(9장 부록3 참고)

둘째, 경영자 의식혁명의 필요성과 그 방법론을 제시할 수 있다. 경영자의 정보관리와 의사결정을 위한 영역은 회사의 새로운 데이터베이스 구조와 흡사해야 한다.

셋째, 조직진단 체크리스트를 작성할 때 그 하부시스템 분류가 도움이 된다.

넷째, 경영학 지식의 혁신 방향을 제시한다. 환경이 불확실할 때 학문의 세계에서도 리엔지니어링 현상이 일어난다. 조직환경론, 경영전략론, 조직설계론은 기술과 기능의 영역 밖의 서브시스템을 대응하기 위한 최근에 나타난 새로운 학문의 분야이다.

(3) 환경의 불확실성(uncertainty)은 객관적으로 정해진 문제가 아니라 인식의 주체인 사람의 인식여하의 문제이다. 그 불확실성은 주로 complexity와 changeability의 속성으로 결합되어 있다.(예, 여성옷 회사와 정유화시의 비교) 환경의 불확실성이 높으면 모든 서브시스템이 다 중요시 된다.

즉, 환경이 불확실(certain)할 때 기술(기능)의 sub-system 비중이 상대적으로 작아진다. 이는 회사의 정보처리 및 경영자의 마인드가 훨씬 넓어져야 함을 뜻한다.

(4) 환경의 불확실성이 높으냐 낮으냐에 따라서 각종 적합성의 경로가 달라진다.

(비유, 백두산의 떨어지는 물방울이 분기점을 기준으로 갈라져서 압록강으로 흘러가든지 또는 두만강으로 흘러가든지 각각의 경로가 다른 것과 흡사하다.)

① High uncertainty 경우의 적합성 관계

- new management paradigm(Value-based management, 가치경영)
- Effectiveness 전략
- 문제인식별 정보분류(issue-oriented information classification)
- 유연조직(flexible or organic organization)
- 분산처리시스템(decentralized processing system)

② Low uncertainty 경우의 적합성 관계

- Traditional management
- Efficiency 전략
- 기능별 정보분류(function-oriented information classification)
- 관료조직(Bureaucracy, mechanistic organization)
- 중앙처리시스템(centralized processing system)

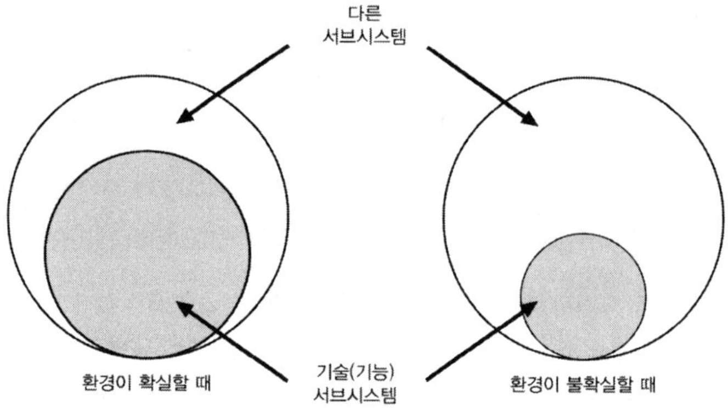

<그림 2-2> 기술(기능) 서브시스템의 상대적 비중

5. 조직관리 패러다임의 역사적 변동과정[6)]

이론의 근본 속성은 어떤 대상에 대한 인식이나 생각이다. 이러한 인식이나 생각이 보다 체계적, 과학적, 객관적으로 형성되면 우리는 이를 이론이라 부른다. 패러다임(Paradigm)은 비슷한 이론들의 집합이다. 같은 패러다임은 유사한 개념, 원리, 사고방식, 주장을 하는 이론들을 내포되는 것이니 소위 학파(school)라

6) 부록 표IX-1 참조

고 불리워도 무방하다. 조직관리 패러다임의 역사적 변동과정을 이해하는 것은 바로 조직관리이론의 족보, 즉 그 뿌리를 아는 것과 같다. 패러다임은 토마스 쿤(T. Khun)이 과학혁명(Scientific Revolution)이라는 그의 저서에서 이 용어를 정의하여 사용한 이후 단절적인 큰 사고방식의 변동을 의미한다.

뿌리가 없는 이론은 정체불명의 이론이 된다(비유, 길거리에서 주은 비싼 가격의 정체불명의 약). 이론의 뿌리는 환경변동으로 비롯된 문제인식이다. 환경변동은 문제인식을 낳고 문제인식은 패러다임(혹은 이론 및 기술)을 초래한다. 문제인식은 매우 중요하다. 필요는 발명의 어머니이다. (너무 호조건 환경에서 생활해온 어느 부자(富者)의 자식은 대체로 평소에 문제인식이 적고 또한 고민할 일이 없어 생각의 부족으로 그 머리가 비어버릴 수도 있다.) 조직관리 패러다임의 역사적 변동은 이러한 환경 및 문제인식과의 관련성을 파악한 것이다. 이론의 뿌리를 안다는 것은 그 이론의 환경 및 문제인식 및 그 이론의 주장자의 배경, 연구의 이유, 가치관 및 관점을 밝힐 수 있다는 것이다. 이와 같은 뿌리가 있는 이론은 그 이론의 정체가 분명해지며 그 적용조건과 한계를 알 수 있다.

(1) 근대이전 사회(Pre-industrial Society)

고대나 중세의 시대의 신분사회이다. 지배자는 피지배자에 대하여 생사여탈권의 절대권력을 행사할 수 있기 때문에 노동의 생산성에 대하여 고민할 필요가 없다. 노동의 성과 여하는 지배자의 자비와 잔인함의 차이일 뿐이다. 이 시대의 최대의 관심은 권력투쟁에서 승리하는 일이다. 그리하여 지배자가 신분을 향상시키는 일이다. 이 시대는 패러다임의 특징은 정치이론와 관리이론이 미분리 상태이다(Machiavelli 이론 관련).

(2) 과학적관리이론(Scientific Management theory)

1910~30년에 세력을 얻었던 학파이다. Taylor의 과학적관리론(Scientific Management) 저서로 체계화 되었다. 이 시대는 과학주의, 실증주의, 객관주의의 사상이 팽배한 시대이다. 이 독점자본주의 시대의 최대의 관심은 자본재생산을 위한 생산성, 능률성, 효율성이다. 이론의 가장 주요한 특징은 차별성과급제와 같은 강력한 경제적 인센티브와 치열한 개별경쟁이다. 이로서 개인목적과 조직의 목적이 통합될 수 있다고 보았다. 그 밖의 특징으로서 분업화, 표준화, 직장인제도(Foremanship)와 같은 작업과 관리의 분리, 개별경쟁가설, 사람의 구조에 대한 적응의 가설이다.

(3) 인간관계론(Human Relations)

1930~1950년에 등장, Mayor 교수팀의 호돈공장실험(Hawthorne Plant Experiment)을 계기로 나타났다. 이 시대는 수정자본주의, 세계대공황(Great Depression), 많은 재고(在庫) 상황, 유한생산(有限生産)의 특징을 갖으며 근로자들의 직무만족, 존재의미, 소외감 극복, 비공식조직 및 참여를 중시하며 과학적관리론과는 반대로 집단결성의 가설, 구조를 사람에게 맞추는 이론의 특성을 갖는다. 민주적리더십, 면담제도, 제안제도, 고충처리제도, 각종 종업원참가제 등이 이 때 등장하였고 오늘날까지 그 잔재가 남아 적용되고 있다. Maslow가 대표적인 학자이다.

(4) 상황이론(Situation Theory)

1950~70년 사이에 나타났다. 이 시대는 세계2차대전 직후이며 상황의 변동이 심각한 결과를 초래했다. 모든 의사결정에 상

황을 중시하는 경향이 생겼고 종합적 사고 및 유연성(flexibility)이 중요한 이슈가 되고 있다. 따라서 조직이론은 미시적이든 거시적이든 역시 상황을 중시하고 종합적으로 유연하게 대처하는 것이 요구된다. 미시적으로는 Hersey& Blanchard, Fiedler와 같은 리더십 상황이론, 그리고 거시적으로는 조직환경론이 중시된다.

(5) 비판이론(Critical theory)

1970~90년 사이에 등장, 이때는 유럽에 신좌파 사상이 팽배하고, Frankfurt학파의 사상에 영향을 받은 Student power가 불길처럼 번지던 시기이다. 이 패러다임은 기존의 과학적관리론, 인간관계론, 상황이론은 그 이론들이 아무리 정교하더라도 결국 궁극적인 관심은 노동자의 노동성과를 높이려는 시도라고 비판한다. 반면에 이 패러다임은 사용자의 배분의 공정성, 사용자의 지배의 정당성 그리고 사용자를 편드는 국가권력의 정당성 및 윤리성을 문제 삼는다. 따라서 조직의 공동체 의식, 조직의 대안(alternative)의 발견 및 노사관계가 주요한 이슈이다.

(6) 학습조직이론(Learning Organization theory)

1990년 이후에 리엔지니어링 경영혁신의 바람이 불 때 부터이다. 자동화, 정보화기술, 디지털 통신기술의 발달로 말미암은 급격한 환경의 변화와 관련된다. 소위 시간과 공간을 소모하는 조직이 급격히 사라진다. 새로운 환경 및 전략을 기준으로 원점에서 근본적으로 혁신을 해야 한다는 제로베이스이론이라고도 불리워진다. 혁신이 최대의 이슈이다. 이론으로는 주로 조직설계,

프로세스혁신(PI), BSC, ERP, Ubiquitous System 등이 관련된다.

6. 이론의 적용조건과 한계

각 패러다임이 시대의 환경의 변동에 따라 마치 정치나 연예계처럼 영향력의 피크에 달한 이후 점차 쇠퇴한다. 현재의 시점에서 보면 혼합(mixed) 된 다양한 패러다임의 관점을 접한다. 따라서 패러다임의 환경과 문제인식을 아는 것, 즉 그 패러다임의 생성 뿌리를 안다는 것은 그 패러다임의 적용조건과 한계를 파악하는 것이며 이는 곧 이론의 선택기준을 발견하는 것이다. 예를 들어, 재고가 쌓여 유한생산을 해야 하는 환경에서 어느 기업이 다른 기업의 능력주의인 신인사제도를 모방하여 채택하는 경우는 적용조건과 한계를 무시한 잘못된 것이다.

사회과학에서 모든 경우에 타당하게 적용되는 절대적인 원리는 없다. 모두 적용조건과 한계가 있다. 어떤 경우에는 옳지만 어떤 경우에는 틀린다. 이로서 이론이 옳은 가능성 즉, 타당성(validity)이 높아진다. 만병통치약이란 없다. 그리고 좋은 약은 아무리 그것이 비싼 약이더라도 그것이 무엇을 위한 약인지 그 적용 조건과 한계를 모르기 때문에 함부로 먹을 수 없는 것이다.

"고래도 칭찬하면 춤춘다"라는 말로 칭찬의 중요성을 이야기하는 경우가 있다. 이런 주장들은 그 칭찬의 적용조건과 한계를 밝히지 않고 말하는 것이기 때문에 진리의 가능성, 학문적 가치가 없는 명제이다. 어린아이에게 과도한 칭찬을 자기의 적성 및 재능에 대하여 오판하게 한다. 두 미녀 중 한 사람만 칭찬하면 다른 여성에 대한 모욕이 될 수도 있다. 형제 중 하나만 칭찬하면 서로 원수가 될 수도 있다. 성서에도 이 때문에 형 가인이 동생인 아벨을 질투하여 죽인 이야기가 나온다. 한 부서만 칭찬하면 상호 협조체제가 깨어진다. 칭찬도 특수한 경우에는 맞지만 많은 경우에 맞지 않는다.

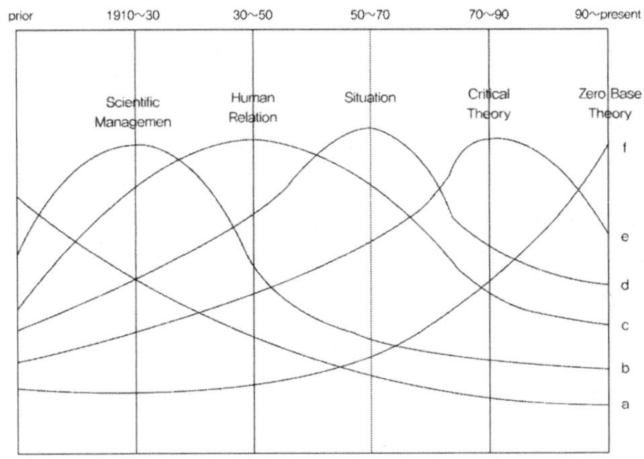

〈그림 2-3〉 Peaks(or turning points) of paradigmsand their mixed situation

패러다임의 뿌리를 알고 그 적용조건과 한계를 밝히는 것은 남 따라 하는 것이 아니며 스스로 판단하려는 것이다. 세상에는 크게 두 가지 의사결정의 접근이 있다. 스스로 성찰하고 판단하는 길과 대다수의 사람이 하는 방식으로 동조하여 따라하는 방법이다. 비즈니스 세계는 좁은문(narrow gate)이다. 모방적인 다수가 가는 길이 아니라 창의적이고 혁신적인 소수가 가는 길이다. 창업 후 10년이 지나면 88%의 다수는 망하고 12%의 소수만 남는다고 한다.

대학의 존재이유는 창의성과 비판 정신 즉 남 따라 하지 않는

지성을 기르는 것이다. 만약 이러한 지성이 없이 부화뇌동만 하는 인간들만이 모이면 무시무시한 사회가 된다. 또한 이런 정신의 상태면 거짓된 주장에 현혹되기도 쉽다. 예를 들면 히틀러 통치의 나치시대가 그러한 경우이다. 민주주의 및 투명사회는 스스로 생각하는 많은 사람들의 비판 정신 및 학문정신, 과학정신에서 비롯된다. 이는 대학의 존재가치 중 중요한 하나이다.

3장 : 연구방법론

1. 학문적 가치(과학)

앞의 논의에서 학문이 도움을 주는 측면은 크게 보아서 첫째, 시간, 노력, 비용, 위험을 줄이며 어떤 인식의 수준에 보다 쉽게 도달하는 효율성 문제, 둘째, 직접경험의 한계에 의한 고정관념이나 편견를 깨뜨리고 이를 초월하는 정신적 해방과 자유, 그리고 이를 통한 종합 인식의 형성, 셋째, 스스로 생각하는 자기성찰 능력, 분별력, 비판정신 및 지성을 길러주며 이로서 민주사회, 인권보장, 윤리 및 투명사회의 구현이 가능케 한다는 점이다. 넷째, 종합인식 형성에 의한 자아발달 및 인성교육에 도움을 준다.

이론 중에는 학문적 가치가 높은 이론이 있는가 하면 반면에 학문적 가치가 없는 이론이 있다. 학문적 가치란 그 이론이 옳을 가능성, 즉, 진리(眞理)가 될 가능성(可能性)을 말한다. 여기서 진리라 하지 않고 진리가 될 가능성이라고 '가능성'을 덧붙여 표현한 것은 인간 자체가 원래 불완전한 존재이기 때문에 인간이 완전한 진리에 도달하는 것은 근본적으로 불가능 하기 때문이다. 모든 이론은 언제나 반증(反證)될 가능성이 있다(예, 뉴톤의 중력이론을 뒤엎은 아인쉬타인의 상대성이론, 입자설을 비판하는 파장설 등). 진리에 관한한 인간은 언제나 확률의 문제에 직면한다. 완전한 진리는 신만이 주장한다. 그러나 인간이 인식하는 이러한 신의 존재의 진실성마저도 불확실하다. 따라서 인간은 다만 학문적 가치를 높이는 조건을 갖추어 진리가 될 가능성을 높이기 위한 최선을 다할 뿐이다. 그리고 그 진리를 추구하기 위하여 최선을 다하는 과정적 존재(過程的 存在)이며 그 과정이 소중한 것이다. 실무의 세계에서는 시간과 비용의 한계 때문에 이러한 학문적 가치를 높이는 요건을 충족시키는 절차 및 과정을 보다 생략하고 간략히 접근하는 경우가 많다.

과학은 학문적 가치를 높이는 방법이다. 과학은 르네상스를 거치면서 종교에 대항한 치열한 역사적 희생과 투쟁의 산물이다. 중세시대는 인류역사상 가장 비참하고 잔인하며 인권이 무자비하게 침해되는 암흑의 시대이다. 그리고 수많은 인간들이 바보가 되어 가는 사회이다. 비합리적, 비실증적, 비과학적인 사고가 만연한 종교가 지배하는 사회가 과연 어떠할지는 이미 중세암흑시대로서 충분히 그 대가를 치른 사회적 실험이 끝난 셈이다. 아직도 이 세상에는 과학적 사고와 비과학적 사고 사이의 치열한 투쟁이 진행되고 있다. 중세시대의 비과학적 암흑의 세상에서 오직 과학적 추구의 노력으로 근대사회의 밝은 민주적 세상으로 나아갈 수 있었다. 아직도 종교기관은 대체로 중세시대의 잔재라고 볼 수 있으며 대학은 근대사회를 열어가는 전위조직이라고 평할 수 있다. 종교와 대학은 근본적으로 속성상 물과 기름과 같이 합쳐질 수 없는 속성을 지닌다.

이치에 맞지 않거나 근거가 없거나 오류검증이 불가능한 내용을 믿지 않고 부화뇌동하지 않고 스스로 생각하는 능력이 중요하다. 만약에 이 사회에 스스로 생각하지 못하고 비판정신이 마비된 사람들만이 산다면 어떤 사회가 될까? 아마도 독일 히틀러 시대처럼 종교가 지배하는 사회도 역시 무시무시한 사회가 될 것이다. 아랍은 현대의 중세지역이라고 할 수 있다. 한 쪽으로 쏠림현상에 따라 모두가 하나같이 동조하는 사회는 그야말로 잔인한 사회가 될 것이다. 비판적, 과학적, 창의적 정신능력을 가진 사람들이 많아야 그 사회가 민주사회 및 인권이 보호되는 사회가 될 것이다. 이러한 정신능력을 키워주는 대학은 사회에 존재하는 또 하나의 주요한 가치요 이유이다.

2. 학문적 가치를 높이는 3대 요건

관점(perspective), 이론(theory), 연구방법론(methodology)은 학문적 가치를 높이는 3대 요건이다. 이론이 나타난 환경 및 문제인식에 대한 관점을 잘 밝힐 수 있고 개념의 설정, 명제의 진실성, 이론체계의 형성에 논리(logic)적 모순이 적고 또한 오류검증(falsification)을 할 수 있는 연구방법론이 잘 제시되어 있으면 그 이론이 진리가 될 가능성이나 옳을 가능성이 높은 내용, 즉 학문적 가치가 높은 주장이 된다. 모든 이론은 항상 반증(反證)될 가능성이 있으며(예, 뉴톤의 만유인력, 아인쉬타인의 상대성이론, 호킹스의 빅뱅이론의 관계), 인간은 원래 자체가 불완전한 존재이기 때문에 완전한 진리를 주장할 수 있는 위치에 있지 않다. 인간의 탐구하는 진리는 언제나 확률의 문제이다. 완전한 진리는 오직 전

지전능하다고 상정되는 신(神)만이 주장할 수 있다. 그리고 신의 존재의 진실성도 불확실하다. 인간은 단지 학문적 가치를 높이는 조건을 갖추어 진리를 향하여 최선을 다하는 과정에 있는 존재일 뿐이다. 모든 인간의 지식은 확률의 부분을 포함한다. 이러한 학문적 가치를 높이는 3대 요건을 충족하는 것이 이 최선을 다하는 과정이다. 이것 외에 진리에 가까이 도달할 대안이 없다. 그러나 실무의 세계에서는 시간과 노력의 한계 때문에 이러한 학문적 가치를 높이는 요건과 과정을 생략하고 간단이 접근하는 경우가 많다.

(1) 관점(perspective)

이념, 가치관, 연구자의 배경, 이론의 뿌리, 이론이 나타난 환경변동 및 문제인식, 패러다임, 학파를 최대한 밝힐 수 있을 것.

관점은 이론의 적용조건과 한계(applying condition)를 알고 적용에 알맞은 선택기준을 발견하는데 도움이 된다.

(2) 이론(theory)

개념(concept)의 범주(category)의 확실한 설정, 명제(가설)의 증명, 논리전개(연역법, 귀납법, 삼단논법, 논리학, 집합논리 등), 이론구성에 있어서 최대한 모순이 없을 것. 논리성(logic)의 문제이다.

(3) 연구방법론(methodology)

논리실증주의, 해석학주의, 비판주의로 나눌 수 있다. 실험, 서베이(survey), 면담(interview), 단서(cue), 사례연구(case study), 문헌연구, 해석, 창의성 등의 방법들이 있다. 연구방법론은 이론의 오류검증 (falsification)을 가능케 한다.

고대문헌 중 손자병법, 오자병법, 한비자의 형명참동(刑名參同) 사상 등은 아무리 해박하고 그럴듯한 plausible이론을 제시하여도 오류검증이 되지 않는다. 반면에 Festinger의 인지부조화이론(Cognitive dissonance theory)은 그의 실험의 반복실험 및 재해석으로 현대심리학인 인지심리학 등장의 중요한 계기가 되었다.(예, Milgrom의 복종실험도 마찬가지)

3. 연구방법론

연구방법론(Methodology)는 연구대상으로부터 인식 내용을 이끌어 내는 철학 및 심리학의 인식론(認識論)문제(Epistemology)와 연결된다. 지식은 어디서부터 오는가? 지식은 어떻게 얻어지는가? 연구방법론은 크게 논리실증주의, 해석학주의, 비판주의 셋으로 나누어 볼 수 있다.

(1) 논리실증주의(Logico-posotivism)

근대학문의 태동이 시작을 하게 되는 계기가 되었다. 많은 학문이 철학으로부터의 분리할 때 주장한 근거이다. 이는 논리와 실증을 중시하고 신화와 맹목적 믿음의 성격을 학문에서 배제시켰다. 학문을 새롭게 재구성하는 계기가 되었다.

논리실증주의는 인식 내용이 그 대상과 일치되면 될수록 진리추구라는 입장이다(인식 = 대상). 이를 실현하는 방법으로써 실험(experiment), 질문지에 의한 서베이(survey), 면담(interview), 단서(cue), 참여자 관찰(participant observation), 사례연구(case study), 2차

자료를 위한 문헌연구(literature) 등을 통하여 가설 검증한다.(예, 꽁트의 사회학, 스키너의 행태주의 심리학 등)

(2) 해석학주의(Interpretation)

진리는 의미를 추구함으로 그 정체가 더욱 드러난다. 인식내용을 대상과 일치시키려고 객관적 사실위에 해석의 부분을 더욱 추가한 것이다. 즉 해석을 통하여 진실한 실체를 파악할 수 있다. 예로서, 연인이 준 만연필과 시장에서 산 만연필은 같은 가격의 같은 상표라 하더라도 본인에게 소중한 가치는 다르다, 장미꽃도 마찬가지이다. 세계적인 명산(名山)이 개발되어 없어지는 것보다 고향의 무명의 작은 동산이 사라지면 더 가슴이 아프다(예, 시리아의 내전의 비극과 집의 애완용의 사망의 비교). 이러한 사건들은 해석을 해봐야 나타나는 현상이다. 그리고 인간의 언행은 이러한 해석의 결과에 따라 매우 크게 영향을 받는다. 문학과 예술은 이러한 의미추구의 해석적 방법으로 진리을 추구하는 매우 유용한 접근이다. 근거, 논리, 증명의 논리실증주의 만으로는 인식의 세계가 너무 좁아진다. Levi Straus로부터 발달한 구조적 종합적 사유의 인식방법도 이 해석학 주의와 관련된다. 논리실증주의는 "관계의 구조적 특성"을 파악하는데 한계가 있기 때문이다. 그리고 해석학 주의는 일반적으로 사랑과 미움, 그리움, 동경, 공포, 희망 등은 사물에 대한 강한 정서와 의미를 제공한다. 시, 수필, 소설, 미술, 조각, 음악, 춤, 연극, 영화 등은 논리적인 방법으로 설명할 수 없는 대상의 정체와 진실을 보다 잘 드러내는 현실재구성의 방법들이라고 할 것이다. '시와 진실', '음악과 진실'이라는 말도 이러한 맥락에서 이해될 수 있다. 그리고 그 해석 및 그 표현의 기법에 따라 그림의 경우 사실주의, 낭만주의, 인상파, 추상파 등으로 나누어 질 수 있다. 그러나 이러한 정서와 의미는 마치 구름이 모였다 흩어지는 것처럼 변화무쌍하다.

그리고 문화는 인간을 둘러싼 해석체계의 환경이다. 해석의 과정에는 당연히 사람들의 기존의 관점 및 가치관이 개입하게 된다. 현상학(phenomenology)은 주관적 해석을 통하여 사물이 인식된다는 입장이며 객관적인 과학이란 불가능하고 문화의 산물이라고 주장한다. 인류가 추구할 수 있는 객관성(objectivity)이란 기껏해야 간주관성(間主觀性, inter-subjectivity)일 뿐이라고 본다.

반면에 종교는 논리실증주의를 너무 무시했기 때문에 인류의 커다란 불행과 비극을 초래한 중세의 암흑시대를 낳았다.

(3) 비판주의(Criticism)

현실의 대안(代案, alternative)을 찾아야 진리라는 생각이다. 새로운 방향을 찾거나 창의성을 발휘하는 문제이다. 현실을 있는 그대로 들여다 보아서는 진리를 알 수 없다는 사고방식이다. 왜냐하면 현실은 문제투성이기 때문이다. 진리는 인식과 대상을 일치시키지 않는 곳에서 발견된다는 입장이다. (인식 ≠ 대상). 현실에 너무 집착하면 눈 봉사처럼 된다. 어느 남자에 푹 빠진 여자는 그 남자를 잘 모를 수도 있다. 비판적인 정신, 비판적인 눈으로 그 남자를 볼 때 더 진실한 면을 볼 수 있다. 종교는 논리실증주의나 해석학주의로 접근 하는 것이 아니라 현실을 비판하며 이를 벗어난 내세의 세계, 이상(理想)의 세계를 추구하는 지식체계라고 볼 수 있다.

4. 다각도 접근(Multi-approach)

남의 말도 다양하게 듣는 것이 보다 더 지혜롭다. 리더는 하나의 정보채널 보다는 다원적인 통로가 더 도움이 된다. 옛날 이승만 대통령시대는 여기에 실패하여 4.19혁명이 일어났다. 사람들은 단일의 단서나 단일의 자료, 단일의 정보로 판단함으로 큰 실수를 저지르기 쉽다(예, 영화 불새). 연구방법론도 다각도 접근이면 결과의 진리가 될 타당도(validity)가 더욱 높다. 그리고 연구자, 연구장소, 연구 시기 등의 다각도도 그 타당도를 높이는데 기여한다.

5. 상관관계와 인과관계

인과관계(因果關係, causality)가 있으면 모두 상관관계(相關關係, correlation)가 있다. 그러나 상관관계가 있다고 해서 모두 인과관계도 있는 것이 아니다. 상관관계는 인과관계를 포함한 더 넓은 범주이다. 따라서 인과관계는 상관관계의 부분집합이다. 좁은 의미에서 과학성은 인과관계를 순수하게 밝힐 수 있을 때 높다고 한다. 비유적으로 과학성이라는 순금(純金)은 인과관계이며 상관관계는 다른 비과학적인 불순물이 섞인 합금(合金)이라고 볼 수 있다.

실험은 인과관계를 밝히는데 가장 적합한 방법이다. 실험대상과 비교대상을 최대한 동일하게 한 다음 실험대상에만 어떤 변수의 변화를 가한다. 이러한 실험상황을 만드는 것은 독립변수의 조작이외의 제3의 변수가 개입할 여지를 원천적으로 봉쇄하는 변수통제(variable control)의 의의가 있다. 그리고 양 대상의 결과의 차이가 나타나게 되면 이 차이의 결과는 바로 실험대상에 변수 조작한 그 원인 때문이라고 파악하는 것이다(예, 콩나물 키우는 비유). 실험이 사람을 피험자로 대상을 삼을 경우에는 요구자특성(demand characteristics) 때문에 그 실험결과가 오염될 가능성이 있고 또한 실험 상황의 조작이 어렵고 비용이 많이 들어가는 단점이 있다. 따라서 비록 과학성은 떨어지나 실험을 대신하여 가설검증을 하기 위하여 질문지(questionnaire)를 작성한 서베이(survey)의 방법을 많이 사용한다.

그러나 서베이에 의한 상관관계를 인과관계로 해석하면 안 된다. 왜냐하면 독립변수와 종속변수 사이에 아무런 인과관계가 없음에도 불구하고 제3의 변수의 개입으로 상관관계가 나타나기도 하기 때문이다.(비유, 학(鶴)의 수(數)와 아이 수, 소방서와 화재사건, 병원과 사망자).

6. 동서양 연구경향의 차이

미국 등 서양과 같은 중심국에서는 가설검증 및 분석적 방법에 치중하나 우리나라나 동북아시아의 여러나라들 처럼 반중심국 혹은 주변국에서는 해석학적 방법 혹은 종합적 접근이 요구 된다(Nam,1910, p.2196).

〈표.3-1〉 Different academic trends between USA and S.Korea

partition	USA climate	S. Korea climate
Focus	cutting-edge	comparison
theory	theory-creating	theory-applying
interests	partial task-oriented micro approach improvement	whole strategy-oriented macro approach innovation
methodology	survey for general data, statistic analysis	case study for exceptional trial and error, interpretation
variable objects	separate correlation or causality	multi-concurrent variables
approach	vertical, specific functional specialty	horizontal, broad inter-disciplinary
behavioral patterns	making papers toward famous journals	solving problems for our real world

7. 칸트의 인식론 보완

1) 인식론에 관한 모든 논의는 이를 총 집대성한 칸트의 사상을 빼버리면 단지 파편적이고 수박 겉핥기식의 아집에 떨어질 우려가 있다. 임마뉴엘 칸트(Kant)는 1724년에 태어나 1804년에 임종했다. 그의 대표적인 연구는 비판서 3권에 나타나 있다. 순수이성비판(1781년), 실천이성비판(1788년), 판단력비판(1790년)이다. 그는 철학사의 가장 비중 있는 거인이라 할 것이다.

그러나 그는 약 250년 전에 활동했던 학자이기 때문에 그의 이론이 아무리 위대하다 하더라도 오늘날 우리에게 도움을 주기에는 얼마의 보완이 불가피 하다고 하겠다(이는 마치 에디슨이 발명한 전화기를 오늘날 그대로 쓸 수 없는 것과 마찬가지이다). 필자가 의미있는 내용을 다음과 같이 나름대로 정리하고 보완하여 보았다.[7)]

<table>
<tr><th>인간 능력의 특장</th><th>대상구분</th><th>인식 특성</th><th>선험법칙</th><th>주요 경험</th><th>후속결과</th><th>칸트의 비판서</th><th colspan="2">통합현상</th></tr>
<tr><td rowspan="3">이 성</td><td>자연현상 (인과율, 비의도)</td><td>지성</td><td>실제규정법치 양, 질, 관계, 양태)</td><td>개념</td><td>현상-감관 -대상(자연,공작물)</td><td>순수 이성 비판</td><td></td><td rowspan="3">종합 (인격완성 방향)⑥</td></tr>
<tr><td rowspan="2">자유 (상상력, 의도, 상징사용①)</td><td>오성</td><td>도덕법칙 (최고선, 神②)</td><td>욕구 능력</td><td>의지-행위 -역사성</td><td>실천 이성 비판</td><td rowspan="2">행복 ⑤</td></tr>
<tr><td>유기체 (원인성, 시스템 ③)</td><td>주관적 보편성</td><td>미(美), 합목적성, 사랑 (우정)④</td><td>예술작품 창작 및 판단, 의미부여, 사람선택</td><td>판단력 비판</td></tr>
</table>

① 상징사용에 의한 재구성 능력, 재창조능력, 자의식 발달.

② 칸트의 종교관-도덕적으로 요청되는 신, 만들어진 신.

다른 신관 ; 실재론과 우주론 – 어느 경우든 초월적 성격이 경험적 세계로 진입하는 모순

전체존재론 - 이 세상의 잔학성 추한현상을 포함한 부도덕한 신

전체당위론 – 이 세상을 이상적으로 바꿀 능력이 없는 무능한 신

부분당위론 – 역시 무능한 신

부분존재론 – 무능 및 부도덕한 신

신의 발견 – One total system이론,

비존재를 제외한 존재하는 모든 것을 포함하

7) 백종현 교수가 옮긴 Immanuel Kant(1724-1804) 저서의 번역서 「순수이성비판1」 2014, 「순수이성비판2」, 2014, 「실천이성비판」 2012, 「판단력비판」, 아카넷, 2013의 전권을 정독 후 참고.

는 큰 우주국가와 같은 것.

전체와 부분 속성의 공존, 당위와 존재가 공존.

비의도적 존재로서 세상의 구조의 법칙이나 운영의 원리 그 자체, 개인의지와는 무관

③ Open system 속성으로 추가 설명

④ 진실한 인간관계 경우를 보완함

⑤ 진정한 품격 있는 행복.

⑥ 眞.善.美.를 지향하는 신의 정체는 아카페적 사랑.

전인교육 및 종합인식의 중요성 추가, 철학의 영역과 직결.

2) Field theory의 사고방식 제안

사람의 마음의 상태에 여러 가지 영향력이 경합한 결과로서 행동으로 나타난다는 입장이다.

칸트를 통하여 기존의 동기유발이론의 편협함을 반성해 봐야 할 것이다. field의 관점에서 각 영향력을 단편적이 아니라 종합적으로 봄이 옳다고 본다.

- 유전적 특징
- 성격
- 인지구조
- 능력에 대한 인식
- 세뇌 혹은 습관
- 타인에 대한 대인지각
- 신의 최고선, 도덕의지

- 사실 확인
- 인과율
- 자유로운 상상력
- 주관적 판단
- 이해관계
- 육체적 욕망 혹은 쾌락
- 문화, 의미

4장 : 자유시장경제체제의 도래와 기업환경의 변동

우리는 구소련 및 대우그룹의 갑작스러운 붕괴를 보고 놀란 적이 있다. 그렇게 큰 조직도 무너진다. 그러므로 소기업이나 개인은 마치 폭풍을 치는 태평양 바다를 해쳐나가는 일엽편주(一葉片舟)와 같다. 오늘날의 조직 환경은 매우 소용돌이 치고 있다. 이제 환경에 대한 논의를 전제하지 않고는 리더십 및 조직전략, 그리고 조직에 대한 성격 및 특징, 바람직한 유형 등에 대한 논의가 근본적으로 불가능 하다. 이러한 사고방식은 상황이론과 관련이 있다.

1. 생산양식(mode of production)의 대변동

1) 역사성(Historicity) 연구

역사성은 역사를 변화시키는 힘의 원천에 대한 연구 주제이다. 그 내용은 대체로 다음 4가지로 정리된다.

① 문화변동 – 종교, 이념, 가치관 등 상부구조의 변동이다(M. Weber, Parsons 등).

② 전쟁, 혁명, 계급투쟁, 이해관계의 갈등 – 사회변동이 하부구조에서부터 파문처럼 상부구조로 파급된다. 이는 마치 호수에 돌덩어리 던져 파문이 퍼져 번져가는 경우와 흡사하다. 20세기의 사회변동을 잘 설명한다.

구조변동 – 제도 – 행위변동 – 생각 및 가치의 변동(K.Marx, Daredorf 등).

(예, 아랍은 현대의 중세지역이라고 할 수 있다. 리비아의 정부군 반정부군 사이의 힘의 대결 여하에 의한 사회변동).

③ 자연환경의 변동 - 가뭄, 홍수, 화산, 질병,

(예, 기우제, 화산과 관련된 발해 멸망, 흑사병에 의한 중세의 전쟁).

④ 기술혁신 - 컴퓨터, 생명공학, 우주항공 등이다. 이 중 특히 컴퓨터는 정보통신, 인공지능, 로봇, 자동화 등에 영향을 미치며 경제적 생산성 향상 및 새로운 조직설계와 밀접하게 관련 된다. 그리고 자본이 스스로 자본을 재생산하는 생산양식의 대변동을 초래하게 된다. 21세기 사회변동을 잘 설명한다.

2) 생산양식(Mode of Production)의 대변동

자동화 정보화로 말미암아 “자본이 스스로 자본을 재생산”하는 생산양식의 대변동은 노동이 자본으로 바뀌는 결과이다. 즉,

'생산 = 자본 ×노동'에서 '생산 = 자본 ×자본'으로 바뀜.

이는 공교롭게도 유전공학의 발달로 인하여 동물이 새끼를 생산하는 과정과 흡사하다. 새끼가 수컷 없이도 암컷의 난자와 암컷의 체세포의 결합으로 생겨난다.

'생산 = 암컷×수컷'에서 '생산 = 암컷×암컷' 으로 바뀜.

3) 생산양식의 역사적 변동

근육사용 - 동력화 - 기계화 - 자동화 – 정보화

이러한 생산양식의 역사적 발전 과정은 경제발전 및 국력증대의 방향이다. 처음에는 사람이나 가축의 근육의 힘으로 생산을 하였다. 그러나 동력화는 엔진의 발명 및 사용으로 대영제국의 세계의 제패가 가능하였다. 영어의 세계화, 함선에 엔진 탑재, 수공업에서 공장공업으로의 변환되는 도움이 작용하였다. 기계화는 미국, 독일의 경제 발전에 큰 기여를 하였고 자동화는 일본의 시장 확대와 자본축적을 가능케 하였다. 이때 축척한 일본의 대외자산은 매우 방대하며 IMF위기 혹은 글로벌 금융위기 때에도 대안이 충분하여 탁월한 대처 능력을 보유하고 있음을 보여주었다. 정보화는 현행 미국, 한국이 주도한다고 보아지나 아직 미지의 무한한 미개척의 세계이다.

이러한 생산양식의 역사적 발전 과정은,

첫째, 노동생산성 증가과정이며,

둘째, 노동력절약과정으로 무인공장이 가능해지며 그 과도기에는 극소수의 고임금 고급인력만이 존재하며, 노동은 즐거운 게임, 쾌락이 되며, 임금학설의 변동이 생긴다. 종래의 한계생산비설에서 벗어나 그 대신 기회포기설 같은 개념이 나타난다. 기업내의 노사갈등이 점차 줄어지고 유직자 무직자 사이의 사회갈등으로 변환하며 오늘날 비정규직 노사문제도 그 맥락 중 하나라고 할 수 있다. 유직자는 자본가와 거의 이해관계를 같이하는 입장이 될 것이다. 앞으로 실업자(失業者)동맹과 같은 조직이 두드러지게 나타날 것이다. 비정규직 노동운동은 이러한 현상에 전조(前照)이다. 노동가치설이 붕괴될 것이다.

셋째, 자본장비율(투하자본/1인당)의 증가과정이다.

4) 노동가치설

Ricardo가 주장했으며 "노동이 가치를 창출한다"는 주장이다. 이는 자본주의와 사회주의 차이의 핵심 부분이라고 할 수 있다. 즉, 노동가치설을 이해하지 못하면 자본주의와 사회주의 사이의 근본저인 차이를 결코 알 수 없다고 말하기도 한다.

① 자본주의 - 노동가치설의 소극적 해석, 다른 생산요소와 함께 노동도(also) 가치창출, 시장메카니즘 중시, 각 생산요소의 기여도는 시장의 가격으로 판정된다.

② 사회주의 - 노동가치설의 적극적 해석, 노동만(only)이 가치를 창출한다. 죽은 노동의 가치창출은 이미 자본재로 바뀌었으며 단순히 재화사이에 가치이동만 할 뿐이다. 오직 현

재 살아있는 노동자의 활동에 의한 산 노동만이 새롭게 가치 창출을 하며 이 때의 잉여물은 오직 살아있는 노동자에게 귀속되어야 한다고 본다. 시장메카니즘은 이러한 잉여물 배분을 왜곡시키므로 국가공권력에 의한 시장억제 및 계획경제의 실시로 이를 바로 잡으려고 한다. 그러나 사회주의국가는 이러한 과정에서 공권력의 불평등에 의한 자원배분의 불평등의 모순을 잉태하고 있다.

20세기는 흔히 '전쟁과 혁명의 세기'로 수많은 사람들이 희생되었다. 이때 바로 이 노동가치설을 두고 그 노동의 기여도를 소극적으로 해석하는 자본주의와 적극적으로 해석하는 사회주의 사이의 치열한 갈등과 충돌이었다고 볼 수 있다. 그러나 21세기에 들어와 생산양식의 대변동으로 노동가치설이 붕괴되고 자본이 스스로 자본을 재생산하는 양상을 보이게 되었다. 앞으로 생산은 자본과 노동의 결합이라는 경제학의 서론부분이 다시 쓰여 져야 할 것이다. 즉, 21세기에는 점차 "생산 = 노동×자본"는 틀렸고 오히려 "생산 = 자본×자본" 가 옳은 방향으로 점차 변동되고 있다.

2. 자유시장경제체제의 도래

1) 경쟁력의 해외 팽창

자동화 정보화의 발달로 인한 생산양식의 대변동으로 가령 노동이 1/3이 필요하면 국내적으로 실업자 발생, 정국불안을 야기할 가능성이 높다. 따라서 이러한 경우의 각 나라 정부는 자국의 경쟁력을 해외로 내 보내면서 문제를 해결하려고 시도한다. 즉 해외로 진출하려는 압력을 받게 된다. 만약 이 때 그 경쟁력으로 해외의 판로가 9배나 증가가 되면 오히려 인력부족 및 임금상승의 현상이 생긴다. 이렇게 해외로 진출하려는 자유무역을 주장하는 입장이 선진국 현상이라고 말할 수 있다.

1/3 노동력 x 9 배 판로 = 3 배의 노동력 필요

일반적으로 선진국은 해외시장개척을 위하여 자유무역주의를 주장하는 반면 후진국은 자국의 산업을 지키려는 보호무역주의를 옹호하는 경향이 있다. 제국주의론에 의하면 이러한 선진국의 해외팽창이 식민지 선점을 위한 세계전쟁으로 처음 터진 것이 제1차 세계대전이며 늦게 통일한 독일과 자본주의 발달이 급속이 이루어진 이태리, 일본이 연맹하여 기존의 식민지를 쟁탈하여 그 분할을 바꾸려고 충돌한 것이 제2차 세계대전이라고 보고 있다.

경제체제는 3 종류가 있으며 자유시장경제체제, 관리경제체제, 폐쇄경제체제로 나눌 수 있다(그림 4-1의 비유, 항구의 방파제). 오늘날은 20세기 때처럼 군사력과 전쟁으로 식민지쟁탈 전쟁을 하지는 않지만 여전히 선진국에 의한 자유시장경제체제 질서의 확대를 시도하고 있다. WTO(World Trade Organization)는 이를 위한 다자간(多者間) 협정이며, FTA(Free Trade Agreement)는 더 시장통합의 심도가 높은 양자간(兩者間) 협정이다. 자유시장경제체제

는 지구전체가 마치 국내의 시장처럼 국경에 의하여 구분되거나 차별되지 않는 하나의 시장으로 통합으로 나아가는 것이며 이로서 경쟁력 있는 재화, 기술, 자본 등이 자유롭게 유통되게 하는 것이다(단, 인력의 자유로운 유통은 예외로 하고 있다). 자유시장경제체제에 편입된 국가들은 수입물품의 제한 금지 품목을 풀고 또한 관세장벽을 철폐하고 정부의 수출 및 금융지원을 자제하게 된다.

따라서 자유시장경제체제의 도래는 바로 전 세계를 하나로 통합시키는 글로벌라이제이션(globaliation)을 초래하며 그 성격상 무한경쟁(無限競爭)의 시대가 도래함을 의미한다. 구소련과 동구유럽 오늘날의 북한은 폐쇄경제체제이다. 구소련은 고르바초프 시대에 개방 및 개혁을 너무 갑작스럽게 하는 바람에 외부의 제반 국제경쟁력의 물결에 국내의 계획경제체제가 망가져서 나라가 붕괴되는 경험을 한 바가 있다. 중국은 이러한 선례를 거울삼아 수용할 수 있는 능력만큼 점진적으로 개방을 함으로서 경제를 성공시켰다. 북한은 지금 경제위기 때문에 개방의 필요성은 있으나 그 국제경쟁력의 물결을 감당할 수 없어 정권유지 및 안보상 이유로 여전히 폐쇄경제체제를 유지하고 있다.

우리나라는 IMF외환위기 때에 아무 곳에서도 외환을 빌릴 수 없는 다급한 처지에서 IMF에서 외환을 차용하면서 자유시장경제체제인 WTO를 받아들인다는 조건을 수락하였다. 외환의 고갈로 국가가 부도나면 석유수입이 불가능하여 교통, 통신, 전기의 체제가 마비되고 원자재수입이 힘들어 거의 모든 공장이 정지하여 일거리가 없는 근로자들이 거리로 모여들게 될 것이다. 정권유지차원에서 이러한 상황은 극복하지 않을 수 없다. 우리나라는 자유시장경제체제를 받아들이는 동시에 알짜기업, 토지, 건물 등을 대거 해외자본에 매각함으로 외환위기를 극복하였다. 금모으기 운동도 도움을 주었다(만약 이러한 위기 때에 일본이 독도를 양도하는 조건으로 돈을 빌려주었다면 우리가 어떻게 되었을까 의문이다. 아찔한 과정이 아닐 수 없다).

자유시장경제체제하에서 국제적 거래관계가 심화됨에 따라 국제적으로 빈익빈 부익부가 더욱 심화된다. 중상시대 및 산업시대를 거치면서 국제적인 부(富)가 후진국에서 선진국으로 옮겨오게 되며 국제적 중심부에는 자본의 덩어리가 마치 눈덩이처럼 점점 커지게 된다. 반면에 가난한 나라들은 원자재, 노동, 환경, 마약, 섹스, 장기를 대개 순차적으로 판매하게 되는 비극적 악순환을 밟게 된다.

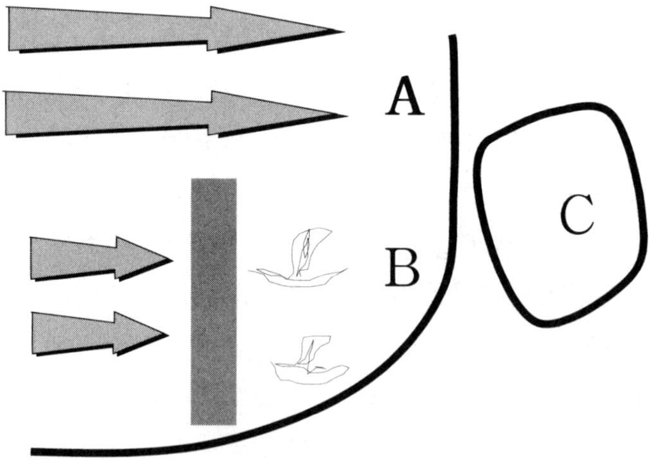

〈그림 4-1〉 경제체제의 3 종류

3. 금융거래의 시대

재화의 거래보다 금융의 거래가 자본재생산에 더욱 효율적이다. 정보기술의 발달로 자산의 부가가치 창출을 더욱 빠르게 증가시키는 금융자본의 거래를 선호하는 경향을 보이고 있다. 세계사는 중상주의, 제조산업주의, 금융산업주의 시대로 점차 바뀌고 있다. 이미 선진국은 많은 2차 산업인 제조업을 개발도상국이나 후진국으로 넘기고 부가가치가 높은 3차 산업인 금융산업을 위주로 재편되고 있다. 과거에 금덩어리, 금화, 지폐덩어리 수송 및 보관은 재화의 수송 보관과 마찬가지로 비용, 위험도가 높았다. 정보통신기술의 발달은 거래를 빛의 속도로 가능하게 한다. 따라서 거래로 말미암은 잉여물의 축적도 지금은 역시 그 속도가 매우 빠르다. 불평등이 가속도가 붙은 듯 더욱 급속히 심화되며 이러한 금융모순 때문에 제 2의 프롤레타리아 혁명의 조짐까지 보인다. 동시다발적인 세계적인 군중의 저항이 나타난다.

오늘날 세계적인 불평등 구조의 심화 현상은 크게 세가지 원인으로 정리할 수 있다. 첫째, 자동화, 정보화로 극소수의 고임금 고급인력만이 필요하고 나머지는 실업상태가 되기 때문에, 둘째, 자유시장경제체제의 도래, 즉 Globalization 시대의 무한경쟁으로 대대적인 산업구조의 재편 때문에, 셋째, IT기술로 말미암아 빛의 속도로 자본재생산의 효율성이 가속화되는 금융거래의 시대의 도래 때문이다. 국가는 이러한 불평등구조를 시정하기 위하여 민생주의에 입각한 적극적인 복지정책 수행이 주요한 한 역할이 된다. 금융정보화시대에는 시장메카니즘 보다 이러한 시장의 틀을 형성하는 경제환경, 룰, 조직적 정책 혹은 조작 등이 더욱 경제적 성패를 좌우한다(필자의 책, "글로벌 금융위기", "조직행동경제학과 글로벌 금융전쟁" 참조).

4. 새로운 경제학의 탄생(조직행동경제학)

오늘날의 급변하는 환경에서의 경제현상을 설명하거나 예측하는데 기존 경제학의 한계가 있다. 그리고 최근에 기존의 경제학의 무능에 대한 비판의 목소리가 높다. 그러나 기존의 경제학이 가치가 없는 것이 아니라 그 경제학 이론의 적용조건과 한계가 시대의 변동에 따라서 많이 달라져 그 이론을 적용하는 가정이 붕괴되었기 때문이라고 볼 수 있다.

기존의 전통경제학은 거시든 미시든 수요, 공급, 가격, 경쟁의 4가지 요소가 작용하는 마켓에 의하여 설명하였다. 그러나 이러한 마켓을 둘러싼 배경이나 룰이 달라지면 그 마켓의 속성이 달라지며 개별 주체들의 경제적 성패도 달라지게 마련이다. 이는 마치 운동경기를 할 때 링 밖의 심판규칙, 심판자, 경기시간, 대전표작성 방법, 경기장소, 경기장 수준 등의 조건에 따라서 승패가 엇갈리게 되는 것과 흡사하다. 경제가 시장의 문제가 아닌 이를 둘러싼 역사적, 문화적, 구조적, 제도적, 전략적으로 결정되는 현상을 설명하는 경제학을 조직행동경제학이라고 정의한다(조직행동경제학, 서론). 조직행동경제학은 미시적으로 작전세력들의 탐욕, 전략, 이해관계, 단합, 권력, 리더십, 조직행동 등과 거시적으로는 국제금융재벌세력, 화폐발행, 유동성 조작, 블록경제, 파생상품개발, 지하경제움직임, 국가재정금융정책, 조약,

협약 등을 살펴보는 것이다.

전통적 경제학인 시장결정경제학은 반환원주의의 구성의 모순이라는 필요성에 따라서 미시시장결정경제학과 거시시장결정경제학으로 나누어져 연구되어 왔다. 우리가 이를 흔히 줄여서 미시경제학과 거시경제학으로 불러왔다. 조직행동경제학도 미시조직행동경제학과 거시조직행동경제학으로 나눌 수 있다. 미래의 경제학을 이와같이 4영역으로 접근할 필요가 있다.

5. 기업환경의 변동

생산양식의 대변동과 자유시장경제체의 도래로 기업의 경영환경이 크게 변동하고 있다. 특히 경기변동의 심화로 불확실성의 증대, 각종 시장의 확대, 공급과잉의 일반 상황으로 특징지을 수 있다.

1) 경기변동의 심화(불확실성의 증대)

불확실성은 주로 변동성과 복잡성의 두 요인이 주로 작용하여 야기되는 상황이다. 스피드(speed), 신축성(flexibility, 유연조직, 권한위양), 네트워크(network, 상부상조), 위험회피(보험, insurance)의 필요성이 제기된다.

2) 시장의 확대

자본시장, M&A시장(Merger & Aquisition, 기업거래시장), 지식 및

기술노동시장의 폭과 깊이가 확대된다.

첫째, 자본시장에는 외국자본의 거래량이 더욱 많아지고 가격변동폭도 더욱 극심하게 되었다.

둘째, M&A시장은 의미상으로는 기업거래시장의 활성화이며 이로서 가치경영(VM, Value-based management)이라는 새로운 경영패러다임의 출현과 밀접한 관련이 있다.

셋째, 종단적 노동시장의 발달로 회사의 연봉제(annual salary)로의 보상체제의 변동이 생긴다. 보상체계는 연공급, 직무급, 직능급, 성과급의 넷으로 구성되어 있다. 연봉제는 직능급원리와 관련되며 노동시장과 임금가격을 전제로 한다. 연봉제는 회사가 꼭 필요한 능력있는 기술인력을 유치하기 위하여 보다 경쟁력있는 임금조건을 제시하며 이들에게 임금을 몰아주기 위한 보상체계의 혁신이다.

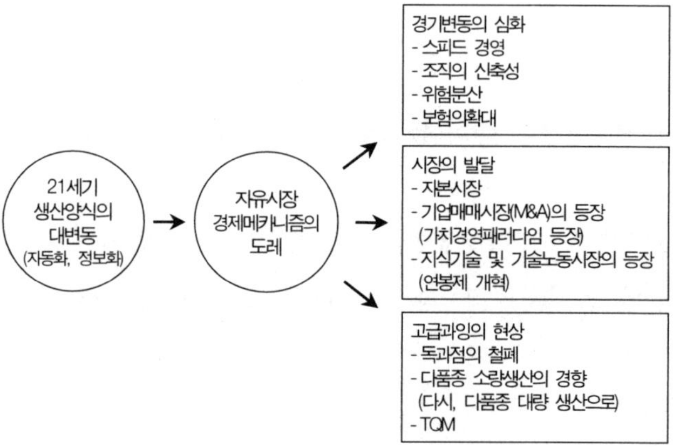

〈그림 4-2〉 생산양식의 대변동과 자유시장경제메카니즘의 도래

3) 공급과잉

고객만족, 고객감동의 전략이 필요하다. 고객으로부터 더 인정을 받기 위하여 TQM(모두 경영이다, 품질, 가격, 납기, A/S, 디자인, 친절, 기업이미지 등)와 다품종대량생산(CAD/CAM, FMS, CIM SI(ERP), Marketplace)의 전략이 필요하다(예, 기동성 있는 군사력에 비유).

6. 가치경영의 시대

1) 가치경영 개념

자유시장경제체제의 도래와 M&A 시장의 도래로 새로운 경영패러다임이 나타났다. 전통적 경영패러다임을 대신하여 새로운 경영패러다임인 가치경영이 등장하였다. 전통적인 경영은 기업을 매매하지 않는 영구기업으로 전제하기 때문에 경영자가 할 수 있는 일은 주로 이익창출을 위하는 것에 국한된다. 그러나 새로운 기치경영은 기업 전체의 가치를 증가시키는 활동이기 때문에 전통적인 경영을 포함하여 더욱 넓은 범위의 역할이 경영자에게 요구된다. 즉 가치경영은 더 넓은 경영개념, 당기 순이익을 초월한 기업전체의 가치를 창출하려고 한다. 경영자는 기업의 가치를 높이기 위하여 경영을 하지만 언제나 그 기업을 기업매매시장에 높은 가격으로 팔 것을 전제로 하는 것이다(비유, 묘목장사). 기대이상의 가격을 받을 수 있으면 그 기업을 팔고 그렇지 않으면 계속 그 기업의 가치증식을 위하여 경영자가 노력하는 것이다. 기업의 가치는 흔히 시가총액으로 계산되기도

하지만 더 정확한 것은 구매가 가능한 오퍼(offer)가격이다. 전통경영은 가치경영의 부분집합에 해당된다.

2) 4 영역의 BSC

이 가치경영은 하바드 대학의 Kaplan 교수팀이 그 새로운 가치경영의 패러다임의 실현방법인 BSC(Balanced Scorecard)의 경영혁신 방법을 제시함으로서 크게 부각되었다(Kaplan, R. S. & Norton D. P. 1992). 기업 전체의 가치의 증식을 위한 4가지 영역의 전략수립 및 그 측정방법을 제시한 것이다. 이 경우 사조직은 기업매매시장에서의 거래가격의 향상인 Value이지만 공조직은 사회구성원들에게 그 조직의 존재의 이유인 Legitimacy가 된다. 이 BSC는 통합정보시스템 솔루션패키지인 ERP의 EIS/DSS에 탑재됨으로서 큰 성공을 거두었다. BSC의 4 영역을 보다 실무적인 효용을 위하여 조금 더 확대 수정한 개념은 다음과 같다.

① 재무구조 개선 - 이익, 시장점유, 매출액 등
② 기술지식 - 기술개발, 특허, 첨단기술확보(예, 바이오산업의 시가총액), 인력개발, 기술 인력의 교육 및 육성, 지식경영 등
③ 조직 및 시스템의 효율성 - 노동생산성, ROI(return on investment), 조직혁신, ERP구축, 구조조정 및 스림화(예, HP의 피오리나) 등
④ 관계 - 고객관계의 질(예, Niki, Coca-cola, Pierre-cardin, Samsung), 고객관계의 양(예, Portal site, 옥션, 새롬기술), 투자자 및 채권자(윤리경영, 투명경영, 예, Enron & Arthur Anderson), 바이어 및 납품업자의 거래선, 노조, 정부, 지역주민 관계 등

3) CSF와 Strategy Map

CSF(Critical Success Factor)는 BSC의 4개의 영역에서 가치증식을 위하여 결정적으로 기여하는 전략들의 내용이다. 그리고 이 전략들의 인과관계(causality)를 그려 전략지도(Strategy Map)을 만든다. 이 인과관계는 모두 결국 가치(Value)의 증식으로 연결되도록 한다. 사(私)조직이 아닌 공(公)조직의 경우는 Value 대신 Legitimacy로 대체하면 될 것이다.

4) BSC와 ERP와의 관계

그림 4-3은 TPS, CRMS, SCMS, D/W, D/M, EIS, DSS, BSC의 관계를 설명한다.

수평적 시스템과 수직적 시스템의 서로 결합한 형태이며 BSC가 최고경영자로 하여금 가치경영을 수행하기 쉽도록 EIS/DSS에 탑재하였다. 이러한 최고경영자를 위한 서비스는 ERP provider의 ERP 솔루션 패키지의 판매를 매우 촉진하였다.

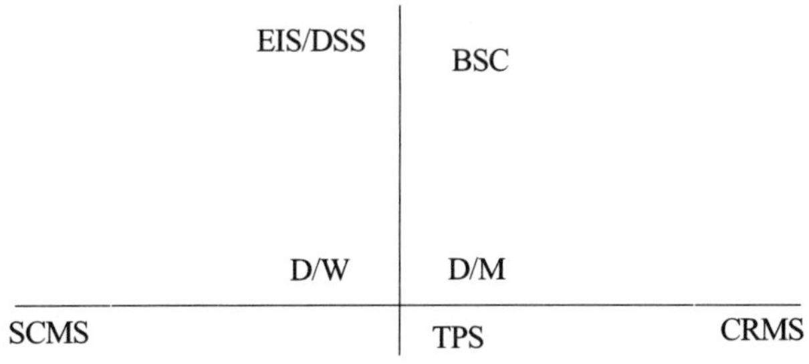

〈그림 4-3〉 ERP에 BSC의 탑재

5장 : 조직전략론

조직리더십은 넓은 의미의 리더십으로서 경영과 거의 같은 행위이다. 따라서 이때의 조직전략은 바로 경영전략과 같다고 할 것이다.

1. 환경변동과 경영혁신의 과정

경영혁신의 바람은 밖에서 불어온다. 근본원인은 외부의 환경변동 때문이다. 환경의 변동수준은 환경이 스스로 말해주는 것은 아니다. 사람들의 인식여하에 따라서 달라진다. 조직의 내부에서 환경변동인식 수준 및 이해관계의 여하 때문에 늘 혁신파와 보수파의 대립이 있게 마련이다. 그리고 이들 양 세력의 경합이 보편적인 현상이다(예, 구한말의 김옥균과 대원군의 입장의 차이, 기업조직 내에서도 마찬가지이다).

최고경영자의 가장 중요한 임무는 전략수립이다. 환경변화 기준에서 원점에서 경영전략을 빠르게 새롭게 수립해야 한다. 만약에 서로의 적합성이 없으면, 즉, 서로 차이(gap)가 있으면 조직의 제 자원 사이의 관계의 모순이 발생하여 비효율의 원인이 된다. 경영전략이 수립되면 그 다음은 바로 이 경영전략을 잘 수행할 수 있는 적합한 조직변동이 뒤따라야 한다. 만약 그렇지 못하면 이 사이의 차이(gap)에서도 역시 조직의 제 자원사이의 관계의 모순이 발생한다. 조직이 새롭게 변동되면 그 다음은 여기에 적합한 새로운 시스템이나 공정이 만들어져야 한다. 만약 빠르게 후속의 변동이 이루어지지 않으면 여기서도 역시 제 자원 사이의 모순이 발생한다(비유의 예, 이기는 바둑판과 진 바둑판). 이러한 모순의 누적되면 조직의 혼란(chaos)이 발생하여 조직의 비효율성과 비용의 증가를 초래한다. 조직설계 및 PI(Process Innovation)는 이러한 혼란의 해결을 시도한다.

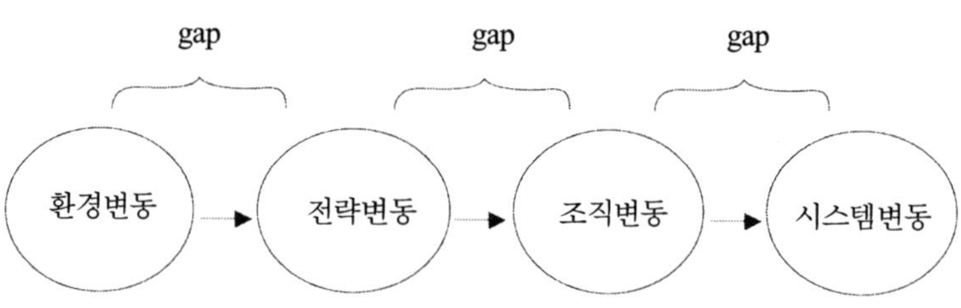

〈그림 5-1〉 경영혁신의 과정

2. 급진적 혁신과 온건한 혁신

환경의 변동 및 경영전략의 변동을 근거로 상응한 조직혁신은 급진적인 조직혁신에서부터 온건한 접근에 이르기까지 대체적으로 몇 단계로 열거해 볼 수 있다. 이 책의 편제도 대체로 이러한 단계의 흐름을 따랐다.

첫째, Re-structuring 혹은 Re-organization은 M&A(Merger and Aquisition)과 같은 조직의 구조조정 과정을 통하여 조직의 혁신의 범위를 다르게 정하게 된다(예, 새로운 우주항공 사업부 신설).

둘째, Re-engineering은 정해진 조직 혁신의 범위 안에서 이루어지는 변동이라고 볼 수 있다.

셋째, Human Resource Development는 기존의 구성원들의 멤버는 그대로 둔 채로 환경의 변동에 따라 인적자원의 질적 변화 및 능력의 변화를 추구하는 혁신이다. 해고를 통하지 않으므로 상당히 온전한 접근이라고 볼 수 있다.

넷째, Motivation & Leadership은 심리나 태도의 측면의 변동을 시도하는 과정이기 때문에 가장 온건하다고 할 수 있다.

3. 조직전략(경영전략)의 종류

경영자의 가장 중요한 임무는 비전과 전략수립이다. 조직전략(혹은 경영전략)은 바로 조직의 평가기준이 된다. 그리고 조직설계의 근거가 된다. 기업의 조직설계의 제1의 원칙은 바로 조직전략이다. 전략수립의 결과는 그 전략을 만드는 방법과 그 과정을 알 때 더욱 그 전략 내용의 성격과 의미를 보다 더 분명하게 효율적으로 잘 파악할 수 있다[8].

---

8) 남중헌, PI방법론, UUP, 2005. pp.63-74.

1) Efficiency strategy/Effectiveness strategy

① Efficiency = maximization(output/Input)
② Effectiveness = 여러 관계자 동시 만족의 원리 (비유, 벼룩 잡는 채 만드는 경우)

Efficiency전략은 투입 대비 산출의 비율의 극대화 논리라고 볼 수 있다. 반면에 Effectiveness전략은 여러 관계자들의 동시만족의 원리이다. Efficiency전략은 기업내부의 생산성, 능률성의 문제와 관련이 있으며 Effectiveness전략은 기업 내부뿐만 아니라 외부의 여러 관계자들의 이해관계를 포함한 적정한 충족 문제와 관련 있다.

즉, Efficiency전략은 Effectiveness전략의 부분집합이라고 볼 수 있다. 환경의 불확실성이 높을 때는 Efficiency전략 영역 이외의 Effectiveness전략의 영역의 비중이 더 높아진다. 반면에 환경의 불확실성이 낮을 때는 Efficiency전략이 Effectiveness전략 중에 차지하는 비중이 커질 것이다.

Efficiency전략은 기능별 정보분류체계, 관료조직, 중앙집권적 정보처리시스템과 적합성 관련성이 있으며, Effectiveness전략은 문제인식별 정보분류체계, 유연조직, 분권적 정보처리시스템과 적합성 관련성을 갖는다.

2) Stakeholder's approach

이해관계자 접근이다. 기업조직과 여러 관계자들의 이해관계를 어떻게 어느 정도로 만족시키느냐에 따른 전략 수립이다. 이는 또한 기업성과의 평가방법이기도 하다.9) 여러 이해관계자의 목표만족을 조정하고 극단의 소외와 불만의 폭발을 없도록 할 것이다. 이는 조직을 비판적 관점(Critical perspective)에서 바라보는 것과 연관된다. 각 이해관계자의 관심은 다음과 같다.

〈표 5-1〉 여러 이해관계자들의 주요관심 사항

여러 이해관계자	관심사항 및 충족대상
주주(투자자)	배당, 주가상승
채권자	이자, 채권확보의 안정성
근로자	임금, 승진, 복리후생
고객(수요업체)	재화 및 서비스의 품질, A/S, 거래의 안정성
전문경영자	연봉, 기업규모의 성장
지방정부	세금, 공공의 이익 및 안전
지역주민	환경보호, 취업
납품업자	납품단가, 결제방법, 안정된 거래선

3) Value와 Legitimacy

가치경영을 위한 BSC의 전략을 수립할 때 사조직과 공조직에 따라 그 구체성이 다르다.

첫째, 구체적인 Value를 향한 전략은 Profit organization에 알맞고 둘째, 추상적인 Legitimacy를 추구하는 전략은 Non-profit organization에 적용된다. Legitimacy는 조직의 존재의 이유 혹은

9) M. A. Hitt & R. D. Ireland & R.E. Hoskisson, *Strategic Management*, 2001. South-western College publishing, pp.28-34.
조직을 여러 이해관계자들 사이의 갈등관계로 바라보는 비판이론적 관점이기도 하다.

국민의 지지도이다(예, 119조직, 의료보험공단).

4) Open System approach(Input-transformation-output[10])

Open System의 가장 중요한 대표적인 특징은 "input - transformation - output" 이다. 조직도 시스템적인 사고방식에 의하여 "투입 - 변환 - 산출"로 이해될 수 있다. 기업의 effectiveness를 평가할 때 대개 영리조직의 경우에는 이익, 매출액, 품질 등 output에 근거한 평가를 한다. 반면에 비영리조직의 경우에는 주로 input에 의한 평가지표를 갖는다.[11] 그리고 efficiency(maximization of ouput/input)는 transformation과 관련된 속성을 갖는다. 평가와 전략은 사실상 같은 의미를 갖는다. 왜냐하면 중요한 평가지표는 중요한 전략으로 수립되기 때문이다. 어느 위치의 내용을 조직의 평가기준으로 삼을 것인지에 따라 다음의 3가지로 나눌 수 있다.

① Output 평가기준 - 대개 사조직 적용.
이익, 매출액, 고객만족 등

② Transformation 평가기준 - 대개 공조직 적용.
efficiency, 생산성, 능율성, 이 부분은 dis-intermediation 대상이 된다.

③ Input - 사조직 예, SK 석유구입, 유공합병이유
공조직 예, 동창회장, 종교지도자의 평가기준

10) Daft, R. L. Ibid, pp. 64-69.

11) 석유관련회사처럼 원유도입이 기업성과에 결정적인 경우와 같이 영리조직이 해당되는 경우도 더러 있다.

5) BSC(Balance Scorecard)[12)]

가치경영의 패러다임을 실현하기 위한 경영전략기법으로서 이미 전술(前述)하였다.

첫째, 재무구조의 개선, 둘째, 기술지식 셋째, 조직 및 시스템의 효율성, 넷째, 관계의 4 영역으로 나누어 각 영역별로 CSF로서 각종 전략을 수립하는 것이다.

6) 제로베이스이론[13)]

환경변동 기준으로 새로운 전략 및 기업의 제 자원 사이를 상호 모순 없이 최적 적합성으로 원점에서 근본적으로 재구성 및 재배치해야 한다는 접근 방법이다.

7) BCGM(Boston Consulting Group Matrix)[14)]

시장의 market share의 high, low의 수준과 growth rate의 high, low의 2차원으로 품목종류를 4카테고리로 만든다. 즉, Stars, Questions Mark, Cash cow, Dogs.

기업체의 생산하거나 영업하는 품목에 관한 범주를 속성별로

---

12) R. S. Kaplan & D. P. Norton, "Linking the Balanced Scorcard - Measures that drive Performance," *Harvard Business Review*, Jan-Feb 1992, pp. 71-79.
R. S. Kaplan & D. P. Norton, "Using the Balanced Scorecard as a Strategic Management System," *Harvard Business Review*, Jan-Feb 1996, pp. 75-85.

13) 남중헌, 제로베이스이론 II, 1996, 울산대학교 출판부.

14) C. W. L. Hill & G. J. Jones, *Strategic Management*, 1992, Houghton Mifflin Co. pp. 275-280,

분류하고 각각의 카테고리에 대한 적합한 대응전략을 적용하는 방법이다. 즉, 각 품목에 대한 대응전략을 결부시키는 방법이다. 가령 회사에 약 100개의 품목을 취급하고 있다면 BCGM의 4개의 카테고리에 우선 25개씩 할당시킨 다음 조정한다. 그리고 각각 미리 정해진 대응전략을 그곳에 적용하는 방법이다.

Stars는 산업성장율 및 시장점유율이 모두 좋은 경우이므로 이 회사의 수익과 성장을 뒷받침하는 주력 품목으로 키운다. 그리고 Question Marks는 현재 시장점유율은 낮지만 앞으로의 산업성장률의 전망은 높으므로 비록 적자가 나더라도 미래지향적인 관점에서 계속 육성해야 하는 품목이다. Cash cow는 현재 시장점유율은 좋다고 하더라도 곧 산업성장률이 낮은 사양산업이므로 빨리 상품 및 재공품, 생산시설 등을 환금화(換金化)하는 것이 바람직하다. 고객을 잃더라도 고가로 판매하거나 외상을 주지 않는 전략 등이 따른다. 그리고 Dogs 품목의 경우는 이 품목들을 빨리 제거하는 전략이 될 것이다.

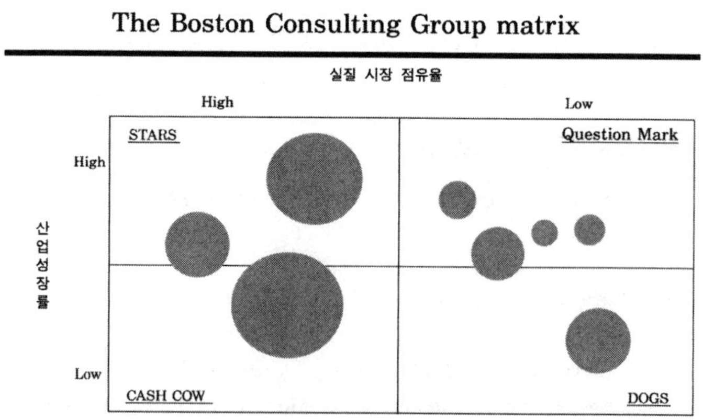

〈그림 5-2〉 BCGM 설명도

처음에 할당되었던 각 카테고리별 25개 품목들을 하나하나 재검토하여 다시 그 카테고리의 소속을 수정 할 수도 있다. 그러나 최초의 접근의 출발점은 그렇게 하는 것이 매우 효율적이고 편리할 것이다.

8) Porter전략[15)]

① 원가절감전략 - low uncertainty상황, 소품종대량생산, 표준생산
② 차별화 고급화 전략 - high uncertainty 상황, 다품종소량생산
③ 집중화 전략 - risky하여 오늘날은 다품종대량생산으로 나아감. 그 돌파구로서(예, CAD/CAM, FMS, CIM, SI, Marketplace 시스템 개발).

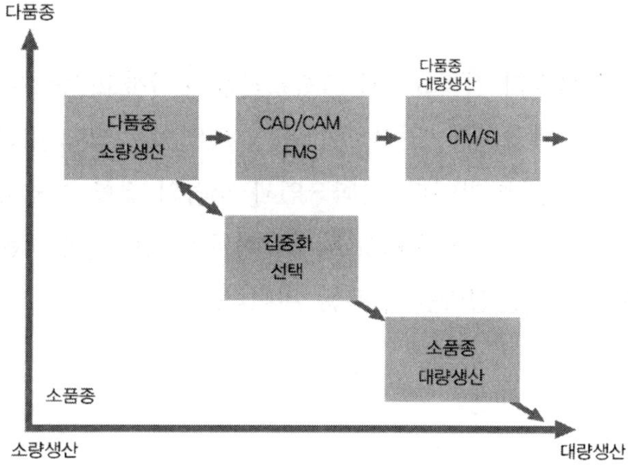

〈그림 5-3〉 **다품종 대량생산의 집중화 전략**

15) Daft, R.L. *ibid*, pp.58-64. 정보기술의 활용하는 정보 전략도 이 3 가지의 전략에 대응하여 전개된다고 본다.

환경이 불확실하고 경쟁이 치열함에 따라 보다 나은 고객만족을 위하여 다품종소량생산의 차별화 고급화전략이 일반화되고 있으나 그 투자, 비용 및 희생이 너무 많이 따르게 된다. 따라서 원래의 집중화전략은 이것의 중간수준으로서 이 다품종 중에서도 선택과 집중의 원리를 적용하여 보다 적정한 다품종과 적정한 대량생산으로 나아가는 것이다. 그러나 이 방법은 환경이나 고객의 요구의 변동성에 매우 취약한 방법으로서 그 위험 부담(risky)이 너무 크게 된다. 따라서 기업에서는 다품종의 능력을 갖으면서도 동시에 대량생산을 할 수 있는 제 3의 돌파구를 찾고 있으며 이것이 바로 다품종 대량생산의 새로운 집중화 방안이다. 이를 이하여 기업들은 CAD/CAM, FMS, CIM, SI 등의 자동화, 공정제어기술, 정보기술 등을 도입하여 활용하는 것이다.

9) SWOT[16)]

외부 환경의 기회요인과 위협요인을 파악하고 동시에 내부 환경의 강점과 약점을 인식하여 이 양 영역의 결합에 의하여 전략을 도출하는 방법이다. 기회요인과 강점의 결합에 의하여 진취적인 획득전략을 도출하고 위협요인과 약점이 결합되는 부분에 회피적인 생존전략을 취하는 것이다.

---

16) C. W. L. Hill & G. J. Jones, *Strategic Management*, 1992, Houghton Mifflin Co. pp. 69-139,

〈그림 5-3〉 SWOT 전략 수립 모형

10) Resource-Dependence 전략

이 전략은 환경적응관점(Structural Contingency Perspective)[17]과는 달리 환경의 영향력을 쫓아 가는 적응성(Adaptation) 보다는 그 반대로 이 영향력을 역으로 줄이거나 바꾸는 독립성(Independence) 추구의 관점이다. 대개 정보(information)에 대한 인식의 문제로부터 출발하는 접근은 이러한 환경적응관점이 되고 반면에 자원(resource)의 확보 문제에 근거하는 접근은 자원의존관점(Resource Dependence Perspective)[18]이 된다.

기업은 자원(resource)을 확보하기 위하여 독립성을 포기하고 의존성(dependence)를 수용하게 된다. 즉 자원 확보와 독립성은 서로 교환관계에 있다고 보는 것이다. 그리고 이 때 의존성은 바로 자원의 원천으로부터 역으로 통제 당함을 뜻한다. 이러한

17) Burns & Stalker, Lawrence & Lorsch, Woodward, Perrow와 같은 학자들이 이러한 관점에 속한다.
18) R. L. Daft, ibid, pp.146-156.

독립성과 자원확보와의 교환은 단기적으로는 자원 확보에 도움될지는 모르나 장기적으로는 그 기업의 발전의 제약요인으로 작용할 수도 있다.

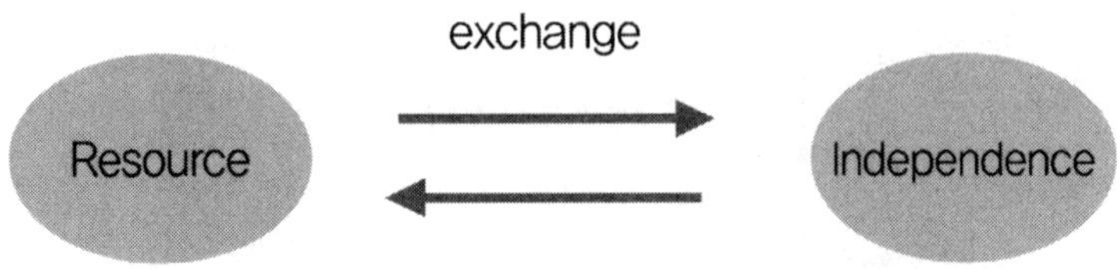

〈그림 5-4〉 자원 확보와 독립성 사이의 상호 교환관계

이에 대한 다른 대안으로서 원하는 자원을 확보할 수 있거나 또는 그 자원 확보를 포기하는 경우는 그 대신 기업 독립성을 유지할 수가 있다. 여기에는 거래선 다변화(alternative partner), 장기계약(long contracts), 협력사업(Joint Business), 수직계열화(vertical M&A), 호선(cooptation), 경영자영입(Executive recruiting) 등과 같이 환경과의 관계(linkages)를 변경시키는 경우와 해외이주(moving overseas), 품목변경(changing items), 로비활동(lobbying activity) 등과 같이 환경의 영역(domain) 자체를 바꾸거나 그 영향력을 변경하는 시도들이 이와 관련된 독립성 확보 전략이 될 것이다.

11) 환경적응관점의 조직전략

환경적응관점은 Structural contingncy theory의 범주에 속한다. 이 관점의 조직전략은 다음과 같다.

① Woodward

Woodward는 상황조직이론의 선구적인 대표적인 학자이다.

기술환경의 발전수준을 회사전체의 차원에서 주문생산(unit production), 대량생산(mass production), 장치산업(continuous processing production)의 세 단계 나눈 다음, 대량생산은 관료조직(Mechanistic한 조직), 그리고 주문생산과 장치산업은 유연한 조직(Organic한 조직) 상호 적합적 관계를 갖는다고 상황적으로 이론을 구성하였다.

② Perrow

기술환경을 한 회사의 부서(department) 차원에서 분석가능성(analyzability)과 예외성(exception)의 2차원으로 4개의 카테고리로 나누었다. 이 중에서 분석가능성이 높고 예외성이 적은 업무를 routine한 업무, 그리고 분석가능성이 낮고 예외성이 높은 업무를 non-routine한 업무라고 규정하였다. 그리고 routine한 업무를 하는 부서는 Mechanistic한 조직, 그리고 non-routine한 업무를 하는 부서는 Organic한 조직이 알맞다고 상황적으로 처리하였다. Perrow는 오픈시스템의 제1의 특징을 이용하여 기술(technology)의 정의를 한 사람으로 유명하다. 기술이란 output를 위하여 input를 효율적으로 처리하는 구체적 추상적 일체의 모든 것을 말한다. 즉 technology의 수준은 efficiency의 수준과 같다고 본 것이다.

③ Burns & Stalker

환경의 불확실성이 높은 high uncertainty 상황에서는 differentiation 수준이 높은 유기적인 조직(Orgnic한 조직)이 알맞고 반면 low uncertainty 상황에서는 integration 특성이 강한 기계적인 조직(Mechanistic한 조직)이 적합하다. 환경의 불확실성(uncertainty)은 변화성(changeability)과 복잡성(complexity)의 결합으로 정해진다.

④ Lawrence & Lorsch

Burns & Stalker의 이론을 더욱 발전 시킨 입장으로서 현재의 조직현상들을 보다 더 잘 설명한다고 말할 수 있다. high uncertainty에서는 differentiation과 integration 특성이 동시에 강하며 반면에 low uncertainty에서는 differentiation과 integration 특성이 동시에 약하다. 즉 이 특성들은 환경에 따른 그 필요성을 말한 것이다. high uncertainty 상황에서는 조직이 더욱 잘 나누어지고 더욱 통합할 필요성이 더 높아진다고 말한다. 네트워크 팀형조직의 필요성이다. 오늘날 기업은 더욱 치열한 경쟁상황에서 생존 발전에 더욱 유리한 곳을 찾아서 조직이 쪼개져서 국 내외의 여러 곳으로 분화되지 않을 수 없으며 또한 이렇게 분할된 조직을 종합화하여 경영을 원할화 하기 위하여 강력히 통합될 필요가 있다. 이 때 통합의 문제는 급속한 정보기술(IT)의 발전의 원동력이 되었다. 반면 이러한 통합능력은 역으로 경영자가 조직을 필요에 따라 전 세계 어디로나 맘껏 분화하여 배치시키는 것을 기술적으로 가능케 한 셈이다.

12) Ecosystem(Inter-organization strategy)

동종간(similar)과 이종간(dissimilar)의 상황과 경쟁적(competitive) 비경쟁적(uncompetitive) 상황의 2차원으로 Resource dependence, Collaboration network(win-win), Population ecology, Institutionalism의 4가지 카테고리를 만든다. Ecosystem의 전략 접근은 개별 기업체의 전략이 아니라 다른 조직 간의 상호관계에 관한 전략이다.

즉 기업 조직들을 조직의 공동체(community of organizations)로 보며 이들 사이의 양자간 혹은 다자간의 전략을 수립하게 된다.[19)]

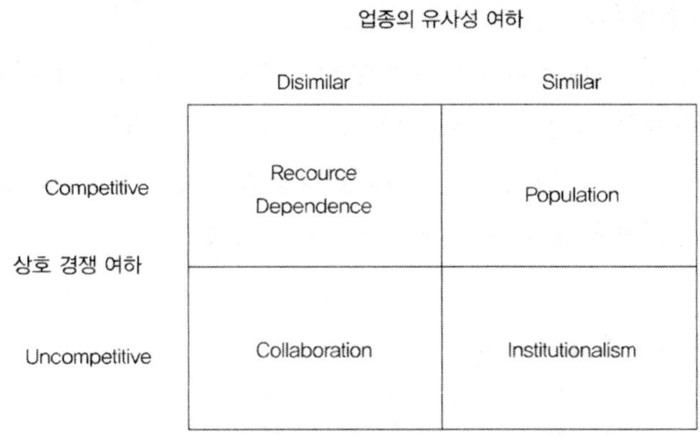

〈그림 5-5〉 Inter-organization strategy

첫째, Resource Dependence 전략은 다른 업종 간에 경쟁적인 상황에서 자원을 획득하기 위하여 의존성(dependence)를 감수할 것인가 아니면 자원을 다른 방법으로 확보하든지 아니면 이를 포기하고 오히려 독립(independence)를 추구할 것인지를 결정하는 대외 전략이다.

둘째, Collaboration전략은 오늘날처럼 대규모 투자와 대규모 기회가 찾아오는 복합첨단기술의 전부 아니면 전무(all or nothing)의 시대에 협력을 통한 제 3의 이익이 새롭게 광범위하게 전개되는 상황에서 이종업종 사이에서 협상(negotiation)이나 윈윈(Win-win)전략을 활용하는 전략이다.

셋째, Population전략은 기존의 오래된 대규모의 대기업이 많은 소규모의 벤처기업들을 만들어 이들을 육성하고 모기업은 스

19) R. L. Daft, *Organization Theory and Design*, Thomson, South-western, pp.175-193.

스로 해체하는 방법이다. 이 경우 사후적으로 보면 Niche를 찾아 나중에는 적자생존의 원리에 의하여 살아남는 벤처와 죽는 벤처가 갈라지게 될 것이다. 동종의 사업체가 군락을 형성하는 양상을 설명한다.

넷째, Institutionalism은 동종의 수많은 기업군(企業群)들이 서로 협력하여 해당 사업의 정당성(legitimacy)을 사회로부터 공동으로 확보해 가는 방법이다. 이러한 정당성의 성공적인 확보는 모든 기업군들에게 유리한 환경이 될 것이다.

13) Global strategy

그림 5-6에서 수평으로 국제적 차별화(혹은, 고객만족) 전략, 수직으로 국제적 원가절감 전략을 강화하는 방향의 2차원이라고 할 때 Export 전략(비유, 농구의 룽슛의 어려움), Globalization전략, Multi-domestic전략, Global Matrix전략의 4가지로 나눌 수 있다.

국제적 원가절감		
	Globalization strategy	Global Matrix strategy
	Export strategy	Multi-domestic syrategy
		국제적 고객만족

〈그림 5-6〉 글로벌 전략

14) Win-win Strategy/Win-lose Strategy

대외적으로 여러 기업들의 Ecosystem에서 이종간(dissimilar)의 비경쟁적(Uncompetitive) 상황에서는 Collaboration전략 혹은 Win-

win전략이 활용된다. 오늘날 기업 환경이 매우 불확실해 지고 첨단복합기술이 요구되며 대규모 투자와 대규모의 기회가 함께 다가오는 전부 아니면 전무(all or nothing)의 상황과 관련된다. 이때 경영자의 바람직한 역할도 수직적인 내부의 조직통제에 국한되기보다는 수평적인 외부의 관계 맺기로 더 확대되는 경향을 갖는다. 이는 기업 간에 서로 협력할 때 제 3의 이익이 새롭게 창출될 가능성이 매우 큰 시너지 효과(synergy effect)가 발생하는 상황이라고 할 수 있다.

〈표 5-2〉 Win-win Strategy와 Win-lose Strategy의 상호 비교

Win-win Strategy	Win-lose Strategy
- 기업 환경의 불확실성과 격변 - 제 3의 영역의 공동이익 추구 (Synergy effect) - 시간적 여유 - 자기 쪽이 약자일 때 - 대상 이익을 쪼갤 수 있을 때 - 상호 신뢰관계	- 기업 환경의 확실성과 안정 - 제로섬게임(Zero-sum game) - 시간적으로 급박할 때 - 자기 쪽이 강자일 때 - 대상이익을 쪼갤 수 없을 때 - 상호 불신관계

대내적으로도 마찬가지이다. 특히 오늘날 노사관계도 경쟁적 노사관계에서 협력적 노사관계로 바뀌고 있다. 기업 환경의 불확실성과 격변으로 말미암아 경영혁신 및 기술혁신을 통하여 역시 제 3의 이익을 새롭게 공동으로 창출할 수 있는 영역이 전개되기 때문이다.

15) Stages of Life Cycle Development[20)]

조직의 성장과정을 라이프 사이클로 그려보는 통시적(通時的,

20) Daft, R.L. Ibid, pp.284-285.

diachronic)으로 접근하는 대표적인 한 내용이다. 조직의 규모가 성장함에 따라서 단계별 기업이 당면하는 새로운 이슈 및 위기가 등장하며 또한 이를 해결하기 위한 전략도 역시 달라진다. 따라서 현 기업의 조직의 규모가 어느 수준이냐에 따라서 제기되는 이슈와 요구되는 전략의 내용이 다르게 된다.

첫째는 창업단계로서 비교우위의 특정 기술력이다.

둘째는 리더십 단계로서 조직의 방향성과 경영자의 추진력이 중시된다.

셋째는 관료조직 단계로서 개인이 아닌 시스템에 의한 체계적 객관적인 업무수행을 하는 방식이다.

넷째는 혁신단계로서 조직을 혁신하여 다시 활성화시키는 것이 필요한 단계이다.

다섯째는 소멸단계로서 조직의 죽음이다. 그러나 혁신여하에 따라서 조직의 생명이 더 연장될 수 있다.

〈표 5-3〉 조직규모별 이슈와 전략의 차이[21)]

	Stage	Issue	Crisis	extra
1	Entrepreneurial stage	Creativity	Need for leadership	
2	Collectivity stage	Provision of clear direction	Need for delegation with control	
3	Formalization stage	Addition of internal systems	Need to deal with too much red tape	
4	Elaboration stage	Development of teamwork	Need for revitalization	
	Three next state			- Streaming small-company thinking, - Continued maturity, - Decline

21) L.E. Greiner와 R. E. Quinn & K. Cameron이 주장한 모형.

4. 환경의 불확실성

The Environment of an Airline Company

미국항공사의 예 환경시스템 구축

General Environment	Task Environment
Economy • Inflation or recession • National interest rates • Need for operating efficiency Culture and Demography • Values and beliefs of the flying public • Mobility patterns of the public • Leisure travel Technology • Need for fuel - efficient planes • Computerized reservation systems Government and Politics • Federal regulations of various countries • Landing rights • Lawsuits Financial Resources • Stock prices • Bond ratings •Money supply Natural Resources and Geography • Fuel availability • Weather conditions • Route structures	Competitors • Other airlines • Buses, trains, cars Customers • Business versus leisure travelers • Frequent flyers • Freight companies • Postal services Labor Force • Pilots • Fight attendants • Unions Suppliers • Aircraft manufacturers • Fuel companies • Airline caterers • In - flight movies • Uniform suppliers • Tool and equipment companies

〈그림 5-6〉 환경정보시스템 구축의 예

1) 복잡성과 변화성

환경의 불확실성(uncertainty) 수준은 복잡성(complexity)와 변화성(changeability)이 클수록 커진다.

2) 환경정보시스템

불확실성이 높을 수록 환경정보시스템 관리의 필요성이 더 커진다.

5. 환경적응관점과 자원의존관점

환경변동에 따라 두 가지의 결핍이 생기며 전략적 접근 방법이 다르다.

1) information 부족

환경의 영향력에 적응적 관점인 Structural contingency theory의 관점과 관련 된다. 첫째, buffer 개념은 재고(在庫)와 완충의 조직역할 설정 등이다. 둘째, Lawrence/Lorsch는 환경의 불확실성이 높을 때 high differentiation, high integration의 조직속성이 커진다. 셋째, Burns & Stalker는 환경의 불확실성이 높을 때는 Organic인 조직이 적합하고 불확실성이 낮을 때는 Mechanistic인 조직이 알맞다고 하였다. 넷째, Woodward, Perrow와 같이 조직을 환경에 적응시킬려는 입장 모두 포함된다. 다섯째, Ecosystem 접근 중 특히 Population 전략이 해당된다.

2) resource 부족

환경의 영향력으로부터 독립하려는 Resource-dependence theory의 관점과 관련된다. 장기계약, 수직계열화, 로비, 외부중역위촉(거래선, 금융, 군수, 공기업), 호선, 조합, 입지변경 등의 전략이 있다.

6장 : 조직구조적 접근

1. 조직진단 방법론 및 체크리스트

선진단 후처방의 접근으로서의 조직진단은 언제나 조직설계에 선행되어야 한다. 미래의 첨단기술시대의 조직혁신의 어떤 대체적인 방향이 인식되더라도 실제로 이를 적용할 때에는 각 개별기업의 특수성을 파악하여야 하며 조직개발의 가능한 부분과 내용, 정도를 고려하는 것이 전제가 된다고 하겠다. 이는 아무리 좋은 명약이라도 몸의 체질에 맞아야만 하는 것과 같은 이치이다. 무슨 병인지 진단도 하기 전에 투약부터 하거나 또는 수술부터 하는 것이 순서가 아닌 것처럼 조직의 문제인식을 분명히 하는 조직진단이 우선적으로 선행되는 것이 필요할 것이다.

조직진단과 관련하여 제로베이스이론이 매우 유용하다. 제로베이스이론은 기법중심, 처방중심이 아니라 진단에 의한 문제인식 중심을 강조한다. 선진단 후처방의 사고방식이다. 문제인식의 원인을 규명한 후 이 원인을 극복하기 위한 처방이나 기법을 찾게 된다. 유행하는 기법들을 단순 모방하거나 무비판적으로 적용하는 방법이 아니라 기업의 특수한 상황과 문제인식을 체계적으로 진단한 후 이들을 비판적으로 취사선택하여 적용한다. 각 경영혁신기법들의 상호영향력 관계나 부작용의 문제에 관심을 갖는다. 이로서 기법적용의 실패 가능성을 크게 줄일 수 있다. 전체적인 맥락에 대한 체계적인 인식론의 바탕이 없이 경영기법들의 단편적인 모방적용은 조직현상에 미치는 영향들을 오히려 무질서하게 하거나 혼란에 빠지게 한다고 본다.

제로베이스이론은 모든 기법들의 이론적 뿌리를 중시한다. 근거하는 이론적 체계와 맥락에 의하여 그 진위를 사전에 검토하는 것이 매우 필요하다고 본다. 즉 진단을 위한 이론의 선택기준으로서 문제인식과 이론의 선택과의 관계를 중시한다.

제로베이스 관점에서 바람직한 조직판단기준을 선택한 후에 조직의 현상과 대비하여 문제인식을 비판적으로 한다. 이것은 조직진단을 위한 사고방식으로 규범법칙과 존재법칙을 이원화시킨다. 그리고 조직진단을 할 때 신축성, 일체성, 자동화의 관점에서 규범법칙을 많이 이끌어 낸다.

조직진단을 할 때 다각도의 접근방법론을 사용한다. 조직진단 중 특히 정보혼란의 극복을 위한 정보진단 부분이 많이 보완된 특징이 있다. 경영자 또는 조직 전체에서 정보의 입출력, 정보의 전략적 선택, 정보의 분류, 정보의 흐름, 정보의 량, 정보처리의 속도, 정보통신기술, 정보네트워크, 정보의 왜곡, 누출, 정확성, 정보의 결합, 정보의 프로그램의 실현과정 등에 관한 진단들이다.

제로베이스패러다임은 인식론 중심이며 조직진단을 매우 중시하는 것이다. 선진단 후처방의 정신에 의하여 모든 조직전략 및 조직설계는 조직진단의 내용을 바탕으로 만들어져야 바람직할 것이다. 그리고 이러한 조직진단의 중요성 인식과 함께 <그림 6-1>과 같은 새로운 이러한 조직진단의 사고방식의 모델의 개발은 종래의 조직진단의 문제점을 적나라하게 드러낼 수 있는 계기가 될 수 있고 또한 제로베이스패러다임 이론의 발전과 그 실현가능성을 더욱 높혀 줄 수 있게 될 것이다. 조직은 바로 전략의 실천과정이다[22].

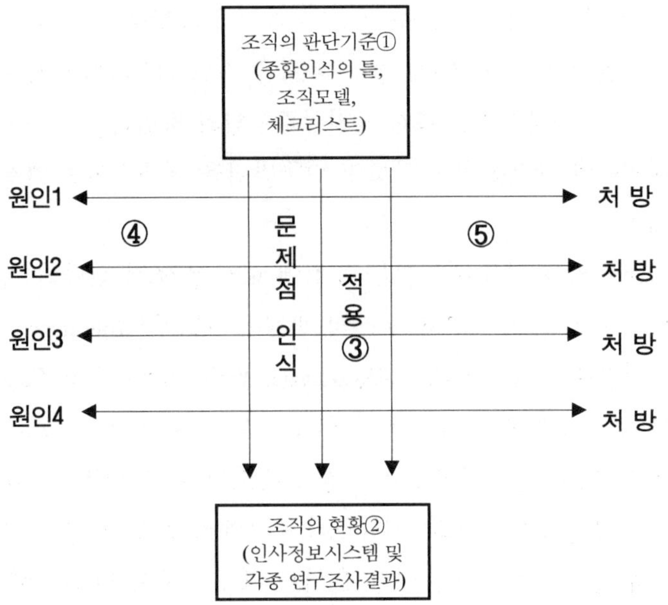

〈그림 6-1〉 조직진단의 기본적 사고방식

①조직의 판단기준을 ②의 조직현황에 적용시키는 과정에서 ③의 문제점 인식이 가능하게 될 것이다. 이것은 규범법칙(Sollen)과 존재법칙(Sein)의 이원적 접근방법으로서 기존의 조직

22) Kaplan & Norton, Strategy-focused Organization, HBS press, 2001.

연구는 이 점을 분명히 하지 않은 결함이 있다고 보아진다. 현행의 많은 연구들은 존재법칙의 연구를 위하여 다수의 기업 특성이나 사람들의 특성간의 법칙연구가 바로 이상적인 조직을 진단하거나 판단하는 기준으로 둔갑시켜 생각하는 잘못을 범하고 있다고 보아지는 것이다. 조직의 판단기준은 주로 환경적응을 제로베이스로 만들어진다.

①의 판단기준은 비판주의 인식론이 주로 요청되며, ②의 조직현황은 논리실증주의 인식론이 주로 관련되며 문제점의 원인을 찾아내거나 상상하는 ④의 과정이나 처방을 강구하는 ⑤의 원인을 제거하는 처방을 찾는 과정은 주로 해석학적 방법론으로 접근한다. 여기서는 흔히 논리실증주의의 방법론만을 사용하는 인식론을 넘어서서 다각도의 연구방법을 체계적으로 연결시키게 된다.

조직의 본질을 바라보는 관점에 따라서 조직 판단의 기준은 각각 달라진다. 이러한 조직의 관점은 기능주의(functional) 관점, 비판주의(critical) 관점, 교환(exchange) 관점 그리고 문화적(cultural) 관점의 크게 네 가지로 정리된다. 그러나 여기에서는 주로 기능주의 관점에서 조직진단의 기준을 만들고 나머지 관점은 부분적으로 보완시킬 것이다. 기능주의 관점에서 조직진단을 할 때 무수히 많은 조직진단의 원리 중 에서 제일 중요한 원칙은 "환경변동기준의 목표 및 전략에 의거하여 제로베이스로 조직 및 시스템을 판단"하는 것이다. 이러한 사고방식을 간략히 도표로 정리하면 아래와 같다.

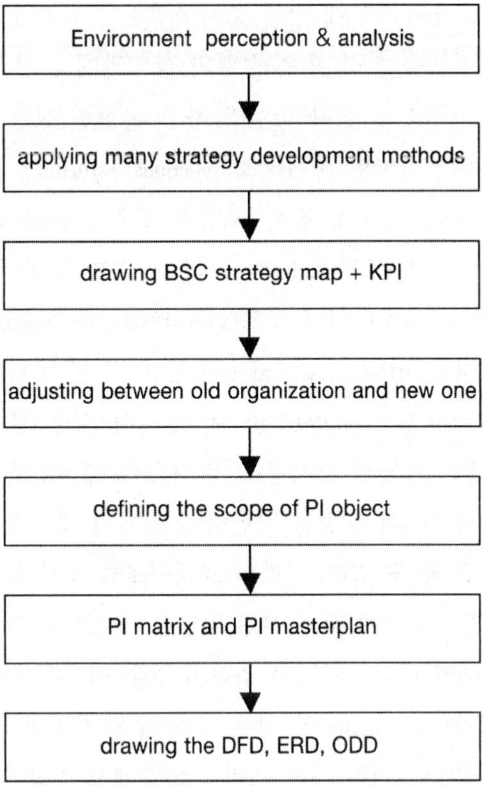

〈그림 6-2〉 기능주의 관점의 조직진단 사고방식

2. 조직설계 기본모형과 장단점

오늘날의 환경이 급변하고 있기 때문에 어느 상황에서나 가장 적합한 단일의 조직설계의 원리는 존재하지 않는다는 것이다. 조직의 유효성을 높이기 위해서는 조직을 상황조건에 알맞도록 설계할 것은 필연적인 것이다. 조직설계에는 정태적인 구조설계와 동태적인 운영설계가 있다. 구조설계는 통솔의 범위의 한계

(Span of control) 때문에 전체 조직구성원을 적절히 소집단으로 분할하여 이들을 상하 혹은 수평의 상호관계를 맺게 하는 조직설계가 불가피하게 된다[23]. 다양하고 복잡한 상황조건들을 따라 조직구조는 기능별 조직구조(Functional Structure), 결과중심 조직구조(Output Structure), 혹은 사업별 조직구조(Divisional Structure), 매트릭스 조직구조(Matrix Structure), 지역별 조직구조(Gengraphical Structure), 가상네트워크 구조(Virtual Network Structure), 그리고 수평적 조직구조(Horizontal Structure) 등 여러 가지 다양한 조직형태가 있다(Daft, 207, pp.190-230). 이 중에서 가장 일반화된 기본적 조직형태는 기능별 조직구조, 결과중심 조직구조, 그리고 이 두 가지 조직구조의 장점을 결합하여 설계된 매트릭스 조직구조의 3가지라고 볼 수 있다. 이러한 조직구조들은 각각 장단점을 갖기 때문에 상황조건에 따라 가장 알맞은 구조형태를 고려하고 조직을 설계해야 한다. 아주 큰 조직의 경우에는 적용된 각 조직모형들의 모자이크(mosaic)와 같은 결합이 불가피하게 될 것이다.

다음에는 이 여러 가지 조직구조 중에서 가장 일반화된 3가지 기본적 조직구조의 모형의 적용조건 및 장단점을 보다 자세히 검토해 보고자 한다.

1) 기능별 조직(Functional Organization)

기능별 조직은 조직형태 중 가장 기본적 형태이며, 동일하거나 유사한 기능을 수행하는 사람들을 한 조직 단위로 묶어 설계한 조직형태이다. 기능이 같으면 같은 부서, 다르면 다른 부서에

23) 통솔 범위는 주부가 요리를 위하여 요리재료를 입크기 만큼 자르는 것에 비유된다.

소속됨으로서 서로 근본적으로 조직의 벽이 있는 조직이 된다. 기능별 조직의 특징은 기능의 전문화가 이루어져 기능별 전문성을 확보할 수 있으며, 각 기능 단위의 상호 협력에 의하여 조직의 목표를 실현할 수 있는 것이다. 이러한 조직구조는 환경이 비교적으로 안정적이고 예측 가능하고 부문 간의 조정이 크지 않을 때는 효과적이다. 또한, 비교적 작은 규모일 때에는 적합하다. 관료조직의 구성원리와 흡사하다.

예를 들어 기능별 조직의 기본 모형은 다음의 <그림 6-3>과 같다.

〈그림 6-3〉 기능별 조직의 기본 모형 (Daft, 2007, p.201)

기능별 조직의 장점은 해당 기능부서에서 원가절감을 할 수 있는 규모의 경제 효과를 얻을 수 있다는 것이다. 규모의 경제는 같은 기능의 구성원들이 동일 부서에 배치되고, 시설을 공유함으로써 나타나는 결과이다. 또한, 기능별 조직은 구성원이 전문지식과 기술을 심화시키고 개발할 수 있도록 도움을 준다. 구성원들이 자신의 부서 내에서 다양한 기능과 지식을 보다 쉽게 습득할 수 있다. 그 밖에 품질통제, 원가통제를 잘 할 수 있다. 그러나 기능별 조직의 단점은 환경 변화에 대한 반응이 늦다는 점이다. 의사결정 사안이 최고경영진에 집중됨에 따라 수직적 계층상의 업무과부하 등 현상이 발생할 수 있고, 그 대응 및 조정이

느리기 때문이다. 또한 혁신도 느리고, 구성원들의 전체 목표에 대한 시각이 결여될 수 있다는 점이다. 그리고 고객에게 철저하게 책임을 지는 조직이 못된다. 기능별 조직의 적용조건과 장단점을 요약하면 다음의 <표 6-1>와 같다.

〈표6-1〉 기능별 조직의 적용조건 및 장단점

	내용
적용조건	환경의 불확실성이 낮고 표준화된 소품종 대량생산
장점	기능 기술의 심화, 규모의 경제, 원가통제 및 품질통제의 용이
단점	조직의 벽, 기능사이의 조정이 어려움, 스피드가 낮음, 혁신이 어려움, 고객만족에의 무책임성

2) 결과중심 조직(Output Organization)

결과중심 조직은 제품구조나 전략사업 단위를 포함하는 개념으로 볼 수 있다. 이러한 조직에서 사업부는 개별 제품, 서비스, 제품 그룹, 주요 프로젝트나 프로그램 사업, 또는 이익센터 등에 따라서 조직화된 것이다. 결과중심 조직의 가장 뚜렷한 특징은 이와 같은 부서화가 조직의 산출물을 기준으로 다양한 기능을 수행하는 사람들을 grouping 시켜 이루어진다는 것이다. 결과중심 조직구조는 다양한 기능 간의 조정을 원활하게 하여 업무 스피드를 높이기 때문에 환경에 대한 적응과 변화가 중요한 경우에는 적절한 조직구조이다. 결과중심 조직은 제품별 결과 중심 조직 또는 지역별 결과 중심 조직으로 나눌 수 있다. 어떤 경우이든 결과를 중시한다는 측면에서는 같은 조직의 원리라고 볼 수 있다. 결과중심 조직의 기본모형은 다음의 <그림 6-4>와 같다. 이 그림에서의 결과중심 조직은 제품별 사업부 조직이다.

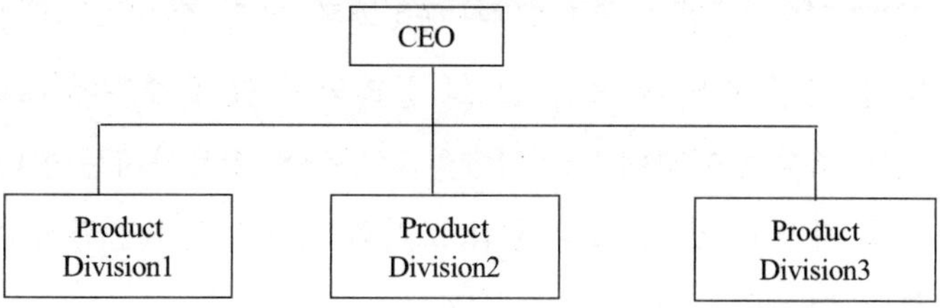

〈그림 6-4〉 결과중심 조직의 기본 모형 (Daft, 2007, p.201)

결과중심 조직의 장점은 빠르게 변화하는 환경에 적합하며, 각 제품 라인은 독자적인 부서로 구성되기 때문에 신속한 대응을 통해 고객만족을 높일 수 있다는 것이다. 결과중심 조직은 부서장과 고객 사이의 접촉점이 분명하다(Contact point is clear). 즉, 고객에게 직접적으로 책임지는 조직의 형태가 된다. 이 경우 한 부서장의 지도하에 다양한 기능 사이의 조정이 원활하게 이루어지고 있으며, 각 제품들은 개별 고객이나 지역의 특성을 따른 요구사항에 쉽게 대응할 수 있다. 따라서 결과 중심 조직은 프로세스 리엔지니어링을 가능케 하는 조직 형태이므로 스피드 경영을 가능케 하는 강점을 갖는다. 결과중심 조직은 다수 제품이나 서비스를 가지고 있고 각각의 기능부서를 운영할 수 있는 충부한 인력을 가진 큰 조직에 가장 적절한 조직구조이다. 결과중심 조직의 각각의 단위는 독립채산제적인 성격을 갖으며 크게는 EVA center, 점점 작은 규모로는 Profit/cost center, cost center가 될 수 있다. 결과 중심 조직은 각 단위 조직 사이가 상호독립적이므로 성과 평가가 보다 객관적인 증거에 의하여 가능하다는 장점이 있다. 그래서 성과급을 적용하기가 쉽다. 그리고 모듈식 조직(Modular organization)의 속성을 지녀서 아웃소싱(outsourcing)

이나 시스템으로의 대체(replacement)가 용이하다. 그러나 결과중심 조직의 단점은 규모의 경제효과를 얻을 수 없다는 것이다. 또한, 제품 라인이 독립적으로 분리되어 있기 때문에 제품라인 간의 조정이 어려워지고 기술의 전문성을 활용하지 못한다는 단점을 가지고 있다. 결과중심 조직의 적용조건과 장단점을 요약하면 다음의 <표 6-2>과 같다.

〈표 6-2〉 결과중심 조직의 적용조건 및 장단점

	내용
적용조건	환경의 불확실성이 높고 차별화된 다품종 소량생산
장점	조직의 벽 제거, 기능 조정의 용이, 스피드, 고객만족, Profit/cost center, 성과측정 용이, 리엔지니어링 가능, 아웃소싱, 시스템으로의 대체 용이
단점	기능 기술의 약화, 규모의 경제 활동 못함, 원가통제의 어려움, 품질통제의 어려움

3) 매트리스 조직(Matrix Organization)

매트릭스 조직은 수평적인 연결이 강한 형태이며, 기능별 조직구조과 결과중심 조직구조의 장점을 동시에 추구하는 조직이다. 매트릭스 조직에서 각 구성원은 결과중심 조직 관리자와 기능별 조직 관리자의 두 명의 상사에게 보고해야 한다. 매트릭스 조직은 환경이 빠르게 변화하고 제품과 기능의 두 가지 측면이 모두 중요할 경우에는 가장 적절한 조직구조이다. 예를 들어 매트릭스 조직의 기본 모형은 다음의 <그림 6-5>와 같이 나타낼 수 있다.

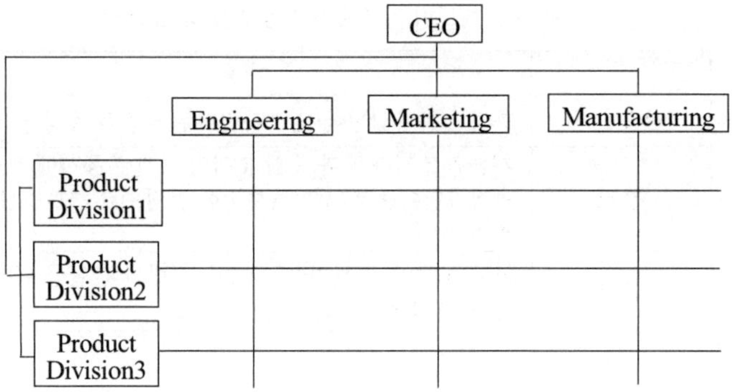

〈그림 6-5〉 매트릭스 조직의 기본 모형 (Daft, 2007, p.209)

매트릭스 조직의 장점은 외부 고객이 요구하는 이중의 요구사항을 충족시킬 수 있다는 것이다. 인력과 장비 등과 같은 자원을 유연하게 할당할 수 있고, 변화하는 외부 요구 조건에 잘 적응할 수도 있다. 또한, 매트릭스 조직은 종업원들이 기능 또는 기술을 잘 습득할 수 있다. 그러나 매트릭스 조직의 단점은 이중 보고체계로 인해 종업원들이 혼란을 느낄 수 있다는 것이다. 따라서 뛰어난 인간관계 기술, 갈등해결 기술 등에 대한 교육훈련이 필요하다. 그리고 관리자들이 회의에 많은 시간을 소비 한다. 관리자들이 만일 정보와 권력을 충분히 공유하지 못할 경우에는 매트릭스 조직은 작동하지 않기 때문에 의사결정에 있어서 수직적 권한에 의존하기보다는 다른 부서의 관리자들과 협력하는 것이 중요하다. 경영자는 기능별 조직과 결과중심 조직 사이의 권력 균형을 잘 이해하고 이를 적절히 잘 조정할 수 있는 상당히 탁월한 경영능력이 요구된다. 매트릭스 조직의 적용조건과 장단점을 요약하면 다음의 <표 6-3>과 같다.

〈표6-3〉 매트릭스 조직의 적용조건 및 장단점

	내용
적용조건	환경의 불확실성이 높고 차별화된 다품종 소량생산
장점	기능별 조직과 결과 중심 조직의 장점을 동시에 추구, 인적자원활용의 극대화(부족한 인력으로 결과중심 조직 유지)
단점	고도의 경영 및 관리능력 요구, 명령의 단일성 원리의 실패, 조직행동의 혼란, 갈등의 소지

4) 기타 조직설계 특수모형

① Re-engineering 팀조직

첫째, 결과중심조직으로 만들고 둘째, 공동 데이터베이스(D/B)와 연결하여 업무의 병렬처리 혹은 동시공학을 하는 원리이다. 다양한 기능의 사람들을 한 부서에 소속시킴으로서 통신, 결제 과정의 시간을 절약하고 또한 업무처리를 병렬로 함으로서 스피드에 매우 강한 조직이다. 그리고 연공급제에 의한 임금부담 극복 및 관리자 수를 줄이는 효과도 있다. 보다 상세한 내용을 별도의 절(節)에서 논한다.

② 모듈조직(Modular organization)

모듈(module)은 덩어리로 만드는 개념이다. 상호작용이 극대화된 곳은 덩어리의 내부로, 그리고 상호작용이 극소화된 곳은 외부의 경계로 하는 방식이다. 조직을 이러한 모듈로 만들면 함으로서 기존의 조직에 충격을 가장 적게 주면서 자동화 혹은 아웃소싱으로의 대체성(replacement)을 증가시킨다. 대체가 가능해 진다. 극단적인 경우는 핵심역량만 남겨 놓은 방사형 조직구조의 모양을 갖는다. 이로서 기업이란 물건을 만들어서 판다는 종래의 개념이 바뀌어 정보처리시스템 혹은 기업이미지관리기능이라고 정의되기도 한다.

③ 혼합조직(Hybrid organization)

혼합조직 그 범위가 매우 광범위하다. 그러나 가장 대표적인 혼합조직은 기능별 조직의 체제를 그대로 유지함과 동시에 결과중심의 조직을 별도로 그대로 유지하는 경우이다. 즉 매트릭스 조직처럼 양자가 결합되지 않는다. 이는 경영상의 어려움을 피하기 위해서라고 볼 수 있다. 결과중심의 조직에 속해 있는 다양한 기능의 각 담당자는 기능별 조직의 어느 담당자와 짝을 이루어 업무를 수행한다. 매트릭스 조직처럼 기능별 조직과 결과중심 조직의 양 이점을 동시에 추구하는 방식이지만 구성원들 사이의 연결방식이 서로 다르다고 할 것이다.

④ 글로벌조직(Global organization)

글로벌 조직은 대체로 시간적 진행에 따라 기능별 조직, 품목별결과중심조직, 지역별결과중심조직의 셋으로 나눌 수 있다. 품목별결과중심조직은 국제적 원가절감전략 및 소품종대량생산의 원리와 관련되며, 반면에 지역별결과중심조직은 국제적 차별화 고급화전략 및 다품종 대량생산의 원리와 관련된다. 즉, 품목별결과중심조직은 해외 법인 혹은 지사를 원가절감을 위한 생산측면에서 유리한 곳에 설치하는 반면 지역별결과중심조직은 고객만족을 위한 마케팅 측면에서 효율적인 곳에 설치한다. 그리고 기능별 조직과 품목별결과중심조직 사이, 기능별 조직과 지역별결과중심조직 사이 그리고 여기에 추가로 품목별결과중심조직과 지역별결과중심조직 사이의 강점을 동시적으로 추구하기 위한 각각의 매트릭스 조직도 만들 수도 있다.

3. 관료조직의 문제점

1) 관료조직

Max Weber가 처음으로 관료조직 이라는 용어 사용하였다. 그가 사용한 뜻을 살펴보면 관료조직의 본질을 알 수 있을 것이다. 그는 보수주의 입장이며 진보주의의 K. Marx와 함께 고전 사회학의 양 거두라고 할 것이다. 그의 저서로는 "경제와 사회", "프로테스탄티즘 윤리와 자본주의 정신"이 있다. 그는 이념이 구조를 낳는다고 보았으며 이러한 견해는 K.Marx가 구조가 이념을 낳는다는 입장과 정반대라고 할 것이다. 그리고 지배의 형태를 카리스마지배, 합리적 지배, 전통적 지배의 3가지가 있으며 이것이 순환과정을 밟는다고 보았다. "새로운 상징등장 - 카리스마등장 - 추종자형성 - 의식 반복 - 통상화 - 합리화 - 제도화"가 진행이 된다. 이 때 합리화(rationalization) 과정에서 관료조직(Bureaucracy)이 생긴다.

관료조직은 목적 - 수단(기능)의 조직 혹은 계획조직(Planned organization)의 속성을 지닌다. 목표가 분명하고 환경이 안정되고 정보가 충분 할 때는 가장 적합한 조직이다. 그러나 환경이 불확실할 때는 많은 문제를 야기하며 혁신의 대상이 되는 조직의 대명사라고 할 것이다.

1) 관료조직의 문제점

① 환경의 불확실성이 높을 때 관료조직은 경직성이 크고 죽은 조직이다. 오히려 유연한 조직(Flexible or contingent organization)이 알맞다. 환경이 불확실할 때 철저하게 계획되고 규범화된 조직은 철저하게 죽은 조직이다. 그리고 규정을 어기는 만큼 일하고 지키는 만큼 일할 수 없는 모순된 조직이다(예, 노조의 준법투쟁).

② 고객 및 고객의 output에 대하여 확실하게 책임지는 사람이 없다. 고객 자신이 자신과 관련된 업무의 프로세스를 관리해야 한다. 즉, 고객과의 접촉점이 불분명하다.(Contact point is not clear). 고객만족을 위한 조직이 아니다.

③ 문서화(documentation)

문서화 작업이 많다. 번문욕례(繁文縟禮, red-tape)의 문제가 심각하다. 이로서 업무량, 시간지연과 비용이 많이 발생한다.

④ Parkinson's Law

조직이 자꾸 필요한 이상으로 비대해지는 것을 말한다. Parkinson이 1차세계대전 직후 영국해군성의 군속들이 전투함 및 해군병사들의 직접인력의 감소에도 불구하고 계속적인 충원 요구하는 상황을 실증 연구하면서 발표한 법칙이다.

충원이 되면 노동 강도가 떨어져서 추가업무명령의 수용이 쉽고 철저한 정보수집 및 신중한 보고 등을 통하여 인사고과상의 유리한 결과를 획득하고 신뢰를 확보하게 된다. 그러면 직장 내에서 발언권이 강해지고 그 다음의 인사 기회에 자기에게 유리하게 충원이 할당될 가능성이 있게 된다. 이러한 순순환(順循環) 과정의 이점이 충원요구의 원인이 된다. 부하의 수를 늘이려는 욕구 및 업무 중요성 착각으로 말미암은 승진의 유리함, 자원배분에의 영향력 등도 각각 한 몫을 차지한다.

⑤ 임금상승 및 위인설관

관료조직은 연공급제(Seniority-based payment)를 실시함으로서 년 수가 흐르면 모두 호봉상승이나 승진을 하게 되어 회사전체의 임금의 상승압박을 받게 된다. 뿐만아니라 승진의 압력도 커서 위인설관이 불가피하다. 위인설관을 하면 그 새로운 관리자가 자신의 존재의 중요성을 입증하기 위하여 많은 권한을 불필요하게 행사하고 자신의 일이 대체불가능한 전문성을 높이기 위하여 많은 규정을 만드는 경향이 있다.

회사가 대개 부도를 맞을 때 비명소리가 자금난이지만 이 자금난의 원인 중 상당한 부분이 조직비대, 연공급에 의한 임금상승 및 관리자 수의 증가 때문이다. 이 문제를 해결하기 위하여 리엔지니어링의 혁신의 필요성이 제기된다.

⑥ Peter’s principle

관료조직에서 조직전체의 무능(無能)의 편재(遍在) 현상을 야기시키는 무분별한 승진제도를 지적하는 말이다. 대개 처음 신참사원은 약 3-5년간 업무를 익히는 학습기간이다. 이때는 미숙련

상태로서 조직에 기여하는 바가 적다. 그러나 이때가 다 지나서 그때부터 숙련 상태가 되어 조직에 막 기여를 시작하려고 할 때 승진이란 이름으로 다른 부서에 배치하게 된다. 그는 다시 미숙련 상태의 학습과정을 밟게 된다. 그가 다시 몇 년이 흘러 숙련 상태가 되면 그는 다시 승진이란 명분하에 다른 낯선 곳에 배치되어 다시 미숙련 상태에 빠진다. 조직 전체로 보면 모든 구성원들이 미숙련 상태에 빠져있으며 숙련상태는 승진을 통하여 용납하지 않는 꼴이 된다.

⑦ 권한집중(centralization)의 경향

권한이 위양이 되지 않고 상위자에게 집중됨으로서 하위자들을 무능하게 만든다. 담당자가 일을 할 수 있는 능력은 재량권 즉 권한 만큼이다. 권한위양은 조직전체의 업무수행능력을 증가시키는 효과가 있다. 예를들어, 100의 권한을 가진 상위자가 80으로 위양하고 그 다음의 지위자에게 60으로 위양하고 40으로 위양하고 20으로 위양하면 이 경우 당초 상위자의 능력의 3배인 300의 업무수행능력으로 창출된다. 이 경우 위양은 신뢰와 권한 회수 가능성을 전제로 한다. 만약 그렇지 않으면 권한의 양도로 보아야 하며 이 양도는 조직의 업무능력을 증가시키지 않는다. 즉, 100의 권한을 가진 상위자가 80으로 위양하면 자신의 권한이 축소되어 20만 남고 다시 80을 가진 사람이 다시 60을 위양하면 자신에게 20만큼의 권한만 남게 된다. 다라서 양도의 경우는 전체적으로 업무수행능력이 더 창출되지 않고 그대로 100이 된다.

오늘날처럼 공급과잉의 시대에 경쟁이 치열하고 환경이 복잡하고 급변하는 등 불확실성이 높을 때는 조직이 분권화(differentiation)

하지 않을 수 없다. 이때는 리더십도 영향력을 극대화 하는 전통적인 리더십이 아니라 권한을 과감히 아래로 위양시키는 Super-leader, Self-leadership, Mentoring 같은 접근이 필요하다.

⑧ 벽 있는 조직

관료조직의 속성은 기능별 조직으로 구성된다. 따라서 일이 같으면 같은 부서, 일이 다르면 다른 부서로 되는 벽 있는 조직이 된다. 다양한 지식, 기술이 협력하여 공동으로 일을 할 경우에 관련 구성원들이 각각 다른 부서에 소속되어 있기 때문에 업무조정이나 협력이 매우 어렵게 된다. 따라서 조직의 스피드가 떨어지게 된다.

4. 리엔지니어링(BPR)

1) 리엔지니어링 원리

리엔지니어링은 1990년 초에 미국에서 붐을 이룬 경영혁신의 방법이다. 일본에게 기계 및 전자산업 분야의 시장점유율을 많이 빼앗겨 경제침체의 위기를 느낀 미국에서 시작된 경영혁신의 바람이다. 당시 미국의 레이건 대통령이 국가경쟁력 강화를 목적으로 기초과학위원회와 경영혁신위원회를 구성하였는데 이때 경영혁신의 주된 방법론이 리엔지니어링이었다. 이 붐은 유럽을 거쳐 전 세계로 확산되었다. 그러나 우리나라에서는 성공을 거두지 못했다. 과도한 해고의 바람을 불러 일으켜 공포의 경영혁신 기법으로서 조직구성원들로부터 많은 거부감을 갖게 만들었기 때문이다.

조직 혁신의 주요 방향(BPR)

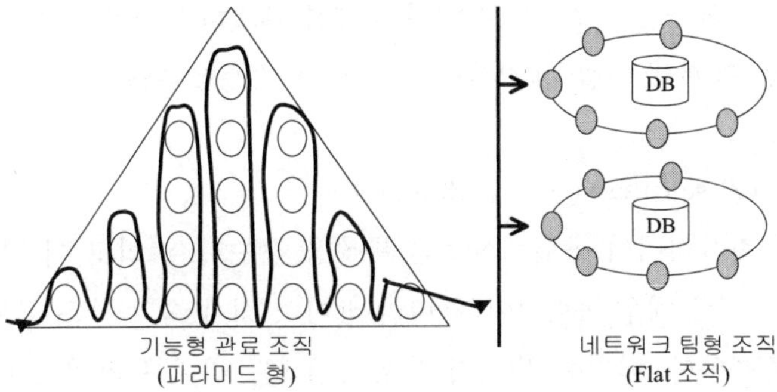

〈그림 6-6〉 BPR의 조직 원리

그러나 일의 속도를 평균 약 10배~20배 정도로 빠르게 처리하는 스피드의 강점뿐만아니라 승진압력 및 기존의 관리자수를 줄이고 또한 전반적인 임금 상승의 압박을 해결할 수 있는 이 매력을 기업들은 경쟁력 향상을 위하여 결코 포기할 수 없는 상황이었다. 따라서 리엔지니어링은 그 뒤에 PI 및 ERP에 포함되어 계속되었다.

리엔지니어링의 원리는 크게 두 가지로 요약된다.

첫째, 결과(output) 중심 조직으로 만들 것.

둘째, 공동데이터베이스를 중심으로 업무를 병렬처리 (simultane-ously working) 할 것. 혹은 동시공학(concurrent engineering) 할 것.

2) 리엔지니어링 팀조직

리엔지니어링 팀조직은 다음과 같은 4가지 속성을 지닌다.

(1) problem - solving teams

결과중심의 조직으로 어떤 문제를 해결하기 위하는 것에 초점을 맞추고 이를 해결하려는 조직의 속성을 지닌다.

(2) self-managed work teams

자율적이며 독립채산적인 특성을 갖는다. 그리고 이 팀 사이는 서로 매우 독립적이다. 따라서 마치 회사 속의 작은 회사처럼 존재한다. 이러한 분권적인 조직에서는 리더가 자기 영향력을 극대화 하려는 전통적인 리더십 보다는 그의 영향력을 과감히 위양하려는 Self-leadership이 더욱 요청된다.

(3) cross-functional teams

다양한 지식이나 기술을 가진 사람들을 함께 모아서 문제를 해결하려는 속성을 갖는다.

(4) virtual teams

컴퓨터통신의 기술을 사용하며 database 및 network의 기술을 사용함으로서 업무의 병렬처리 혹은 동시공학을 가능케 한다.

5. PI 방법론

이 논문은 PI에 관한 여러 내용 중에서 다만 특별히 고려해야 할 주요한 방법론에 국한하여 사례 분석 및 현장 실무자들의 소중한 경험들을 적극 반영하여 이를 개념적으로 체계화시켜 본 것이다[24]. 조직전략을 가장 효과적으로 실천하기 위한 PI 방법론으로는 아래와 같이 5가지 소분야로 나누어 그 중요한 특징들이 제시될 수 있다. "첫째, 리스트럭처링(Re-Structuring) 조직혁신 방법론, 둘째, WBS(Work Breakdown Structure), 셋째, 일의 분해(Work Analysis) 방법론, 넷째, 리엔지니어링을 위한 PI-Matrix, 다섯째, ERD(Entity Relationship Diagram) DFD(Data Flow Diagram) 및 ODM(Organization Design Diagram) 3 모듈(module) 사이의 관계 설정"이다.

1) 연구의 목적 및 의의

오늘날 매우 경직된 조직들은 갑작스러운 기업 환경의 변동과 불확실성을 감당하기가 어렵게 되었다. 대부분 기업체들의 경우 조직의 업무 프로세스 및 정보 그리고 제 관련 자원들 사이의 상호관련성이 점차 큰 혼란 속으로 빠져들고 있으며 또한 이들이 상호 난마처럼 뒤얽힘으로서 기업 활동의 스피드 저하뿐만 아니라 큰 원가상승의 요인도 되고 있다. PI(Process Innovation) 작업은 프로세스의 혁신을 통하여 바로 이러한 비효율적인 관계

---

24) 남중헌, "프로세스혁신방법론", 대한경영학회지(제 22권 3호), 2009.6,pp,1337-`1356). 여기서는 이 논문을 조금 수정하여 활용하였다.

들을 체계적으로 풀어내고 업무 스피드와 고객 만족도를 높임으로서 기업의 생산성 및 경쟁력을 크게 향상시키려는 것이다.

PI는 조직설계와 시스템설계의 결합을 통하여 이러한 혼란의 치명적인 조직의 문제를 근본적으로 해결하려는 조직혁신의 과정이라고 할 것이다. 현실적으로는 주로 통합정보시스템의 ERP(Enterprise Resource Planning)의 구축(혹은 자체개발)과 더불어 이들 작업의 사전(事前) 및 사후(事後)의 컨설팅 과정으로서 적용되어 왔다. PI는 통합정보시스템 혹은 ERP 구축 이전에 그 성공의 가능성을 높이기 위한 사전의 정지 작업으로서 필요하고 또한 통합정보시스템 및 ERP 구축 이 후에도 새로운 시스템과 업무 및 조직사이의 적합성 제고 및 시스템 업그레이드(Up-grade) 진단을 위하여서 활용되어 왔다. 즉 PI는 시스템통합(SI, System Integration)작업의 전(前)과 후(後)에 모두 필요하며 사이클링(cycling)을 그리면서 계속되는 작업이라고 할 수 있다.

PI는 기업체의 원가 절감을 위한 매우 혁신적이며 강력한 수단이라고 할 수 있다. 그리고 PI는 앞으로 기업의 엄청난 원가절감의 원천이 될 수 있는 미개척의 분야라고 할 수 있다. 지금까지 기업들은 주로 각종 자원 및 간접경비의 절약과 불량률의 감소를 통한 원가절감 노력을 집중하여 왔다. 그러나 이러한 전통적인 원가절감의 방법들은 이미 오랫동안 계속 극한적으로 실행되어 왔기 때문에 이미 거의 한계점에 이르렀으며 그 효과도 앞으로는 상대적으로 그리 크지 않다고 할 수 있다. 따라서 이제는 PI를 통한 새로운 원가절감의 접근이 기업경쟁력 향상을 위한 매우 유력한 돌파구로 될 수 있을 것이다.

PI는 Re-engineering을 핵심적인 내용으로서 도입하고 있다.

Re-engineering은 결과중심조직과 공동 데이터베이스 활용에 의한 업무의 병렬처리(simultaneous working) 및 동시공학(concurrent engineering)의 2 원리로 되어 있다. PI는 해고의 공포감을 불러일으켰던 Re-engineering과는 달리 잉여인력에 대한 재활용 계획 및 환경, 전략, 기업문화 변동 등과 관련된 보다 종합적이고 체계적인 마스터플랜의 접근방식을 하는 특징이 있다.

이 논문에서는 PI 작업에 대한 거대한 비용을 절감하는 방안을 제시하려고 하였다. 대개 외부컨설팅업체에 의뢰하여 수행하는 PI 작업의 원가구성은 크게 조직혁신의 비용과 PI 방법론 컨설팅에 대한 비용의 둘로 구성된다. 이중 조직혁신을 위한 비용은 최고경영자의 적절한 권한행사와 노조의 협력을 확보할 수 있으면 기업 자체 수행이 가능하며 기업 스스로 원가절약 할 수 있는 부분이다. 다만 PI 방법론 컨설팅 부분은 이 논문 연구를 통하여 그 상당 부분을 커버하거나 혹은 더 나은 방안을 제시하고자 시도하였다. 이로서 PI의 기업 자체 수행능력 제고, PI 컨설팅 용역 거래 협상력 증가, 감리능력을 향상시키는 방법, ERP/PI 업체로 부터 종속성 탈피 등을 추구하는 의의를 갖는다.

이 논문은 PI에 관한 여러 내용 중에서 다만 특별히 고려해야 할 주요한 방법론에 국한하여 기업체 사례 분석 및 현장 실무자들의 소중한 경험들을 적극 반영하여 이를 개념적으로 체계화시켜 본 것이다. 조직전략을 가장 효과적으로 실천하기 위한 PI 방법론으로는 아래와 같이 5가지 소분야로 나누어 중요한 특징들이 제시될 수 있다. "첫째, 리스트럭쳐링(Re-Structuring) 조직혁신 방법론, 둘째, WBS(Work Breakdown Structure), 셋째, 일의 분해(Work Analysis) 방법론, 넷째, 리엔지니어링을 위한 PI-Matrix, 다

셋째, ERD(Entity Relationship Diagram) DFD(Data Flow Diagram) 및 ODM(Organization Design Diagram) 3 모듈(module) 사이의 관계 설정"이다.

2) PI 방법론의 소분야별 접근 원리

A. Re-structuring 조직혁신 방법론

① 양(量)적인 리스트럭쳐링

우선 전략으로부터 과제 도출을 한다. 이때 전략은 첫째, 겉으로 드러난 명시적(explicit) 전략뿐만 아니라 일상적으로 당연하게 간주되고 있으므로 숨어있는(hidden) 전략도 함께 고려하여야 한다. 둘째, 또한 이러한 전략들 중에서 어느 것이 과제(task)를 발생하여 조직 형성과 관련되는지를 판단하여야 한다.

과제(task, or work)는 문제인식을 갖고 수행해야 할 일을 의미한다. 경영전략들은 보통 목표를 포함하여 방향제시, 수행 과제, 취급 품목, 방법론, 강조점, 활동 등의 여러 형태로 나타날 것이다. 이러한 다양한 형태의 경영전략들은 수행할 일과 조직형성을 하는 것도 있지만 그렇지 못한 것도 있다. 가령, 아웃소싱, 기술개발, 품질, 윤리를 강조하는 전략 등은 비록 그 중요성은 크다고 하더라도 많은 일을 발생하지 않으므로 새로운 조직형성과 별 관련이 없는 전략들이다. 그러나 PI 작업은 전략으로부터 조직형성을 하는 과제로 나타낼 수 있는 것만을 추려서 그 대상으로 한다.

이러한 PI 적용 대상의 조직범위를 정하기 위하여 기존 조직에 의한 과제 수행 가능 여부를 판단 한다. 전략으로부터 도출된 주요 과제들을 기존 조직의 역할로서 충분히 소화할 수 있는지의 여부를 개괄적으로 판별한다. 이를 위하여 우선 전략으로부터 도출된 모든 과제를 충분히 잘 감당하는 새로운 바람직한 조직모형인 "To-Be의 조직모형"을 상정하고 또한 현행의 과제를 수행하고 있는 기존의 조직모형인 "As-Is의 조직모형"을 확인한다. 그리고 이 양자의 조직모형을 상호 비교함으로서 기존의 조직모형으로부터 추가하거나 제거해야 할 조직의 부분, 즉 가감(加減)해야 할 조직의 인력규모를 파악해 보는 것이다. 이와 같이 조직을 부분적으로 제거하거나 추가하는 거시적인 M&A(Merger and Aquisition) 조직혁신을 통하여 PI 작업 대상의 양적 범위가 정해진다.

② 질(質)적인 리스트럭처링

바람직한 To-Be 조직의 규모와 기존의 As-Is 조직의 규모를 비교하여 양(量)적으로 변동이 없다고 하더라고 세부적인 분석을 더 수행하여 질(質)적으로 더 살펴볼 필요가 있다. 즉 설사 전체적인 양적으로 인력규모의 변동이 없다고 하더라도 조직의 어떤 부분은 늘이는 대신 조직의 다른 어떤 부분은 줄여야 되는 경우의 조직혁신이 역시 있을 수 있을 것이다.

전략으로부터 도출되는 일의 과제들은 기능별 과제와 결과중심의 과제, 그리고 이 양자를 결합한 매트릭스형 과제의 3 종류로 분류하여 나눌 수 있다. 그리고 기존 조직에 대한 과제의 수행 가능 여부를 판단하고자 할 때, 기능별 과제는 기능별 조직에서, 결과 중심의 과제는 결과 중심의 조직에서, 그리고 이 양자의 결합 과제는 기능별 조직과 결과중심의 조직의 결합 형태인 매트릭스 조직(Matrix Organization)에서 비교 검토하면서 그 가감여부를 판단하면 보다 더 세부적인 접근이 될 것이다.

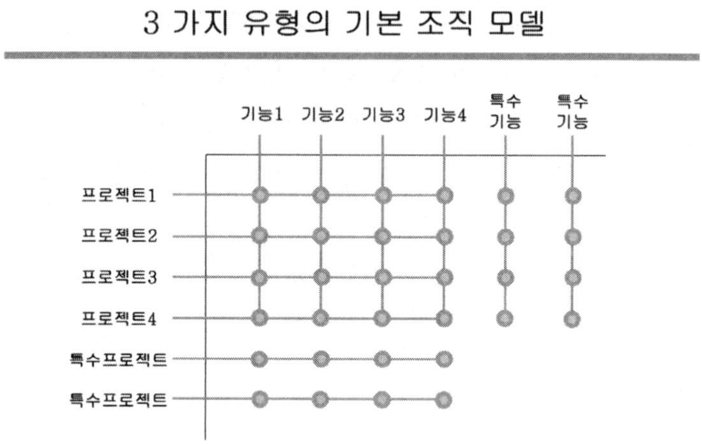

〈그림 6-7〉 3가지 기본 조직 모형

③ 거시적인 매트릭스 관계도 작성

PI 대상의 전체적인 조직의 범위 및 그 윤곽이 정해지면 그 다음은 기능별(Functional) 과제, 결과(Ouput) 중심 과제, 그리고 양자가 결합한 매트릭스(Matrix) 과제(work, task)들 사이의 거시적인 관계도를 만든다. 이는 To-Be 조직모형의 틀을 전제한 논의라고 할 것이다. 혁신(Innovation)은 기능사이의 경계를 넘는(Cross-funtional) 차원이고 개선(Improvement)은 기능 내(Within-functional)의 차원이다 (Davenport, 1993, p.147).

이러한 작업 이후의 더욱 세부적(detail)인 미시적(micro) 접근의 PI 적용대상의 선정은 이러한 매트릭스 관계도에 의한 거시적(Macro)인 접근의 PI 대상의 범위를 벗어나지 않는 속성을 갖는다. 즉, Micro PI 적용대상은 Macro PI 적용대상을 벗어나지 못한다. 만약에 Micro PI 적용대상이 Macro PI 적용대상의 범위를 넘어서면 Macro PI 적용대상의 설정이 잘못됐으므로 이를 역으로 수정하여야 할 것이다.

B. Work Breakdown Structure(WBS)

① Tree형식의 업무 분류

전략(Strategy)에서 일(Task, Work)을 도출하며 일을 트리(tree)형식으로 체계적으로 분류하는 WBS 작업이 매우 중요하다. 이 WBS는 분류된 단위 과제 사이의 기능과 정보가 상호 차이가 있을 수 있을 때까지는 계속 상세하게 분해한다. 그리고 이 WBS에서 단위 work의 상호 중복을 피하기 위하여 일의 분석자가 실제 업무를 잘 알아야 한다. 만약 이 분류체계가 잘못되거나 분류된 단위가 상호 중복이 되면 나중에 시스템 설계를 할 때에 혼선이 빚어지거나 매우 복잡하게 된다. 따라서 실무자가 PI 방법론을 학습한 뒤에 자기 담당 일에 대한 WBS를 자기 스스로 작성하는 것이 가장 바람직하다. 그리고 이러한 일의 WBS 분류 작업은 ABC(Activity-based Costing)나 목표관리 및 성과급 보상관리 적용을 위한 업무 분류 과정과도 서로 환원될 수 있다.

각 과제의 수행을 위한 프로세스혁신(PI)에 대한 확실한 권한과 책임을 지는 프로세스 오너십(Process ownership)을 부여(Davenport, 1993, p.7)하고 EVA 센터(Economic value added center) 혹은 이익비용센터(Profit/Cost Center)의 프로세스 중심의 조직(Process-based Organization)을 강화(Davenport, pp.95-100)하는 의미가 있다.

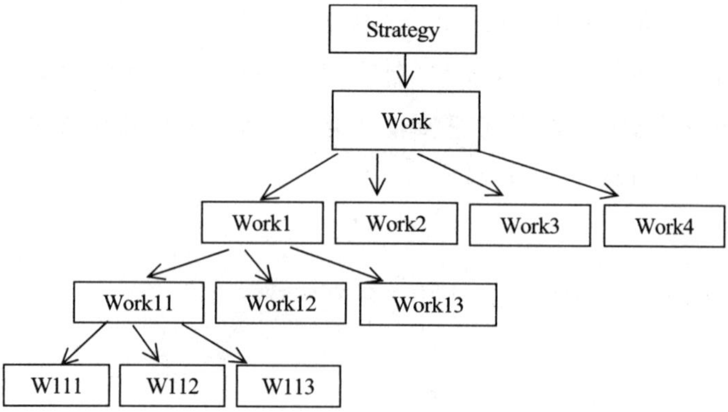

〈그림 6-8〉 Hierarchical한 Work Breakdown Structure(WBS)

② WBS와 ABC 회계

이렇게 세부적으로 분해 된 work(혹은 activity)에 관한 분류 작업은 high uncertainty 시대에 차별화 고급화 전략을 위한 ABC (Activity-Based Costing) 회계 처리에 매우 유용한 정보가 될 수 있다. 그리고 이 때 결과 중심(Output) 조직의 회계 처리의 확인 작업은 WBS(Work Breakdown Structure) 구도에서 이루어진다.[25] 여기서 Profit/Cost Center의 특성을 극대화하기 위한 조직재설계 작업은 다음과 같은 몇 가지 주요한 의의를 갖는다. 첫째, ERP도입을 보다 용이하게 하며 또한 ERP에서의 성과평가를 용이하게 한다. 둘째, WBS를 보다 사업부 단위 이하로 확대 적용을 가능하게 한다. 셋째, 목표관리를 가능하게 한다. 넷째, 보상체계를 보다 객관화 할 수 있다.

---

25) 이 때 생산 작업의 능율성 및 원가통제를 책임지는 미시적인 Work Center, 그리고 Output의 고객만족 및 영업성과를 책임지는 중간수준의 팀 및 사업부의 Profit/Cost Center, 그리고 더 나아가 회사 및 사업부 전체의 투자의 효율성까지를 포함하는 책임을 부여받는 거시적인 EVA Center(Business Unit)로 나누어 볼 수 있다.

C. 일의 분해방법론(work Analysis)

① Task(Work)의 분해 과정

개방시스템(Open System) 사고방식 중에서 가장 중요한 특징인 "투입 - 변환 - 산출(Input-Transformation-Output)"의 개념을 Task(Work)의 분석 과정에 적용해 본 것이다.

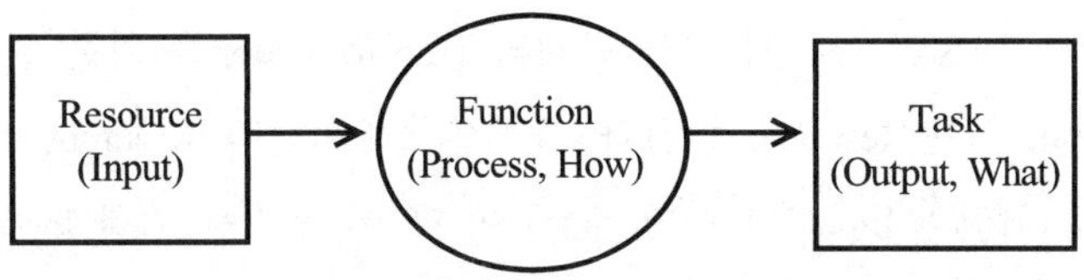

〈그림 6-9〉 Task 분해의 개념도(Task = Resource + Process)

Task(Output, What) = Function(Process, How) + Resource(Input), 그리고 Resource = Data(Information) + Human Labour + Equipment+ Raw materials + Finance + Assets + Technology + etc.로 정의될 수 있다.

수행해야 하는 그 무엇은 전략, 목표 혹은 과제도출로서 표현될 수 있다. 이는 Output을 의미하며 Task나 What이라고 볼 수 있다(Output = Task = what). 이 Output를 만들어 내기 위하여 어떤 Input를 받아들여서 이를 변환(Transformation)시켜야 한다. 이 변환 과정을 우리는 흔히 Process라고 부른다. 이 Process 과정은 어떤 무엇(What)을 달성하기 위한 과정 즉, How의 부분이라고도 볼 수 있다. 그리고 Process 는 여러 Function 의 집합이라고 볼 수 있다(Process = ∑Functions). 이 Function은 사람이 담당하는 경우도 있지만 알고리즘(algorithm)과 결부된 기계나 시스템 등의 자동화로 처리하는 경우가 있다(즉, Transformation = Function = Process

= How = Activity or Automation). 그리고 Input는 각종 유형 및 무형의 자원(resource)이 된다. 원자재, 자본, 인력, 기계, 시스템, 기술, 데이터 등이다. Input는 Output를 위한 Transformation 처리 과정의 소재가 되는 대상을 의미한다(Input = Resource).

Task의 수행이 진행되는 과정을 보다 더 확대해서 생각해 보면 여러 가지의 Input(혹은 Resource)가 투입되어 Transformation 처리과정을 밟게 된다. 이렇게 해서 나온 Output는 이 단계에 목표로 했던 Task인 동시에 다음 단계의 Transformation을 위한 한 가지 Input 혹은 Resource가 된다. 즉 "전기(前期)처리의 Output = 후기(後期)처리의 Input"가 된다. 물론 이 때 이 후기를 위한 Input는 꼭 전기에서 도출된 한 가지 Output만을 Resource로 사용하는 것이 아니라 일반적으로 다른 곳에서 가져온 Resource도 함께 Input로서 사용되는 것이 일반적이다. Work breakdown structure(WBS)에서 상위의 work는 하위의 work가 input의 일부로서 구성되어 만들어진 output이며, 이 경우 여기에는 타사(他社)에서 구입한 전단계의 output가 역시 자사(自社)의 input로서 함께 합쳐진 것이다.

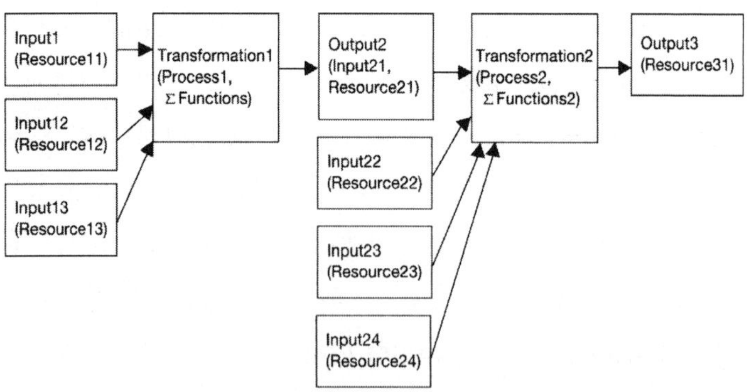

〈그림 6-10〉 Task 수행의 진행 과정의 개념도(전기처리의 Output = 후기처리의 Input)

이러한 Task의 수행의 계속적인 진행 과정은 "Task = Input + Transformation"의 형식으로 단순화해서 나타내 볼 수 있다. 결국 Task는 그 자체가 다음 단계의 Resource의 성격을 갖으며 또한 다른 Resource의 투입과 함께 Process과정(function 혹은 transformation)을 통하여 Resource가 확대재생산 되면서 부가가치가 추가적으로 창출되어 가는 과정이라고 할 수 있다. 물론 이 때 부가가치가 창출되어 가는 과정의 Output의 성격이나 모양은 이를 원하는 수요자를 겨냥하여 지향해야 함은 당연한 논리이다.

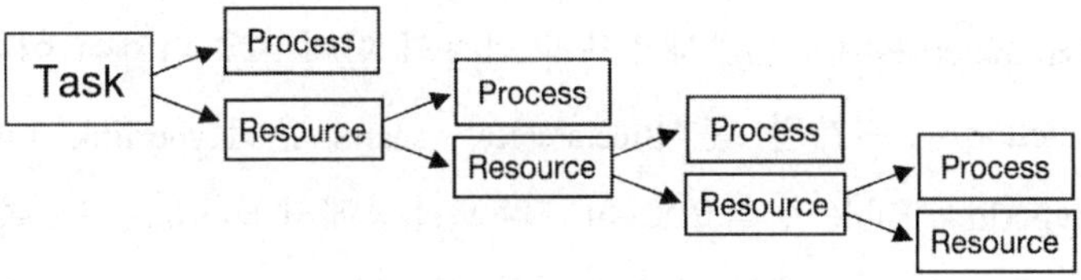

〈그림 6-11〉 Task의 계속 분해 과정

② 정보처리 업무(Task)의 정보처리

사무실에서 주로 수행하는 업무와 같이 만약 다른 종류의 실물(material)자원의 Input를 생략하여 Resource를 Data만으로 단순화시킬 수 있다. 즉, "Task = Data + Function"로 다시 재정의 할 수도 있다. 이 때 Data는 주로 실물 처리하는 생산 활동에 관한 정보뿐만 아니라 주로 정보 처리하는 사무직 자체의 정보처리 업무도 함께 포괄 할 수 있다. 그리고 정보처리 부서의 시스템, 도구, 예산, 사람 등에 관한 내용도 데이터로 바꾸어 Process를 하게 된다. 이 때 Resource를 Data로 단순화 시킨 Task의 계속 분해 과정을 <그림 6-12>에서와 같이 다시 그려 볼 수 있다.

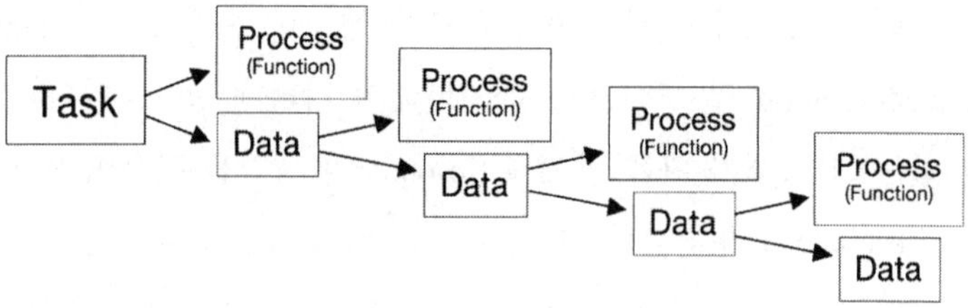

〈그림 6-12〉 Resource를 Data로 단순화 시킨 Task의 계속 분해 과정

③ Function의 Interface와 Algorithm

Function도 위계적(hierarchical)인 트리(tree) 형식으로 표현할 수 있다. 즉, sub-function 혹은 sub-process로 분해하는 과정이다 (Davenport, 1993, p.30). 사용자의 입장의 편의성을 위하여 이러한 function의 위계적 분석(hierarchical Analysi)은 Hyperlink List나 Hyperlink Table 형식으로 하나의 Web상에서 interface하도록 하면 Drill-down하기가 매우 편리할 것이다. 그리고 이 때 관련된 Database는 이러한 function 체계에 맞추어 통합시키면 될 것이다.[26] 이는 "조직 내외의 고객을 Web화면을 중심으로 수직 및 수평적 프로세스와 연결시키는 혁신"의 과정이 될 것이다 (Davenport, 1993, pp.76-77).

Function은 고도의 algorithm을 적용하여 만들면 그 시스템이나 자동화의 영역을 높이고 인력을 절약할 수 있을 것이다. 이를 테면, 품질검사에서 합격불합격 판정을 하는 경우, 수송, 블록 배치, 계기판을 읽기, 피드백 조치 등의 판단 기능을 대신하는 의사결정의 알고리즘 따위이다.

26) 대체로 큰 종합병원에서는 환자관리를 위한 시스템 Interface 화면이 Hyperlink Table로 체계적으로 된 경우를 좋은 예라고 볼 수 있다.

D. 리엔지니어링(Re-engineering)을 위한 PI-matrix

① 각 과제(Task) 단위별 process와 data 요소의 분석

모든 개별 과제(Tn)를 Data(Dn)와 Process(Pn)으로 분해한다. 그리고 각 Process는 Application이라는 시스템이 수행하는 경우(PAn)와 사람(Man & Woman)이나 Organization이 담당하는 경우(PMn)로 나눌 수 있다(<그림 6-13> 참조). 어떤 Application의 일부 기능(function)의 알고리즘(algorithm)을 사람에 의하여 수행한다면 그 만큼의 function은 사람이 process하는 경우라고 보는 것이다. 이 때 그 사람은 시스템상의 data를 사용하여 작업할 것이다.

Process를 Application으로 처리하지 않고 사람이 처리하는 경우에 이는 바로 조직(Organization)의 문제이다. 큰 조직인 Division은 Team이나 Department로, 그리고 보다 더 세부적인 경우는 각각의 개별 담당자인 Man & Woman이라고 볼 수 있다. 개별 Man & Woman을 더욱 세분하면 한 사람이 담당하는 여러 개의 업무분장(work lists)의 내용이 될 것이다.[27)]

큰 Application 시스템의 모듈은 세부적인 모듈로 분해하여 볼 수 있다. 이는 Application의 기능을 drill-down 방식으로 쪼개어 보는 것이다. 이는 시스템설계상 보다 상세설계로 level-down 시킬 때의 각 세부 function 부분에 해당될 것이다. Data는 각 과제별 거시적 수준에서부터 미시적 수준으로 여러 수준으로 level-down하여 만들 수 있다. 이 경우에 대비하여 데이터의 코드를 통일하고 표준화시켜야 하는 문제가 발생하기도 한다.

---

27) 소규모의 조직에서도 이런 방식으로서 PI를 적용하는 것이 가능할 것이다.

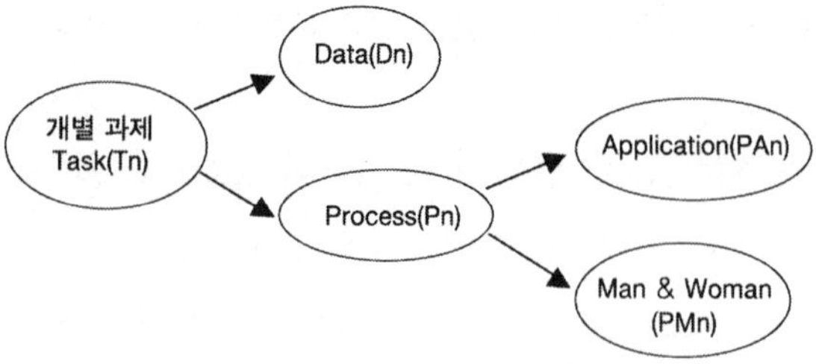

〈그림 6-13〉 각 과제별 요소의 분석

② 프로세스(Pn)와 데이터(Dn) 사이의 PI-matrix 작성

Data, Process(Application나 Man & woman)의 요소의 분석에서 논의했듯이 거시적 수준에서부터 여러 단계의 미시적 수준으로 level-down하여 만들 수 있다. 그러나 큰 기업체 실무에서는 이러한 여러 수준별로 PI-matrix를 수십 장, 수백 장 혹은 수천 장 모두 작성하는 것이 필요할 것이다. 그리고 이 세부적인 분류작업(level down)의 끝은 WBS 분류 작업에서와 똑같이 최종 PI-marix 상에 나타나는 각 task 단위의 분해된 functions나 data 내용이 인접 task단위의 그것과 비교할 때 상호간에 차이가 없을 때까지이다.

그러나 여기서는 오직 방법론만을 소개하는 목적이므로 편의상 적정 수준의 데이터인 Dn과 프로세스인 Pn 사이의 PI 매트릭스를 한 장 만을 그리도록 한다. 그러나 상위수준이든 하위수준이든 그 방법론상 그 논리는 마찬가지일 것이다.

프로세스 Pn은 사람이 담당하는 PMn과 Application의 시스템이 담당하는 PAn으로 나눌 수 있다고 표현한다.[28] 자연 상태에

28) Process를 사람이 수행하지 않고 정보화나 자동화로 대체하는 경우는 일의 자동흐름 및 처리, 정보수집, 분류, 공유, 검색, 수정 처리, 배열, 추적, 분석, 계산, 통신, 그래픽, 정보통합, 인공지능, 비교, 선택, 판단, 중간업무생략, 사무실제거, 시간공간배제, 인공지능, 자동보고, 자동결제, 자동계약체결, 자동송금, 조회 등이다. 경제적 이유만 없다면 기술적으로는 거의 모든 업무가 해당된다고

서 Pn은 PMn이든 PAn이든 거의 모두가 원래 서로 파편화 되고 분리된(separate) 각각의 개별 D/B를 각자 연결하여 운영하고 있다고 상정할 수 있다(즉, One function have at least one data). 무질서한 시스템 난개발의 경우에도 이와 같은 논리적 현상이 그대로 마찬가지로 나타난다. PI는 이렇게 각자의 분리된 개별 D/B를 통합하여 리엔지니어링을 수행하는 것이다. 그리고 동일한 Data는 오직 한 곳에서만 입력하면 되도록 하는 것이다. Core Process(혹은 Main Process)는 통합된 D/B를 통하여 기존의 인간들 사이의 복잡하게 얽힌 프로세스를 바로잡아서 시간과 공간을 상당히 제거하는 효과가 있다. 반면에 시스템 프로세스는 내부적으로 아무리 복잡하게 그 피드백 과정이 얽혀져 있다고 하여도 인간들 사이의 프로세스와는 달리 그 광속 자체가 시공을 극복해 주는 것이다.

③ Core Process의 선정(Davenport, p.27)[29]

도출과제들 중에서 결과중심의 과제를 우선적으로 분석하는 것이 보다 더 효율적이다. 왜냐하면, 각 다양한 기능들을 결과중심으로 통합하는 과정에서 상호 이질적으로 분리되거나 파편화된 D/B를 동시에 통합하는 리엔지니어링 하는 효과가 더 극대화되기 때문이다.

Long process는 대개 여러 기능들이 서로 맞물려 돌아가고 있으며 기능들 사이 서로 조율이 잘 되지 않으면 심각한 문제가 생길

할 것이다.

29) 프로세스 혁신의 결정적으로 중요한 문제이다. 그리고 이 PI의 효과는 대체로 cross-functional한 long process를 찾아서 선정하는 것에 비례한다고 볼 수 있다(Davenport, 1993, p28).

수 있는 상당히 긴급한 critical path일 수 있다. 따라서 long process를 Core Process로 선정하고 다른 프로세스는 다음 기회로 넘기는 것이 바람직하다. Process를 너무 많이 선정하면 시스템 안정성 문제의 발생, 시스템 환경의 capacity를 초과하는 위험 등으로 그 만큼 실패의 가능성이 높아진다(Davenport, p. 31) 즉, PI-matrix를 만들어 가장 여러 Dn이 Pn과의 관련성이 가장 긴 순서대로 Core process(혹은 Main process)를 선택한다. 대체로 D3, D4, D6 을 Core Process로 선정하여 PI 대상 범위로 하고 나머지 프로세스는 다음 기회의 개발로 포함시키기로 한다. 그러나 비록 long process가 아니더라도 선정된 Core Process와의 결합도나 그 결합 빈도가 매우 높다고 판단되면 개별 검토 후 이를 예외적으로 포함시킬 수도 있다. PI 대상으로 선정된 Process에는 책임 owner를 두고 그 process의 목적과 결과 측정 평가의 기준도 마련되어야 한다.

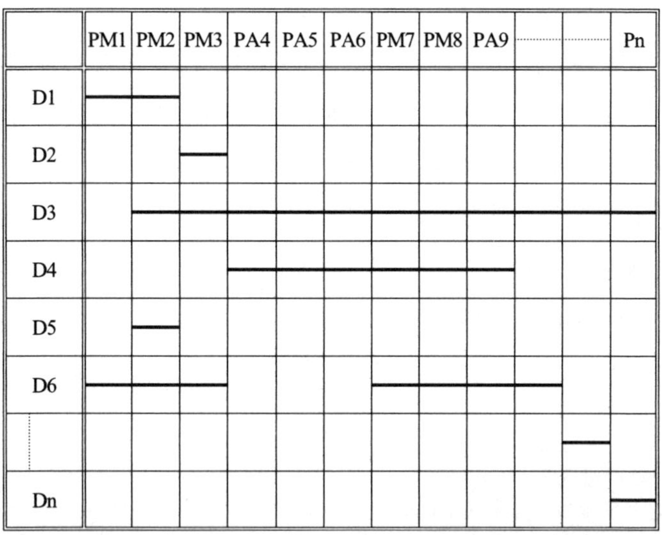

〈그림 6-14〉 프로세스(Pn)와 데이터(Dn) 사이의 PI-matrix 예시

④Process Modeling Design

Core Process를 선정하고 작업의 대상이 되는 여러 프로세스와 전략 및 과제와의 관련성, 데이터와 관련성, 조직과의 관련성을 종합적으로 Diagramming하는 것이 필요하다. 이를 위하여 Computer CASE Tool[30])이 존재한다. 그러나 조직이 아주 방대하지 않는 경우는 꼭 필요한 것은 아니며(Davenport, 1993, p.155) 오히려 때때로 더 방해가 되어 비효율적일 수도 있다(Davenport, 1993, p.214-215).[31]) Core process 통합에 의한 리엔지니어링은 비록 스피드 및 원가절감 등의 효율성 측면의 효과가 크지만 이 때문에 안전관리나 부정방지 등의 다른 측면을 희생시킬 가능성에 관한 고려도 필요하다(Davenport, 1993, p.225).[32])

⑤ 통합프로세스와 개별 프로세스의 분리

현업은 예상 외로 매우 복잡하기 때문에 Process Segment 작업(Davenport, 1993, p.190)을 실시하여 어디에서부터 PI를 적용해야 될지를 나타내는 PI 일정계획을 세워야 한다. Core Process가 선정된 후 이와 연결성이 약한 개별프로세스(separate process)를 분리하는 것이 현업의 난이도와 복잡성을 크게 줄일 수 있다. 시스

---

30) IDEF 방법론이 유명하다. 이 시스템설계 방법론은 시스템개발과 관련된 사람들끼리 의사소통을 촉진시키는 언어로 개발 되었다. Function Modeling, Data Modeling, Process Modeling 등을 설계하는 기능을 갖고 있다. 그러나 아주 특수한 방대란 대규모의 조직을 대상으로 하는 경우(이를 테면, 전 세계의 미국 군대 시스템 등)외에는 오히려 그 사용방법을 터득하려는 작업이 더 부담이 될 것이다(신철, 2000, pp.243-263 참조).

31) An overt focus on tools and techniques-IT or otherwise-can stand in the way of achieving process change objectives. Particularly in the case of tools and techniques that are complex and unfamiliar, ascending the learning curve may shift the focus away from business change.

32) 효율성을 높이기 위한 PI와 윤리경영을 위한 PI는 그 접근 원리가 서로 다르다.

템통합의 일차적인 작업은 이 선정된 Core Process에 대하여만 실시하는 것이 성공의 가능성을 높인다(Davenport, 1993, p.209)[33]. 그러나 많은 기업체들이 개발업체의 수주 액을 높이려는 의도에 말려들어 이 양자를 분리하지 않기 때문에 자주 그 개발의 복잡성과 실패를 경험하게 된다.

그리고 관계형 D/B가 아닌 부분은 PI 작업의 복잡성을 피하기 위하여 일단 PI-matrix의 대상에서 제외시켜 뒤로 미룬다. 이를 테면, 파일형 D/B나 graphic file 및 객체형 모듈 등은 시스템 용량에의 부담, 기술상의 난이도, 인력부족, 시스템 불안정성 등 때문에 차후에 D/B의 각 cell과 연결시켜 포함시키는 것이 바람직할 것이다.

⑥ PI-matrix에 의한 기존 시스템 진단

PI-matrix는 기존 시스템의 진단을 하는 과정의 중요 부분이 될 것이다. 기존의 시스템이 구축되어 있는 경우는 그 기존의 Application 모듈과 Database 모듈들을 PI-matrix 작업에 우선적으로 나타낸다. Pn 중에서 기존 시스템 부분은 각 PAn으로 표시된다. 기존의 조직의 부분인 PMn과 함께 나열시킨 것은 기존시스템 기능의 cover 범위를 판단하기 위함이다. 이와 같은 방식으로 Pn을 나열시키는 이점으로는 첫째, PAn과 PMn 양자 사이의 기능의 중복 여부를 판별할 수 있을 것이다. 둘째, 어떤 Application의 추가할 부분과 제거할 부분을 확인할 수 있다. 셋째, Core

33) For radical process innovation to succeed, it is necessary to restrict the scope of effort to the immediate process and the direct interfaces. It may also be necessary to confine detailed data modeling to subsets of the overall data environment.

Process 선정 기준으로 수많은 Application 세부 모듈의 re-grouping 작업에 도움이 되기 때문이다.

데이터베이스 Dn도 사람이 사용하는 부분(PMn에 연결)과 Application(PAn)에 연결되어 있는 부분으로 나눌 수 있다. 그러나 PAn과 연결되어 있는 Dn 부분도 사람(PMn)이 시스템을 경유하여 이를 간접적으로 공동 활용하기도 한다. 다만 이 경우는 Process 처리를 하는 알고리즘(algorithm)의 일부를 사람 자신이 직접 행하는 셈이다. 대개 PAn과 직접 결합 사용하는 Dn과 PMn이 독립하여 직접 사용하는 Dn 사이는 상호 연결되지 않는다. 따라서 이 때 데이터의 중복여부는 반드시 살펴볼 필요가 있다.

Dn도 시스템 부분과 사람이 수동으로 만들어서 활용하는 부분으로 구분하면서 같이 나열한 것은 앞의 Pn의 경우와 마찬가지 이유이다. 첫째, 그 데이터베이스나 정보의 중복성을 판별하기 위함이고, 둘째, 기존의 시스템의 D/B에 추가할 부분과 제거할 부분을 확인한 후 D/B의 추가 개발 부분을 확인하기 위함이며 셋째, 세부 D/B를 통합하여 정규화(Normalization)[34]를 효율적으로 추진하기 위함이다.

⑦ PI 매트릭스와 ERP 도입 평가 문제

PI-matrix는 또한 ERP 솔루션 모듈을 사전에 평가하는 방법도 될 것이다. ERP Application 모듈을 세부적으로 나누어 PAn으로 하고 또한 관련 ERP D/B는 Dn으로 하여 다시 PI 매트릭스를 만들어 볼 수 있을 것이다. 이 때 기존의 업무의 대개 70-80% 이상을 ERP가 covering 해야 그 도입의 타당성이 있다고 할 것이다.

---

34) J. A. Hoffer etc. *System Analysis & Design*, Prentice-Hall, 2002, pp.384, 388, 392, 394-395.

그렇지 않으면 Customization 부분이나 추가 개발 부분 그리고 방대한 Legacy system 연동부분 때문에 너무 시간과 비용이 많이 들 것이기 때문이다. 따라서 이러한 PI-matrix에 의한 평가를 거치지 않은 ERP 도입은 거의 모두 매우 불리한 비합리적 의사결정이라고 하여도 과언이 아니다. 그 이유는 ERP 도입 계약 전에 도입하려는 기업이 사전에 PI-matrix평가를 포함한 PI 마스터플랜을 확보 하지 못하면 그 기업 자신의 시스템 사정을 사실상 잘 모르기 때문에 거래의 협상 능력이 떨어지기 때문이다.

ERP 구축을 위한 PI(Process Innovation)는 과거 기존 시스템의 알고리즘 및 프로세스를 분석하는 것을 대폭 생략하는 방법을 택한다. 이는 ERP Vendor의 원가절감의 전략과 긴밀히 맞물려 있다고도 예상할 수 있다. 반면에 도입 회사의 입장에서는 이 때문에 오랫동안 축적해 왔던 노하우의 알고리즘이 크게 파괴될 우려가 있다. 이 점은 시스템의 자체개발(In-house development)과 반드시 그 장단점을 비교해야 할 문제이다.

E. ERD, DFD, ODD 3 모듈 사이의 관계 설정

① ERD, DFD, ODD의 작성

Data, Process, Organization 의 3자 요소의 관계성을 잘 이해하고 재설계하는 것이 PI 방법론의 핵심이다(Davenport, 1993, pp.148-149). 신규 과제(Task)일 경우는 Data, Application, Man & Woman (Organization)이 모두 가상적인 내용이 될 것이다.

PI-matrix의 Dn 부분의 분석을 근거로 ERD(Entity Relationship Diagram)를 작성한다. Data의 공유성(共有性) 수준에 따라서 이 모

듈의 위계(hierachy)가 정해진다. 그리고 경영상의 요구 정보라고 볼 수 있는 기업의 정보분류체계[35]를 이 경우에 참조하는 것이 바람직하다(남중헌, 2003, pp.373-427).

그리고, PI 매트릭스의 Pn 부분의 분석을 근거로 Application 개발을 위하여 DFD(Data Flow Diagram)를 작성한다. Function의 유사성(類似性) 수준에 따라서 모듈의 위계가 정해진다. 모듈의 내부는 Function 사이의 Interaction이 극대화(Maximized) 되고 모듈 사이의 경계는 그 Interaction이 극소화(Minimized) 될 때로 한다.

사람과 시스템은 상호 대체적(代替的)인 관계에 있다. Aplication 대신 function(혹은 activity)을 실제의 사람만이 담당하는 조직을 위하여 ODD(Organization Design Diagram)을 만든다(아주 작은 조직의 경우는 work lists를 만든다). 그리고 상호작용분석(Interaction Analysis)를 하여 팀을 구성한다. 이 팀 모듈의 내부도 역시 구성원 사이의 Interaction이 극대화(Maximized) 되고 팀조직 모듈 사이의 경계는 그 Interaction이 극소화(Minimized) 될 때로 한다.

② ERD, DFD, ODD 사이의 상호관계(ERD>DFD>ODD의 접근방법)

Data > Application > Organization의 순서로 비변동성(permanent)의 속성에 대한 신뢰의 크기를 부여 한다. 그리고 이 3자의 구성체를 위하여 Data 설정이 가장 먼저 되고 그 다음 Application에 대한 고려가 이루어지고 그리고 가장 마지막에 조직에 관한 구성이 이루어져야 함을 의미한다. 따라서 상당히 가변적인 (changeable) 조직의 형태부터 먼저 설정하는 일반적 관행은 크게 잘못되었다고 할 것이다.

---

35) 크게 문제인식별(Issue-oriented information classification)과 정보분류체계와 기능별 정보분류체계(Function-oriented information classification)로 대별된다.

Application과 Organization(Man & Woman) 사이는 기능을 담당하는 측면에서 볼 때 상호 보완적인 관계가 아니라 오히려 상호 대체적(代替的)인 관계이다(Total functions - DFD = ODD). 조직설계(ODD)의 모듈과 Application Design(DFD)의 모듈의 경계 구획이 같으면 대상의 동일, 기능간의 상호 중복 및 경합으로 인하여 인적관리의 비효율성을 초래하고 조직의 혁신 및 시스템 구축을 크게 저해하게 된다. 따라서 조직설계(ODD)의 모듈, 어플리케이션설계(DFD)의 모듈, 데이터베이스설계(ERD)의 모듈의 구획을 근본적으로 서로 달리해야 함이 중요하다. 즉, ODD≠DFD≠ERD이 바람직하다(<그림 6-15> 참조). 그러나 대부분의 경우 큰 조직의 Application 개발의 경우에는 ODD모듈 구획을 기준으로 ERD와 DFD모듈도 이 구획에 따라 같게 맞춤으로서 interaction이 maximized된 부분이 오히려 쪼개어 지는 오류를 범하고 있는 것이다. 이렇게 하여 심하게 파편화된 Application 및 D/B의 모듈사이의 시스템 통합성을 회복하는 과정에는 그 interaction이 너무나 복잡하여 엄청난 시간, 노력 및 비용 증대가 초래된다. 그리고 동시에 사람의 기능과 시스템 기능 사이의 상호 배타적 충돌이 발생하며 현업 업무 담당자 위주의 개발에만 머무르게 되는 난개발 성격이 나타난다.

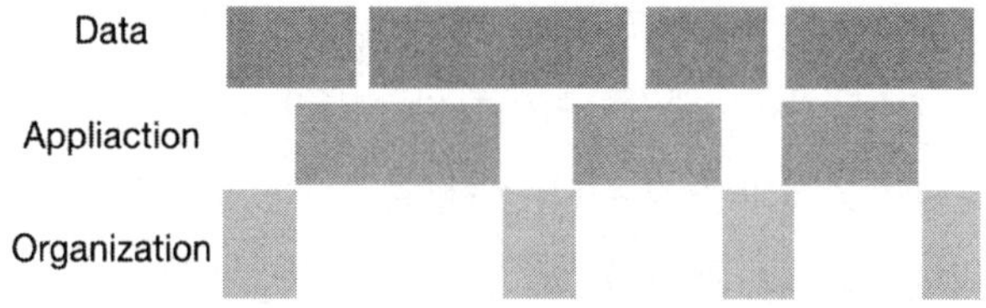

〈그림 6-15〉 Data, Application, Organization의 각 모듈의 경계의 차이

3) PI 방법론의 적용

이 논문은 PI에 관한 여러 내용 중에서 다만 특별히 고려해야 할 주요한 방법론에 국한하여 사례 분석 및 현장 실무자들의 소중한 경험들을 적극 반영하여 이를 개념적으로 체계화시켜 본 것이다. 조직전략을 가장 효과적으로 실천하기 위한 PI 방법론으로는 아래와 같이 5가지 소분야로 나누어 중요한 특징들이 제시될 수 있다. "첫째, 리스트럭쳐링(Re-Structuring) 조직혁신 방법론, 둘째, WBS(Work Breakdown Structure), 셋째, 일의 분해(Work Analysis) 방법론, 넷째, 리엔지니어링을 위한 PI-Matrix, 다섯째, ERD(Entity Relationship Diagram) DFD(Data Flow Diagram) 및 ODM(Organization Design Diagram) 3 모듈(module) 사이의 관계 설정"이다.

첫째, 리스트럭처링(Re-Structuring) 조직혁신의 방법론을 제시하였다. 전략으로부터 과제를 도출하고 과제에 따라 바람직한 조직의 모습(To-Be 모형)과 현행의 조직(AS-Is 모형) 사이를 대비하여 그 차이를 가감하는 작업을 하는 것이다. 이 때 기능별 조직, 결과 중심조직, 그리고 매트릭스 조직의 성격 분석에 따라 같은 모형끼리 대비하는 방법론을 제시하였다. 양(量)적인 리스트럭링과 질(質)적인 리스트럭처링을 통하여 PI의 대상 범위를 정하였다.

둘째, WBS(Work Breakdown Structure)는 전략으로부터 도출된 과제의 일을 체계적으로 분류하는 것이다. 카테고리가 중복되지 않도록 잘 분류해야 시스템 설계 시 혼란과 어려움을 극복할 수 있다. ABC 회계나 목표관리 및 성과급 체계에서도 이 분류체계가 동시에 활용될 수 있다. Task 단위의 function 및 data가 인접의 task단위의 function 및 data와 같아질 때까지 계속 분해되어야 함을 제시하였다.

셋째, 일(work)를 WBS에 따라 분류한 뒤 각 세부 단위의 일을 모두 Resource와 Process의 두 가지로 분해할 수 있다. 그러나 사무업무의 Resource 중에서 Data만을 취급하며 Data와 Function으로 분해 할 수 있다.

넷째, Data 와 Function(Process)의 PI-matrix를 만든 다음 핵심 프로세스(Core process)를 찾는 리엔지니어링 하는 방법이다. 이는 시스템 개발의 범위를 최대한 줄이고 성공가능성을 높이는 효과를 갖는다. 그리고 기존시스템 진단 및 ERP Solution의 사전 평가의 의의를 갖을 수 있다..

다섯째, ERD와 > DFD > ODD의 보다 안정적(permanent)인 것을 기준으로 하여 3 자의 통합설계를 한다. 각 모듈의 경계는 상호작용(Interaction) 수준이 극소화(minimized) 되는 지점을 경계로 하며 이 3자 모듈들 사이의 경계선은 서로 같지 않아야 바람직하며 DFD와 ODD는 서로 대체(代替)적인 관계에 있다고 보았다.

우리나라 기업들은 최근에 기업 환경의 급변에 따른 조직혁신을 할 때 효율성(Efficiency)을 위한 수평적 프로세스 혁신(Horizontal Process Innovation)에 치중한 경향이 있다. 그러나 앞으로는 윤리경영의 통제시스템을 구축하기 위한 수직적 프로세스 혁신(Vertical PI)도 함께 연구하여야 할 필요가 있다. 그리고 이 경우에는 PI에 BSC(Balanced Scorecard), 목표관리, 견제시스템(Cross-checking System) 등 통제시스템을 정교하게 만들기 위한 지식, 방법 및 기술 등과의 결합이 필요할 것이다.

6. PI변동관리

PI 변동관리를 할 때 기획부서나 인사부서에서 PI. 마스터플랜을 작성한 다음 우선 최고경영자와 철저한 합의에 도달하는 것이 중요하다. 최고경영자가 주도하여 그의 권한과 책임하에 전 조직구성원들과 공감대를 형성하면서 이를 실천하는 것이 옳다. 그렇지 않고 최고경영자는 소극적인 위치에 둔 채로 인서부서나 기확부서가 전부서를 직접 상대하면서 PI 마스터플랜을 실현하려고 하면 실패할 가능성이 매우 높다. 그리고 조직내의 엄청난 갈등을 유발할 것이다.

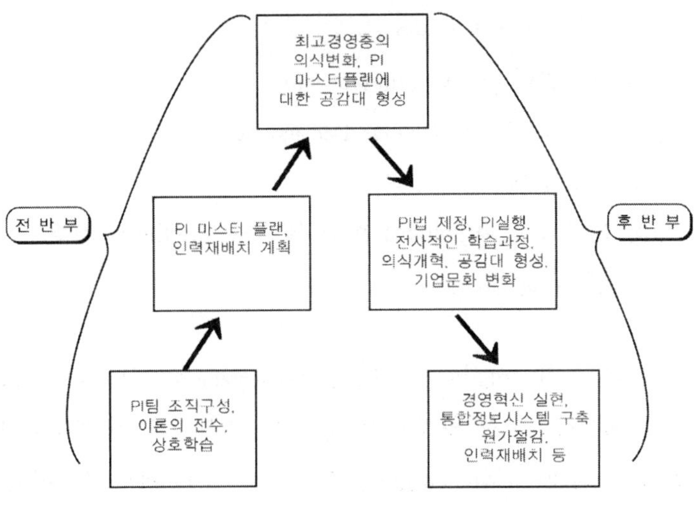

최고경영층의 PI마스터플랜에 대한 공감대 형성 및 추진과정

7. 조직윤리 방안(투명경영제도)

조직설계는 정태적인 구조설계와 동태적인 운영설계로 나누어 볼 수 있다(예, 원자력 발전소 설계). 운영설계를 제도나 정책으로 표현하기도 한다. 이는 만들어진 조직구조는 그대로 두고 이를 관리하는 시간적 과정을 설계한 것이다. 여기서는 투명경영을 위한 조직윤리방안들을 나열해 본다.

(1) 윤리법(Ethics code) 제정
(2) 윤리위원회(Ethics committee) 결성
(3) Cross-checking system
(4) 다각도정보흐름방식(Multiple data-flowing)
(5) 직무순환(Fob rotation)
(6) 양심선언제도(Whistle blowing)
(7) 징벌적 배상법(Punitive Damage Act)
(8) Ethical PI
(9) 윤리적 문화(culture) 형성 및 분위기(climate)조성
(10) 윤리 교육

* 조직 및 사회에는 Harmony(integraion)의 원리와 Conflict (differentiation)의 두 원리가 있다. 흔히 역사의 두 수레바퀴라 부른다. 위의 Cross-checking system, multiple data-flowing, Job-rotation은 공간적, 시간적으로 Conflict의 원리를 활용한 것이다.

대체로 Harmony의 원리는 평화, 질서, 능률, 기득권 존중, 신분사회, 독재, 부정부패, 비민주주의, 인권유린 등의 특징을 갖는

반면, Conflict의 원리는 그 반대로, 비판정신, 민주주의, 투명경영, 윤리사회 구현, 복지 강화, 인권보장, 평등사회, 혼란 및 무질서, 전쟁, 유혈사태, 비능율 등의 문제와 관련 된다.

8. 인적자원관리제도와 노사관계

(1) 인력계획

인적자원관리는 처음부터 끝까지 직무특성과 사람특성 사이를 접합시키는 추구한다. 모집, 선발, 교육, 배치, 동기유발 등의 기능에 해당된다. 제대로 된 인사관리는 직무특성과 사람특성 사이에 적합한 타당성 분석(Validity analysis)이 높은가로 판단한다. 인력수요는 노동시장 및 매출시장을 고려한 Top-down 접근방식과 직무분석에 의거한 Bottom-up 접근방식이있다.

(2) 보상체계

보상체계는 사람과 일 사이를 동태적으로 더욱 긴밀히 결합시키는 인력계획의 한 범주라고 볼 수 있다.

조직환경이 불확실하고 첨단기술로 나아감에 따라 연공급, 직무급에서 직능급 성과급으로 더 비중이 높아간다.

① 연공급 (seniority-based pay)

나이와 근속연수에 의한 보상이다. 평가의 객관성이 높다. 환경이 안정되었을 때 그리고 기술변화가 적을 때 알맞다. 그러나 기술변화가 빠른 기업에서 연공급제를 적용하면 중간나이의 근로자들의 인적분포가 빠져버리는 현상을 보인다.

② 직무급 (job-based pay)

일과 보상 연결한다. 직무수당, 직위수당, 위험수당 등이 여기에 해당한다. 노동의 경직성이 심하다. 그러나 이 보상제도는 서로 기피하려는 일에 높은 보수를 연결함으로서 그 일을 선호하게 만들 수 있다.

③ 직능급 (skill-based pay)

기술 및 능력과 보상을 결합하였다. 노동 활용의 유연성을 높이는 장점을 갖는다. 다능직능이면 더욱 유연성에 도움이 될 것이다. 시장가격보다 더 강력한 incentive를 통하여 유능한 인력을 확보하고 개발하기 위한 보상체계이다. 직능급의 비중이 높은 연(年)단위의 임금을 연봉제(Annual salary)라고 한다. 노동시장의 발달과 임금가격을 전제로 기업에서 꼭 필요한 핵심인력을 적극 밀어주는 방식이다. 그 대신 핵심인력이 아닌 근로자들의 임금을 삭감하여 핵심인력으로 옮겨 시장가격보다 훨씬 경쟁력 있는 지원을 하는 것이다. 이는 오늘날처럼 기업환경이 불확실하고 경쟁력이 치열할 때 차별화 고급화, 다품종의 전략에 알맞은 노동통제 방식이라고 할 수 있다. 탈숙련화 및 노동의 대체성에 의한 과거의 노동통제방식과는 다른 방식이다. 직능급 성공하면 노조결성 및 노동운동을 대체(代替)하는 효과를 갖는다.

④ 성과급 (performance-based pay)

명령이나 목표를 달성하는 여부에 의하여 보상을 주는 방식이다.

개별성과급의 적용이 어려워 집단성과급을 택하는 경우가 많다.

(3) 인력개발

첨단기술이 점점 중요시 되는 오늘날 인적자원의 개발은 조직 경쟁력의 핵심요인이다. 그리고 기업의 가치를 창출하는 근원이다. 경력개발계획(CDP, Career Development Planning)에 의하여 미리 자기가 담당할 역할의 시기와 경로를 앎으로서 자기개발에 도움을 줄 수도 있다. 이 CDP를 직능급과 결합하면 더욱 강한 효과를 낼 수 있을 것이다.

(4) 임금피크제(salary peak system)

정년 전에 할인한 적은 임금을 받는 대신 정년이후 까지 더 근무할 수 있는 제도이다. 회사에서는 아직 일할 수 있는 숙련노동을 계속 활용할 수 있는 이점이 있는 반면 근로자의 입장에서는 정년이후까지 고용안전을 보장받을 수 있는 이득이 있다. 국가의 입장에서는 저출산으로 젊은 인구가 줄어드는 상황에서 평균수명이 늘어나는 노인들을 위한 고용창출의 효과가 있다. 그러나 신입사원들의 고용 수요를 줄여 미래노동자와 과거노동자의 갈등의 문제를 일으킬 수 있다.

임금피크제가 잘 수용될 수 있는 조건으로는 첫째, 능력제나 성과급제가 잘 운영되지 않을 때 둘째, 근로자들이 고용불안을 느껴 고용안정을 위한 방안을 찾으려는 경향을 보일 때이다.

(6) 노사관계

인적자원관리 혹은 인사관리는 개별적, 수직적 근로계약관계를 탐구한다면 노사관계는 집단적, 수평적 근로계약관계를 연구

대상으로 삼는다. 노사관계는 개별적 근로자가 경제적 약자이고 근로계약외에는 다른 대안을 갖지 못함으로서 근로기준법상의 노동자 기본권리도 스스로 찾을 수 없다는 문제에 기인한다. 국가는 법으로 집단적, 수평적 노사관계를 보호하여 근로자가 스스로 단결하여 자신들의 정당한 권리를 보다 잘 찾을 수 있도록 장치를 해 준 것이다. 노동조합법, 노동쟁의조정법이 이와 관련된다. 그러나 오늘 날 문제는 대기업의 노조들의 세력이 너무 강하고 점점 임금 수준이 높아짐에 따라 이들이 결코 경제적 약자가 아니며 또한 이들이 중소기업 노동자나 비정규직 노동자의 이익을 크게 침해할 수도 있다는 점이다. 앞으로는 근로자라도 경제적 약자가 아닌 경우에는 이러한 노사관계의 많은 혜택을 받을 수 없도록 노동조합에의 가입 및 보호를 제한하는 것이 반드시 필요할 것이다.

불가피한 민주화의 성취 과정에서 특히 잘 조직된 사업 혹은 공기업의 대기업과 공공기관의 노조의 투쟁이 많이 기여함은 사실이다. 그러나 이제는 이러한 노조의 투쟁력은 걷잡을 수 없는 경영의 파행으로 이어지는 조짐을 보인다. 이 노조의 영향력이 경영권의 행사를 마비시키고 새로운 경영전략의 수립 및 실천, 업무수행의 속도를 지연시키는 등으로 비효율을 초래할 뿐만 아니라 생산성을 초과 하고 방만한 부채가 있음에도 불구하고 과도한 수준의 임금 및 복리후생의 요구로 국제경쟁력을 점차 상실하고 신규고용을 불가능케 하는 역기능을 초래하고 있다.

오늘날 과격한 노사분규의 극복은 우리나라의 경제를 침체에서 벗어나게 하는 매우 주요한 문제이다. 결국, 경제의 성장과 고용의 촉진은 투자이윤이 그 각종의 비용의 합계보다도 더 높을 수 있는 환경을 조성하는 것이기 때문이다. 이를 위한 몇 가지 제언을 더 추가하자면 첫째, 경영자 및 관리자들의 리더십 능력 향상 자체가 노사 간의 영향력 경합에서 노조를 극복하고 분규를 막는데 도움이 될 것이다. 즉 리더십 교육이 중요하다. 둘째, 국민 전체의 중요한 삶을 볼모로 잡는 공공노조의 조직 및 파업은 극히 제한되어야 한다. 그리고 복무규정의 적용의 엄중함도 사기업체와는 그 수준을 달리해야 한다. 이는 마치 경찰이나 군대가 노조를 결성하거나 파업을 할 수 없음과 같은 논리이다. 그 대신 법으로 이들의 안정된 생활을 보장할 수 있는 입법적 조치가 필요할 것이다. 예를 들면 공무원 연금이 이에 해당된다. 셋째, 직능급제 및 연봉제로의 보상체계의 혁신은 노사분규를 대체하는 효과가 있을 것이다. 특히 다능직능제가 도움이 될 것이다. 넷째, 노사문제의 전문가를 양성할 필요가 있다. 노조의 간부들은 대개 상당한 수준의 노동법 및 노사관계이론 등에 정통하고 파업을 주도한 경험도 많은 반면에 사용자측은 대개 다른 분야에서 종사하다가 갑자기 노사관계 관리자로 부임하거나 여기에 차출된 준비가 안 된 문외한이 이들을 대처하는 형국이다. 이들에 대한 적극적인 노사문제 교육이 필요하다.

9. 조직설계방법 정리

1) 제로베이스이론

환경변화(새로운 목표 및 전략) 기준으로 원점에서 조직의 재구성

2) 제 자원 사이의 적합적 관계를 빠르게(speedy) 실현하여 혼

란상태(chaos)을 극복한다. chaos는 경쟁력약화, 비효율, 자원낭비, 원가상승 등의 문제를 초래한다.

3) Dis-intermediation은 input와 output 사이의 transformation의 efficiency와 관련된 부분으로서 자동화 정보화의 성력화(省力化)의 일차적 대상

4) 특별한 다른 이유가 없는한 'interaction = team' 으로 만든다.

5) Module 조직은 대체성과 아웃소싱을 용이하게 한다.
module의 원리는 'interaction maximized = internal, interaction minimized = external border'로 만든다.

6) High의 Uncertainty의 환경에서 information 부족으로 인한 adaptation 전략에 의한 조직설계
- Woodward, Perrow, Burns & Stalker, Lawrence & Lorsch의 조직환경론

7) High의 Uncertainty의 환경에서 resource 부족으로 인한 independence 전략에 의한 조직설계
- co-optation, trade association, long-term contracts, vertical M&A

8) 조직형태 = 보상체계
기능별 조직 = 연공급제, 팀조직 = 신인사제도

9) Re-engineering(or PI)

결과중심조직(cross-functional) + 공동D/B에 의한 업무병렬 처리(simualtaneous working or concurrent engineering).

10) Outsourcing - Modular Organization

11) Ambidextrous approach

상대적으로 creation = organic organization,

production = mechanistic organization

12) Life-cycle고려

13) 규모와 조직특성 사이의 적합관계

large = Mechanistic, small =organic

14) 권한 = 책임 = 예산 = 정보 4면 등가(等價)의 법칙 적용

15) conflict 원리 활용

cross-checking system, multi-flowing data system

16) service조직과 manufacturing조직

service조직은 고객과의 직접적인 밀착성을 중시함으로 상대적으로 organic, decentralized된 조직이며 핵심기술에 접근케 한다. 반면에 manufacturing조직은 mechanistic, centralized 한 조직이며 핵심기술에의 접근을 차단한다.

17) horizontal PI = efficiency 강조, vertical PI = ethics 강조

18) Hybrid Organization

19) Global Organization

10. 조직문화(Organizational Culture)

1) 문화(culture)의 정의

(1) 넓은 의미

인간이 만들거나, 영향을 주거나, 남겨 둔 일체의 모든 것을 말한다. 즉, 순수자연이 아닌 것은 모두 문화이다. 추상적, 구체적인 것 전부 포함된다. 신라시대의 사상, 가치관, 제도, 구체적인 사물로 남겨 놓은 책, 공예품, 무기 등 구체적인 것도 문화이다. 후자의 경우는 특별히 문화재라고 일컬어진다. 자연도 문화가 되곤 하는데 그 이유는 인간의 어떤 의미나 영향이 결합되었기 때문이다. 예를 들면, 옛날 과거시험 치거나 아들 낳게 해 달라고 그 앞에서 빌었던 동네 앞 오백년 묵은 고목나무, 그리고 제사 유적인 고인돌 등은 비록 외형상 자연물이지만 이를 문화재로 취급하기도 한다.

(2) 좁은 의미

조직구성원들의 서로의 공유의식을 말한다. 이는 조직의 본

질이며 조직의 변화는 바로 이 공유의식의 변동을 의미한다. 공유의식으로는 약속, 기대, 소속, 계획, 규범, 지식, 정보, 정서, 추억 등의 공유이다. 눈에는 보이지 않지만 조직구성원들에게 분명한 영향력을 주고 있는 조직의 틀이다(예를 들면, 경영학과 학생들이 MT를 가기 위하여 타고 있는 관광버스와 길가에서 무작위로 태운 청년집단의 관광버스의 차이).

2) 조직문화연구

(1) 1980 년대

보수적인 문화 (sustaining culture)에 대한 관심.

조직의 일체감 중요시.

일본의 문화연구(예, Ouchi의 Z이론, Benedict의 책, 국화와 칼)

(2) 1990 년대

혁신 및 변화의 문화 (creating new culture)

환경에 잘 적응할 수 있는 새로운 문화의 창출에 관심.

3) 문화변동과 조직혁신

(1) 문화와 조직사이의 관계는 빙산에 비유될 수 있다.

예로 회의 과정을 들 수 있다. 회의 중에 토론 및 새로운 의사결정은 새로운 조직문화 혹은 공유의식의 합의를 형성해 가는 과정이다. 그러나 이러한 회의를 진행하기 위하여 의거하는 기존의 회칙은 이미 과거에 합의된 공유의식이며 이 회의를 위한 조직의 틀이다. 합의가 진행 중인 과정(A)으로 말미암은 결과가 이미 과거에 합의된 공유의식(B)인 내용과 그 속성이 상호 일치하고 또한 B의 속성을 확장하는 경우는 1980년대의 조직의 일체감을 중시하는 조직문화연구와 깊이 관련된다. 반면에 A가 B와 서로 그 속성이 상반되며 A가 B를 해빙시켜 새로운 것으로 재형성을 하려고 하는 경우는 1990년대 혁신과 변화의 조직문화연구와 연관성이 크다.

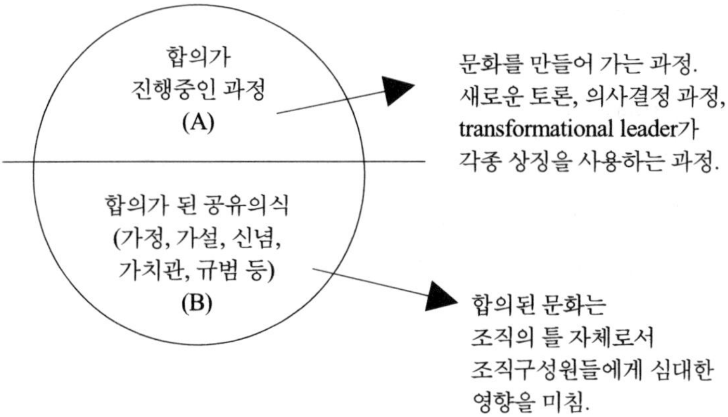

〈그림 6-16〉 문화와 조직이의 관계

(2) 조직혁신은 문화의 변동

"해빙(unfreezing) - 모형적용(model) - 재결빙(refreezing)"을 통하여 조직혁신이 이루어진다(Robbins, 630). 이는 바로 문화를 새롭게 형성해 가는 과정이다. Transformational leader는 이러한 경우에 주도적인 역할을 한다, 의식, 축제, 환영회, 축하회, 단합대회, 표어, 슬로건, 의상, 배치, 일화, 영웅 만들기, 교육 등의 방법을 사용한다. 조직은 구성원들의 사이의 이해관계가 마치 강철처럼 단단히 상호 결합되어 있으므로 결코 쉽게 변경되지 않는다. 따라서 조직의 혁신은 마치 쇳물을 녹인 다음 금형을 뜬 곳에 부어 여러 가지 어떤 모양들을 만들어 내듯이 우선 조직문화의 해빙의 과정이 불가피하다. 즉, 조직문화의 해빙은 혁신을 위하여 사전에 불가피하게 거쳐야 하는 고위험, 고비용, 기존질서의 일시적 와해 등의 대가를 치러야 하는 필요악이라 할 것이다. "해빙-모형적용-재결빙"의 과정은 그 기간을 최대한 단축시키는 것이 필요하다. 따라서 적용할 모형의 개발은 해빙 그 이전에 이루어지는 것이 바람직 하다.(예, 구소련의 개방 개혁의 실패). 그리고 해빙이 한번 이루어질 때 가급적이면 혁신을 위한 여러 가지 모형을 사전에 모두 준비하여 종합적으로 동시적으로 적용하는 것이 효율적이다. 그렇지 않고 모형을 하나하나 개별적으로 적용할 때 마다 매번 따로 해빙 및 재결빙을 반복하면 그만큼 조직이 감당해야 할 부정적 부담이 커질 것이다.

조직 혁신을 위한 "해빙-모형적용-재결빙"의 과정은 인사부서나 기획부서의 어느 혁신 담당자가 기안을 했을 때 직접으로 혁신 대상에 적용하면 안 된다. 이 경우 그 대상으로부터 강력한 반발로 심각한 부서 간 갈등을 초래할 가능성이 많다. 인사부서나 기획부서의 혁신담당자는 우선 최고경영자의 동의를 구하도록 해야 하며 "해빙-모형적용-재결빙"의 과정은 결국 최고경영자의 권한과 책임으로 간접적으로 수행되어야 해야만 성공할 수 있다. 결코 혁신담당자 차원에서 직접적으로 해야 할 일이 아니다.

11. 조직변동론과 저항요인

(1) Passage of time과 support for change의 수준이 점차 높음에 따라 다음의 여러 단계로 진행된다.

① Preparation - Initial contact, awareness

② Acceptance - Understanding, Decision to implement

③ Committment - Installation, Institutionalization

(2) 저항요인

① 개인요인 - 습관, 지위불안, 미지의 불안, 정보의 불균형, 해고불안, 새기술학습부담 등.

② 조직요인 - 조직관성, 변화능력, 기득권 위협, 비용발생, 과거기술자집단저항 등

(3) 저항극복방안

교육, 의사소통, 참여기회확대, 지지그룹조성, 긍정적 인간관계 형성, 변화결과의 공정성 보장, 반대세력 흡수하는 호선(互選, cooptation), 전위요원양성, 마지막 수단으로 힘의 행사. 등.

7장 : 집단적 접근

1. 집단의 형성

1) 집단의 정의

집단은 둘 또는 그 이상의 개인들이 함께 특정 목적을 달성하기 위해 상호의존하고 상호작용 할 때이다. 인간관계론 학파에 의해 Group은 Formal group, Informal Group으로 나뉘어 강조했다. 그리고 집단은 이해관계로 뭉쳐진 Interest group과 정서적으로 공유하는 Friendship group으로 나눌 수도 있다. 집단연구는 대체로 개인과 조직사이의 중간 규모의 분석 대상이다.

이러한 집단적 논의는 조직설계론(혹은 조직구조론)과 관련하여 볼 때 3가지 의미를 갖는다, 첫째, Macro한 접근에서 middle size의 접근이며, 둘째, 비공식적(infomal) 조직을 강조하며, 설계의 계획적 내용을 실천(implementing)하는 특성의 3가지 의의를 들 수 있다.

2) 집단의 필요성

① 안전성 - 혼자일 때 보다 집단일 때 강하다고 느낀다.
② 지위 - 집단은 지위를 만들어 준다.
③ 자부심 - 어떤 집단에 소속되는지에 따라 다르다.
④ 소속감 - 집단속에서의 만족.
⑤ 힘 - 혼자서는 가능하지 않았던 것이 group에선 가능하게 된다.
⑥ 목표성취 - 개인보다는 집단을 통해 더 큰 일을 성취하고 이익이 더 크다.

3) 집단의 발전단계(Stages of group development)(Robbins, 88. p.313-315)

① Forming : Group의 목적, 구조, 지도력에 대하여 반신반의 의 행동을 하는 것으로 특성화 지어진다. 서로를 소개하고 정보를 파악하는 탐색의 단계이다.
② Storming : 충돌을 하는 과정이다. 개인들은 서로 다른 유전인자 및 환경의 영향을 받으므로 크든 작든 역할 갈등을 경험하는 단계는 불가피하다.
③ Norming : group의 구조를 굳히고 동화시킨다. 체제가 굳혀지고 규범형성 및 안정화 단계이다. 질서가 잡히는 과정이다.
④ Performing : 효율적인 성과를 잘 낼 수 있는 성숙 단계이다.
⑤ Adjourning : 집단목적 달성 이후 헤어지는 단계이다.

4) 집단특성(group properties)

(1) 역할(Role)

역할 정체성(role identity), 역할모호성(role ambiguity), 역할인지(role perception), 역할기대(role expectation), 역할연기(role playing), 역할 갈등(role conflict)의 개념들이 있다. 이중 역할 갈등은 그 갈등이 없거나 많으면 성과가 작고 오히려 갈등이 적정할 때 성과가 큰 적정 수준이 있다고 대체로 알려진다.

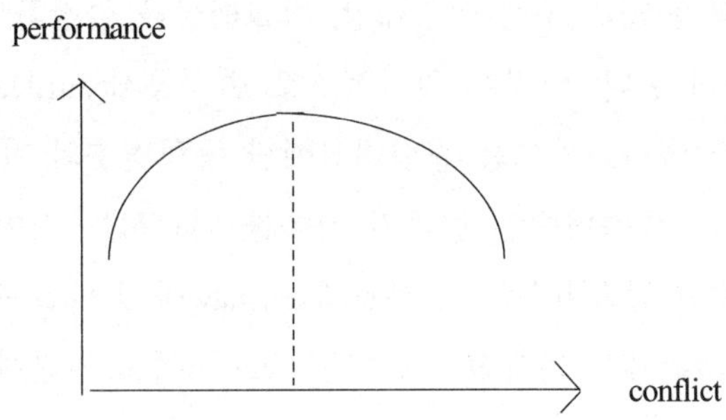

(2) 규범과 지위

① 규범과 호돈공장실험(Hawthorn plant Experiment)

이 Hawthorne 연구(1924~1932) 는 인간관계론 패러다임을 만드는 계기가 되었으며 Harvard 대학교수 Elton Mayo 팀에 의해 수행되었다. 그는 종업원의 심리적인 만족요구와 비공식적 규범의 존재를 실험으로 규명하였다. 그의 실험은 원래 조명도(照明度) 실험으로서 인간관계론에 관한 실험의 목적은 아니었다. 그의 실험은 방법론적으로 실패한 실험이었다. 사람을 연구 대상으로 할 때는 피험자들(subjects)이 눈치를 채서 실험자 행동을 보고 반응하는 요구자특성(demand characteristics)에 오염되었기 때문이다. 그러나 그 실패를 알기 위한 종업원 면담과정에서 그 연구의 부산물로 인간관계론의 업적을 이루었다.

같은 환경의 작업장 두 개를 선정하여 최대한 비슷하게 한다. 한 집단에는 조명을 밝게 하고 비교 집단에는 조명을 그대로 놔두었다. 그 결과 실험집단에서 성과가 더 좋았다. 그러나 조명을 원점으로 되돌렸지만 실험집단의 성과가 계속 올라갔다. 이 원인을 밝히기 위해 면접을 계속하여 심리적 만족 및 이번에는 잘 해보자는 비공식적 규범형성 때문이라는 것을 밝혀냈다.

실험의 논리는 우선 실험대상, 비교대상을 설정하여 양쪽 환경을 같게 한다. 이것은 원천적으로 변수통제(variable control)를 하는 과정이다. 그 다음 실험대상에만 독립변수의 변동을 주어 나중에 그 종속변수인 결과의 차이를 비교하는 것이다. 이 때 독립변수와 종속변수의 인과관계(causality)를 밝혀낼 수 있다. 이러한 인과관계는 과학성을 높이는 것으로서 상관관계(correlation)과는 다르다. 모든 인과관계는 상관관계가 있지만 모든 상관관계가 인과관계가 있는 것은 아니다. 질문지에 의한 서베이(survey)를 할 때는 예상하지 못한 제 3의 변수를 통제하지 못할 가능성이 언제나 열려 있기 때문에 과학성이 떨어진다. 비록 통계처리할 때 미리 통제할 변수를 예상하여 질문한 것으로 한 두 개의 변수를 통제할 수 있으나 그 대신 케이스(case)가 매우 많이 조사되어야 하는 단점이 있다.

② 지위의 불일치(status inconsistency)

지위는 역할의 상하관계이다. 지위의 불평등(status inequity)는 지위 배분의 불평등을 뜻한다. 이를테면, 부장 지위의 관리자 수가 남성이 여성보다 월등히 많은 경우이다. 그러나 지위의 불일치(status inconsistency)는 공식적인 지위와 비공식적인 지위의 상호 불일치를 의미한다. 이는 대체로 기업이 창업 후 갑자기 급성장한 경우에 자주 나타나는 현상으로서 조직진단을 위한 유용한 체크리스트 중의 하나이다.

창업할 당시는 어떤 단일의 기술력을 제외하고는 대개 자금력 부족으로 학력이 낮은 사원을 고용하여 출발한다. 그런데 시장상황이 좋아서 이 기업이 성공하면 자금력도 탄탄하고 규모를 키우게 된다. 이때는 다른 큰 기업처럼 대졸사원을 모집하고 이들 기업의 인사제도를 모방하게 된다. 신규의 대졸신참사원은 관리자가 되는 반면 창업공신인 고졸고참사원은 그의 부하가 될 경우가 있다. 그러나 이 고참사원은 기술, 문제해결 능력, 사장과의 인간관계, 거래선 관계 등 모든 면에서 영향력이 관리자 신참사원보다 더 크게 될 가능성이 많다. 이 고참사원은 형식적 공식적인 지위는 낮으나 실질적 비공식적인 지위는 높다고 할 것이다(공식적 지위 ≠ 비공식적 지위).

오너(owner)가 자기의 자식에게 경영수업을 시키기 위하여 우선 자기 소유의 회사에서 어떤 낮은 직위를 부여한 경우도 이러한 '지위의 불일치' 현상이 나타난다. 이는 곧 부친의 경영권을 승계할 사장이 될 사람으로 인식됨에 따라 조직안의 보고체계 및 커뮤니케이션 경로의 혼선, 의사결정체계의 불확실, 리더십 영향력 체계의 역전 등의 문제점을 낳게 된다.

(3) 응집력(cohesiveness)

원래는 분자끼리 서로 끌어당기는 힘을 뜻하는 물리학의 용어인데 집단연구에 원용한 것이다. 집단의 구성원들끼리 서로 하나가 되려고 하는 집단의 매력(attractiveness)이다. 이는 첫째, 집단의 성공이 나의 성공, 집단의 실패가 나의 실패로 인식되는 일체감으로 나타난다. 둘째는 집단과 함께하는 시간을 더 선호하는 경향이다. 셋째, 개인의 이해관계를 양보하고 집단을 위하여 헌신하려는 경향이다. 넷째, 집단의 활동을 옳다고 신뢰한다. 이러한 응집력의 개념은 집단뿐만 아니라 둘 사이의 인간관계의 수준을 파악하는 척도로도 사용될 수 있다.

생각컨대, 사랑의 본질도 남녀 두 사람 사이의 응집력이라고 볼 수 있다. 각 개체의 인격, 이해관계, 독립성이 점차 사라지고 제3의 공동의 인격체인 '우리'가 나타난다. 그리고 이 우리의 영역의 영향력이 커지면서 각자는 여기에 때때로 희생되거나 구속되는 상황이 된다. 시스템이론을 빌리면 wholeness 특성이 differentiation의 경향을 제압하는 형국이다. 강한 응집력 및 사랑은 제3의 공동 인격체인 전체가 각 개체에 대한 독재권을 행사하는 영향력을 갖는다.

2. 응집력

기업에서 응집력에 관한 관심은 동기유발 및 성과와 관련이 있기 때문이다. 그러나 응집력이 강하면 집단압력이 커진다.

1) 응집력 형성요인

① 상호작용(interaction)이 많을 때(Out of sight, out of mind).

② 입단절차(difficult entrance procedure)의 어려움을 거칠 때.

③ 경쟁이나 외부의 위협(rival or threat)이 존재할 때

④ 단합행사(events or ceremony)

⑤ 성공의 경험(success experience)

⑥ 희소자원(scarce resource)

2) 응집력 측정

① socio-diagram

친한 사람들 사이의 관계를 그리는 방법이다. 이는 적은 수의 사람들을 대상으로 할 때이다. 응집력이 누구를 중심으로 형성되어 커뮤니케이션의과 리더십이 어디에서 이루어지는지를 파악하는데 도움이 된다.

② socio - matrix

가로 세로 조직구성원을 배열하여 상호 커뮤니케이션 및 호선(互選)의 관계를 파악한다. 누구를 중심으로 응집력 및 리더십이 이루어지는지를 알 수 있다.

③ 응집력 지수(Cohesiveness index)

CI = 상호 호선의 수/$_nC_2$

④ 인구통계학적 연구(Demograhy)

응집력에 관한 다원적(multi-dimensional) 접근이다. 응집력이 높다고 단순히 성과가 높을 것이라고 판단할 것은 아니다. 왜냐하면 서로의 목적이나 규범을 달리하는 파벌(cohort)이 형성되어 있을 수 있기 때문이다. 다른 파벌이 지향하는 바를 발목잡을 수 있기 때문이다. 따라서 응집력이 성과를 높이려면 cohort의 존재

여부와 이 파벌사이의 목적 및 규범의 통합정도를 동시에 살펴야 한다.

3) 집단의사결정(Group think)

① 장점

보다 더 넓은 정보, 지식 활용이 가능하다. 그리고 다양한 관점 포용이 가능하며 합의도출이 쉬워진다

② 단점

집단압력으로 인해 창의성 말살된다. 몇몇 사람에 의해 집단이 주도될 가능성이 있다. 익명성과 책임소재가 모호해진다.

3. 집단압력과 순응

집단의 응집력이 증대하면 집단압력(group pressure) 및 순응현상이 커진다. 순응(順應, conformity)에 관한 연구로는 Asch의 실험이 잘 알려져 있다. 실험집단에서 실험자와 공모한 피험자들이 틀린 대답을 맞다고 하면 공모하지 않은 사람도 그 사람들의 영향을 받아 자신의 개성과 소신을 바꾸게 된다.

① creativity(창의성) 말살

집단압력으로 개성 및 창의성이 없어진다. 집단 의사결정을 할 때 이 창의성을 보호하기 위하여 Brain storming, Norminal

Group Technique, Delphi, Devil's advocate 등의 기법들이 등장한다. Brain storming은 상대가 발언할 때 그 내용이 아무리 독특하고 이상하더라도 비판을 하지 못하게 한다. Norminal Group Technique은 시험을 치듯이 미리 의견을 써내는 방법이다. 개인간 상호작용을 미리 차단하는 방법이다. Delphi 각자의 의견을 모두 접수 후에 점진적으로 다수의 의견으로 수렴해 가는 방법이다. 악역(devil's advocate)는 집단내에 예스맨(Yes-man)만으로 가득차서 마치 브레이크가 고장난 차처럼(예, IBM의 실패) 한쪽으로 의견이 치우치는 것을 막기 위하여 공식적으로 반대 의견만을 말하는 직책을 부여함을 말한다(예, 조선시대 司諫院).

② Audience effect (청중효과)

일을 할 때 다른 사람을 의식하는 것은 일의 성과가 높게 하거나 낮게 하는 효과를 갖을 수 있다. 대체로 일이 simple 할 때에 다른 사람을 의식하면 성과가 높아진다. 그러나 일이 complex 할 때에 다른 사람을 의식하면 성과가 오히려 낮아진다. 그리고 이성간(異性間)에는 더욱 이 효과가 가중 된다(예, 공장 작업장 구조, 남녀공학 등).

③ risky shift (과격해짐)

group decision making > 개인들의 의사결정 성향의 합 / n

개인의 의사결정을 합한 평균보다 집단의사결정이 더욱 과격해 진다.

만약 리더가 과격한 결론을 원하면 집단의사결정을 택하고 반면에 온건한 결론을 원한다면 개인 면담하여 그 의견을 묻고 평균하여 결정하면 된다.

④ helping behavior

개인으로는 도덕적 행위를 적극적으로 하나 집단속에서는 소극적인 현상이 나타난다(예, 뉴욕 맨허턴에서의 강도사건). 이는 책임의 분산효과(Diffusion of responsibility) 때문이다. 익명성이 높아지고 책임의 타인 전가가 가능해 진다(예, 지하철 차량 승객수와 이타행위 사이의 관계 연구).

⑤ deviant behavior

집단의 응집력, 집단압력, 집단규범을 어기거나 저항하는 행위이다. 일탕행위는 반드시 부정적인 것이 아니다. 영향을 받아 함께 양심을 버리는 것을 거부하는 일탈행위도 있기 때문이다. 응집력이 강하면 일부의 일탈행위도 강해진다.

4. 의사결정

의사결정 방법은 상황에 맞추어 하여야 한다(Daft, p.322).

1) 개인의사결정

(1) 합리적(rational) 의사결정

환경이 안정되고, 덜 복잡하고, 목표가 분명하며, 관련 정보가 많으며, 각 요소 사이의 함수관계가 밝혀지며, 다양한 대안의 발견이 가능하고 또한 각 대안의 결과 예측이 가능할 때이다. 그리고 이 의사결정에 시간, 노력, 자원을 충분히 동원할 수 있을 때이다. 이상적(理想的)이지만 비현실적(非現實的)인 의사결정 방법이다.

(2) 제한적(Bounded) 합리성

합리적 의사결정의 전제조건과 전부 반대일 경우이다. 직관(intuition)을 통하여 가장 현실적인 대안을 하나를 미리 만들어 놓은 기준(criteria)에 비추어서 수락하면 그 의사결정은 끝난다. 만약 수락되지 않으면 같은 방법으로 하나하나 순서적(one by one, sequential)으로 검토한다. 합의(satisficing)를 존중하는 방식이다. 비이상적(非理想的)이지만 현실적(現實的)인 의사결정 방법이다.

2) 조직적 의사결정

(1) Management Scence

가정이 개인의 합리적 의사결정과 비슷하다. 많은 수학적인 함수를 만들고 컴퓨터를 이용하는 경향을 보인다. 반복적인 의사결정의 문제에 적합하다.

(2) Canegie Model

가정이 개인의 Bounded Rationality 접근과 흡사하다. 정치적 의사결정이라고도 하며 합의(consensus, satisficing)와 유대(coalition)를 중시한다.

(3) Incremental Decision making

오늘날처럼 첨단의 대형 복잡한 의사결정을 해야 하는 경우이다. 하나의 의사결정은 수없이 많은 작은 의사결정으로 구성되어 있으며 미로학습처럼 수많은 시행착오(trial and error)를 거쳐 올바른 의사결정으로 점진적으로 진행하면서 전체적인 의사결정을 완성한다. 실패는 성공을 위하여 필요한 사전과정이며 비난받을 일이 못된다. "어린아이는 넘어지면서 거름마를 배운다(Child learns walking by falling down)"는 격언에 해당되는 의사결정이다.

(4) Garbage Can Model

의사결정 과정은 문제인식(problems), 해결책(potential solutions), 추진자(participants), 기회(choice opportunity)의 4가지 사건의 흐름(stream of events)이 독립적으로 어지럽게 움직이다가 동시에 만날 때 마다 동시다발적으로 다수의 의사결정이 이루어지 진다. 매우 불확실한 상황에서의 조직내 현실적인 의사결정 과정을 나타낸다.

3) 의사결정의 적용조건과 한계

		what	
		certain	uncertain
How	certain	Management Science, Rational decision	Canegie Model Bounded rationality
	uncertain	Incremental decision making	Canegie Model & Incremental decision making, Garbage can model

(daft, 2010, p.322)

5. 영향력 관련 논의

조직을 문화 및 공유의식의 관점에서 보면, 조직현상은 생각의 공유, 정서의 공유, 영향력의 공유 등의 공유로 이루어져 있다. 영향력(influence)에 관한 논의는 사실상 인생사 전반에 걸친 매우 광범위한 영역과 관련된 매우 중요한 철학적 주제라고 할 것이다. 생존, 소외, 자유론, 재량권, 소유권, 업무수행능력, 권력, 리더십, 지배와 종속 등 많은 문제와 직결된다. 이 책에서는 이 중에서 주로 권력과 리더십에 관한 부분만 언급하고자 한다.

1) 권력

권력도 영향력이다. 타인의 생각, 태도, 행위를 바꾸는 영향력이다. 그 영향력의 원천이 리더라는 사람으로부터 나오는 것뿐만 아니라, 조직, 계급, 계층, 자산, 정보, 지식, 기술, 무력 등으로부터 나오는 것도 포함한다. 이는 좁은 의미에서의 권력과 정치의 영역으로 나누어 논할 수 있다.

① 좁은 의미의 권력(power)

정태적(static) 접근으로서 어느 시점에서의 영향력의 수준(level)이나 능력(ability), 그리고 그 원천(source)을 논한다. 과거에는 권력의 원천(source)에 대한 논의가 개인적 접근인 반면, 오늘날에는 조직적 접근이 우세하다.

② 정치(politics)

동태적(dynamic) 접근으로서 시간의 흐름에 따른 영향력의 획득(gaining) 혹은 그 사용(using)을 논한다. 정치에 대한 부정적 관점과 긍정적 관점의 두 입장으로 나누어 볼 수 있다.

첫째, 부정적인 관점(negative perspective)은 이기심(selfishness)의 동기에 의하여 영향력을 획득하고 행사한다고 보는 입장이다. 주로 영향력과 자원 사이를 같게 만들려는 탐욕(influence = resource)이 깔려있다고 보기 때문이다.

둘째, 긍정적인 관점(positive perspective)은 협상(negotiation)의 역할을 강조하기 때문이다. 사회적 혹은 조직적 갈등을 수렴하고 대신하여 협상함으로서 갈등해소(conflict solving)의 기능을 수행한다. 예를 들어, 정치활동의 중심지인 국회의 정치가 실패하면 장외정치가 되고 여기에 국민들이 동조하면 물리적 충돌 혹은 유혈사태를 유발할 우려가 있다. 따라서 국회의 정치적 기능의 정상화는 평화를 만드는(peace making) 과정이라고 할 것이다.

2) 리더십

리더십은 역시 영향력이다. 이 때문에 타인의 생각, 태도, 행위를 바꾸는 영향력이다. 권력과 다른 점은 리더십은 단수든 복수든 리더(leader)라는 사람을 중심으로 한 영향력이다. 따라서 리더십의 영향력 영역은 권력의 영향력 영역의 부분집합이라고 할 것이다. 리더십은 그 관리대상의 크기(size)에 따라서 조직(혹은 사회)리더십과 소집단 리더십으로 나눌 수 있다.

① 조직리더십(Organizational leadership) 혹은 사회리더십

경륜(經綸)의 중요성. 간접적인 정신적 산전수전(山戰水戰), 광범위한 독서와 사색, 대화, 종합학문, 교양학문, 인문사회과학 전반의 접근과 관련된다. 이 책의 서론에서 강조하며 논한 바가 있다.

② 소집단 리더십(Small group leadership)

대개 경영학 분야에서 책이나 논문에서 언급되는 리더십 논의는 바로 소집단 리더십이라고 볼 수 있다. 이는 "만약 소집단에 다른 영향력이 미치지 않는다고 한다면"이라는 가정이 근본적으로 전제되어 있다. 이 가정의 경우에 리더의 행위나 스타일이 어떤 영향력이나 그 성과를 초래하는지의 관계를 이해하려고 하는 것이다. 따라서 소집단 리더십의 인식이 준비된 사람이 큰 조직이나 사회에서 리더십을 발휘하려고 할 때 역부족을 느끼는 것은 당연할 것이다. 그러나 동창회, 동호회 혹은 작은 부서나 팀 조직의 경우에서는 이 소집단 리더십 이론의 효과를 볼 확률이 높을 것이다.

소집단 리더십이론은 과거의 전통적 리더십 이론인 Transactional leadership 이론과 앞으로 새로운 리더십 패러다임인 Transformational leadership 이론으로 나눌 수 있다. 오늘날 환경이 더욱 불확실성(high uncertainty)이 높아짐에 따라 새로운 리더십 패러다임인 Transformational leadership 이론의 활용 비중이 더욱 높아진다.

첫째, Transactional leadership 이론은 그 이론적 모형이 아무리 정교하다 하더라도 본질적으로는 상벌체계(reward-punishment)라고 볼 수 있다. 마치 동전의 앞뒤처럼 전통적 동기유발이론인 Need-satisfaction 이론과 그 이론적 근본 속성이 같은 점에서 상

호 대응된다. 역사적으로 발달되어온 과정을 보면, 리더십 특성이론(Trait theory), 행위이론(Behavior or style), 상황이론(Situaton)으로 변동되고 지금은 타당성 문제로 상황이론이 많이 활용되고 있는 셈이다.

둘째, Transformational leadership 이론은 의미(meaning) 부여에 의한 깨달음을 동반한 변동이다. 새로운 의미를 가진 부하들에 대한 정신적 신뢰(trust)에 의한 리더십이다. 이를 위하여 새로운 상징(symbol) 및 해석체계인 문화(culture or climate)의 형성과 그리고 이를 적극적으로 전파하는 의사소통(communication)의 방법을 적극적으로 활용한다. 동기유발이론의 새로운 패러다임인 Information processing theory의 계열과 그 이론적 근본 속성이 같은 점에서 상호 대응된다. 그리고 리더의 역할은 본래 조직을 변혁하는 것이며 미성숙의 조직이 성숙된 조직으로 완성될 때까지 그 리더십을 발휘한다는 리더십 대체론(substitute)과도 일맥상통한다. 이는 리더십과 조직 사이는 서로 대체(代替)관계임을 말한다.

3) 영향력과 자유문제(自由論)

좀더 넓게 고찰하면 영향력을 본질로 하는 권력과 리더십은 자유의 수준과도 관련이 있다. 나의 자유는 상대의 자유에 의하여 제약을 받으면서 나의 자유의 수준이 결정된다. 반작용하는 상대가 있음으로서 자기의 자유에 결과에 대하여 책임을 지게 되는 이유이다. 세상에는 완전한 자유가 없으며 모두 영향력에 따라 정도의 차이를 갖는 문제이다. 그리고 자유는 작지만 안정된 자유가 있는가 하면 반면에 자유가 크지만 불안정한 자유가 있다.

6. 소집단 리더십

1) leadership의 정의

리더십의 본질은 영향력이다. 리더십은 목표를 설정하거나 그 성취를 위해 집단에 영향을 미치는 능력이다(리더쉽 = 영향력). 그 리더십 영향력은 추종자의 순응 정도로 측정될 수 있다. 이를 테면, 어느 누구가 어느 집단에서 식사동원, 등산제안, 교실청소 등을 똑같이 이야기해도 그를 잘 따르는 경우와 거의 따르지 않는 경우가 있다. 이는 리더의 영향력 차이이다. 리더는 우선 영향력 경쟁에서 이겨야 한다. 만약 리더가 영향력이 없으면 리더의 자격이 상실되며 그 영향력이 없는 자체의 책임을 지는 것이다. 그리고 조직 내에서 각급 리더십 사이의 영향력 체계가 중시되어야 한다. 조직 내 리더십 원칙이 무너지면 많은 비용의 증가, 비리, 안전사고, 자원유출 등의 문제가 발생한다.

학원폭력, 왕따문제, 가정내 인권유린, 군대내 가혹행위, 자살 등도 리더십 문제라는 중요성 인식이 없으면 그 해결이 요원할 것이다. 리더가 조직문화나 응집력의 향상을 꾀하는 경우는 제3의 인격을 만들어 리더의 그 영향력을 대신하는 방식이 된다. 그런데 경영학에서 리더십은 언제나 가치(value)창출 혹은 돈(money)과 관련이 있다. 지난날 휴렛패커드에서 피오리나를 CEO

로 스카웃트 하기 위하여 거액을 지불하는 연봉은 바로 리더십의 값이다. 그리고 대규모의 투자, 위험을 수반하지만 대규모의 기회가 찾아오는 첨단복합기술에 네트워크 강점을 가진 리더십으로서 시너지(synergy)를 창출 하여 벌게되는 추가 이익은 리더십 영향력의 대가이다.

2) leadership과 power의 차이

Leadership은 leader라는 개인을 중심으로 한 영향력이지만 power는 leadership을 포함하고 또한 사람이 아닌 그 외에도 계급, 조직, 계층, 자원 등의 영향력도 해당된다.(예, 권력은 브루조아 계급이 프롤레타리아에게 미치는 영향력). 리더십은 성과에 관한 관심을 갖지만 권력은 지배와 종속의 문제를 주로 다룬다.

3) leadership과 authority의 차이

Authority 는 leadership 중 특히 합법성, 정당성 있는 영향력이다.

4) 리더십이론의 체계(Transactional leadership 이론)

(1) 특성이론(Trait theories)

리더십 특성이론은 personal qualities 와 charateristics에 초점을 둠으로써 훌륭한 리더가 될 수 있는 사람과 불가능한 사람을 구분하는 경향을 보인다. 운명적으로 갈라놓기 때문에 여기에 대한 거부감이 많다. 이 이론은 타당성이 없다고 증명됨에 따라

죽은 이론이라고 할 것이다. 다만 카리스마적 성격의 소유자는 최근 Symbolic leadership 이론에서 관심의 대상이 된다.

(2) 행위이론(Behavioral Theories)

바람직한 leader의 행위나 style을 따르면 누구나 leader가 될 수 있다. 훌륭한 리더는 운명적이 아니며 어떤 행위를 하기 나름이다. 인간관계론 학파의 영향을 받아 바람직한 행위의 방향성이 고정(fixed) 되어 있다. 그러나 상황변화에 신축성이 없고 적용의 타당성이 떨어져 역시 죽은이론이라고 할 것이다.

① Michigan 리더십 모형

University of Michigan Studies로서 Likert 학자가 주장했다. 리더십 스타일을 1차원적 접근 했다. 그는 리더쉽 스타일을 두 가지로 나누었다. 그리고 이 두 가지 style은 양자 선택의 문제이다. 인간관계를 강조하는 employee-oriented style과 업무를 강조하는 production-oriented style이다. 전자가 후자보다도 좋다는 방향성이 고정되어 있다.

② Ohio 리더십 모형

Ohio State Studies로서 Hamphill & Fleishmen의 학자들이 주장했다. 리더의 스타일을 2차원적 접근을 하려고 했다. Initiating structure와 Consideration의 차원을 이차원적으로 봐서 지시형, 보스형, 친교형, 위양형의 4개의 리더쉽 스타일로 나누었다. 그러나 이 모형 역시 이 두 차원의 값이 크면 클수록 좋다고 판단하는 방향성이 고정되어 있다.

Blake & Mouton은 두 차원 변수의 등급을 각각 9로 나눔으로서 Managerial grid theory를 제시하였다. 그리고 이 이론은 리더십 훈련을 시키는 이론으로서 한 때 유행하였다. 그러나 바람직한 리더십 스타일의 방향성을 fixed 시켰다는 점에서 역시 잘못되었다.

(3) **상황이론**(Situational theories)

바람직한 리더십 스타일은 상황의 변동에 따라 그 적합성이 달라져야 한다는 입장이다. 바람직한 리더십의 방향성을 fixed시키지 않고 flexible하게 처리한 특징을 갖는다(leadership style ≑ situation change).

① Life-cycle theory

Hersey and Blanchard가 주장하였으며 Situational leadership theory(SLT)라고도 불린다.

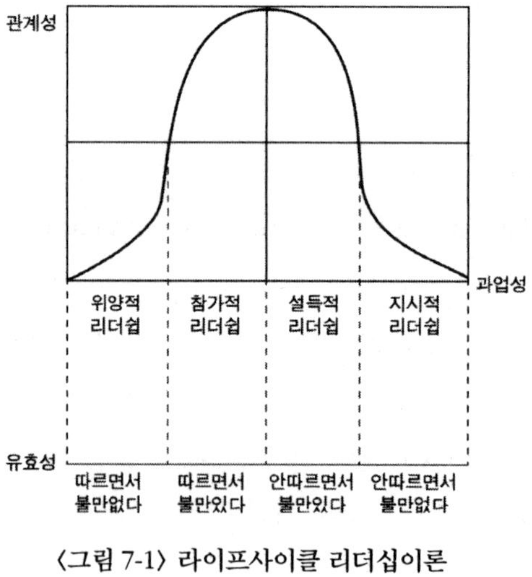

〈그림 7-1〉 라이프사이클 리더십이론

리더십의 스타일은 오하이오 리더십 모형의 4가지 스타일을 그대로 차용하였지만 바람직한 방향성은 받아들이지 않았다. 그리고 상황변수는 성숙변수(maturity variable)로서 리더십스타일과의 적합적 관계를 상황적으로 처리하였다. 잘 따르는 것은 able, 리더의 개입부족에 대하여 불만이 없는 것은 willing으로 표현할 수 있다. 상황변수에 적합한 리더십스타일을 선택하면 상황의 성숙도가 점차 호조건으로 높아지는데 부적합한 리더십스타일을 선택하면 그 성숙도가 파괴되어 악조건으로 떨어진다. 오늘날 전통적 리더십이론으로 실용적으로 리더십 진단 및 교육에 가장 많이 사용되고 있는 리더십 이론이다.

② Contingency Theories

Fiedler가 주장한 Model이다. 리더십스타일은 LPC(least preferred coworkers)의 개념을 사용하였다. 리더가 가장 선호하지 않는 동료를 어떻게 평가하느냐를 질문지로 조사한 것이다. high LPC score 일 경우는 relationship-oriented style이며 반면에 low LPC score 일 경우는 task-oriented style로 하였다. 그리고 상황변수는 leader-member relations, task structure, power position의 3가지 차원을 조합하여 8가지 경우의 수를 호조건(favorable condition)에서 악조건(unfavorable condition)의 순서로 배열하였다. 여기에 리더십스타일과 상황변수 사이의 리더십 성과가 높은 적합적 관계를 규명하였다.

호조건과 악조건에서는 task-oriented style이 적합하고 중간(moderate)에서는 relationship-oriented style이 알맞다. 이 Fiedler 이론이 먼저 나왔지만 Hersey & Blanchard 이론에게 밀린 이유는

호조건일 때도 task-oriented style를 지향하였기 때문이다. Hersey and Blanchard가 호조건일 경우 위양형 리더십 스타일을 주장한 것과 대조된다.

성숙된 상황에서 추종자에게 모든 것을 맡기고 리더는 뒤로 빠지는 위양형이 일반적으로 더 지지를 얻고 있으며 이러한 견해는 리더십은 성숙한 조직을 만들 때까지만 필요한 것이라는 리더십 대체론 혹(代替論)은 무용론(無用論)과 그 맥이 닿아 있다.

5) 기타 특수한 리더십이론

(1) Path - Goal theory

leader는 목표를 성취할 수 있도록 follower가 가는 길을 도와주어야 한다. leader가 하는 일은 회사의 목표와 follower의 동기를 잘 연결시키고 통합시킨다. 회사, 리더, 개인의 가는 길을 잘 연결시킨다.

(2) leader-member exchange (LMX) theory

Diad Linkage Model이라고도 불린다. In group 은 리더를 지지하며 out group은 리더를 지지하지 않는다. leadership 성과를 높이려면 leader를 지지하는 in group의 수를 늘리고 out group의 수를 줄여야 한다. 매우 상식적인 접근이지만 편가르기 이론의 성격을 갖는 치명적인 약점이 있다.

(3) 감성리더십(Emotional leadership)

부하들의 감정을 이해하고 공유하는 리더십이다.

7. 소집단 리더십이론의 새로운 패러다임

1) Transformational leadership

Charismatic leadership, Value-based leadership, Symbolic leadership, Authentic leadership과 유사한 개념이다. 문화(culture), 소통(Communication), 의미(meaning)의 3가지를 특히 중시한다. 상벌메카니즘이 아니라 신뢰 및 정신적 유대를 통한 새로운 패러다임의 리더십이다. 인간은 만족(satistactim) 그 이상의 의미(meaning)를 추구하는 인간관에 입각해 있다.

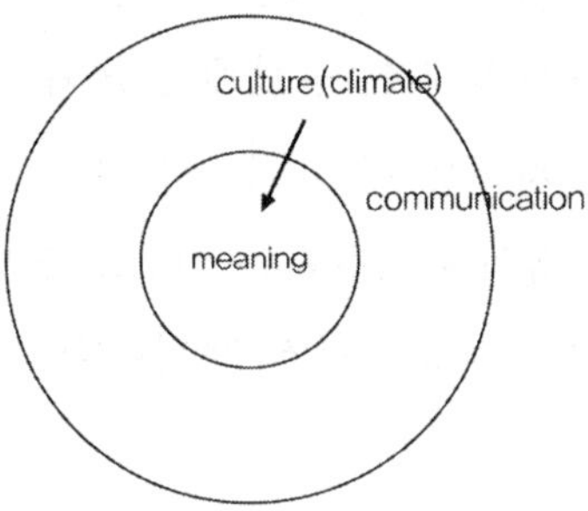

(1) Charismatic leadership

새로운 조직문화나 분위기 조성을 잘하는 리더의 성격을 강조할 때에 표현된다. 그밖의 특징으로는

① 강한 vision을 가지고 있다.

② vision에 모든 걸 건다. 그리고 risk를 잘 감수하는 경향이 있다.

③ 자기욕구 뿐만 아니라 다른 사람 욕구에도 주의를 기울인다.

④ 통상적이 아닌 특이한 행동을 한다.

(2) symbolic leadership

독일의 히틀러는 "게르만 민족의 영광"이라는 상징을 제시하면서 강력한 리더십을 행사한 것이 대표적이다. 그는 그 시대의 독일 문제를 일시에 해결할 듯한 희망을 제시한 것이다. 종교에서의 리더십도 흡사한 논리이다.

(3) Authentic leadership or value-based leadership

윤리와 신뢰를 특히 강조하는 leadership이다. trust 는 조직의 유연성 및 cost 절감과도 관련이 있다. trust의 형성 원인에는 세 가지 경우가 있다.

① 규범이나 약속을 잘 지킬 때 생긴다.
   이것이 부서지기 쉬운 관계는 신뢰가 없을 때 이다.
② 기술이나 지식을 가진 사람에 대한 신뢰가 생긴다.
③ 생각이나 정서를 공유하는 사람들에 대한 신뢰가 생긴다.
   따라서 많은 상호작용시 형성된다.

2) Transactional leadership과 Transformational leadership

(1) Transactional leadership

리더십이론의 old paradigm이라고 할 것이다. 환경이 단순하고 안정되어 추종자의 업무의 내용을 파악하는 것이 가능하고 업무수행의 과정 및 평가의 기준을 미리 만들 수 있는 상황이다. 상벌(reward-punishment) 메카니즘을 적용하며 교환적(exchange) 사고방식이다. 과정적, 규범적 통제라고도 한다. 리더십 상황이론도 여기에 속한다. 동기유발이론의 욕구와 욕구충족의 이론(Need-satisfaction theory)의 성격을 갖는다. 리더십이론과 동기유발이론은 마치 동전의 앞뒤처럼 그 기본 속성은 같다. 리더십은 leader의 입장에서, 동기유발이론은 follower의 입장에서 논할 뿐이다. 리더십 효과에 대한 예측이 상당히 가능하며(easy prediction) 상벌이 가능한 경우에 한하여 한시적 유한충성(limited loyalty)을 유발한다.

(2) Transformational leadership

리더십이론의 new paradigm이라고 할 것이다. 환경이 복잡하고 변동이 심해 추종자의 업무를 파악하는 것이 거의 불가능하여 업무수행의 과정이나 평가기준을 미리 만들 수 없는 상황이다. 정신적, 문화적 조직통제를 하며 의미(meaning) 부여를 중시한다. 이를 테면 자녀 교육시킬 때 기준을 정하여 이것을 근거로 상벌을 행사하는 경우는 Transactional leadership의 적용이라고 말할 수 있다. 반면에 공부가 자기인생에 얼마나 중요한지 설득

〈표 7-2〉 Transactional leadership과 Transformational leadership

<table>
<tr><th>environment uncertainty</th><th>organization control</th><th>motivation</th><th>leadership (paradigm)</th><th>characteristics</th></tr>
<tr><td>low</td><td>bureaucratic control
과정적,
규범적 통제</td><td rowspan="2">Need-satisfaction theory</td><td rowspan="2">Transactional,
Old paradigm</td><td rowspan="2">reward
-punishment,
exchange,
easy prediction
limited loyalty</td></tr>
<tr><td>middle</td><td>market contol
결과적,
교환적 통제</td></tr>
<tr><td>high</td><td>clan control,
신뢰,
정신적 통제</td><td>Information-processing theory</td><td>Transformational,
(Symbolic,
Value-based,
Charismatic,
Authentic)
New paradigm</td><td>culture(climate),
communication,
meaning,
difficult prediction,
unlimited loyalty</td></tr>
</table>

하여 스스로 깨달음이 있도록 하거나 공부하는 분위기가 좋은 학교로 전학시키는 것이다. 이 후자의 경우는 Transformational leadership에 의하는 방법이다. 이러한 리더십은 동기유발이론의 Information - processing theory과 같은 특성을 갖는다. 비록 리더십 효과에 대한 예측이 어렵지만 한번 효과가 날 때는 매우 강력하며 무한 충성을 유발한다.

3) leadership 대체론[36)]

(1) Super leader

부하가 스스로 목표를 세우고 자기평가 자기보상을 하도록 장려한다. 특히 차상위자(subordinate leader)에 대한 혁신의 관심이 크다. 부하에게 신뢰를 주고 자신감을 갖도록 하며 사전 준비와 계획을 철저히 세우도록 유도한다. 칭찬을 하며 어려운 문제를 만났을 때 좌절하지 말고 이를 기회로 활용하도록 유도한다.

(2) self-leadership theory

자기가 목표를 세우고 스스로 통제하며 보상 한다. 긍정적인 생각과 자기 확신을 통하여 문제를 능동적으로 해결 한다. 환경의 불확실성의 증가와 이에 따른 조직의 유연한 분권화 경향과 맥을 같이 한다.

(3) Mentoring

Self-leadership theory의 실천과정의 한 방법론이 될 것이다. 어

---

36) 권영해, 박사논문, 2012

머니가 아이를 보살피듯 follower를 살피는 것이다(예, 고참사원이 신참사원을 보살 펴 주도록 서로 짝지워 주는 는 제도). 전통적 leadership은 리더가 다른 사람에게 영향을 주고자 한다. 그러나 self - leadership이론은 다른 사람의 영향력을 배제하려고 한다.

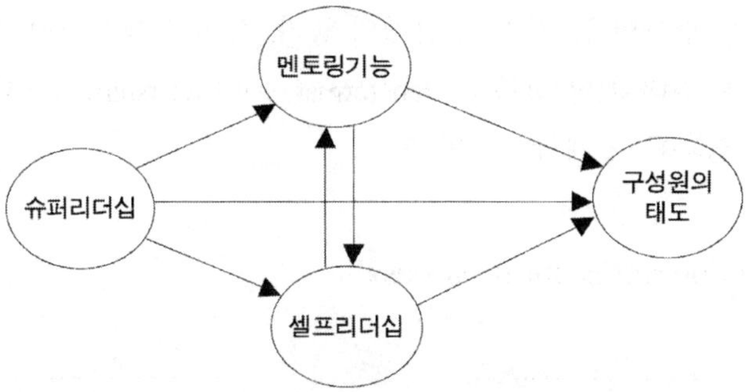

〈그림 7-3〉 전통 리더십 대체론

(4) 리더십 무용론(無用論, substitutes)

리더의 역할은 조직이 성숙할 때까지 이다. 성숙한 조직은 리더십이 필요치 않는다. 예를 들어 선진국에서는 강력한 대통령의 리더십이 없어도 나라가 잘 발전한다. 그러나 후진국에서는 대개 강력한 통치자의 영향력을 필요로 한다. 리더는 조직을 성숙하도록 변혁을 추구하는 것이다. 따라서 리더십은 원래 변혁적이 되어야 한다. 그러나 이 변혁이 끝나면 리더십은 사라져야 한다. 그래서 리더십은 필요악이라고 할 것이다.

8. 커뮤니케이션

1) communication의 기능 및 효과

동의를 위한 설득, 감정의 표현, 정보나 지식의 전달, 갈등의 해결, 협상의 능력 발휘, 판매의 증가, 상대의 생각, 태도, 행위의 변화, 리더십 발휘(특히, transformational leadership), 조직혁신 등의 결과를 초래할 수 있다.

2) communication process

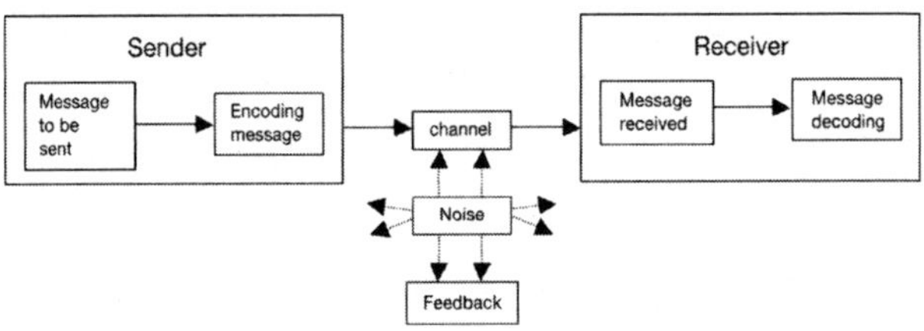

〈그림 7-4〉 커뮤니케이션 과정 연구모형[37)]

Communication 효과는 종속변수이며 여기에 영향을 주는 변수는 다양한 수많은 독립변수라고 말할 수 있다. 이 독립변수와 종속변수 사이의 관계를 연구하는 것이 의미 있다. 이 독립변수의 변동이 얼마나 커뮤니케이션의 효과에 영향을 주는지 그 관련성에 대한 관심이다. 미국의 Yale 대학에서 이러한 커뮤니케이션에 실증연구가 많이 쌓여 있다.

---

37) Robbins, 2011, p.378.

3) Communication Network

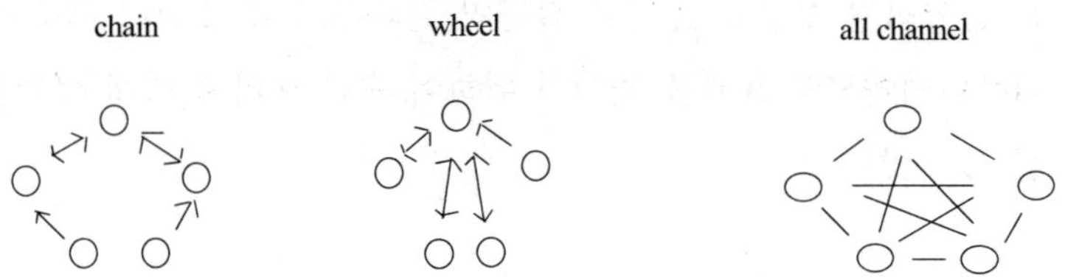

〈그림 7-5〉 커뮤니케이션 네트워크 유형

단순한 문제는 네트워크가 chain일 때 속도와 정확성이 더 높다. 그러나 복잡한 문제일 경우는 all channel의 네트워크일 때 더욱 속도와 정확성이 더 높다. 조직구성원의 커뮤니케이션에 대한 만족도는 어느 경우이든 all channel의 네트워크의 경우가 언제나 가장 높다.

4) 커뮤니케이션 수단 범위

Sender의 특성, 메시지 내용의 구성, encoding, channel, receiver의 특성, decoding, 시간적 공간적 장애요인인 noise, feedback여하가 커뮤니케이션에 효과를 주는 것은 물론이다. 커뮤니케이션은 말, 글, 제스츄어, 웅변, 태도, 행위, 의상 등이 포함된다. 그리고 시, 수필, 소설, 희곡, 웅변 등 문학 뿐만 아니라 그림, 조각, 음악, 춤 등의 예술은 인간의 사랑과, 미움, 그리움, 희망, 외로움 공포 등의 정서를 보다 잘 전달하려는 더욱 고차적인 커뮤니케이션 수단이라고 볼 수 있다[38]. 즉, 문학과 예술은 천재들에 의

38) 이 세상에는 이 각 분야의 수많은 천재들이 존재한다.

한 커뮤니케이션의 마술이라고 일컬어질 수 있다. 인간의 영혼까지 닿아 심금을 울리곤 한다. 커뮤니케이션 궁극적 효과는 많은 종합적인 수단을 동원한 접근의 결과라고 할 것이다, 따라서 커뮤니케이션의 효과를 높이기 위하여 수단은 더욱 넓게 생각할 필요가 있다.

5) 정보의 충실성(information richness)

의사결정에 필요한 정보의 충실성 수준이 있다. 직접 만나는 경우(face-to-face)에 정보의 충실성이 가장 높다. 전화, e-mail. 편지, 메모, 광고의 순으로 그 충실성 수준이 점점 낮은 경로의 예들이다. 특히 매우 중요한 문제를 협상하든지 혹은 감정이 포함된 갈등을 해결하는 경우는 높은 정보의 충실성을 요구한다. 컴퓨터 시스템 개발을 했을 때 그 시스템을 잘 쓰지 않는 이유 중의 하나가 이러한 정보의 충실성 부족 때문일 수 있다. 예를 들어 전자결제시스템을 도입해도 아예 사용하지 않거나 사용하더라도 따로 관련자를 불러서 설명을 추가로 들을려고 하는 것은 시스템이 이러한 정보의 충실성 요구를 충족하지 못하기 때문이다.

6) electronic communications

(1) 정보시스템의 4단계 발달과정

① Host Mainframe 단계

CPU가 Host Mainframe 한 곳에 집중되어 있다. 여기에 달려있는 terminal computer는 입력을 위한 자판기와 출력을 위한 화면만 있으며 연산기능이 전혀 없다. 그리고 연결되어 있는 이 terminal 컴퓨터의 개수에 따라 이 Host의 값이 기하급수적으로 증가한다. 한 대에 평균 수십억 원씩 하는 고가(高價)였다. IBM 회사가 이 Host 컴퓨터 시장의 약 70% 이상을 점하고 있었다.

② Client/Server

Host Mainframe의 컴퓨터를 설치하는 값을 낮추기 위하여 CPU를 Down-sizing하는 큰 변동이 생겨났다. 소위 PC(personal computer)의 시대가 열린 것이다. 이러한 새로운 바람을 타고 Microsoft회사가 미국의 최대의 기업으로 부상한 반면 이러한 시대적 변화에 방심하여 대응을 소홀히 한 IBM은 부도의 위기에 처한 바가 있다. CPU를 나누어서 탑재한 각 PC를 구리선이나 광케이블로 다수(多數)를 연결시키면 이것이 Client/Server 시스템의 한 네트워킹이 된다(One networking). 이 때 PC중에 비교적 성능이 좋은 Workstation같은 PC가 Server 컴퓨터가 되고 다른 PC는 Client 컴퓨터가 된다.

Microsoft회사는 다운사이징의 바람을 타고 PC의 운영체계를 석권함으로서 미국의 최대의 세계적인 기업이 되었다. 뿐만 아니라 기업의 운영체계인 WindowNT를 개발하여 기존의 Unix나 Liniux를 대체함으로서 그야말로 타의 추종을 불허하는 컴퓨터계의 지배권자가 되었다. 그러나 아이러니칼하게도 Smart phone 중심으로 Ubiquitous의 시대를 일찍 대응하지 못하여 Apple사나 Samsung에 밀려나는 조짐을 보이게 되었다.

③ Internet

인터넷은 Inter - networking의 줄임 말이다. Client/Server system으로 이루어지는 Networking을 국내, 국제적으로 서로 연결시킨 것을 말한다. 인터넷은 이 연결망에 연결된 수억개의 컴퓨터에 공통의 통신프로토콜을 사용하는 TCP/IP(Transmission Control Protocol/Internet Protocol) 기술과 모든 각각의 컴퓨터에 주소를 부여하여 검색을 용이하게 하는 WWW(World wide web)의 기술의 특징을 갖는다. 이는 하나의 컴퓨터 사용자가 기술적으로 전 세계의 인터넷 연결망의 컴퓨터에 달린 어플리케이션이나 데이터베이스를 마치 자기 컴퓨터에 달린 어플리케이션이나 데이터베이스처럼 인식하며 사용할 수 있는 놀라운 효능을 가져준다. 이로서 공동회의, 공동연구, 공동작업 등 전 세계적인 업무의 리엔지니어링이 일어난다. 그러나 부정적인 측면도 있다. 남의 컴퓨터에 헤킹하여 자료를 도난하거나 조작하며 각종 금융사고를 일으키는 요인이 되기도 한다.

TCP/IP와 WWW의 인터넷기술을 조직 내에 적용하면 Intranet이라하고 조직밖에 적용하면 Extranet이라 한다. 기업의 ERP 및 지식경영(Knowledge Management)은 Intranet기술을 적용한 것이고 Maketplace는 Extranet으로 더욱 가능해진 방법이다.

④ Ubiquitous

Artificial Intelligence(AI)와 wireless의 특징을 갖는 시대이다. 기존의 조직의 개념이 근본적으로 바뀐다. 어느 한 장소에 사람이 모여 있는 기존의 조직을 근본적으로 사라지게 하고 재택근무가 일반화 된다. 빛의 속도로 동시에 정보를 공유하며 일을 한다. 시간과 공간을 소모시키지 않는 조직으로 계속 과감히 바뀌는 것이다. 이 과정에서 새로운 조직진단과 조직재설계의 필요성이 계속 제기된다(예, 구매자재업무의 혁신, 홈오토메이션).

(2) ERP(Enterprise Resource Planning)

공급과잉의 불확실성의 시대에는 고객만족을 위한 차별화 고급화 전략으로 다품종 소량생산을 하게 되지만 이는 cost가 높고 대량의 수요를 대처할 수 없기 때문에 다품종 대량생산을 추구한다. 이를 위하여 통합정보시스템(SI)을 사용한다. 이 통합정보시스템은 회사의 자원 상황 및 변동을 잘 파악할 수 있고 기동성 있게 수요의 변동에 대처할 수 있다. 이 통합시스템의 개발방식은 미리 만들어진 Solution들을 선택 조합하여 구축하는 ERP와 자체개발(In-house development)을 하는 두 방법이 있다. 통합정보시스템은 회사의 Electronic communication system이라고 할 수 있다. 전체적으로는 SCRM(Supply Chain Management System), CRMS (Customer Relationship Management System), TPMS(Transaction Processing Management System)를 통하여 수평적으로 re-engineering 할 뿐만 아니라 EIS/DSS(Executive Information System/Decision Supporting System), BSC(Balanced Scorecard), KM(Knowledge Management), D/W(Data Warehousing), D/M(Data Mining)을 통하여 수직적으로도 re-engineering을 한다.

(3) 지식경영(KM, Knowledge Management)

오늘날처럼 경쟁이 치열한 첨단기술시대에는 기업의 지식과 기술의 축적 및 공유가 매우 중요하며 이로서 지식경영이 부각되고 있다. 일반적으로 지식은 형식지(explicit knowledge)와 암묵지(tacit knowledge)로 나눌 수 있다. 형식지는 지식을 데이터에 저장하거나 전달할 수 있는 경우로서 Intranet 혹은 ERP 전자시스템으로 인해 더욱 가능하다. 그러나 암묵지는 사람과 지식, 기술이 분리 될 수 없는 경우로서 사람과 사람 사이의 관계를 향상시킴으로서 효과를 볼 수 있다(예, 축구기술, 장인의 공예품 기술)

9. 갈등과 협상

(1) 갈등(conflict)

목표를 방해하는 반대의 영향력(counter - influence)이 존재하고 이것이 인식될 때 갈등이 일어난다. 대체로 조직에서 "의사결정 - 커뮤니케이션 - 리더십 - 갈등 - 협상 - 권력과 정치 - 혁신"의 과정을 밟게 된다. 만약에 갈등이 발생하고 이를 해결하기 위한 협상이 실패하면 그 다음 마지막 단계로 보다 실력행사 성격의 권력과 정치의 현상이 중시된다. 그러나 갈등은 반드시 역기능만 있는 것이 아니다. 조직에서 조화와 갈등은 마치 두 개의 수레바퀴처럼 모두 중요하다.

① 조화(harmony)

장점 - 조직에서 efficiency와 관련된 문제, 평화(peace), 통합(integration), 단합, 시너지(synergy) 효과와 관련된다.

단점 - 보다 power를 가진 사람이 유리한 논리이다. 강자가 이기심을 추구하기가 쉽다. 불평등구조의 원인이 된다.

② 갈등(conflict)

장점 - 견제 권력, 윤리, 투명, 인권보장, 민주주의, 혁신자원유출 방지, 조직의 브레이크 기능 등과 관련된다.

단점 - 목적추구를 망각하고 비효율 및 시간, 노력, 자원을 낭비하게 된다. 때로는 지나친 충돌, 유혈사태를 초래할 수도 있다.

(2) 협상(negotiation)

협상의 전략은 assertive 혹은 cooperative의 각각 여하에 따라서 다음 다섯 가지로 나누어 볼 수 있다.

① collaboration(win-win) : 협동하여 제3의 시너지효과의 이익을 상호간에 함께 추구한다.

② avoiding : 협상에서 벗어나기를 원하고 소극적이다.

③ accommodating : 자신을 기꺼이 희생한다. (상대편에게 적응, 자기주장 포기)

④ compromising(win-lose) : 적정선 선택. 분명한 승자도 패자도 없다.

⑤ competing : 자기의 이익을 관철하기 위하여 상대를 이길려고 한다.

(3) Bargaining

	Distributive bargaining	Integrative bargaining
relations	zero-sum game	synergy effect
interests	opposed	congruent
information sharing	low	high
motivation	win-lose	win-win
duration	short term	long term
equal power		related
unimpotant issue	related	
urgent	related	

10. 권력과 정치(Power and Politics)

국가나 사회뿐만 아니라 기업 조직에도 권력과 정치현상이 나타난다. 넓은 의미에서 보면 모든 조직 모든 집단 모든 인간관계에는 권력과 정치현상이 존재한다. 조직혁신을 위하여 갈등과 협상이 실패할 경우에는 마지막 수단으로서 매우 중요한 주제이다.

1) 권력(power)

(1) 권력의 정의

권력의 본질은 영향력이다. 권력은 A가 어떤 행동을 하도록 B에 영향을 미친다. 권력의 측정은 주로 의존관계(dependency relationship)이다. 한 편의 power가 크다는 것과 상대편의 dependency가 크다는 것과 거의 같은 현상이다.

(2) 권력과 리더십과의 차이

리더십과 권력의 본질은 모두 영향력이다. 권력과 리더십의 차이를 보면,

첫째, 리더십은 영향력의 acceptance가 보다 강조되고

둘째, power는 리더십 보다 목표 적합성을 요구하지 않는다.

셋째, leadership은 follower에게 downward 영향을 미치는데 초점을 둔다.

넷째, 리더십은 리더라는 개인을 중심으로 한 영향력이다. 권력은 이러한 개인을 포함할 뿐만 아니라 집단, 파벌, 계급, 계층, 자원, 조직구조의 영향력도 포함한다. 따라서 권력이 훨씬 넓은 개념이다. 리더십 개념은 권력개념의 부분집합이다.

(3) 권력이론과 leadership이론의 관계

좁은 의미의 소집단 리더십이론은 더 넓은 개념인 power구조의 영향력이 같다는 가정을 전제하면서 논의를 전개한다. 그러나 넓은 의미의 조직리더십(혹은 사회리더십)은 이러한 power structure를 함께 고려한 영향력 논의를 한다.

(4) 고전적 개인권력 논의

French & Raven은 개인적 권력의 원천(source or bases)를 5가지로 열거하고 있다. 이는 정치학의 중요한 기초 이론 중 하나이다.

① coercive power : 다른 사람을 해를 줄 수 있을 때 권력이 생긴다. 남을 자주 심하게 비난하는 사람에게 권력이 발생

할 수 있다. 속담에 "우는 아이에게 떡 하나 더 준다"는 것은 이 아이에게 영향력이 생김을 말한다. 중국의 마오쩌둥은 이러한 권력의 원천을 극명하게 한마디로 표현하고 있다. 즉, "권력은 총구로부터 나온다." 구조를 결정하는 가장 비중있는 power이다.

② reward power : 다른 사람이 원하는 것을 주거나 이롭게 할 수 있을 때 권력이 생긴다.

③ legitimate power : 합법적으로 권력을 부여받는 것이다. 지위에 맞는 권한 위양이나 선거를 통해 뽑히는 경우이다.

④ expert power : 지식이나 기술이 있으면 power가 생기는 경우이다.

⑤ referent power : 조직이 지향하는 바를 대표하여 모범을 보일 때 power가 생긴다. 이들의 희생정신은 조직구성원들로부터 존경과 애정을 받기 때문이다.

(5) 현대적 조직권력 논의

권력은 개인의 차원이 아니라 조직의 맥락에서 정해진다는 입장이다. 고전적 개인권력논의를 흡수하고 있다.

A. 수직적 권력원천(Vertical sources of power)

① 권한위양 혹은 선거를 통한 공식적 지위(formal position)를 획득할 때

② 주요 자원(resource)를 통제할 수 있을 때

③ 의사결정 전제 및 정보의 통제(control of decision premises and information)

④ 의사소통 수직적 네트워크의 중심(network centrality)(예, 비서실)
⑤ 충실한 부하(loyal people)을 주위에 둠

B. 수평적 권력원천(Horizontal sources of power)

조직의 목표를 달성하는 목표의 달성에 필요한 사건과 활동을 하는 Strategic contingency에 의하여 부서(department)가 권력을 갖는다. 이를 위한 다음의 내용이 부서 상대적 권력의 변화에 많은 영향을 줄 것이다.

① 다른 조직을 dependent하게 만들 것. uncertainty 대처 능력
② 타 부서가 원하는 재무자원(financial resource)의 공급
③ 조직에 기여하는 수평적 활동의 중심(centrality)
④ 비대체성(non-substitutability)
⑤ 불확실성의 대처(coping with uncertainty)(예, 기획실)

(5) 권력의 탄력성(Elasticity of power)

상대편이 갖고 있는 자원에 대하여 dependent 될 것이다. 자기편의 대안(alternative) 보유의 정도가 상대의 power를 좌우한다. alternative가 적으면 상대가 갖고 있는 resource가 더욱 중시된다. 이점은 Resource Dependence Perspective와 관련된다. 그리고 이 자원 자체가 갖는 중요성(importance), 희귀성(scarcity), 비대체성(non-substitutibility)이 power 혹은 dependency을 창출할 것이다.

대안(代案)의 권력의 탄력성은 단지 대안의 수(數)가 한 단위 줄 때마다 상대편의 권력이 얼마나 증가할 것이냐의 비율을 의미한다(비유, 삼각관계의 이성관계, 과거의 노동통제방법). 이는 마치

경제학에서의 가격의 수요탄력성 혹은 가격의 공급탄력성과 유사한 개념이다.

권력의 탄력성 = 상대편 power 증가/한 단위 alternative 감소

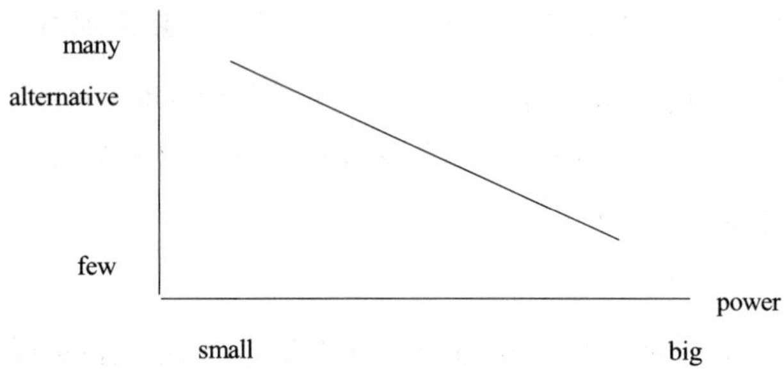

〈그림 7-6〉 권력의 탄력성

(6) 노동통제 방법론의 변화

과거의 수요과잉의 시대에는 기업환경이 안정되고 대량생산 표준생산이 이루어졌다. 이 때는 생산성을 높이기 위하여 분업화, 단순화가 진행되었다. 이것은 노동의 탈숙련화(脫熟練化, deskilled)을 통하여 노동의 대체성(代替性, replacement)을 높이게 되었다. 창의성, 기술, 지식이 없는 단순노동자는 사용자가 언제든지 바꾸기가 쉽다. 사용자는 노동자에 대하여 교체할 수 있는 대안을 쉽게 갖을 수 있으므로, 노동자에 대한 영향력을 강화시킬 수 있으므로 노동통제를 용이하게 할 수 있었다. 더구나 국가가 농산물 가격을 낮게 통제함으로서 농업의 채산성을 맞추지 못한 농민들이 도시의 근로자로 들어오게 만들어 사용자를 유리하게 할 수 있다. 노동의 공급을 더욱 증가시켜 더욱 노동의 대

체성 수준을 활성화시키게 되기 때문이다.

반면에 오늘날 공급과잉의 시대에는 기업의 환경이 급변하고 경쟁이 매우 치열한 상황이다. 기업은 다품종 차별화 고급화 전략이 불가피 하고 단순노동자가 아니라 high tech와 창의성을 가진 노동자를 확보해야 경쟁력을 갖고 시장에서 생존할 수 있을 것이다. 이 때의 노동통제 방법은 노동의 대체성이 아니라 직능급, 연봉급 등 경쟁력 있는 인센티브를 제공하는 것이다. 이와 같이 노동통제방법의 패러다임이 오늘날 과거와는 달리 크게 바뀌고 있다고 볼 것이다.

2) 정치(politics)

(1) 권력과 정치의 개념의 차이

권력은 영향력의 수준이나 능력의 정태적(static)인 개념인 반면에 정치는 행동중인 권력(power in action)으로서 실천적, 동태적(dynamic)인 측면을 의미한다.

(2) 정치에 대한 부정적 혹은 긍정적 견해

① 정치에 대한 부정적 견해

정치는 권력이 많은 쪽으로 자원을 옮기는 과정이라고 본다. 정치는 이기심을 위하여 권력을 사용하는 과정이기 때문이다(권력 ≑ 자원배분).

② 정치에 대한 긍정적 견해

정치는 갈등 해결(conflict-solving)의 과정이다. 정치가 실패하면 그 다음의 단계는 물리적 에너지의 충돌에 이른다. 때로는 유혈 사태에 이를 수도 있다. 정치가는 이러한 물리적 충돌을 사전에 잘 피하기 위한 의사소통과 협상(communication & negotiation)의 능력을 발휘하는 peace maker이라고 본다.

(3) 정치현상과 불확실한 환경

정치적 행동에 영향을 미치는 여러 요소 중에서 환경의 불확실성을 들 수 있다. 정치적 행동의 수준은 환경의 불확실성이 높으면 더욱 커진다. 인사제도 및 승진, 보상제도의 예측불가능성을 예로 들 수 있다.

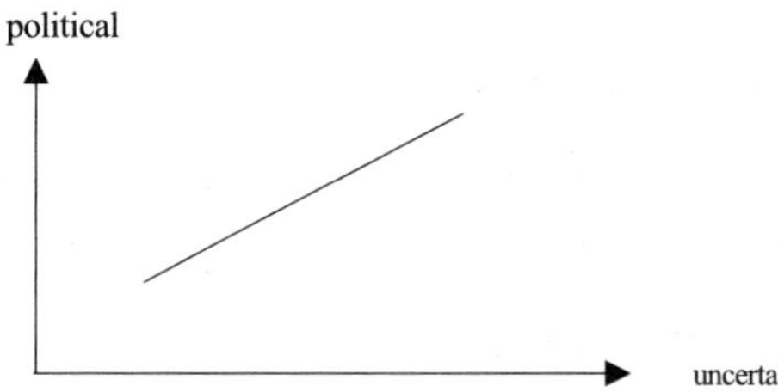

〈그림 7-6〉 정치현상과 불확실한 환경

(4) 조직내 정치현상에 의한 노동자 반응

조직정치현상(organizational politics)은 근로자를 위협할 수 있다. 그리고 직무만족 감소, 걱정 불안, 스트레스 증가, 조직재설계의 필요성, performance 감소를 야기시킨다.

3) 조직의 내재적 역동설(immanent dynamics) 가설

(1) 내적 결정론 접근의 관점

일반적으로 조직의 변동을 환경변동에서 그 원인을 찾는 외적 결정론(external deterministic)인 입장이 상당히 지배적이며 이는 크게 3가지로 요약된다.

이와 관련하여 첫째, 조직이 놓여있는 배경의 권력구조의 변동 및 그 환경의 변동이 조직에 미치는 영향력에 대한 관심이다. 오래전부터 역사학 및 사회학에서 역사성(Historicity)이라는 주제로서 여기에 해당하는 연구가 계속 이루어져 왔다. 문화의 변동, 전쟁과 혁명, 자연환경변동, 기술변동의 내용들이 여기에 해당된다. 둘째, 환경변동에 대한 조직시스템 자체의 적응 및 진화과정의 속성 때문에 조직이 변동한다는 것이다. 이는 다윈의 적자생존의 원리가 그대로 여기에 적용되는 부분이지만 역시 환경변화와 관련된 논의이다. 셋째, 환경의 내용들이 시간적으로 계속 조직 내에 축적되면서 조직의 잠재적인 특성을 형성하면서 조직을 변화시키는 문제이다. 이는 마치 미시적인 개인의 자아발달론처럼 보다 거시적인 조직발달론의 입장이다. 그리고 현재의 조직의 변화의 내용을 이러한 과거로부터의 축적물의 특성과 현행의 환경의 변동의 내용과의 상호작용으로서 이해하려는 접근을 포함한다. 이는 과거의 환경의 특성의 조직내 누적치가 현재의 환경의 변동을 대처하는데 영향을 미치는 과정을 이해하게 한다. 이는 마치 개인의 경우 과거 환경의 산물로서 성격이나 무의식이 형성되고 이것이 다시 현재 환경과의 상호작용으로부터 영향을 받아서 태도, 동기, 행동이 결정된다는 것과 마찬가지의 논리이다.

그러나 이 논문에서는 조직의 변동이 비록 환경의 변동이 없다고 하더라도 조직 내의 수많은 상호모순적이며 상충하는 원리들의 종합적인 결합에 의하여 조직이 마치 살아있는 생물체처럼 스스로 주체적 능동적으로 변동하는 내적 결정론적(internal deterministic)인 관점에서 파악하려는 것이다. 조직이 환경의 힘의 영향을 받거나 아니면 적응 진화하여 변동하는 경우 이외에도 조직자체내의 상호 모순적인 원리들의 종합적인 결합에 의하여 스스로 변동하는 변동의 추진력을 갖기 때문이다. 이는 위의 외적 결정론적 입장과는 방향이 매우 다르다. 즉 이는 환경으로부터의 외부적인 영향력 및 충격이 없다고 하더라도 조직은 원래부터 가만있지 못하고 조직 자체 내의 엉켜있는 모순적 상황 때문에 부단히 스스로 움직이도록 되어 있거나 또는 환경을 대응하는 어떤 내부의 독특한 속성의 메카니즘을 형성시켜 갖고 있는 존재라는 사실의 발견이다. 즉, 조직의 성격, 조직의 태도, 조직의 동기, 조직의 행동을 개인처럼 이해할 수 있는 것이다. 이러한 접근은 지금까지 대체로 지나치게 환경의 외적 결정론적 연구들에게 압도되고 밀려서 계속 간과되어온 경향이 없지 않다. 그런데 미시적인 심리학에서는 이미 개인의 성격, 태도, 동기, 행위가 환경과는 관계없이도 내부적으로부터 결정되는 메카니즘이나 원리를 잘 정리해 주고 있다. 이를테면, Freud 무의식세계의 영향, Maslow의 욕구단계설의 욕구사이의 발생관계 법칙, Gestalt 학파의 조직화된 지각의 효과, 쾌락을 주는 자극에 대한 반응의 빈도를 높이는 Thorndike 법칙, Pavlov의 중성자극이 반응을 일으키는 능력 획득, 인지일관성이론 혹은 인지부조화이론, 대인지각이론 등이다. 이 논문에서는 이러한 개인의 심리특성과 마찬가지의 방식으로 조직의 내부 자체에서도 환경과 관련없는 각 조직의 고유한 독자적인 특성이 존재함을 파악하려고 하였다. 즉, 조직 자체 내부의 상호 모순된 원리들의 여러 결합에 의하여 환경과 관련없이도 어떻게 조직이 스스로 주체적 능동적인 그 역동성(dynamic motive)의 동력 및 독자적인 내부의 환경처리 메카니즘을 잉태하는지를 드러내려고 하는지를 시도하였다.

(2) 내적 역동성의 원인

① 평등과 능률사이의 불일치(제1의 원인)

ㄱ. 완전평등상태는 그대로 계속되지 못하고 다시 불평등상태로 되돌아가려고 한다. 인간사회의 완전평등 및 완전 상호견제는 매우 이상적이며 도덕적이다. 그러나 이 상태는 혼란, 갈등, 비효율적, 비생산적, 타협, 거래, 협상을 활발히 하며 심지어 전쟁도 하게 된다. 반면에 능율성과 평화는 적정불평등에서 온다. 따라서 특히 도덕성과 효율성 사이는 언제나 일치하지 않고 상호모순 때문에 스스로 역동성을 갖는다. 미시적으로 옳게 사는 것과 부유하게 사는 것이 다른 문제이듯이 거시적으로 조직도 능율(그리고 평화)와 평등(윤리) 사이의 접근은 다른 속성을 지닌다.

ㄴ. 완전평등은 갈등, 전쟁, 혼란의 상태가 된다. 즉, 확실한 영향력, 권력, 관리가 부재하는 공백상태가 되거나 무정부상태가 된다. 따라서 구성원들이 주도권을 잡기위한 상호

간 치열한 권력투쟁을 전개함으로서 모두가 비참하거나 불행하게 되거나 비효율, 비생산적이 된다. 두 개의 구슬이 묶여져 있으면 굴러가지 못한다. 즉, 효율성 없다는 뜻이다. counterpower에 의한 방해나 발목잡기를 뜻한다. 이 counterpower가 지나치면 조직이 마비되기도 한다. 이 문제를 방치할 수 없어서 곧 새로운 권력이 빠르게 부상한다.

ㄷ. 완전평등상태가 아니면 완전한 정의(正義)는 불가능하다. 불평등만큼 권력남용 및 부정행위가 있기 마련이다. 능율을 위하여 적정불평등이 불가피한 반면 동시에 그만큼 반드시 부정을 초래한다. 적정불평등하에서는 counterpower에 의한 통제가 불완전하게 이루어질 수 밖에 없으며 만약 양자의 권력이 완전 평등이면 완전 갈등이나 전쟁 혹은 환란을 의미한다. 권력배분과 자원배분을 일치시키는 정치과정에 저항이 없으면 평화롭다. 그러나 저항이 있는 만큼 counterpower가 강하면 윤리적인 통제는 잘 되지만 그 대신 갈등과 전쟁이 생긴다. 이는 그만큼 뚜렷한 권력이 없는 경우이다. 따라서 이를 극복하기 위한 강한 권력이 요청된다. 완전평등상태와 완전불평등상태는 마치 백지 한 장처럼 쉽게 상호 전환되는 문제가 있다. 이는 서로 만나는 문제이며 서로 상통하는 아주 가까운 현상이다.

ㄹ. 완전평등상태는 뚜렷한 권력이 없기 때문에 창의성 활발, 공정경쟁으로 새출발한다. 매우 빠른 성장의 잠재력이 폭발하며 권력을 획득하기 위한 경쟁이 치열하다. 동기유발이 매우 활발하다. 그러나 곧 승자와 패자로 갈리면서 적정 불평등 조직 및 사회로 쉽게 옮겨간다.

ㅁ. 지나친 완전불평등구조는 수직적인 독재권위의 조직이 됨으로서 창의성의 말살, 공정경쟁의 불가능 때문에 결국 역시 비효율적인 조직이 되고 또한 서로 권력투쟁이 심화된 공포의 조직이 된다. 따라서 구성원들의 위축된 삶을 활성화시키기 위하여 완전불평등구조를 완화시킬 수정을 가하는 것이 좋다. 즉, 적정불평등상태로 옮겨간다. 완전 불평등은 독재이다. 견제세력이 부재함으로 부정, 인권유린, 위화감, 불만 등으로 평화가 사라지고 창의성도 억제된다. 이러한 독재상태를 바꾸려고 하는 민주화의 새로운 움직임이 힘을 얻는다. 곧 적정불평등상태로 옮아간다.

〈표 7-1〉 내부 모순에 의한 조직의 변동

불평등 수준	주요 특징	윤리성	환경	시장	경쟁	효율성	창의성, 창업	민주주의 정신	평화
완전 평등 상태	혼란,갈등, 비효율, 비생산적, 견제권력, 갈등, 전쟁,타협, 거래, 협상	이상적, 도덕적	불확실성	위험성, 위축	공정한 경쟁	낮다	동기유발, 활발	강함	불안, 비극적
적정 불평등 상태	빈익빈부익부, 적정관리력, 질서, 효율성, 생산성	현실적	확실성	적정 활성화	적정 불평등 경쟁	가장 높다	적정	약함	질서, 조화, 평화, 공동체
완전 불평등 상태	독재, 절대주의, 스트레스, 비효율, 불만, 저항, 반란	비판적 부정, 비윤리	확실성	관주도, 계획, 배급	완전 불평등 경쟁	낮다.	말살	강함	탄압, 불안, 비극적

② 권력의 집중과 분산 사이의 비균형 확률(제2의 원인)

ㄱ. 권력집중현상에 관한 이론이 관련 있다. integration을 강화시키다. M. Weber의 카리스마지배 이론, Michael의 과두지배의 철칙, 시스템의 negative entropy 현상, 권력배분과 자원배분을 일치시키며 불평등구조를 더욱 심화시키는 부

정적인 정치기능이다.

ㄴ. 권력해체현상에 관한 이론이 관련 있다. differentiation을 강화한다. Counter power의 필요성에 관한 이론, conflict의 순기능이론, Demand-resource theory의 스트레스 및 불만이론, Critical theory 및 Marxism의 해방이론 등이다.

ㄷ. 죽음은 조직구성원인 모든 인간을 평등하게 한다. 그러나 인간은 태어나자마자 불평등하다. 시간의 흐름에 따른 삶과 죽음의 과정에서 역동성이 영향을 준다.

ㄹ. 적정불평등 상태일 때 권력의 공백 및 무정부상태는 상당히 면할 수 있으나 조용히 부정과 탄압이 진행되며 빈익빈 부익부가 점차 심화된다. 즉 적정불평등상태에 머물지 않고 여기서 벗어나 완전불평등 상태로 옮겨가는 힘이 작용한다.

ㅁ. 민주화를 이룬 권력은 다시 칼자루를 자기가 잡을려고 하며 적정불평등상태에서 만족하지 않는다. 적정불평등 상태를 그냥 두려고 하지 않고 여기서 벗어나 완전평등상태로까지 나아가려고 한다.

ㅂ. System이론의 wholeness와 differentiation 사이는 끊임없는 상호 긴장관계가 이루어진다. wholeness는 전체주의, 독재의 속성을 갖는 반면 differentiation는 개인주의, 자유, 해방의 경향을 갖는다. 규모의 대(大), 중(中), 소(小)의 각 차원에서 그리고 각종의 subsystem에서 모두 이 양자의 긴장관계의 균형이 이루어져야 전체의 균형이 이루어지기 때문에 그럴 확률은 매우 적다. 따라서 조직은 본질적으로 내재적 역동성(internal dynamics)을 갖고 있다고 인식될 수 있다.

〈표7-2〉 권력의 집중과 분산의 상호 경합

권력의 집중과 분산	관련 이론
integration	1. Max Weber의 Charismatic 지배이론 2. Michael의 Iron law of Oligarchy 3. Open system이론의 Negative Entropy현상 4. 정치에 관한 negative perspective 5. Harmony의 순기능이론
differentiation	1. Counter-power를 중시하는 권력분립이론 2. Demand-Resource theory 3. Frankfurt학파의 Critical theory 4. Marxism의 structural revolution 5. Conflict의 순기능이론

③ 적정 불평등(appropriate inequity)으로 회귀(제3의 원인)

ㄱ. 적정불평등 상태의 적정관리력 가능하다. 사회 조직의 힘의 두 원천은 자본(Capital)의 힘과 유대(Solidarity)이며 서로 경합한다. '자본주의 사회조직의 관리력 = Capital power− Solidarity power'이다. 반면에 '사회주의 사회의 관리력 = Solidarity power − Capital power'이다(예, 중국의 성공). 적정관리력의 필요성은 적정불평등을 옹호하는 입장이 된다.

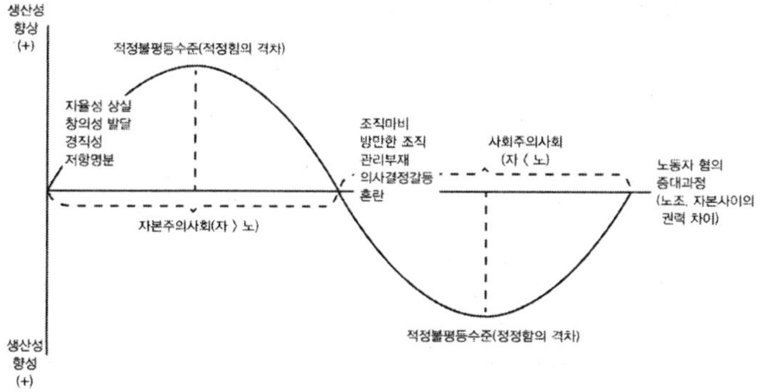

ㄴ. 자본주의 사회이든 사회화이든 경영은 힘의 격차에 의한 관리력으로 가능하다. power와 counterpower 사이에 서로 완전 힘이 같으면 경영능력 및 리더십은 제로상태이며 이것에 의한 어떤 성과도 기대할 수 없을 것이다.

④ 민생주의 복지 정책선택(제4의 원인)
자동화 및 정보화, 글로벌 무한경쟁 시대, 금융거래의 시대로 진입하면서 불평등구조의 가속도가 붙었다. 앞으로 국가는 불평등구조가 심화되지 않도록 노력하는 것이 매우 중요한 기능이 된다. 그러나 여기에 접근하는 방법으로는 크게 세 가지를 생각해 볼 수 있다. 첫째, 전체적인 불평등의 기울기를 평등으로 변경시키는 접근(도표2의 ③), 둘째, 불평등의 기울기는 그대로 두며 단지 복지와 경쟁을 분리하여 이원적으로 접근하며 생존이하선에 위치한 사람들을 위한 안정망 구축에 주력하는 방법이다(도표2의 ①). 그리고 이 안정망에는 "선보호후심사(先保護 後審査)"의 방법이 권장된다. 셋째, 또 다른 방법은 나라(혹은 조직) 전체의 경쟁력을 높혀서 생존선 이하의 사람들이 없도록 한다(도표1의 T선으로의 이동이나 도표2의 ②).

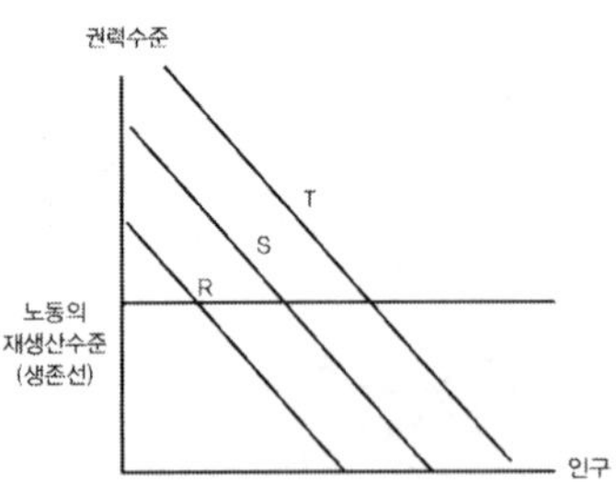

<도표1>

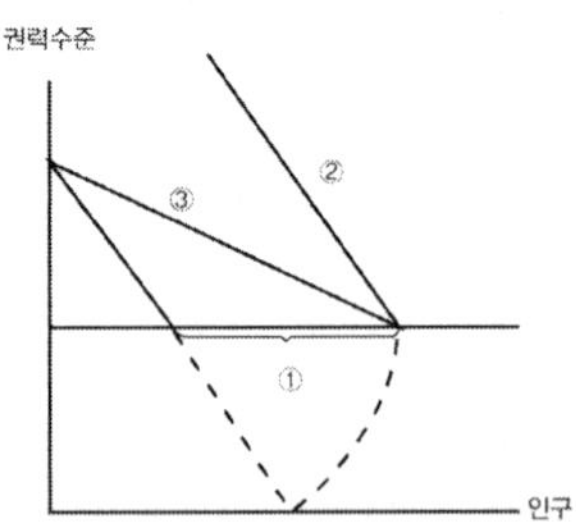

<도표2>

8장 : 개인적 접근

1. 인식대상의 규모와 행위이해

성격, 태도, 동기, 행위, 소집단, 조직, 사회, 세계, 우주, 초월적 세계 이 중에서 행위가 가장 궁극적인 이해와 예측의 초점이다.

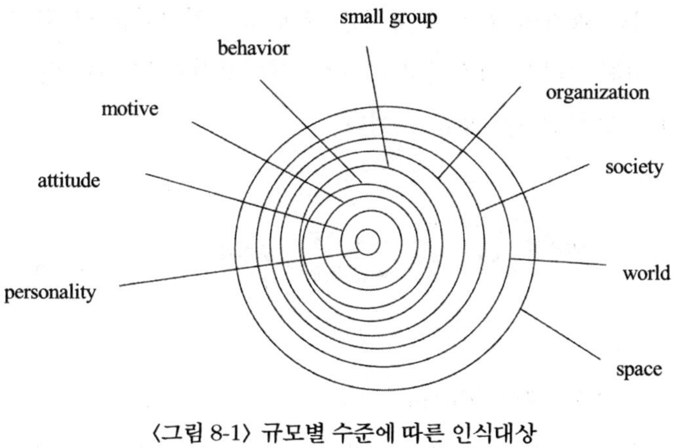

〈그림 8-1〉 규모별 수준에 따른 인식대상

① 심리학과 행위 : 내적영향력이 행위에 미치는 관계의 연구이다.

② 사회학과 행위 : 외적영향력이 행위에 미치는 관계의 연구이다.

③ 사회심리학과 행위 : 내적영향력과 외적영향력의 상호작용이 행위에 미치는 관계의 연구이다.

2. 내적결정론 외적결정론

① 사회심리학자 Lewin은 인간의 행위(Behavior)는 성격(Personality)과 환경(Environment) 사이의 상호작용의 함수관계에 있다고 말하였다. 즉, $B = f(P \times E)$ 로 표시된다. 이 때 성격을 강조하는 내적결정론적(internal determination) 입장과 환경을 강조하는 외적결정론적(external determination) 입장으로 나눌 수 있다. 그리고 현재의 성격은 그 전 단계 시기의 환경의 상호작용의 산물이다. 그러면 과거의 최초의 성격은 결국 유전인자(gene)와 환경의 산물이다. 따라서 과거의 시간까지 모두 고려한다면 $B= f(G \times E)$로 다시 표현할 수 있을 것이다.

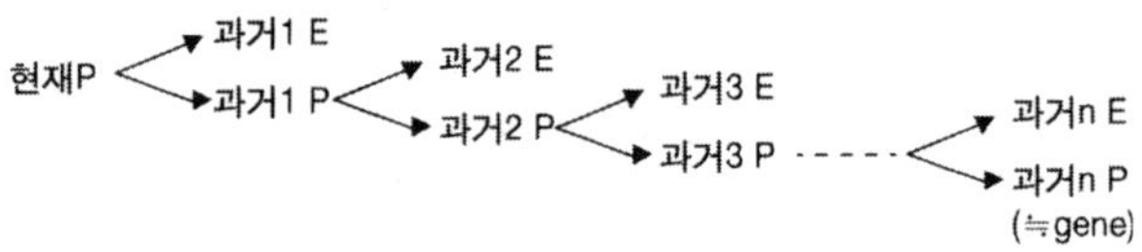

② 개인 행위 차이의 요인

개인 사이의 행위의 차이가 발생함은 우선 조상으로부터 물려

받은 유전인자의 차이에 의할 것이다. 그 다음은 세월이 흘러감에 따라서 그 속성이 누적(storage)되어 형성된 성격, 인지구조, 능력의 다름이 행위의 차이에 영향을 줄 것이다. 그리고는 그 개인이 현행 처하여 있는 현실, 즉 물리적인 직접환경과 구성원들이 재구성하여 공유하고 있는 문화적인 환경에 영향을 받아 행위의 차이를 유발 할 것이다. 이는 한 개인이 이 세상에 존재하여 행동하는 형식이 될 것이다. 경영 및 조직관리 이론이 어려운 것은 바로 이렇게 개개인이 모두 다르기 때문이다(인간은 불확실성 그 자체라 해도 과언이 아니다).

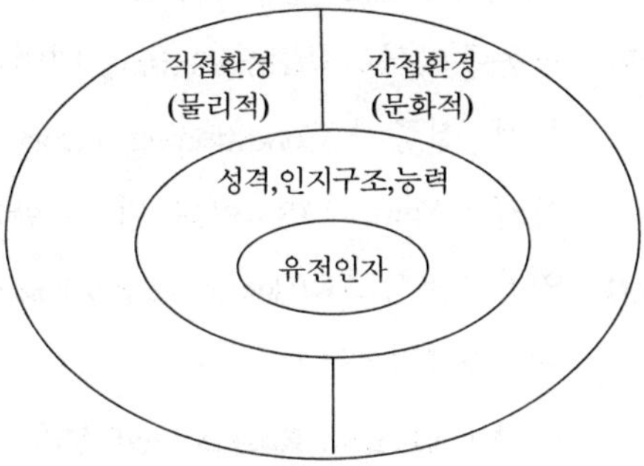

〈그림 8-2〉 한 개인이 행동하는 형식

3. 심리학의 4가지 패러다임

Lewin의 내적결정론의 입장과 외적결정론의 입장으로 각 심리학파의 특성을 파악하여 연도별로 그 위치를 그려보았다.(오세철, 1983)

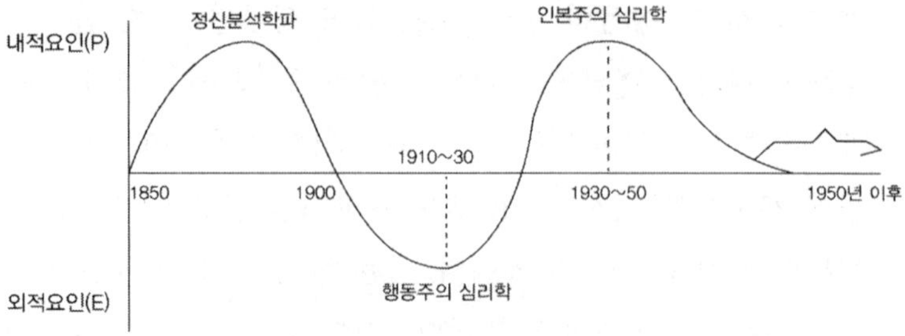

〈그림 8-3〉 심리학의 4가지 패러다임의 특성

1850~1900 : 정신분석학파(Psycho – Analysis)
학자 : Freud (성격심리학)

1900~1930 : 행동주의심리학(Behaviorism), 내면과정은 생략, 과학적, 실증적 Conditioning theory
학자 : Skinner (S-R이론, 자극과반응이론)

1930~1950 : 인본주의심리학(Humanistic Psychology), 실존주의 출현, 주관적
학자 : Maslow, Rogers (Self 심리학, 자아에 대한 연구강조), Kolberg.

1950~현재 : 인지심리학(Cognitive Psychology), 종합적 성격을 가짐
두뇌심리학(Brain Psaychology)
학자 : Festinger, Goffman

1) 정신분석학파의 관점 (Psycho-analysis Psychology; 1850~1900)

(1) 성격심리학

Freud 심리학이라고도 한다. 인간의 깊숙한 내면적인 성격에 관한 내용을 많이 연구했기 때문에 일명 성격심리학(Personality psychology)라고도 불리어 진다. 그리고 정신질환, 스트레스 등이 생산성 및 산업재해에 미치는 영향에 관한 관심과 관련되는 이론이다. 이 심리학은 인간의 내면에 관심을 갖는 내적 결정론적 특성을 갖는다. 따라서 과학성 혹은 실증성이 떨어진다는 비판을 받고 있다. 이 정신분석학파에는 미시적으로 접근하는 Freud 이외에 가족집단으로 확대한 Jung, Fromm, 사회수준에서 분석하는 Adono, Habermas 그리고 우주의 에너지로 확대한 Reich 등이 있다.

(2) 이론의 시대적 영향

Freud는 성격 이론을 구성함에 있어서 자신이 살고 있던 시대의 유행했던 물리학의 에너지(energy) 이론과 사회적인 상황인 갈등(conflict)에 크게 영향을 받았다. 그는 인간의 성격의 속성을 몸 유기체 전체가 결정한다고 보았다. 자아를 비록 자의적인 가설이기는 하지만 크게 Id, Ego, Superego로 3등분 하였다. 사람이 음식을 먹고 소화를 하면 에너지가 발생한다. 그리고 이 에너지는 제일 먼저 Id에 충당되고 그 다음 Superego, Ego의 순서로 할당된다.

(3) 성격구조

첫째, 에너지가 Id에 충당되면 본능(instinct)이 활성화(activation)된다. 이는 쾌락을 추구하고 고통을 피하려고 하는 pleasure principle이 몸을 지배하는 영향력을 행사한다.

둘째, 에너지가 Superego로 할당되면 사회로부터 학습하는 기능인 내면화(internalization)가 활성화되고 이것에 의해 몸이 지배를 받는다. 이 내면화는 자신의 목적(ideal goal)이나 양심(conscience)을 형성한다. 그러면 Id의 본능의 영향력과 Superego의 내면화의 영향력이 서로 만나 충돌하고 갈등을 일으킨다. 이 양자사이의 역학관계가 시간의 흐름을 따라 축적(storage) 되면 마치 나무의 나이테처럼 사람의 무의식(Unconsciousness)이 된다.

셋째 마지막으로 에너지가 Ego에 활당 되면 현실의 원리(reality principe)가 활성화 되고 Id의 본능의 영향력과 Superego의 내면화의 영향력의 사이를 교환, 타협, 절충, 조정을 한다. 이는 바로 이성(理性, reason)의 활동이라고 할 것이며 또한 문제해결을 하기 위한 의식(Consciousness)의 흐름(flow) 과정이라고 할 것이다.

(5) 무의식

Freud는 인간의 존재의 본질 및 정체성(identity)은 바로 이 무의식이라고 보았다. 그리고 이 무의식 자체가 곧 성격(personality)을 결정한다고 하였다(예, Freud의 대변통제). 그러나 이는 철학자 파스칼이 "나는 생각한다. 고로 존재 한다"라고 주장하면서 인간의 존재의 근본을 의식이라고 본 관점과 상반된다고 할 것이다. Freud입장에 의하면, 무의식은 시간의 누적인 역사적(historical) 내용인 반면에 의식은 현재의 찰나적(current) 흐름의 성격을 갖는다. 무의식은 인간의 본질이며 의식은 이것을 덮고 있는 포장과 같은 것이라고 본다. 그러나 이 무의식은 인간의 본래의 모습이며 의식이 가장 약했을 때 드러난다. 남을 의식하고 있지 않을 때의 독백이나 행동, 그리고 무심결에 내뱉는 언행, 많이 흥분했을 나타나는 모습, 꿈을 꾸고 있을 때(예, 그의 저서, 꿈의 해석), 최면에 걸렸을 때의 행위 등이 그 경우 들이다.

(6) 본능해방

무의식인 성격은 Id와 Superego 사이의 힘의 경합의 역사적 산물이다. Freud는 Id가 더 강할 경우(Id > Superego)는 성격이 몰염치하거나 반사회적 성격이 되며 반면에 Superego가 더 강할 경우(Id < Super ego)에는 노이로제(Neurose), 정신질환을 앓는 경향의 성격이 된다. 이 두 경우 모두 비정상적인(abnormal) 성격이라고 보았다. 두 가지 비정상적인 성격 중 Freud는 특히 Superego가 Id를 억압하는 상황(Id < Superego)이 매우 심각한 문제라고 인식하였다. 이는 그가 살던 당시의 종교적 도덕과 윤리가 사람들의 본능을 심히 억압하는 구조를 비판하려는 입장이라고 볼 수 있다. 본능억압은 정신질환을 일으킬 뿐만 아니라 증오감이나 파괴적 성향으로 이어져 때로는 잔학한 범죄형의 성격이 되기도 한다. 무의식 억압의 실마리를 찾아내고 Ego의 이성 기능을 활성화시켜서 균형(Id = Superego)으로 나아가야 성격이 정상적(normal)이 될 수 있다고 보았다. Freud는 근본적으로 인간본능해방, 성해방의 특성을 갖는다. 그리고 종교를 비판하는 관점을 취한다. 그는 완전한 종교인은 완전한 노이로제 상태라고 보았다. 그 뒤 여성해방론(Feminism)은 이러한 Freud의 성해방 사상과 구조혁명 사상인 Marxism을 결합하여 구성되었다

(7) 의식의 이성 활동

Ego의 의식 활동, 즉 교환, 타협, 절충, 조정의 이성 활동은

사람만이 갖고 있는 능력이다. 이는 타인의 관점에서 자기를 바라볼 수 있는 자의식 능력에 기인한다고 할 것이다. 이는 언어 및 상징을 사용하여 현실을 재구성할 수 있는 능력 때문이다. 국부론에서는 이러한 인간의 이성 능력 때문에 경제체제가 가능하다고 하며 이는 동물과 다른 인간의 또 다른 측면이라고 할 것이다.

(8) 정신질환 치료법(Therapy)

본능에 억압돼 있는 무의식의 내용을 의식화시켜 치료한다. 이는 개인적 측면에서의 치유방법이다. 이를 가족 집단에서 접근하는 Oedipus complex의 이론이 있다. 그리고 자본주의 허위의식에 짓눌려 있어 과소비, 경쟁, 무한 노동으로 참 행복이 박탈되었으므로 그 원인을 찾아 사회적으로 의식화시켜 치료하려고 하는 사회적 측면의 프랑크프루트학파가 있다. 이들은 의식혁명을 주도하는 비판이론의 입장이다.

(9) 권위주의 성격 (Authoritarianism personality)

권위주의 성격은 외견상 매우 강한 성격처럼 보이나 오히려 매우 취약한 정신질환의 일종으로 파악한다. 왜냐하면 강한 공포심으로 도피심리를 가진 성격이기 때문이다. 상위의 권위에는 맹종하나 하위의 권위에는 잔인할 수 있는 반성찰적(反省察的, non-reflexive) 성격이다(예, 나치의 친위대원의 성격).

2) 행태주의 심리학의 관점(Behaviorism; 1910~1930)

행태주의 심리학(Behaviorism psychology)은 실증성 과학성이 결여된 프로이드 심리학을 비판하면서 등장하였다고 볼 수 있다. 이 심리학 학파가 나타난 시대적인 배경은 과학주의, 실증주의, 사실주의, 합리주의 사상의 강한 흐름이 있던 시기였으며 결국 여기의 영향을 받았다고 볼 수 있다. 프로이드 심리학이 관찰이 불가능하고 확인하기 어려운 인간의 내면적인 인식과정인 성격 연구에 초점을 맞추었다. 그러나 행태주의 심리학은 관찰 및 확인 가능한 것만 연구 대상으로 실증성, 과학성을 추구하며 관찰 및 확인이 불가능한 영역은 생략하고자 하였다. 즉 관찰 및 확인 가능한 어떤 자극(Stimulus)과 관찰 및 확인 가능한 반응(Response) 사이의 인과관계(causality)만을 파악하려고 하였다. 그리고 내면의 의식과정은 알기도 힘들고 알 필요도 없는 Black box로 취급하였다. 따라서 행태주의 심리학은 흔히 S-R이론이라고 불리어 진다.

행태주의 심리학은 내면적인 내적결정론적 연구를 포기하고 외면적인 외적결정론에 치중함으로서 사람과 동물 사이의 상호 속성의 차이에 둔감하게 된다. 즉 인간답게 보지 못하고 동물차원에서 연구한다는 비판을 면치 못하고 있다. 그 연구는 동물연구의 결과를 무차별적으로 그대로 인간에게 적용하려는 방법을 택하고 있다. 행태주의 심리학은 주로 사람의 세뇌, 학습, 태도 및 행위의 변화(change), 동기유발에 초점을 두고 있다. 정신질환 Therapy도 행위수정모형(Behavior Modification Model)으로 주로 상벌메카니즘에 의존한다. 행태주의 심리학은 크게 초기의 이론인 조건화이론과 후기의 이론인 급진적 행태주의 심리학의 둘로 나누어진다. 전자인 조건화이론은 다시 고전적 조건화이론과 조작적(혹은 도구적) 조건화이론의 둘로 나누어지며 후자인 급진적 행태주의 심리학은 사회적학습이론이라고도 불리어진다.

(1) 조건화 이론(Conditioning theory)

조건화이론은 행태주의 심리학의 초기이론이다. 조건화의 의미는 사람이나 동물의 태도나 행위를 어떤 모양으로 변화시키는 모형을 의미한다. 이는 마치 금형을 깍아서 어떤 모양으로 주조(鑄造)하는 논리와 비슷하다. 금형을 만드는 과정은 바로 모양을 조건화시키는 과정이다.

① 고전적 조건화 이론(Classical conditioning theory)

러시아의 Pavlov에 의하여 주장되었다. 동물의 원초적 본능을 전제로 실험하여 그 원리를 발견했다. 배고픈 개가 맛있는 음식을 대하여 침 흘릴 때 마다 반복적으로 함께 종소리를 울려 원래 중성자극인 종소리가 음식이 없어도 개로 하여금 침 흘리는 능력을 갖게 하는 실험이다. 배고픈 개가 맛있는 음식을 대하여 침 흘리는 것은 학습하기 전의 본능이다. 이러한 학습 전의 맛있는 음식을 Unconditioned stimulus(UCS), 그리고 이 학습 전의 침 흘리는 것을 Unconditioned response(UCR)라 부른다. 그리고 원래 중성자극(neutral stimulus)인 종소리에 반복 학습으로 침 흘리는 능력이 붙었을 때 이 때의 종소리를 Conditioned stimulus(CS), 이 때의 침 흘리는 것을 Conditioned response(CR)이라고 한다. 이러한 고전적 조건화의 원리는 "UCS-UCR/CS-CR"로 표현된다.

코끼리를 뜨거운 철판위에 올려놓고 펄쩍 뛸 때마다 반복적으로 함께 피리를 불면 그 피리소리가 뜨거운 철판 없어도 코끼리를 뛰게 만드는 능력을 갖는다. 이 원리는 어린아이가 언어를 배울 때의 원리가 되기도 한다. 아기에게 사과를 먹을 때 마다 함께 '사과', 비행기를 볼 때마다 함께 '비행기'라는 발음을 반복적으로 해주면 사과 혹은 비행기라는 소리에 그 사물을 연상케 한다. 이 때 만약 소리가 다른 외국어를 말하면 연상하지 못한다. 하숙생들이 식사시간 벨 소리에 침 흘리는 것도 같은 이치이다.

조직이론으로는 조직이 상벌 행사가 없어도 일정한 틀을 계속 유지하는 조직의 관성(慣性, inertia)이나 타성(惰性)의 문제와 관련된다. 경영자는 자신이 이미 처음의 중성자극에서 조건화된 자극으로 변동되었기 때문에 일일이 상벌행사를 하지 않더라도 의자에 가만히 앉아 존재하는 것만으로도 회사 사무실의 분위기를 지배하고 조직의 틀을 지속적으로 유지하는 능력을 갖게 된다(예, 군대에서 내무반장의 중성자극, 중국 천안문광장의 사건 때 매스컴의 등소평 생존여부에 대한 관심).

② 조작적 조건화 이론(Operant conditioning theory)

미국의 학자 Skinner에 의하여 주장되었다. 흔히 도구적 조건화 이론(Instrumental conditioning theory)이라고도 불리어 진다. 역시 동물을 실험하여 발견한 원리를 인간에게 적용하려고 시도하였다. 다람쥐 훈련시키는 방법이 예시된다. 야생의 다람쥐를 잡아서 우리에 넣으면 이 다람쥐는 다양한 행동(R)을 하게 된다. 벽이나 천정을 타기도 하며 물레방아를 돌리기도 하고 바닥을 회전하기도 한다. 그러다가 우연히 시소 모양의 널빤지의 한 쪽을 앞발로 누르는 일이 생겼다. 이 때에만 다람쥐가 좋아하는 도토리(S')를 넣어준다. 다른 행동을 할 때에는 도토리를 넣어주지 않고 오직 이 널빤지를 누를 때만 도토리를 넣어 준다. 이렇게 특정 행동에 대하여 자극을 주는 것을 강화(reinforcement)라고 한다. 조작적 조건화는 강화를 통하여 특정 반응을 이끌어 내는 방식이다. 이러한 과정이 수년간 반복되면 나중에 다람쥐는 다른 행동을 거의 하지 않고 팔을 흔드는 행동을 많이 하게 된다. 이러한 조작적 조건화는 "R-S'-R'↑"로 표현된다.

다른 동물의 실험에서도 이 원리가 적용될 수 있다. 돌고래가 점프하여 공을 정확하게 공중으로 칠 때만 보상함으로서 훈련을 시킬 수 있다. 기대하는 정확한 행동의 결과 때마다 물고기를 주면서 행동을 강화시키기 때문이다. 이 원리는 사람에게도 마찬가지로 적용될 수 있다. 어린아이를 축구선수로 키울 계획을 갖고 있는 부모는 이 아이가 다른 행동을 할 가능성을 줄이고 축구를 할 가능성을 높이려고 공을 찰 때 마다 칭찬하거나 강화를 하면 될 것이다.

조직이론으로는 과학적 관리이론(Scientific Management)과 관련이 된다. Taylor의 강력한 인센티브제도인 차별성과급제(differential piece-rating system)가 여기에 해당된다. 회사의 종업원은 근무한다고 해서 근무시간동안 반드시 회사가 원하는 행동을 하는 것은 아니다. 연공급, 직무급, 직능급, 성과급의 보상체계의 방법도 종업원에 대하여 회사가 원하는 행동을 유발하려는 의도를 갖고 있다. 회사의 보상체계 자체는 최소의 비용(S')으로 회사가 최대로 원하는 행위(R')를 유발시키려는 강화스케줄(Reinforcement schedule)의 속성을 지니고 있다(Max R'↑/S'). 예를 들어, 회사는 성수기 비수기를 고려하여 보상의 방법을 달리하기도 한다. 일반적으로 강화스케줄은 그 반대의 저항을 극복 할 수만 있으면 금액의 가변성(variable ratio)과 시기의 가변성(variable interval)이 결합될 경우에 그 강화스케줄의 효과가 가장 클 것이라고 사료된다.

〈표 8-1〉 Classical Conditioning과 Operant Conditioning의 차이

Conditioning Theory	학자	공식	예시	적용
Classical	러시아의 Pavlov	UCS - UCR CS - CR	개 침 흘리기 훈련, 코끼리 춤추게 하기, 언어습득	조직의 관성(inertia), 관리자의 존재 효과
Operant (Instrumental)	미국의 Skinner	R- S'-R' ↑	다람쥐 다리 흔들기, 물개 곡예하기	축구선수 양성하기, 과학적 관리론 (Scienific Management)

상(reward)이나 벌(punishment)의 결과(outcomes)를 예측하여 행동을 하는 것을 설명하는 합리적 선택이론(Rational choice theory)이 있다. 자주 노사분규나 범죄행위의 참가자 동기를 설명하기도 한다.

그리고 Thibaut와 Kelley는 Reinforcement이론과 Gestalt학파의 조직화된 지각을 결합시켜 단순히 단독의 절대적 상벌 결과 인식이 아니라 참가자 양쪽의 상대적 이해관계 구조에 의하여 각종의 행위의 양상이 나타난다고 보았다(<표 8-2>).[39] <표 8-2>에서 d의 경우는 죄수의 딜레마(prisoner's dilemma)라고 불리어지기도 한다.

---

39) Deutsch, M. & Krauss, R.M., *Theories in Social Psychology*, Basic Books, Inc., 1965, pp.120-125.

〈표 8-2〉 여러 가지 다양한 사회적 상호의존 유형

(a) Fate control						(b) Mutual fate control					
		B						B			
		black		red				black		red	
A	black	A=+5	B=+5	A=+5	B=+5	A	black	A=+5	B=+5	A=+1	B=+5
	red	A=+5	B=+1	A=+5	B=+1		red	A=+5	B=+1	A=+1	B=+1
(c) Bargainning						(d) Trust and Suspicion					
		B						B			
		black		red				black		red	
A	black	A=+4	B=+2	A=-1	B=-1	A	black	A=+1	B=+1	A=-2	B=+2
	red	A=-1	B=-1	A=+2	B=+4		red	A=+2	B=-2	A=-1	B=-1

2) 급진적 행태주의(Radical behaviorism)

급진적 행태주의 심리학은 행태주의 심리학의 후기이론이다. Bandura가 대표적인 학자이며 Social Learning Theory라고도 불리운다. Conditioning theory가 행태주의 심리학의 초기이론으로서 자극과 반응 이론(S-R이론)이라면 이 급진적 행태주의 이론은 이러한 접근 방법을 대폭 혁신한 성격으로서 S-O-R이론이라고 할 것이다. 자극 S와 반응 R 사이에 매개변수 O를 삽입한 것이다. 즉, 내면적인 부분을 블랙박스로 무시한 초기이론에 비하여 오히려 내면적인 의식과정의 중요성을 인정한 것이다. 이러한 매개변수의 존재는 똑 같은 자극에 대하여 사람에 따라 다른 반응을 하든지 아니면 똑같은 결과(반응)가 있어도 받은 자극이 다르기 때문이다. 이는 인간과 동물의 다른 특징이다. 따라서 급진적 행태주의 심리학은 행태주의 초기 심리학과 인지심리학의 중간 영역에 속하는 특성을 지닌다.

이러한 급진적 행태주의 심리학에 속하는 Banura의 Social Learning Theory는 S-O-R이론으로서 내면의 의식적인 과정을 고려한 것이다. 이 이론은 내면적인 매개변수의 속성은 학습화된 S-R이라고 규정하고 있다. 그리고 이 때의 S와 R의 개념을 확대하여 해석하고 있다. 앞의 다른 이론들보다 자극과 반응을 아주 넓게 본다. S는 삶의 환경, R은 생활 자체로 까지 본다. 머릿속의 학습화된 S-R은 그 다음의 S를 만났을 때 R의 내용을 결정하는데 영향을 준다. Social Learning Theory은 어떠한 환경에서 어떻게 행동해야 바람직하다는 모형을 미리 머릿속에 형성하는 것이다. 따라서 이 이론을 모델학습(Model learning), 관찰학습(Observation learning), 대리학습(Vicarious learning)이라고도 부른다.

이러한 Banura의 Social Learning Theory은 첫째, 동기유발에 도움을 줄 수 있다. 학습된 S-R 내용의 준비는 다음 행동에 정확하게 잘 수행할 자신감과 도전해 볼 의욕을 느끼게 만든다. 이를 자기 효능감(self-efficacy)이라고도 불리어 진다. 이 방법은 군인 훈련용으로 많이 적용된다(예, 공중 낙하훈련, 지뢰 제거작업 등). 그리고 경영에 대한 시뮤레이션 학습도 이와 같은 논리와 효과를 갖는다. 둘째, 귀인이론과 결합하여 동기유발이론의 중요한 부분을 차지한다. 가령 누가 승진을 빨리 했을 때 그 원인을 귀인한다. 그 승진이 능력 때문이면 능력을 개발하고, 성과 때문이라면 성과를 높이고 그리고 인간관계 때문이라면 자기도 다음에 승진하기 위하여 인간관계 개선에 열중 할 수도 있다. 셋째, Self-leadership에서처럼 자기 계획, 자기통제, 자기평가, 자기보상 등 자의식을 활용하는 경우에 그 이론적 배경이 될 수 있다. 자기가 형성한 이상적인 모형과 실제 사이를 비교 평가하는 것이다.

3) 인본주의 심리학의 관점
(Humanistic Psychology : 1930~1950)

(1) 인본주의 심리학의 특징

인본주의 심리학은 Maslow, Rogers, Aldefer 등의 학자들이 관련된다. 인간의 내면적인 측면을 적극적으로 이해하려고 하였다. 인간의 자율성, 창의성, 능동성 등을 보려고 하였으며 일명 자아심리학(Self Psychology)이라고도 한다. 이 인본주의 심리학은 인간의 내면을 무시하고 과학성과 실증성을 강조한 행태주의 심리학에 대한 반발로서 나타났다고 말할 수 있다. 이와는 반대로 인간을 동물과 다른 보다 인간다운 측면을 보려는 시도였다고 볼 수 있다. 그러나 인간의 내면을 강조하면 할수록 역시 과학성과 실증성이 떨어지게 됨은 어쩔 수 없을 것이다. 인본주의 심리학은 자율성, 능동성, 창의성의 인본주의 정신이 발현되는 인간의 자아의 발달에 대한 논의를 활발히 하였다. 이러한 자아발달론(Self-development)에 관심을 가진 학자들로는 Vico, Kolberg, Piajet를 들 수 있다. 인간성 발달은 다름이 아니라 인본주의 정신이 강화되고 자아발달의 과정이라고 하여도 과언이 아니다.

(2) 실존주의 철학의 배경

인본주의 심리학은 1930~1950 사이의 실존주의(實存主義, Existentialism) 철학으로 부터 영향을 강하게 받았다. 이 실존주의 철학은 인간성을 존중하는 인본주의 사상을 바탕으로 한다. 이 철학의 대표적인 학자이며 "존재(存在)와 무(無)"라는 저서를 지은 Satre는 인간은 극도로 불행한 한계상황(限界狀況)에서 정신적으로 현실도피를 하는 것은 죽지 않고 생존을 하기 위한 자연스러운 삶의 적응형태라고 보고 있다. 따라서 자살하지 않고 정신분열을 하여 참 자아를 찾아가는 과정을 또 다른 삶의 형태이며 정상적인 당연한 모습이라고 보았다.

이러한 실존주의 사상에 근거하여 Laing은 반정신의학(Anti-Psychiatry)를 주장하였으며 근본적으로 정신병이란 존재하지 않는다고 보았다. 비현실적인 생각을 하는 환자가 있을 때 이는 극도로 불행으로 몰고 간 한계상황이 문제이지 자신의 정신적 세계를 재창조한 환자의 잘못은 아니라는 입장이다(예, 극도의 가난을 경험한 사람이 종이를 오려 돈이라고 생각하며 팁을 주는 경우). 현실의 세계를 떠나 이상의 세계, 신비의 세계, 행복의 세계로 자유로이 정신적 여행을 하는 경우를 부정적으로 보지 않는다. 예를 들면, 하나 밖에 없는 아들이 교통사고로 갑자기 죽었을 때 그의 홀어머니가 늘 자기 아들이 살아있다고 생각하고 매일 저녁 밥상을 차려놓을 때 이 홀어머니의 비현실적 정신상태를 비난 할 수는 없을 것이다.

반정신의학에서는 정신병을 인정하지 않으며 환자의 입장을 존중하는 것이다. 이들의 비현실적인 Therapy는 그의 한계상황에 대한 두려움이 없어지도록 하면 그의 정신은 돌아온다고 믿는 것이다. 따라서 그에게 절친한 친구나 따뜻한 이웃이 있으면 그의 정신을 현실적으로 돌아오게 하는데 도움이 된다고 본다.

(3) Maslow의 자아실현 욕구

Maslow는 인본주의 심리학 뿐만 아니라 동시에 인간관계론 패러다임의 대표적인 학자이기도 하다. 그의 욕구단계설(Theory of Need Hierachy)에서 인간의 요구는 저차원 욕구가 충족됨에 따라 점차 고차적인 욕구가 발현된다고 보았다. 생리적 욕구, 안정 안전에 대한 욕구, 소속 및 인간관계에 대한 욕구, 존경 받거나 명예에 대한 욕구, 마지막 단계로 자아실현 욕구로 체계화 했다. 그리고 인간의 가장 인간다운 측면인 자율성 능동성, 창의성의 특징을 갖는 자아실현 욕구를 가장 고차적인 욕구로서 강조함으로서 인본주의 심리학에 속하는 학자라고 평가되었다.

그는 이론은 자아를 강조하고 자율성, 능동성, 창의성을 강조함으로서 인간을 동물과 다른 차원에서 보다 인간답게 보려는 측면에서 장점을 갖는다고 볼 수 있다. 그러나 인간의 성공과 실패는 그의 욕구체계에 의존한다고 봄으로서 지나치게 개인에게 귀책하려는 반역사적, 반사회적 이론의 단점을 갖는다고 평할 수 있다. 그리고 이론의 비과학적, 비실증적인 측면도 역시 단점이라고 볼 수 있다.

(4) Vico의 자아발달이론

Vico는 거시적 차원의 자아발달을 접근한다. 역사적, 사회적 자아 발달을 3단계로 논하고 있다. 이 사회의 역사는 단순히 반복되는 것이 아니라 어떤 방향으로 나아가는 것이다. 즉 종착점이 있으며 그곳은 바로 휴머니즘이 충만한 곳(Full humanity)이다. 조직이나 역사의 발전을 진단할 수 있는 기준이나 척도를 제공하는 장점을 갖는 이론이기도 하다.

① Firstman : 인간의 원초적 본능에 호소하여 지배를 한다. 심각한 공포나 극도의 쾌락을 불러일으키며 사회를 통제하는

방법이다. 광란의 축제를 벌이든가 아니면 무서운 사육제를 통하여 피를 보게 만드는 것이다. 미개사회나 원시집단의 사회가 그 예이다. 이때의 사회는 법 이전의 사회이다.

② Heroic Nature : 법, 명령의 지배를 받는다. 명령에 살고 명령에 죽는 영웅적인 인간상이 추앙을 받는다. 고대사회에서 법전의 대대적인 편찬을 한 로마사회가 대표적인 예이다. 관료조직의 형태이다.

③ Human Nature : 법 이상의 인간성 존중에 의해 역사가 진행된다. 휴머니즘 정신이 왕성하고 소위 율법을 넘어선 사랑의 세계이다(예, 성서의 가르침). 가장 발달된 사회라고 할 수 있다.

(5) Kolberg의 자아발달이론

Kolberg는 미시적 접근 차원의 자아발달을 논하고 있다(Piajet도 유사한 입장이다). 이는 개인의 정신적 발달과정이라고 말할 수 있으며 6단계로 나누고 있다. 단순한 차이만을 열거한 것이 아니라 어릴 때부터 나이를 먹어감에 따라 자아가 점점 성숙되어 가는 과정을 나타낸다고 볼 수 있다. 자아가 인간존중의 휴머니즘의 종점을 향하여 성숙되어 가는 방향성을 갖고 있다. 이 자아발달이론은 각 개인의 자아의 발전 정도를 판단할 수 있는 기준을 제시한다는 데 의의가 있다.

① 벌에 의해서 자아가 지배를 받는다. (punishment)

② 상에 의해서 자아가 지배를 받는다. (reward)

③ 기대, 규범을 따른다. (expectation)

④ 양심에 따른다. (conscience)

⑤ 정의에 따른다. (right)

⑥ 윤리에 따라 행동한다. (ethics)

(6) Vico와 Kolberg의 비교

육체뿐만 아니라 정신도 "개체발생은 계통발생을 반복한다"고 할 것이다. 이는 미시적인 각 개인의 자아발달 과정은 마치 사회의 역사적 자아발달 전체 과정을 반복하는 듯 하다는 뜻이다. 그리고 거시적인 사회이든 미시적인 자아이든 진화 및 진행되어 가는 방향성은 모두 휴머니즘으로서 그 도달하려는 종점의 방향성이 서로 같다. 이 방향성 때문에 자아발달론은 모두 인본주의 심리학에 포함시킨다. 인간뿐만 아니라 조직, 사회, 우주시스템도 나아가는 방향과 종착점이 있음을 시사한다. 인본주의 심리학은 더 나은 인성, 더 나은 조직과 사회에 대한 판단근거나 기준을 제시하는데 이것은 다른 인문사회과학학문에서는 찾아보기 힘드는 내용이라고 할 것이다.

아카페적인 진실한 사랑을 하는 휴머니즘(humanism)은 신의 뜻이라고 자주 주장되어 진다. 만약 이러한 관점을 공통분모로 한다면 인본주의와 신본주의는 하나로 만나게 된다. 자아발달로서 인간성 발달이 이루어지며 인간성 발달한 만큼 휴머니즘 및 아카페적인 참사랑이 가능할 것이다. 휴머니즘 및 참 사랑은 궁극적으로 조직관리나 리더십 보다 더 가치있는 상위의 개념이라고 할 것이다.

Vico		Kolberg
① Firstman-------Pre-conventional---------		① punishment ② reward
② Heroic Nature------Conventional--------		③ expectation ④ conscience
③ Human Nature---Post-conventional------		⑤ right ⑥ Humanism

(7) 삐아제의 심리학과 성장식 교육관[40)]

A. 교육관의 차이 및 선택 문제

오늘날 우리나라의 사회가 급속한 경제적인 발달로 물질적으로는 비록 상당히 풍요로와졌다고는 하나 도덕적으로는 매우 불안한 현상을 보이고 있다. 전반적인 인명경시 풍조와 배금사상, 극도의 이기주의, 절도, 강도, 인권유린, 왕따 만들기, 각종의 가혹행위 폭력 자살 등의 사건 사고가 곳곳에서 범람하고 있다. 이러한 부정적 사회현상을 극복하기 위한 궁극적인 해결책으로서 우리나라의 인성교육의 문제점이 자주 지적되고 있으며 앞으로 단순한 기능, 기술 교육만 중요한 것이 아니라 인성을 드높이는 전인교육의 중요성이 크게 제기 되고 있다. 그리고 기존의 타율적인 주입식 교육관의 한계를 지적하며 성장식 교육관의 적용을 주장하는 경향이 있다.

---

40) Piajet, J., *Science of Education and the Psychology of the Child*, New York; Orion Press, 1970.

교육관의 문제는 주로 인간이해의 심리학의 관점과 교육방법론 여하의 두가지 문제에서 비롯되거나 연결된다고 본다. 교육관의 차이는 인간을 어떻게 이해하는가? 어떤 내용을 가르쳐야 하는가? 어떤 방법으로 가르쳐야 하는가? 교육을 통하여 무엇을 기대하는가? 등에 달려있다고 할 것이다. 여기서는 우선 인간이해를 위한 심리학으로는 삐아제(Piajet)의 인지발달단계이론을 제시하고 이 이론의 특징, 적용 조건과 한계를 파악한 다음 보다 전인교육에 도움이 될 수 있는 교육 방법론을 여기에 연결하여 생각해 보고자 한다. 즉, 그의 인지구조에 대한 그의 이론을 발전적으로 확대 재구성 하여 그 설명모형으로 활용해 보려는 것이다.

교육관의 선택은 교육의 목적에 따라 정해진다. 교육을 통하여 기대하는 내용은 단순 정보나 지식의 효율적 전달, 창의적인 사고능력의 향상, 피교육자의 성격, 사고방식이나 태도 동기, 행위의 변화, 지식 및 기술사용 능력의 향상, 사회적 가치규범의 반영, 사회적 신분상승, 희소자원 배분의 차별화 사회전략, 품위있는 도덕적인 인성의 개발 등의 다양성이 있다. 전인교육은 품위있는 인성교육으로서 앞으로 추구해야 할 시급한 과제가 아닐 수 없으며 이는 주입식 교육관이 아니라 성장식 교육관의 방향으로 선택되어야 할 것이다

B. 삐아제의 인지발달단계이론의 발전적 재구성

a. 삐아제의 인지발달단계이론

삐아제(Piajet)는 흔히 콜버그(Kolberg), 비코(Vico), 로저스(Rogers),

랭(Laing) 등과 같이 인본주의 심리학자(Humanistic psychologist)라고 일컬어진다. 이는 인간을 존중한다는 심리학 이론의 특성을 근본적으로 기초로 하고 있다는 뜻이 된다. 그리고 인간이 어려서부터 환경과 상호작용하면서 인지구조가 발달하며 점차 독립적이고 능동적 주체적 창의적인 자아를 형성해 간다고 보고 있다. 그리고 이러한 자아 및 인지구조의 발달은 어디로 향하는 방향성이 있으며 그것의 종착점은 바로 인간 존중의 휴머니즘(Humanism) 정신이라고 한다. 이러한 사상은 그 당시 실존주의 철학사상으로부터 크게 받았다고 볼 수 있다.

삐아제는 각 성장 단계별로 그 인식능력이 달라진다고 주장한다. 개인차원의 진화적 사상이 깔려있다. 첫째, 감각운동기(sensorimotor stage, 0~2세)로서 감각기관을 통하여 대상의 개념 혹은 대상의 연속성인 정신적인 현상을 만들어 내는 능력을 갖는 단계이다. 둘째, 전조작기(preperational stage, 2~6세)로서 이때는 언어, 그림 등 상징을 사용하는 능력이 탁월하게 발달한다. 이러한 상징(symbol)을 사용하는 능력은 매우 중요하다고 할 것이다. 현실을 이 상징으로서 재구성(reconstruction, copy)하는 능력, 심지어 자기 자신도 재구성하여 객체(object)로 인식하는 자의식(self-awareness)의 발달, 뿐만 아니라 자기를 여러 타인의 관점에서 성찰할 수 있는 능력, 이로서 상상력, 창의성, 정신적 자유, 이성(reason)의 형성 및 발달과도 관계가 있다. 셋째, 구체적 조작기(concrete stage, 6~12세)이다. 개념과 개념 사이를 이어서 진술을 만들고 이 진술들을 역어서 체계화시키는 논리(logic)적인 사고가 가능하며 스스로 사색하면서 문제해결을 하는 능력이 크게 향상되는 시기이다. 넷째, 형식적 조작기(formal stage, 12세~성인)이다.

이 시기의 특징은 이미 과거로 경험한 내용들을 단편적인 상태로 모아두는 것이 아니라 조직화된 구조체계(organized system)로 만드는 단계이다. 삐아제는 이를 도식(schema)라고 부른다. 그는 이러한 조직화된 도식을 통하여 가장 그럴듯한 균형잡인 생각을 할 뿐만 아니라 현실을 인식, 해석 판단하는 가설의 체계를 형성하고 추리도 하는 능력을 갖게 된다.

b. 삐아제 이론의 확대 재구성

삐아제 이론은 인간이 자신의 경험의 누적치를 조직화된 인지시스템(혹은 인지구조)으로 만들고 이를 가장 균형 잡힌 평형(equilibrium)의 종합적 가설체계로 발전시키는 본능적 선천적 능력을 직시하였다. 이것은 비록 한 개인에게 국한된 종합적 인식체계이지만 적어도 그 해당 개인에게는 그만큼 선험적 무조건적인 세상경험의 총체나 이성(理性)이 되며 가장 보편적인 판단의 기준이나 법칙을 갖는다. 만약에 다수가 모인 조직이나 사회의 집단적 인지시스템의 관점에서 보면 이 무조건적인 종합성이 더 넓어지며 현상학(Phenomenology)에서 말하는 간주관성(Inter-subjectivity) 때문에 더욱 보편적인 무조건적인 보편성을 갖게 될 것이다. 세계전체의 더 넓은 보편성도 이와 같은 방식으로 연장하여 이해할 수 있을 것이다.

삐아제의 이러한 스키마, 혹은 인지시스템(인지구조)을 정신분석학과 심리학(Psycho-analysis Psychology)의 대표격인 프로이드(Freud)의 무의식(Unconsciousness) 개념과 연결시켜 볼 수 있다. 비록 프로이드는 이 무의식을 의식과 대비시키고 Id와 Superego 사이의 역학관계의 역사적 누적치로서 파악함으로 사실상 서로 차이가 나는 내용이지만 다만 나이테처럼 역사적 누적치(historical storage)이며 이것이 빙산의 대부분이 물에 잠긴 듯 하는 모습에 비유된다는 점은 삐아제의 인지시스템을 잘 그려준다고 보기 때문이다. 무의식이 그 사람의 성격 혹은 본질이며 반면에 의식이란 찰나적이고 일시적인 현상이며 의식이 약화되었을 때 무의식이 등장하여 개인에게 지배적 영향을 미치는 현상은 매우 서로 흡사한 현상이기 때문이다.

삐아제의 인지시스템에 최근에 발달한 Katz와 Kahn의 open system의 특징을 여기에 결부시킨다면 더욱 발전된 인지시스템의 속성을 지닐 수 있을 것이다. 즉, 투입변환산출(input-transfomation-output), 구조성(wholeness), 분화성장(differentiation), 균형(equilibrium), 회귀특징(feedback), 역엔트로피 현상(negative entropy), 유연성(equi-finality) 등의 속성들이다. 이러한 전체적인 인지시스템은 어떤 부분의 경험을 만날 때 당연히 동화(assimilation) 시킬려고 할 것이며, 조정(accommodation)을 통하여 균형으로 가려고 하며 동시에 전체의 인지시스템을 새롭게 진화시켜 다시 재구성하게 된다. 삐아제의 이론이 이와 같이 확장되면 전체적인 인지시스템의 속성과 부분적인 경험의 속성이 서로 대비된다.

부분적인 경험 속성으로는 행태주의 심리학(Behaviorism)의 자극(stimulus)과 반응(response)이론인 고전적 및 도구적 조건화이론으로 설명 가능하고 전체적인 인지시스템 속성으료는 구조성을 도입한 인지심리학(Cognitive Psychology)과도 결합된다. 특히 인지일관성으로 설명하는 Festinger의 인지부조화이론(Cognitive Dissonance theory)을 내포하는 것이 가능하다. 그러나 이 양 이론의 모순을 삐아제 이론의 확대 재구성으로서 부분과 전체의 각 속성을 대비하면서 능히 통합시킬 수 있다.

c. 삐아제의 교육적 시사점

삐아제의 이론은 종합적 체계적으로 접근하는 성장식 교육관과 밀접한 관련이 있다. 우선 삐아제는 인지구조의 발달의 각 단계가 수월한 적기가 있으므로 각 단계별로 교육이 시기적으로 누락없이 진행되어야 함을 제시한다. 그리고 궁극적으로 인간다운 특징을 갖은 것을 강조하며 능동성, 창의성, 자율성을 갖는 방향으로 교육할 것을 제시한다. 그리고 파편화된 부분적인 경험의 단순한 집합이 아니라 체계적으로 조직화된 인지시스템의 형성을 지향하고 있다. 그리고 인성교육은 비록 가설의 체계이고 불완전하지만 이러한 인지시스템을 보다 깊고 넓게 체계적으로 형성해야 할 필요성을 시사하고 있다. 인간 존재는 원래 한정적인 조건을 갖고 있어서 당연히 완벽하지는 않지만 보다 보편적인 원리, 도덕, 판단을 갖는 인지시스템을 최선을 다하여 발전적으로 형성하여 전인격적으로 나아가게 하는 것이다. 전체적인 인지시스템의 속성은 부분적인 경험을 대상으로 하여 비판, 변화의 실천, 판단 등을 할 것이다. 그리고 다른 한편으로는 역으로 자신의 인지시스템을 재구성하면서 진화시킨다. 이러한 접근은 철학자 칸트(Kant)의 이론 및 교육관과도 상당히 만날 수 있다.

C. 주입식 교육관과 성장식 교육관의 상호비교

a. 주입식 교육관

주입식 교육관은 과학적 인간관에 근거를 두고 있다. 인간을 물질세계의 한 부분으로서 파악하며 따라서 인간은 인과론적 법칙에 따라서 기계적으로 행동하는 존재일 뿐이라고 이해한다. 인간의 궁극적인 존재의 의미라든가 목적에 대한 형이상학적이고 규범적인 질문은 무의미한 것으로 간주되며 경험적으로 관찰가능하고 확인가능한 객관적 사실만을 탐구의 대상으로 한다. 그래서 이러한 인간관을 갖는 경우에는 인간의 내면의 깊숙한 의식이나 인지구조에 대한 내용은 알기도 힘들거니와 알 필요도 없는 블랙박스(blackbox)로 취급하는 경향이 있다. 인간은 어떤 자극이나 환경 하에서 어떤 반응이나 행동을 하는지의 상호간 그 인과적 법칙성만 파악하면 된다는 입장이다. 행태주의 심리학(Behaviorism Psychology)은 바로 이러한 인간관을 갖는 심리학이며 인간을 동물차원과 법칙적으로 별 차이가 없는 수준에서 다룬다.

주입식 교육관은 행태주의 심리학의 고전적 조건화이론(Classical conditioning) 혹은 도구적(Instrumental) 조건화이론과 관련이 있다. 이러한 입장은 20세기 초에 실증주의 혹은 과학주의 사상에 크게 영향을 받은 결과이다. 비록 인간을 동물차원에서 연구한다는 비판이 있지만 연구자의 편견과 선입관을 배제하고 가치중립적이고 객관적인 탐구를 기한다는 장점도 있다. 이러한 주입식 교육관 혹은 행태주의 심리학 접근은 인간의 성격, 태도 행동에 대한 통제와 변동에 대한 강력한 수단을 제공한다. 이들을 세뇌시킨다든가 원하는 인간상으로 주조하는 방향으로 훈련시키는 데에 많이 활용되고 흔히 독재적인 정치가들에게 많이 이용되기도 한다.

이러한 주입식 교육은 인간을 수단이나 도구적 관점에서 보는 것이며 환경에 잘 적응하고 어떤 용도로 인간을 부품처럼 잘 쓸

려고 하는 교육이나 훈련에 많이 활용된다. 흔히 기술교육, 기능교육, 직업교육, 전문화 교육, 경쟁에서 이기는 교육, 권력에 순치시키는 교육 등에 많이 적용된다. 사실상 전인적 교육과는 상관이 없이 진행된다. 파편적임 부분적인 지식을 학습하는 경우로서 개인의 발달된 전인격으로 나아가는 인지시스템으로부터 비판, 저항, 거부를 받을 수도 있다.

b. 성장식 교육관

성장식 교육관은 이념적인간관 혹은 철학적 종교적인간관과 관련이 있다. 인간은 무엇이어야 하며 또한 어떻게 살아가야 하는가에 대한 당위나 가치판단에 입각하여 인간을 설명하고 이해하려고 한다. 인간은 수단이 아닌 목적으로서 다루어져야 한다는 규범과 관련을 갖는다. 인간은 경험의 세계의 인과관계로부터 벗어나는 무조건적이고 선험적인 자유의지를 갖으며 이 자유에 의하여 인과적 법칙을 벗어나 독립하는 도덕적인 법칙을 찾아 이를 잘못된 현실에 적용하고 이를 바꾸려는 도덕적 비판정신과 실천의지를 갖는다. 현실의 인과관계의 굴레를 벗어날 수 있는 자유수준과 도적적 실천을 하려는 의지를 갖는 만큼 인성이 발달하다고 볼 수 있다. 성장식 교육관은 이러한 인성과 이러한 인성의 자아실현을 돕는 교육관이라고 볼 수 있다,

성장식 교육관은 외부적 지식과 신념을 일반적으로 주입하여 배우는 사람들을 일정한 방향으로 변화시키려는 것이라기보다는 배우는 사람의 내부에 잠재해 있는 가능성이 자연스럽고 올바른 방향으로 발현될 수 있도록 도와주는 과정이다. 즉, 스스로 자신의 인지시스템을 발전시키는 교육관이라고 볼 수 있다. 여

기에는 그 강조점에 따라 좋은 환경을 조성하여 도와주는 루소(Rousseau)의 자연주의 교육관, 창의적이고 자율성을 촉진하는 듀이(Dewey)의 진보주의 교육관, 그리고 자율적 자아형성을 강조하는 부버(Buber)의 실존주의 교육관으로 세분화하여 고찰 찰 수도 있다. 성장식 교육관은 스스로 창의적으로 인과법칙에서 벗어나 자유의 인지시스템을 형성하는 것을 돕는 교육관이라고 볼 수 있다.

D. 요약 및 결론(전인교육 방법론)

교육관의 정당성 문제는 주로 어떻게 인간이해를 하느냐와 어떤 교육 방법론을 적용하느냐의 이 두 가지 문제에 달려있다. 삐아제의 심리학 이론 및 확대재구성을 통하여 인간의 인지시스템이 형성되는 것을 이해함으로서 다양한 기존의 교육관이 부분적 조건화된 각각의 위치에서 타당할 것이며 동시에 이는 종합화하여 전체적으로도 통합될 수 있을 것이다. 즉, 각 교육관의 적용조건과 그 한계를 아는 데에 도움을 줄 것이다.

한번 인간의 삶을 돌이켜 생각해 보면, 처음에 태어났을 때는 조상으로부터 물려받은 유인인자의 속성 외에는 아무 지각도 경험으로부터 얻은바가 없을 것이다. 그러나 점점 자라면서 단편적인 수많은 지각들이 쌓이게 될 것이며 한해 두해 세월이 가면서 마치 나무의 나이테가 형성되듯이 그 지각의 특징들도 누적해 할 것이다. 그러나 이러한 경험의 파편들은 점차 구조적 특징을 갖는 인지시스템을 형성한다. 후기의 현대철학의 기본적 관점과 인간이해는 인간이 변하지 않는 절대적 초월적 본질이 있다는 가정은 부인되고 있다. 반정초주의(Anti-foundationalism)는 진리나 지식, 합리성과 객관성 그리고 가치판단에 있어서 절대적이고 선험적인 초월적인 기초는 존재하지 않는다는 상대적 초월적 교육특성에 입각해 있다. 이것을 받아들이면서 인간을 철학적 종교적 인간관과 조화시키는 절충방식은 앞에서 재구성해 본 삐아제의 인시시스템으로 가능하리라고 사료된다.

오늘날 가장 중요하게 제기되는 전인교육은 이러한 인지시스템을 발전시키는 자율적 성장식 교육관이다. 성장식 교육관은 종합적 체계적 접근을 강조하며 과학적 인간관과 이념적 인간관 모두를 통합하는 입장이다. 이로서 자아발달, 인지시스템의 형성 및 진화, 성찰적 비판능력 향상, 당위와 존재의 통합, 인지의 통일성과 부조화의 통합을 이루는 입장이 전인교육의 방향이 될 것이다. 전인교육은 각자가 자기의 인지시스템을 스스로 창의적으로 최선을 다하여 가장 타당성이 높도록 풍부한 경험과 지식정보를 바탕으로 체계화시키면서 진화시키는 것을 돕는 성장식 교육관에서만으로서 가능할 것이다(아래 <표 8-2>의 (B)의 경우의 교육). 그러나 과학적 인간간의 인과법칙으로 인간이 존재한다는 가정과 이 인과법칙을 이용한 주입식 교육방식은 사실상 근본적으로 전인교육과 관계가 없다. 인간을 경험적 조건적으로 다루며 비록 완벽하게 구분 지을 수는 없겠지만 대체적인 경향이 단편적, 분석적으로 접근하는 주입식 교육 방식의 경우이다. 이로서 기능적 직업교육, 기술교육, 환경적응능력교육, 효율성 제고를 위한 교육 등은 대체로 전인교육과 무관한 비전인교육(非全人教育)이 될 것이다(아래 <표 8-2>에서의 (A) 경우). 그리고 비록 이념적 인간관 혹은 철학적 종교적인 인간관에 기초하더라도 그 교육방법이 단편적 분석적 방법에 입각하고 타율적인 주입식 교육이라면 오히려 전인교육에 역행하거나 이를 악화시키는 반전인교육(反全人敎育)의 방향이 될 것이다. 교조적이며 망상과 허구를 촉진시키며 인간이용 및 독재적 지배를 위하여 사용되는 교육 등이 될 것이다. 초월적, 무조건적인 정신적인 특성이라고 해서 모두 도덕적 인성발달에 도움을 주는 교육이 되지를 못함

〈표 8-3〉 전인교육 방법론

<table>
<tr><th>대상</th><th>인간관</th><th>교육방법</th><th>교육목적(기대효과)</th><th colspan="2">전인교육 여하</th></tr>
<tr><td rowspan="4">인식
대상
일체</td><td rowspan="2">과학적인간관
(경험적, 인과율,
조건적 현상)</td><td>타율적 주입식
교육관
(단편적,
분석적 접근)</td><td>기능적 직업교육,
기술교육,
환경적응능력교육,
효율성제고를 위한 교육
성격, 태도, 동기,
행위 변화
반초월적 교육 특성 등</td><td>(A) 교육
경우</td><td>비전인교육
(非全人敎育)</td></tr>
<tr><td>자율적 성장식
교육관
(종합적,
체계적 접근),</td><td rowspan="2">자아발달,
이성(理性)의 형성 및
발달 교육
인지시스템(인지구조)의
형성 및 진화
(삐아제 이론의 확대
재구성),
성찰적 비판능력 향상
당위와 존재의 통합,
인지일관성과
인지부조화의 통합
창의성 교육
최선의 상대적 초월성
교육특성 등</td><td rowspan="2">(B) 교육
경우</td><td rowspan="2">전인교육
(全人敎育)</td></tr>
<tr><td rowspan="2">이념적인간관
혹은 철학적
종교적 인간관
(초월적,
자유의지, 창의적,
무조건적 현상)</td><td>자율적 성장식
교육관
(종합적,
체계적 접근),</td></tr>
<tr><td>타율적 주입식
교육관
(단편적,
분석적 접근)</td><td>교조적 교육,
망상과 허구를
촉진시키는 교육,
거짓말 교육이나 미신
독재적 지배교육
절대적 초월성 교육
특성 등</td><td>(C) 교육
경우</td><td>반전인교육
(反全人敎育)</td></tr>
</table>

을 말한다. 비과학적, 종합인식이 부족한 미신이나 광신은 오히려 인성을 파괴하는 병독이다. 중세암흑시대나 나치시대 우상숭배의 독재체제 등에서 이미 그 교육의 폐해가 역사적으로 잘 증명되고 있다(<표 8-3>에서의 (C) 경우). 학문은 미신이나 광신을 방어하는 효과를 갖는다. 따라서 인성발달의 3대 조건은 첫째, 인본주의 정신을 함양할 것. 둘째, 과학과 실증뿐만 아니라 상상과 창의성을 포함한 종합인식, 셋째, 자율적 성찰교육을 할 것이다.

4) 인지심리학의 관점
(Cognitive Psychology ; 1950년 이후)

(1) 이론 형성의 배경

인지심리학은 행태주의 심리학에서의 실증성 및 과학성의 장점을 살리고 또한 인본주의 심리학에서의 인간의 자율성, 능동성, 창의성을 존중하는 자아의 개념의 장점을 동시에 받아들이려는 종합적인 관점으로 나타난다. 즉, 행태주의 심리학과 인본주의 심리학의 장점을 종합하려는 영향을 받았다. 1950대는 세계 2차 대전 직후의 전후의 시대로서 혼란한 상황의 경험으로 종합적인 사고를 하려는 강한 사조(思潮)가 있었다고 볼 것이며 인지심리학은 이러한 시대적 배경에 크게 영향을 받았다고 볼 수 있다,

인지심리학은 일명 두뇌심리학(Brain Psychology)라고 불리어진다. 인간의 심리는 두뇌의 메카니즘에 의하여 결정된다고 보았으며 이 두뇌의 속성을 상징구조(언어구조, 정보구조)라고 보았다. 이렇게 상징구조로 전제함으로서 언어나 정보의 흐름을 파악하

여 어느 정도의 실증성과, 과학성, 객관성을 확보할 수 있을 뿐만 아니라 구조주의 속성은 바로 자율성, 능동성의 주체적 자아의 특성을 내포할 수 있게 되는 것이다. 따라서 인지심리학은 결국 두뇌 메카니즘의 법칙에 대한 관심을 갖게 되었다. 대표적인 학자로는 Festinger, Kelley, Goffman 등을 들 수 있다.

인지심리학은 좁은 의미에서의 현대심리학이라고 말할 수 있다. 넓은 의미에서의 현대심리학은 정신분석학파를 제외한 행태주의, 인본주의, 인지심리학을 포괄한다, 인지심리학은 디지털정보통신기술과 결합하여 매우 급속히 발전하고 있다. 인공지능(Artificial Intelligence), 제어계측, 로봇(robot) 분야에서 필요하여 선진국에서 많은 연구가 이루어지고 있다. 군사용, 지하 및 해저 그리고 위험업무 취급의 공사용 로봇은 곳 실용화 단계에 이르며 앞으로 이 분야의 시장은 무궁무진 하다고 볼 수 있다.

(2) 두뇌 관심의 두 원류

① 독일의 Gestalt 학파

조직화된 지각(Organized Perception)을 강조하였다. 즉, 인간은 특정 대상의 지각뿐만 아니라 다른 지각의 내용과 결합하여 함께 인식하는 경향이 있다. 회색 바탕의 검정색 교통표지판과 노랑바탕의 검정교통표지판의 경우 후자가 더 선명하게 보이는 것은 조직화된 지각 때문이다. 폐수가 흐르는 강가를 데이트 하면 상대의 사람만 인식하는 것이 아니라 폐수와 상대를 결합하여 인식한다. 그 사람을 생각할 때 마다 폐수도 함께 연상될 것이다. 아름다운 인테리어를 하였고 멋진 음악이 흘러나오는 곳에서 기꺼이 비싼 커피 값을 지불하려는 것은 우리가 조직화된 지각을 한다는 사실을 알기 때문이다.

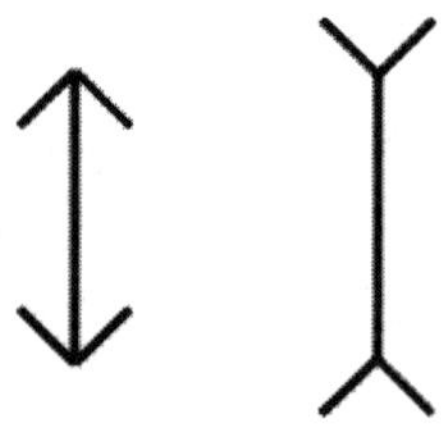

〈그림 8-4〉 조직화된 지각의 효과

조직화된 지각은 특정 대상을 지각하려고 할 때 비단 현재의 다른 지각 내용뿐만 아니라 과거의 축적된 어느 지각과도 결합한다. 이 때 과거의 지각의 내용을 준거틀(Frame of reference)이라고 부른다. 이는 동일한 사물을 인식하면서도 왜 서로 다르게 지각하는 관점(perspective)을 갖는지를 설명해 주는 개념이다. 이 준거틀은 바로 두뇌요 인지구조라고 말할 수 있다. 이 준거틀은 현상학(Phenomenology)의 주장과도 일맥 상통한다.

현상학은 인간이 대상을 기존의 인지구조만큼 인식능력을 갖는다는 입장이다. 그리고 인지구조에 따라 인식의 내용이 달라진다. 그래서 현상학은 인간은 언제나 주관적일 수 밖에 없으며 결코 객관적인 과학(objective science)의 추구가 불가능하다고 본다. 과학도 하나의 기존의 인지구조의 산물이라고 본 것이다. 인간이 추구하는 객관성이란 기껏해야 공유의식인 간주관성(間主觀性, Intersubjectivity)만을 달성할 뿐이라고 본다.

② Radical Behaviorism

행태주의 심리학의 초기이론은 S-R이론으로서 인간의 내면적인 과정은 생략하고 자극과 반응 사이의 인과관계를 파악하려고 하였다. 그러나 후기의 행태주의 심리학은 인간의 내면적인 과정을 포함시켜 S-O-R이론으로 변동되었다. 이때의 매개변수 O를 발전시켜 두뇌심리학으로 나아가게 만든 것이다. 그러면 이때 O의 속성은 무엇일까? O는 학습화된 S-R이며 이 매개변수는 다음에 만나는 S에 영향을 미쳐서 다양한 R을 나타나게 한다. 그리고 이때에 S는 환경, R은 생활로 확대 해석한다.

이러한 Bandura의 Radical Behaviorism을 Social Learning Theory라고 하며 행태주의 초기 심리학과 인지심리학의 중간 영역으로 평가된다. 이 Social Learning Theory은 모델학습(Model learning), 관찰학습(Observation learning), 대리학습(Vicarious lernig)으로 일컬어진다. 그리고 귀인이론과 결합하여 동기유발이론으로서도 자주 활용된다.

(3) 두뇌법칙의 두 가설

① 인지일관성이론(Cognitive Consistency Theory)

인지구조는 통일성, 동질성, 일관성을 지향하려는 속성이 있으며 이것이 깨어지면 인지부조화(Cognitive Dissonance)를 느낀다는 가설이다. 생각과 생각, 태도와 태도, 행위와 행위 사이의 일관성뿐만 아니라 생각, 태도, 행위 사이의 일관성도 유지하려고 한다. Heider, Osgood & Tannenbaum, Albelson & Rosenberry, Festinger가 여기에 속하는 학자들이다.

② 대인지각이론(Interpersonal Perception Theroy)

사람은 머릿속에 이질적 요소를 갖고도 아무런 불편함 없이 살아간다. 즉 인지구조의 통일성, 동질성, 일관성을 지향하려는 속성을 부정한다. 인간은 내면적인 통일성 보다는 오히려 타인과의 모순없는 조화로운 생각을 더 강조하며 내면적인 모순 상태는 문제삼지 않는다고 보는 입장이다. Kelley, Bem, Goffman이 여기에 속하는 학자들이다.

(4) 인지심리학의 여러 이론들.

① Heider의 Structural Balance Theory

A가 B에 대하여 일방적인 호감을 계속 표시하면 A, B 모두 인지상의 불균형으로 심적인 불편함을 경험한다. 이를 극복 하기 위하여 A가 호감을 철회하든지 아니면 B도 역시 A를 좋아하는 마음의 변동을 일으킨다.

② Osgood & Tannenbaum 의 Cognitive Congruity Theory

A, B, C의 삼각관계에서 A와 B사이가 좋고 또한 A와 C사이가 좋음에도 불구하고 B와 C사이가 나쁘면 모두 인지상의 불균형을 느낀다. 따라서 B와 C 사이가 좋게 바뀐다. 이러한 삼각관계는 국제정치학에서 나라사이의 외교관계를 분석하는데 유용한 도구이다.

③ Abelson & Rosenberry의, Psycho-logic Theory

두뇌의 통일성을 위해 이전의 일을 바탕으로 새로운 정보를 만들어 두뇌의 부족한 부분을 채워간다. 어느 마을에서 절도를 여러 번 하다가 잡힌 사람은 설사 다시 일어난 절도 사건의 실제상 범인이 아님에도 불구하고 마을 사람들이 일단 그를 혐의자로 보는 경우이다. 삼단 논법도 이러한 심리를 이용하는 것이다. A=B 및 B=C도 확인되었지만 A=C는 미확인 상태이다. 그러나 논리에 근거하여 우리는 A=C라고 믿어야 두뇌가 통일성을 유지한다는 것이다.

④ Festinger의 Cognitive Dissonance Theory

Festinger는 인지심리학의 체계를 세우는 계기를 만드는 중요한 연구를 하였다. 1957~1967사이에 기존의 S-R이론의 상식을 깨뜨리고 약 10년간 심리학계를 뒤흔든 유명한 인지부조화이론의 주장자이다. S-R이론에서는 자극이 크면 반응도 크고 자극이 작으면 반응도 작다는 입장이다. 그러나 Dissonance이론에서는 이와 반대로 자극이 크면 반응이 작고 자극이 작으면 반응이 크다는 주장을 하였다. 그의 이 인지부조화이론은 인지일관성이론이라는 두뇌법칙의 가설에 기초하고 있다.

Festinger의 인지부조화를 위한 실험을 흔히 “1-20 실험”이라고 짧게 표현된다. 그의 실험 설계를 보면 첫째, 실패에 실을 감는 지루한 일을 실험자들에게 시킨 후 “재미없다”라는 1차 태도확인을 한다. 둘째, 피험자들(subjects)에게 1$ 혹은 20$을 주면서 “다음에 누가 물으면 재미있었다고 해 주세요”라는 거짓말을 부탁한다. 셋째, 다시 2차 태도 확인을 한다. “재미있었다”라고 대답한 피험자만을 연구대상으로 한다. 넷째, 이들을 대상으로 “진짜 재미있었느냐”고 질문한다. 이는 그 사이에 태도의 변화를 알아보는 3차의 태도확인 과정이다. 그 실험결과 S-R이론의 가설과는 반대로 나타났으며 전 세계의 많은 심리학자들이 이 실험을 반복하여 재실험 하면서 그 결과를 다시 확인하였다. 그리고 이 결과의 원인을 두고 토론하면서 재해석 하는 과정에 인지심리학이 체계화되고 급격히 발전하는 계기가 되었다.

Festinger는 이 현상을 Dissonance개념으로 해석하였다. 1$을 주었을 때 태도의 변화가 큰 것은 low dissonance를 느껴 마음에 low defense mechanism이 형성되었기 때문이다. 반면에 20$을 제공했을 때 오히려 태도변화가 적은 것은 high dissonance를 느껴 high defence mechanism이 최초의 태도를 고수하기 때문이다.

	S-R이론(가설)	Dissonance (실제)
1$	태도변화 少 (-)	多 (+)
20$	多 (+)	少 (-)

Festinger의 Dissonance이론은 이와 같이 어떤 행위를 하기 전(前)에 인지부조화가 미치는 영향을 설명한다. 예를들어, 미국이 한때 금연의 공공 광고를 매우 강하게 했을 때 오히려 담배 판매량이 더 많이 늘었다고 한다. 이는 담배를 피우는 사람들이 담배를 피우는 것에 대한 신념을 방어하기 위한 심리 때문에 담배를 더 피우게 되었다고 본다. 공부를 하라고 부모가 너무 잔소리를 하면 자녀가 반발심에 의하여 더 놀아버린다든가 이성을 만나지 말라고 하면 더 마음이 뜨거워져 만난다든가 하는 심리와 관계있다. 그러나 이러한 dissonance 개념은 어떤 행위를 한 후(後)에 합리화(rationalization) 과정이나 후회(regret)의 감정을 설명하는 데에도 도움이 된다. 예를 들어, 두 사람 중 결혼배우자로 누구를 선택할 것인가 혹은 아파트를 살 것인가 단독주택을 살 것인가와 같이 양자택일을 해야 하는 중요한 사건이 앞에 놓여 있다고

하자. 비록 양자의 장단점이 비슷함에도 불구하고 하나만을 선택하는 의사결정을 한 경우에 포기한 안(案)이 갖는 장점이 이후에도 계속 마음을 괴롭힐 수 있다. 즉, 이는 의사결정을 한 때의 신념을 위협하는 이질적인 내용이 되는 것이다. 그러면 이 의사결정자는 우선 자기의 의사결정을 정당화시키는 합리화 과정을 밟을 것이다. 선택한 안의 장점을 크게 보고 포기한 것의 단점을 과장하는 것이다. 그러나 이러한 합리화 과정이 여의치 않는 경우는 후회의 감정을 갖게 된다.

Festinger의 후학자 Fishbein은 S - R이론이든 Dissonance이론이든 모두 인간의 가능한 측면을 설명한다고 보고 이 양이론의 적용조건과 한계를 밝혀 보려고 시도하였다. 최초의 신념과 유사한 요구를 하는 경우에는 S - R이론의 가정에 따르며 반면에 최초의 신념과 너무 동떨어진 요구를 하는 경우에는 Dissonance의 실제의 결과처럼 나타난다고 주장했다. 이로서 이 양이론을 종합하려고 했다. 그러나 문제는 그 양 이론의 경계지점을 알기 어렵다는 점이다. 이는 개인에 따라 혹은 문화에 따라 달라지기 때문이다. 그러나 이 양 이론이 적용되는 영역 사이의 상호관련성을 파악한 점은 가치가 있다고 할 것이다.

⑤ Kelley의 Attribution Theory

Attribution theory는 귀인(歸因)이론 혹은 탓 이론이라고 부른다. Kelley는 Festinger의 실험 결과를 인정하고 있다. 그러나 그 결과에 대한 해석의 방법은 달리하고 있다. 이 때 인지일관성이론의 가정을 전제하거나 인지부조화의 개념을 전혀 사용하지 않는다. 1$을 제공했을 때에 피험자가 마지막 태도를 "재미있다"

라고 진술한 행위를 나의 탓(internal attribution)으로 인식함으로서 자신의 진심이 바로 이러한 행위와 같게 되는 것이다.(진심 = 행위). 그러나 20$ 받은 피험자는 "재미있다"라고 마지막 태조조사 때에 한 언행은 돈 탓(internal attribution)으로 귀인함으로서 자신의 진심은 행위의 반대 쪽에 있다고 생각하며 자신의 진심이 그렇게 결정되어 가는 것이다(진심 ≠ 행위).

Kelley는 귀인하는 판단기준으로 3가지를 제시했다. 특수한 상황에 따라 특수한 행동이 나타나는 정도인 distinctiveness, 다른 사람과 같이 언행하는 정도인 consensus, 그리고 시간의 흐름에 따라 변하지 않는 consistency이다. 그리고 귀인을 자주 주관적으로 하는 경우가 많으며 Self-serving bias는 자기한테 유리한 쪽으로 해석하는 경향을 말한다. 타인의 성공은 외적 귀인, 자신의 성공은 내적 귀인, 그리고 타인의 실패는 내적 귀인, 자신의 실패는 외적 귀인을 하는 경향을 말한다. 동서양의 문화적 차이에 대한 연구도 많다. 대체로 서양을 내적 귀인, 동양은 외적 귀인하는 경향이 상대적으로 강하다는 입장은 서구를 미화시키는 사대주의 사상이 깔려있다는 비판을 면치 못한다.

Attribution theory는 Radical Behaviorism의 Social learning theory와 결합하여 동기유발이론의 유력한 하나의 접근이 될 수 있다. 누가 승진을 한 경우가 성과로 귀인 되어 자신의 인지구조 속에 모델이 되어 있으면 다음에 승진을 자신이 하기 위하여 성과를 내려고 노력할 것이다. 그러나 상사와의 인간관계가 승진의 원인으로 귀인되면 자신의 승진을 위하여 상사와 인간관계를 맺는데 주력할 것이다. 현재 조직에서 구성원들이 승진 등 임금인상에 어떤 귀인을 하고 있는 지 파악하는 것은 조직진단의 한 체크리스트가 될 수 있을 것이다.

⑥ Bem의 Self-Perception Theory

남이 나를 어떻게 생각하느냐에 따라 자신의 진심이 결정된다는 이론이다. 인간은 자신의 인지의 내부적인 통일성, 균일성, 일관성 보다는 타인과의 인식의 조화를 더 중시한다는 입장이다. 따라서 Bem은 인지구조 속에 이질적인 내용이 함께 공존해도 아무 불편함이 없이 지낸다는 대인지각이론의 가정에 입각해 있다. 1$을 받은 피험자의 마지막 "재미있다"라는 언행은 남이 볼 때 자율적 행위(tacted behavior)라고 해석될 것이다. 따라서 타인의 생각과 모순이 없으려고 한다면 진심이 이 행위 쪽에 위치시켜야 할 것이다(진심 = 행위). 따라서 태도의 변화가 생긴 것이다.

반면에 20$을 받은 피험자의 행위를 남이 볼 때 타율적인 행위(managed behavior)라고 해석될 것이다. 따라서 타인의 생각과 모순이 없으려고 한다면 진심이 이 행위의 반대 쪽에 위치시켜야 할 것이다(진심 ≠ 행위). 따라서 태도의 변화가 이루어지지 않고 원래의 태도를 진심으로 삼게 된다.

⑦ Goffman의 Impression Management Theory

이 인상관리이론은 먼저 사회심리학자 Mead의 상징적 상호작용이론(Symbolic interactionism theory)을 빌려온다. 인간이 상징을 사용함으로서 자기 자신을 포함하여 현실을 재구성 할 수 있는 능력과 자아의 이중구조(dual structure)에 대한 개념이다. 자아를 주체적 자아(I)와 객체적 자아(Me)로 나누고 주체적 자아는 재구성된 객체적 자아를 다른 사람과 관련하여 가장 적절한 모습으로 보이도록 만들어 간다. 이 객체적 자아가 바로 그가 관리하는 인상(impression)이다.

$$\frac{\text{consistent behavior}}{\text{opportunity cost}} \gtreqless 1$$

이 인상관리는 일관성을 유지할 때 일반적으로 타인에게 신뢰를 주고 좋은 이미지를 준다. 그러나 이러한 일관성 있는 인상관리를 포기하지 않는 대가로 기회비용(cost)을 발생시킨다. Festinger 실험의 결과에 대하여도 그 결과는 부분적으로 인정하지만 해석이 역시 다르다. 금액이 큰 경우에 태도변화가 여전히 일어나지 않는 것은 그 기회비용이 일관성 있는 태도가 주는 이점을 상대적으로 커버하지 못하기 때문이라고 해석한다. 그러나 만약에 이 기회비용이 아주 크다면 당연히 그가 태도의 일관성을 포기할 것이라고 예상하는 것이다.

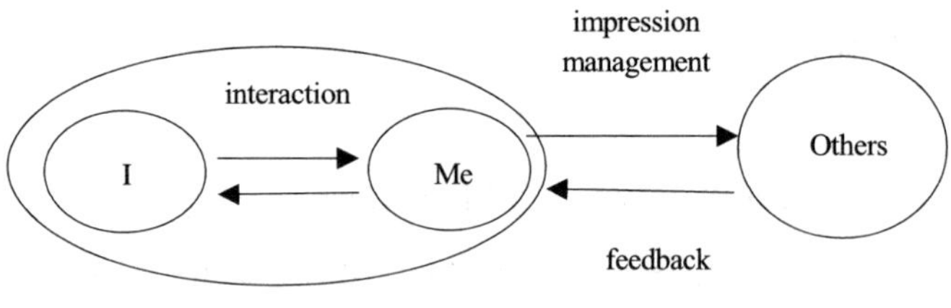

〈그림 8-5〉 인상관리의 형태

그는 근본적으로 인간성에 대하여 부정적인 입장을 취하고 있다. 큰 이해관계에 따라서 언제든지 인간은 일관성 있는 신뢰적 태도를 포기할 것이라는 가설이 깔려있기 때문이다. 그리고 극도로 어려운 상황에서 진실한 자기의 욕망을 충족하기 위하여 인상관리를 포기할 수 있는 가면(假面)을 쓸 수 있다면 얼마든지 다른 자유로운 행동이 가능하다는 가설로 가면문화를 이야기한다. 그는 이 점에서 민속방법론 이론과 관련이 있으며 자기의 자아를 드러내기가 어려운 사회의 탈문화에 대한 해석을 한다.

4. 동기유발론

사실상 심리학, 사회심리학 ,사회학 전체가 행위이해, 그 예측 및 변동을 위한 동기유발이론이다. 그러나 보다 실무적 응용을 위한 동기유발이론(Motivation theory)이나 모형을 보면 다음과 같다.(오세철, 1983)

1) Need-Satisfaction Theory

욕구를 추가로 충족시켜 가는 만큼 그 과정에서 동기유발이 발생한다고 보는 입장이다. 상벌메카니즘(reward-punishment)에 의한 교환적(exchange) 입장이며 유한(有限) 충성을 유발한다. 이러한 이론의 특성은 Transactional leadership이론과 밀접한 관련이 있다. 이 이론들은 비록 양자로 명확히 구분하기는 어렵지만 대체로 욕구의 내용에 관심을 갖는 Content이론과 욕구충족 과정에 관심을 갖는 Process이론으로 다시 분류해 볼 수 있다.

(1) Conditioning theory

Process이론에 속한다. Conditioning theory는 Classical conditioning theory와 Operant (or Instrumental) conditioning theory의 둘로 나누어진다. Pavlov가 주장한 Classical conditioning theory는 개인적으

로 성격, 태도, 행위를 근원적으로 바꾸는 학습, 세뇌, 반사작용, 새로운 습관 형성 등으로 인한 동기유발과 관련되며, 조직적으로는 조직이 어떤 틀을 유지하는 타성(惰性, inertia)과 관련된다. 다음으로 Skinner가 주장한 Operant (or Instrumental) conditioning theory는 보상에 의한 강화로서 동기유발을 나타내는 과학적 관리론(Scientific Management)이 관련된다. Variable ratio와 Variable interval이 결합한 강화스케줄(reinforcement schedule)이 가장 태도 및 행위변화의 효과가 크다고 할 것이다.

(2) Maslow의 욕구단계설

Content이론에 속한다. Maslow는 욕구단계이론(Hierachy of Needs Theory)을 제시한 인본주의 심리학(Humanistic Psychology)에 속하는 학자이다. 그는 욕구의 단계를 저차원에서 고차원의 순서로 5단계로 나누었다.

첫째, 생리적(physiological) 욕구
둘째, 안전(safety), 안정, 축적, 소유에 관한 욕구
셋째, 사회적(social), 인간관계, 소속에 관한 욕구
넷째, 존경(esteem), 명예에 대한 욕구
다섯째, 자아실현욕구(self-actualization)이다. 그는 저차원의 욕구가 충족되면 점차적으로 고차적인 요구가 등장한다는 입장이다.

그의 이론은 먼저 욕구를 5단계로 명확하게 나누는 것에 대한 근거가 희박하며 또한 그 욕구들이 순서적으로 나타난다는 증명

을 못하고 있다. 그의 이론의 인간의 내면적인 측면을 다룸으로서 과학성이나 실증성이 근본적으로 떨어진다고 볼 수 있다. 그리고 개인의 성공과 실패가 개인의 욕구체계의 여하에 달려 있다고 보며 내적영향 만을 중시한 반면 환경적 외적 영향을 크게 무시하였다. 따라서 몰역사적 비사회적이라는 비판을 받기도 하였다. 그러나 그가 특히 자율적이고 능동적인 측면의 자아실현 욕구를 강조함으로서 인간을 인간답게 보려고 한 인본주의적인 장점을 갖는다.

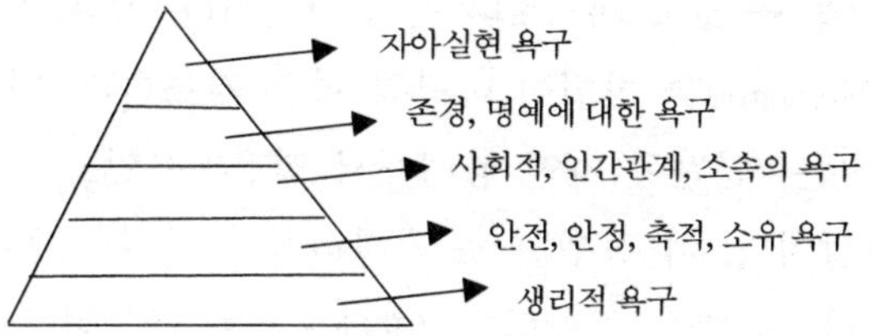

〈그림 8-6〉 욕구단계

(3) McClelland의 성취동기이론

역시 Content이론에 속한다. McClelland는 인간의 욕구를 Need for power, Need for affiliation, Need for achievement의 3가지로 나누었고 이 욕구들이 순서 없이 동시다발적으로 발현할 수 있다고 보았다. 특히 그는 성취동기(n-Ach)에 관심을 갖었다. 선진국일수록 대체로 국민들의 성취동기 수준이 높으며 성취동기가 큰 민족이나 국가는 경제 및 근대화를 발전시켰다고 주장하였다. 그리고 이 성취동기는 학습을 통하여 얻어질 수 있으며 성공의 경험은 성취동기를 성장시키지만 실패의 경험은 성취동기를 죽인다고 보았다. 따라서 정부는 국민들에게 성취동기를 학습을 시킴으로서 경제를 발전시킨다고 생각했다. 일반적으로 경제를 발전시키기 위한 재정정책, 금융정책으로 접근하는 것과는 다른 교육학적, 심리적으로 경제문제를 다루는 특징을 갖고 있다. 우리나라도 해방이후에 "하면 된다"는 국민들의 성취동기가 매우 높아졌고 이 때문에 근대화를 빠르게 달성한 사례가 될 수 있을 것이다.

(4) McGregor의 X이론, Y이론.

X이론의 관점과 Y이론의 관점의 둘로 나누어서 조직 관리의 방법을 달리해야 함을 주장했다. X이론의 관점은 "인간은 자연 상태에서 믿을 수 없고 게으르다"는 인간관이다. 이 경우의 조직 관리는 통제(control)의 방법이 바람직 함을 강조한다. 반면에 Y이론의 관점은 "인간은 자연 상태에서 믿을 수 있고 부지런하다"는 인간관이다. 이 경우는 조직 관리를 위하여 지원(support)의 방법이 바람직함을 주장한다. McGregor는 의 Y이론의 관점이 X이론의 관점 보다 더 동기유발을 시킬 것으로 보았으며 인간관계론 패러다임에 속하는 학자라 말할 수 있다.

(5) Herzberg의 Two Factor Theory.

우선 만족이 성과를 유발한다는 인간관계론 패러다임에 입각해 있다. 이를 위하여 1차적으로 불만족을 없애는 과정과 2차적으로 고도의 만족을 증가시키는 과정은 일차원(one dimension)으로 파악하지 않고 이차원(two dimension)으로 파악하였다. 즉, 불만족을 없애는 과정과 고도의 만족을 증가시키는 과정은 서로 다른 심리적인 메카니즘으로 본 것이다. 전자의 불만족을 없애는 과정에는 위생요인(Hygiene factor)이 관여하고 후자의 고도의 만족을 유발하는 데에는 동기요인(Motivator)이 관여한다. 위생요인은 주로 환경, 물질적, 물리적인 요소인 반면에 동기요인은 칭찬, 인정감, 책임감, 신뢰 받음, 재량권 등의 정신적인 문제이다. 조사방법으로는 만족하는 종업원과 불만족하는 종업원을 대상으로 나누어 각각 그 이유를 물어보았다.

(6) Porter & Lawler의 반론

만족이 성과를 유발 할 것(만족→성과)이라는 Mayo, Herzberg, Vroom과 같은 인간관계론자들의 입장에 반론을 제기한다. 즉, 성과가 만족을 유발한다고 보는 사고방식이다. 성과를 만족의 종속변수로 보는 것이 아니라 독립변수로 파악하며 오히려 만족을 종속변수로 취급한다. 그리고 보상체계가 공정할 때에는 성과가 만족을 유발(성과→만족)하지만 만약에 보상체계가 불공정할 때에는 성과가 높을 때 오히려 불만족을 유발 (성과↑→불만족↑)하게 되기 때문이다.

특히 기술변화가 매우 빠른 기업임에도 불구하고 연공급제를 유지하는 경우 보상체계의 불공정성을 인식하는 경우가 많아지게 될 것이다. 이 경우 근속년수 중간 수준에서의 근로자의 인적분포가 작아지는 모양을 보인다. 이것은 조직진단 케크리스트 중의 유용한 하나가 될 수 있다. 입사시 성적우수자나 초기승진자가 먼저 퇴사할 경우는 문제가 더욱 심각하다. 이때는 그 퇴직의 원인을 찾는 것이 오히려 더 중요하다. 신입사원이 회사의 환경에 적응하기 까지는 회사에 남아 있겠지만 더 능력이 있고 성과를 잘 내는 근로자 일수록 불만이 커서 이직을 할 것이기 때문이다. 반면에 고참 사원은 능력도 없고 성과도 잘 내지 못하지만 높은 지위와 보상을 주기 때문에 내우 만족하여 이 회사에 강하게 남아 있을려고 할 것이기 때문이다. Porter & Lawler는 우수한 사원이 오히려 이직하려는 행위의 동기를 설명하는데 도움이 될 것이다.

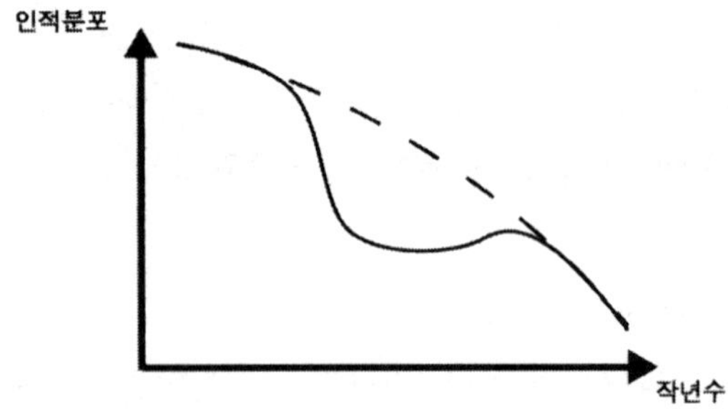

〈그림 8-7〉 보상체계 모순과 인적분포의 형태

(7) Dissonance theory

Process이론에 속한다. Festinger는 인간의 두뇌가 통일성, 동질성, 일관성을 유지하려고 한다는 인지일관성이론(Cognitive consistency theory)의 가설에 입각하여 인지부조화이론(Cognitive Dissonance theory)를 제시했다. 생각과 생각, 생각과 태도, 태도와 행위 등의 사이에 이질적이거나 모순이 생기면 인지의 부조화를 느끼며 이를 줄이려는 행위가 나타난다는 이론이다. 이 이론이 어떤 행위 전(前)에 적용할 경우 최초의 신념을 보호하려는 방어심리(defense mechanism)이 나타나 "자극이 크면 반응이 적고 자극이 적으면 반응이 크다"라는 태도 및 행위의 변동이 나타난다고 보았다. 그리고 이 이론이 어떤 행위 이 후(後)에 적용될 경우는 이미 선택한 것에 대한 합리화(rationalization or justification) 과정이나 후회(regret)의 감정이나 행위가 나타난다고 보았다.

(8) Social Learning theory

Bandura의 Social Learning theory는 후기 행태주의 심리학(Radical Behaviorism)에 속하며 행태주의 심리학과 인지심리학의 중간에 위치한다. 초기 행태주의 심리학의 자극과 반응(S-R)이론에 매개변수의 내면적 인식의 기능을 더 첨가하여 S–O-R로 접근하였다. 이 때 매개변수 O는 미리 학습화된 인지속의 S-R이며 새로운 S(stimulus)를 만났을 때 이 인지속의 학습화된 S-R이 영향을 미쳐서 새로운 R(response)에 영향을 준다. 그리고 이 때 S는 환경, R은 생활이라고까지 규정하며 S와 R의 개념을 매우 넓게 사용하였다.

Social Learning theory을 흔히 모델학습(Model learning), 관찰학습(Observation learning), 대리학습(Vicarious learning)이라고도 한다. 이 이론은 군대에서 사병들의 태도 및 행위변화를 위한 훈련방식에 많이 적용된다. 공중낙하훈련, 지뢰제거작업 등이 그 예들이다. 학습화된 S-R이 잘 되어 있으면 어떤 상황(S)에 직면하여 더욱 자신감 있는 자기효능감(Self-efficacy)를 갖으며 또한 실수를 막는 능력있는 행위(R)의 가능성을 높인다.

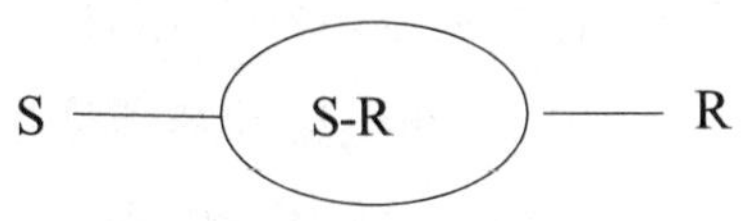

〈그림 8-8〉 모델학습의 모형

(9) Attribution theory

Kelley의 귀인이론은 어떤 현상에 대하여 내적 귀인(internal attribution) 혹은 외적 귀인(external attribution)을 하는 인과관계(causality)의 해석이 인간의 행위에 미치는 영향에 대한 관심이다. 내적 귀인의 경향의 사람은 인정, 자유, 칭찬 등 정신적 보상 수준에 동기 유발이 되기 쉽고 외적 귀인을 잘 하는 경향의 사람은 권위, 상벌 등 물리적 보상 여하에 동기유발 되기가 쉽다. 일반적으로는 Social learning이론과 Attribution이론이 결합된 모형이 만들어져 사용된다. 인과관계에 대한 해석이 학습된 S-R로서 인지구조 속에 남아 있고 이것이 그 다음의 환경에서 어떤 행동을 하는데에 영향을 줄 것이다. 예를 들어, 어느 사람들의 승진의 원인을 성과라고 귀인하는 사람은 자신의 승진을 위한 결과를 위하여 성과를 내려고 노력할 것이다. 반면에 승진의 원인을 상사에 대한 아부라고 귀인하는 종업원은 자신의 승진을 위하여 아부의 행동을 할 가능성이 높다. 조직구성원 전체가 어떤 인과관계를 인식하고 있느냐를 조사하는 것은 조직진단의 유력한 한 체크리스트가 될 수 있다.

(10) Goal-setting theory

1960년대 Edwin Locke는 목표(goal) 자체가 동기 유발의 원천이라는 입장이다(Robbins, p.248). 그러나 목표는 가급적 더욱 구체적(concrete), 도전적(challengeable)이며 결과확인(feedback)의 경우 더욱 효과적이다. 올해는 차를 많이 판매하자는 목표보다 한 달에 30대 이상 혹은 하루에 1대 이상의 목표가 더욱 측정가능한 구체적 목표이다. 그리고 아무리 노력해도 달성할 수 없는 목표보다는 힘껏 노력하면 얼마든지 달성할 수 있는 목표가 도전적이다. 너무 쉬운 목표는 동기유발이 오히려 죽어버린다. 결과확인을 할 수 있도록 그것도 직접, 즉시 가능하도록 하면 더욱 동기유발이 된다. 경영과정을 흔히 Plan, Do, See의 3과정으로 표현된다. 이 때 See의 부분이 feedback에 해당된다. 이 feedback은 경영의 기본이다. 만약 리더가 지시를 내린 뒤에 feedback을 하지 않는다면 그의 리더십 능력은 무너질 것이다.

MBO(목표관리, Management By Objectives)는 Goal - setting theory에서 주장하는 동기유발을 위한 조건에 합의(consensus)를 더 강조하였다. 합의 되지 않고 타율적으로 주어진 목표는 남의 목표이지만 합의도출을 거친 목표는 공동의 목표로서 추종자의 자기 자신의 목표로 전환되며 더욱 동기유발이 된다. 목표설정 뿐만 아니라 평가기준, 평가결과에 까지도 합의를 도출한다. 미국 등 서구에서는 이 목표관리가 매우 성공적인 경영기법 중 하나였지만 우리나라에서는 널리 활용되지 못하였다, 미국에서는 평등고용기회법(Equal Employment Opportunity Act)에 의거한 징벌적배상법(Punitive Damage Act) 적용 때문에 합의도출은 불가피한 상황이다. 그리고 미국의 토론문화는 큰 도움이 되었다. 반면에 우리나라는 평등고용의 법적 관행의 부족은 물론이고 토론(discussion) 문화가 발달 되지 못하여 실패의 원인이 되었다. 갈등해소기법인 감수성훈련(Sensitivity training)도 토론 문화를 필요로 하기 때문에 우리나라와 맞지 않다.

(11) Equity theory

Adams가 주장한 전형적인 Process에 속하는 이론이다. 공정성(公正性)이론이라고 불리며 이 이론의 형성에는 인지부조화(dissonance), 교환(exchange), 비교(comparison)의 3가지 개념들이 기여하고 있다. 자기이든 타인이든 input 대비 output의 관계는 교환의 개념이며 타인과의 그 input/output의 비율을 상호 비교하며 이 비율이 서로 균형을 이루지 못하면 인지부조화를 느껴 균형으로 갈려는 태도 및 행위의 변화를 일으키려는 동기유발이 발생한다는 이론이다.

$$\frac{Op}{Ip} \lesseqgtr \frac{Oo}{Io}$$

O : output
I : input
p : person
o : others

〈그림 8-9〉 공정성이론이론의사고방식

자기의 비율이 타인과 비교하여 너무 낮을 경우는 마음이 불편하여 자신의 output를 증가시키기 위하여 자신의 승진 및 임금 인상을 주장할 것이다. 만약 이러한 접근이 불가능하거나 효과가 없으면 자신의 input를 줄여 그 비율을 높이려고 할 것이다. 이를 위하여 첫째, 생산량을 줄이려고 할 것이다. 이것이 관리체계의 감독문제로 여의치 않으면 둘째, 품질을 줄이거나 불량품을 내 보낼려고 할 것이다. 만약 이것 역시 감시체제 혹은 처벌 때문이 불가능하면 셋째, 기계를 고장 낼 것이다. 청소 혹은 유지관리를 소홀히 하거나 의도적으로 기계를 고장 낼 수도 있다. 회사에서 왜 생산량이 줄고 불량률이 늘고 기계가 고장 나는지를 설명하는 독특한 접근이라고 볼수 있다.

자신의 비율이 타인과 비교하여 너무 높을 경우도 역시 인지부조화를 느낀다. 자신의 output가 적게 보일려고 자신의 급료의 공개를 피할려고 한다. 그리고 누가 자기의 급료가 얼마냐고 질문하면 수당이나 보너스는 빼고 본봉만 알려주는 행위 따위이다. 마치 동물이 혼자만 먹이를 먹을 때 먹이를 갖고 숨을 수 있는 장소를 찾는 것과 흡사한 본능이다. 그리고 비율을 낮추기 위하여 자기의 input를 증가시키려고 한다. 공연히 남들보다 퇴근을 늦게 함으로서 더 고생하는 듯 보이고 힘든 일 이 있을 때 솔선수범하는 등 기여도를 높이려고 한다.

반면에 타인이 자기보다 그 비율이 높을 경우에 타인에 대해서는 그의 지나친 output를 비판하거나 아니면 그의 input의 적음을 나무란다. 그런데 만약 상대의 그 비율이 너무 높을 경우엔 지나치게 인지부조화를 많이 느껴 상호 때로는 비교의 노력을 포기하는 경우가 생긴다. 혹은 불만을 갖고 이직을 해 버리는 경우가 있다. 그리고 다른 예를 들면, 오너의 아들이 경영수업상 사원에서부터 빠르게 승진절차를 밟는 경우이다. 이 때에 비교를 포기하는 경우는 서로 신분이 달라짐을 의미한다. 민주주의는 비교와 갈등의 산물이다. 이것이 불가능 하면 신분사회가 되는 것이다. 그리고 이 공정성이론은 노사 분규의 많은 이슈 중에서 절대의 보상수준의 향상을 통하지 않고 단지 공정성 촉진만으로도 약 반의 문제가 해결될 것이라는 점을 시사하기도 한다.

(12) Vroom의 Expectancy Theory.

Vroom이 주장하였으며 동기유발의 이론 중에서 실증성, 예측성이 높기 때문에 가장 대표적인 이론으로 평가되며 또한 가장 종합적(grand) 모형이라고 할 수 있다. 이 역시 Process이론에 속한다. 욕구의 만족이 성과를 낳을 것이라는 인간관계론의 패러다임에 기초해 있다. Need를 충족시키는 reward에 대한 가치 부여 혹은 valence를 Vr이라고 하고 이를 얻기 위한 output에 대한 valence를 Vt, 그리고 이 output를 달성하기 위한 행위(behavior) 및 성과(performance)를 내려고 하는 동기(motive)를 M이라고 놓는다. 그리고 이러한 행위를 하기 위한 조건을 A(ability)라고 표한다. 이 ability에는 목표의 명료성, 건강, 경제적 상황, 과거의 학습수준, 대인관계, 환경의 호조건 수준 등이 포함된다.

그러면 이러한 여러 변수들 사이의 관계는 다음과 같은 함수로 나타낼 수 있다(비유, 고3 수험생에게 오토바이를 사 주시려는 부모의 예). 이 때 A, Vr, E, I 는 관리자가 추종자의 동기유발을 위한 관리 포인트라고 할 수 있으며 만약에 이것들에 대한 측정이 가능하다면 어떤 두 집단 사이의 성과차이를 사전에 예측할 수 있을 것이다.

$$B = f(A \times M)$$
$$M = f(Vt \times E)$$
$$Vt = f(Vr \times I)$$
$$B = f(A, Vr, E, I)$$

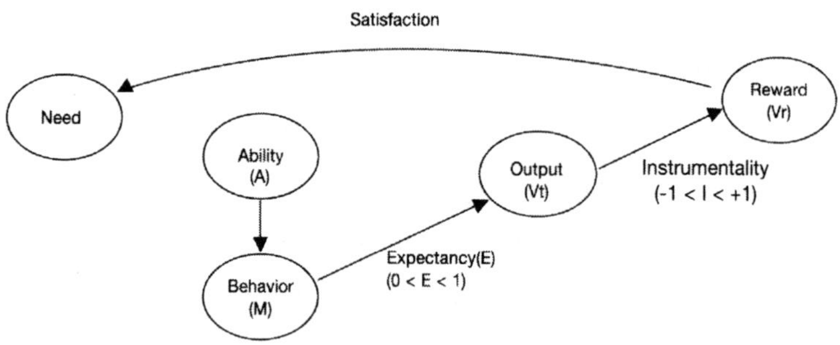

〈그림 8-10〉 Vroom의 동기유발 모형

2) Information Processing Theory.

Pfeffer 교수의 주장과 관련이 깊다. 의미부여에 의하여 깨달음이 생기고 이에 의하여 욕구구조 자체의 근본적인 변동이 생긴다. 그 효과를 예상하기는 어렵지만 무한 충성 혹은 무한 행동을 유발하는 이론이다. Culture, Communication, Meaning은 이러한 이론을 구성하는 중요한 3대 요소라고 할 것이다. 문화는 해석의 체계이며, 커뮤니케이션에 의한 의미부여는 인지구조 및 욕구 구조 자체의 변화를 초래한다. 그리고 이것은 다시 행동변화의 원인이 된다. 이러한 이론적 특성은 리더십이론의 Transformational leadership(Chrismatic leadership, Value-based leadership 혹은 Symbolic leadership)과 밀접한 관련이 있다. 환영회, 축하회 등의 의식(rituals & ceremony), 표어나 스로건(language), 일화(story) 만들기, 영웅(hero) 만들기, 메시지를 전달하는 교육(education), 단합대회(membership training), 체육대회, 의상, 공간 등을 활용하는 방법들이 있다.

동기유발이론에는 Old paradigm과 New Paradigm 으로 나눌 수 있다. Need satisfaction theory가 Old paradigm이라면 Information Processing Theory는 New Paradigm이라고 말할 수 있다. Need satisfaction theory는 인간의 욕구의 체계를 전제하며, 교환(exchange)적 접근을 하며 주로 상벌(reward - punishment)의 수단을 사용한다. 효과에 대한 예측이 쉬우며(easy prediction) 교환에 따라 한정된 충성(limited loyalty)을 유발한다. 즉 상벌을 행사할 능력을 잃으면 동기유발도 사라진다. 반면에 Information Process Theory는 인간의 욕구구조 자체의 변화를 꾀하며 의미부여(meaning)의 접근을 하며 문화(culture)나 분위기(climate) 조성 그리고 의사소통(communication)의 수단을 사용한다. 효과에 대한 예측이 어려우며(difficult prediction), 한번 깨달음이 일어나 강력한 충성(unlimited loyalty)를 유발한다.

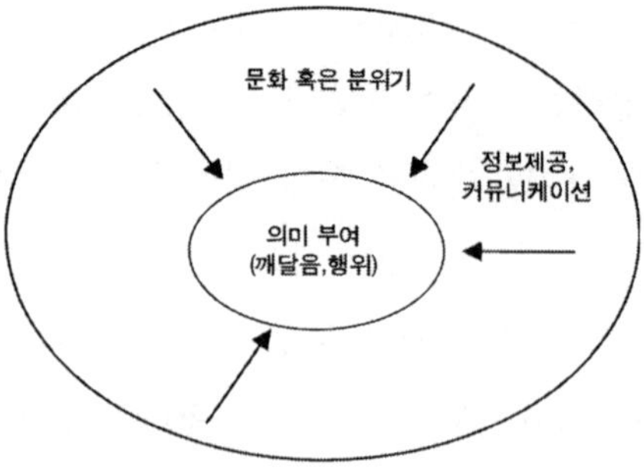

〈그림 8-11〉 Information Processing Theory의 구조

3) 직무특성모형(Job Characteristic Model)의 이론

Hackman & Oldham이 주장했다. 이는 리더의 어떤 작위적 행위에 의하여 동기를 유발시키는 방법이 아니라 직무설계 자체가 동기 유발시키는 것이 특징이 있다. 이러한 일의 특성자체가 동기 유발 정도를 측정한 것이 MPS의 값이다(Robbins, 278). 조직 구성원들의 MPS 값은 조직진단을 위한 한 유용한 체크리스트라고 볼 수 있다.

$$\text{MPS} = \frac{\text{Skill variety} + \text{Task identity} + \text{Task Significance}}{3} \times \text{Autonomy} \times \text{Feedback}$$

MPS에 관한 조사는 전 세계적으로 업종별, 직무별 많이 누적되어 있으므로 이 수치와 비교하면 일 자체가 동기유발하는 정도를 판단하기 쉽다. 만약 일반적인 평균 보다 너무 수치가 낮으면 이는 직무를 재설계 하여야 함을 의미한다. 직무재설계의 방법으로는 직무순환(Job rotation), 직무충실화(Job enrichment), 유연근무제(Flextime), 직무공유제(Job sharing), 리엔지니어링(Re-engineering), 재택근무제(Telecommuting) 등이 있다. MPS에 관한 조사를 위한 질문지가 이미 잘 만들어져 있다(Steers, 1994, pp.289-290).

4) 감정(emotions)과 정서(moods)

(1) 개념 차이

인간의 태도와 행위의 변화를 논리적으로 접근하기 보다는 정으로서 설명이 더 현실적이라는 입장이다. 정(情, affect)은 넓은 범위에 이르는 경험으로 감정(emotions)과 정서(moods) 모두를 포함한다. 감정(emotions)은 누구에게 혹은 또는 어떤 것에 대하여 구체적으로 관련된 격렬한 정이다.

Emotions은 특정 경우에 의해 발생하며 그 지속 시간이 매우 짧다. 그리고 그 종류가 매우 많다. 분명한 얼굴감정이 수반되어지며 행동지향적이다. 그리고 정서(Moods)는 맥락상의 자극이 종종 부족하고 감정보다 덜 격렬한 정이다. 원인이 종종 일반적이고 불명확하다. 그리고 emotions 보다 더 오래 지속된다. Moods는 더 일반적인 정이며 복잡한 감정이 수반하거나 인지적이다.

(2) 정의 변동

- 성격 및 경험에 따라 정이 다르다.
- 문화적 요소도 영향을 미친다.(우리나라, 품앗이 정)
- 이성적으로 행동하려면 침착해야 한다. 정의 개입이 적어야 한다.
- 토요일이 감정이 가장 좋고 월요일이 가장 나쁘다.
- 아침에 어떤 나쁜 뉴스를 전하기는 적당하지 않다.

- 그 밖에 날씨, 인간관계, 네트워크, 운동, 나이 성별, 스트레스 등이 emotion에 영향을 미친다.

(3) Emotional labor

모든 직업은 어느 정도 Emotional labor를 요구한다. Felt emotions은 실제로 느끼고 있는 감정이고 Displayed emotions는 조직이 노동자에게 요구하는 것이다. 만약에 이 양자의 차이가 클 경우에는 Emotional dissonance를 느끼게 된다. 특히 많은 서비스 업종은 정서적으로 슬퍼도 고객을 대할 때 밝게 웃어야 한다. 이 경우 스트레스가 특히 심하지 않을 수 없을 것이다.(예, stewardess, comedian).

(4) Emotional Intelligence (EI)

EI가 높은 사람은 첫째, 자기 자신의 정의 상태를 스스로가 잘 인식하며, 둘째, 다른 사람의 정의 변화를 갈 간파하며, 셋째, 감정을 정확하게 잘 전달하며, 감정을 통제하거나 조절할 수 있는 능력이 있다. 많은 연구가 EI가 IQ보다 직무성과를 내는데에 더 중요한 역할을 한다고 밝히고 있다(Robbins, p.147). 단점은 그 측정이 어려우며 그 전달 과정은 문학, 예술 등 매우 고차적인 수준에서도 접근하기도 한다.

(5) EI의 유용성

직무성과, 인사선발기준, 창의성, 의사결정 영향, 사기앙양 및 동기유발, 감성 리더십, 협상능력, 고객서비스 향상, 긍정적 직업태도, 저항 행위 여하, 유머능력 등이다.

9장 : 부록

1. 조직관리이론 패러다임

〈표 IX- I 〉Historical developmental stages of paradigms of organization theory

paradigms	period of peaks and turning points	issues-awareness of each industrial society environment	theoretical characteristics	major scholars
Pre-industrial Management theory	Ancient Times, Middle Ages	power struggle, rank society, absolute domination	no difference between politics theory and management theory, Machiavellism	Machiavelli (1469-1527)
Scientific Management Theory	1910-30	rationalization, efficiency, productivity overcoming disorder of industrial society, logico-positivism	labour division, standardization, strong incentive system, individualism, bureaucracy	Taylor(1911)
Human Relations	1930-50	great depression, too large stock, limited operation, reluctant to ability system, emphasis on social sentiments	motivation theory, Democratic leadership, Need of self-actualization, consulting, suggestion, employee participation, MBO	Mayo(1933), Maslow(1943)
Behavioral Science and Situational Theory	1950-70	hi-tech development after the World War II, decisions based on situations, flexibility and contingency	inter-disciplinary approach, Leadership life cycle theory, organizational environment theory, organization development, human resource development, Open system theory, Behavioral Science	Hersey & Blanchard(1969), Woodward(1958) Burns & Stalker(1961), Simon(1960)
Critical Theory	1970-90	overcoming conflicts, contradictions of interests, legitimation of capital domination over labour, demography of cohorts	Labour-management relationship theory, power and politics in organization, national power analysis, integrative corporate culture, alternative perspectives, analysing cohorts conflicts	Morgan(1979), Clegg(1980), EGOS(1975), Braverman(1974), Therborn(1978)
Learning Organization Theory	1990-present	Organizational Revolution applied by Information Technology, The Third Wave, Automation, New mode of production, Capitalistic World System over collapse of Communism, Chaotic Society, Speed, high tech and high wage, diversity and creativity	Strategy-oriented Business, Symbolic leadership, Zero Base Theory Organization Redesign, BPR, Strategic Human Resource Management(SHRM), e-Business Innovation (ERP, SCM, Marketplace and etc.)	Martin(1991), Hammer & Chamby(1993), Damanpour(1991), Tushman(1990)

2. 조직진단 체크리스트 요약표 〈IX - 2〉

일련 번호	분류 번호	진단항목	조사방법(Sein)	판단기준 (Sollen)	해석방법	처방	가중치
1	A-1	환경시스템 구축	환경불확실성 정도에 따라, 사실확인, 면담, case study	구축존재, 공동사용목적	환경정보접근의 효율성	구축제안	1
2	A-2-1	환경불확실성과 전략특성(efficiency와 effectiveness)	불확실성분석, 전략 확인, 자료조사, 면담,	상호적합성	환경이 불확실하면 effectiveness 전략 경향.	생산되는 제품 및 서비스의 라이프사이클 혹은 다양성으로서 불확실성 수준규정	0.2
3	A-2-2	환경불확실성과 정보분류 (functional 혹은 Issue-oriented)	불확실성분석, 정보분류방법확인, 면담 functional한 정보분류인가 아니면 Issue-oriented한 정보분류인가?	환경불확실성과의 적합성	환경이 불확실하면 Issue-oriented정보 분류 경향	제로베이스이론 교육, 환경적응재구성	0.2
4	A-2-3	환경불확실성과 조직유연성 전략	Burns/Stalker이론에 근거하여 불확실성분석, 관료회특성질문지조사	high uncertainty -orgainic	부서별 차이도 고려	환경적응재구설	0.2
5	A-2-4	환경불확실성과 조직의 분화 및 통합 전략	Lawrence/Lorch이론에 근거하여 불확실성분석, 분화 및 통합수준, 면담확인	high uncertainty-high differentiation & integration	Network-team 수준.	환경적응재구성	0.2
6	A-2-5	현 경기전망 및 시장상황	호조건인가 혹은 악조건인가?	호조건 경우 - 유연조직, 악조건 경우 - 관료조직	상황에 비관적이면 긴축재정이나 구조조정을 할것이다.	노사분규 가능성 예상	0.1
7	A-2-6	환경불확실성과 정보시스템	불확실성분석, 시스템확인,면담	상호적합성	integration 혹 downsizing	환경적응재구성	0.2
8	A-2-7	정보혼란상황	정보혼란, 프로세스 혼란 등 제 자원 사이의 관계 혼란	질서상황	과다한 정보홍수로 말미암아 조직혼란을 경험하는 정도	제로베이스 이론 및 PI 교육	0.1
9	A-2-8	정리정돈상황	공장 및 사무실의 환경청결 및 자재, 공구 등의 정리 정돈	정리정돈	조직혼란 상황의 한 척도	보상체계와 연결	0.1

10	A-2-9	정보등급분류	정보의 중요성 기준으로수직적인 정보등급분류체계	등급체계에 의한 정보관리	회사의 보안관리 실태를 가늠	정보관리 및 보안관의 중요성식	0.1
11	A-2-10	조직 비전의 제시	제시여부 확인	제시	기업경영의 체계화, 종업원의 동기유발, 행동지침, 판단기준과 관련	윤리적, 가치, 정당성 포함	0.1
12	A-2-11	조직비전의 실현가능성	의식조사	%	종업원의 동기유발	실현가능성이 없는 막연한 내용 탈피	0.1
13	A-2-12	조직비전에 대한 공감대 형성	의식조사	높음	실현가능성 가늠	교육, 의식화작업	0.1
14	A-3-1	buyer에 대한 독립성평가	buyer의 대안, buyer의 수, 사실확인, 면담	독립성	buyer의 통제 및 간섭의 수준, resource dependence.	owership, cotracts strategic alliance, cooptations, lobby advertizing, PR, law, association, domain change	0.4
15	A-3-2	supplier에 대한 독립성평가	supplier의 대안, supplier의 수, 사실확인, 면담	독립성	supplier의 통제 및 간섭의 수준, resource dependence.	상동(上同)	0.3
16	A-3-3	다양한 이해관계자에 대한 독립성 평가	채권자, 기술자, 전산업자, 전문경영자, 노조, 정부, 주민 등의 영향력, 대안. 면담확인.	독립성	supplier의 통제 및 간섭의 수준, resource dependence	상동	0.3
17	A-4-1	타기업체와의 관계1 (이종간 경쟁관계)	전략담당 및 기획부서 자료확인, 면담	전략적합성	독립성 수준	resourcedependence 전략	0.2
18	A-4-2	타기업체와의 관계2 (이종간 협력관계)	상동	전략적합성	이종간 협력시너지효과	win-win전략, 각종 협동화사업	0.4
19	A-4-3	타기업체와의 관계3 (동종간 경쟁관계)	상동	전략적합성	organization community 전체의 가치를 높임	population전략	0.2

일련번호	분류번호	진단항목	조사방법(Sein)	판단기준 (Sollen)	해석방법	처방	가중치
20	A-4-4	타기업체와의 관계3 (동종간 협력관계)	상동	전략 적합성	동종간 협력시너지효과	institutionalism 전략	0.2
21	A-5	국제환경과 국제전략	상동	전략 적합성	export strategy -globalization -mutidomestic -global matrix	적합적국제전략선택	1
22	A-6-1	조직의 핵심역량	핵심역량의 발견 및 선택과 집중전략 여부	원리적용	자원의 효율적인 동원과 활용	핵심역량을 중심으로 전문화 SWOT분석적용	0.5
23	A-6-2	Porter전략선택	상동, 수급초과상황, 경쟁과열수준, 불확실성감안	전략 적합성	-소품종대량생산 -다품종소량생산 -집중화전략	적합적전략선택, 고객만족, TQM, 다품종대량생산제안	1
24	A-6-3	환경불확실성에 상응하는 다품종대량생산 전략 구현정도	시스템담당자 혹은 생산 및 산부서와의 면담. 시스템확인.	시스템 적합성,	다품종대량생산 전략의 필요성 기준으로 CAD/CAM, FMS, CIM, ERP, Marketplace 평가	PI /ERP구축	1
25	A-7-1	품목구성에 알맞은 전략	BCGM기법의 적용, 기획부서 자료 확인, 면담	품목분류군별 대응전략 적합성	star, questions cash cow, dogs	정확한 BCGM 적용	0.5
26	A-7-2	가격전략의 적정성	경쟁력 있는 가격 여부, 시장확보 혹은 이익창출의 선택	적정	마아케팅 전략	마아케팅교육	0.1
27	A-7-3	유통구조의 합리성	유통단계의 중간마진 파악, 대리점에 종속여부	직거래 정도	고객에게 중간마진의 이익환원, 기업경쟁력 향상	정보기술 이용한 마케팅	0.2
28	A-7-4	BCGM 기법의 이해 및 적용수준	기법적용여부 확인, 면담	적용	경영의 발전수준	적용	0.5
39	A-7-5	R&D 규모	R&D투자비율	큰 규모	미래지향적인 품목개발	타부문 예산절약	0.3
30	A-8-1	Stakeholders 접근	기법적용여부 확인, 관련자 면담 조사.	균형만족	effectiveness 수준평가	이해관계자별 전략수립 및 만족평가기준마련	1
31	A-8-2	투자자만족	관련자 면담, 질문지 조사.	만족	이해관계자 만족 투명경영,윤리경영	전략수립 및 만족평가기준마련	0.2
32	A-8-3	채권자만족	상동	만족	상동	상동	0.2
33	A-8-4	노조만족	상동	만족	이해관계자 만족, 노사관계갈등감소	상동	0.2

일련 번호	분류 번호	진단항목	조사방법(Sein)	판단기준 (Sollen)	해석방법	처방	가중치
34	A-8-5	전문경영자만족	상동	만족	이해관계자 만족	상동	0.2
35	A-8-6	지역주민만족	상동	만족	상동	상동	0.2
36	A-9	투입변환산출의 평가기준선정문제	기획담당자와 관련부서 자료검토 및 면담.	적합성	공기업은 input나 transformation, 사기업은 output이 적합	상호적합성, 부서별차이도 고려	1
37	A-10-1	경영전략기법 적용 충분성	필요한 경영전략수립기법을 충분히 활용하는지	전략기법활용의 충분성	전략내용의 타당성	경영전략교육	0.5
38	A-10-2	경영전략기법 적용 정확성	활용한 경영전략수립기법을 정확히 활용하는지	전략기법활용의 정확성	전략내용의 타당성	경영전략교육	0.5
39	A-11-1	전략평가기준의 구체화	상동	KPI 존재여부	전략수립과 평가기준 사이의 관련성 평가.	KPI 작성	1
40	A-11-2	전략사이의 인과관계 분석	상동	Strategy Map 존재여부	전략수립의 종합성 인식	BSC도입	1
41	A-11-3	최고 전략의 설정	상동	value혹은 legitimacy 설정	전략의 인과분석의 수준평가	BSC 적용 고도화	0.4
42	A-11-4	최고 전략의 선택	상동, 사기업은 value, 공기업은 legitimacy	value혹은 legitimacy 선택	상동	상동	0.3
43	A-11-5	최고 전략과의 인과관계	Strategy Map 분석	value혹은 legitimacy 와의 인과관계	상동	상동	0.3
44	A-11-6	가치경영 패러다임	상동, 전략의 4분류와 균형접근	BSC 도입여하	기업가치 전체를 높이려는 새로운 경영패러다임	적극적인 M&A 사고방식	1
45	A-11-7	EIS에 BSC 탑재	시스템 확인	EIS와 BSC 결합	보다 효율적인 가치경영	PI 구축	0.5
46	A-11-8	PI 방법론 진단	이론과 실제의 비교한 차이 확인	Gap이 적을것	PI의 인식 수준 및 준비 상황	PI 방법론 교육	0.3
47	A-11-9	경영전략의 실천능력	경영전략과 조직, 시스템 상호결합	PI 도입	Strategy -forcused organization	상동	0.5
48	B-1-1	Restructuring 양적 접근 필요성	hidden전략, 조직관련 전략 파악. 인력가감수준파악. case study	고용인원규모의 적정성	조직의 양적인 접근.	WBS교육	1
49	B-1-2	Restructuring 질적 접근 필요성	functional 조직과 output중심 조직의 가감 파악, case study	To-Be 조직 모형	AS-IS 모형과의 차이분석성	WBS교육, 조직 기본모형 교육	1

일련번호	분류번호	진단항목	조사방법(Sein)	판단기준 (Sollen)	해석방법	처방	가중치
50	B-1-3	Matrix조직의 권한위양 balance	스피드, 부서간협력, 원가절감, 기술심화, 품질통제, 규모경제, 고객만족 등의 필요성 조사, case study	권한위양 배분의 적정성	조직의 필요상에 따라 functional과 output중심 사이의 적정권한배분	조직 기본모형 교육	3
60	B-6-3	D/B 모듈의 대체성	Interaction의 Maximization는 내부, Minimization는 경계	대체성	한 모듈을 대체할 경우 다른 모듈에 미치는 영향력의 극소화	PI 교육	0.5
61	B-6-4	Application 모듈의 대체성	상동	대체성	상동	PI 교육	0.5
62	B-6-5	Organization 모듈의 대체성	상동	대체성	상동 outsourcing 능력.	PI 교육	1
63	B-7-1	시스템 개발 감리능력	PI-matrix 활용 정도	활용도	ERP 혹은 In-house development 계약시 사전준비	시스템 계약능력 향상	1
64	B-7-2	ERP 활용도	구축 후 실제로 사용하는지 여부	활용도	.ERP 구축의 성공여부	자체 PI 능력 향상	0.2
65	B-7-3	ERP 혹은 시스템개발 tool의 범용성	범용성 tool 적용 여부, tool 사용 외부기술자 의존성	낮은 의존성	스스로 해결할 수 있으면 좋다.	범용 tool 선택	0.2
66	B-7-4	ERP 투자비율	당기순이익 대비 비율	낮은 비율	ERP 투자에 대한 합리성 판단	자체 전산감리능력 확보. PI 교육	0.2
67	B-7-5	ERP 범위외의 legacy 비율	시스템의 업무 cover 비율	낮은 legacy 비율	ERP 불완전성 혹은 성공여하 평가	상동	0.2
68	B-7-6	전산 outsourcing 비율	자체전사부서 예산, 인력규모 및 능력 조사	dependence 없는 outsourcing	dependence 없는 outsourcing을 최대한	범용성 확대 강화	0.2
69	B-7-7	Maintenance 비용	당기순이익 대비	전산자원의 부담	전산자원활용의 합리성 판단.	범용성 확대 강화 PI교육	0.2
70	B-7-8	D/W, D/M 적용	시스템 확인	적용	성공적인 SI 여하판단	시스템개발	0.2
71	B-7-9	시스템개발의 프로젝트 분절성	발주예산, 발주일자, 개발자, tool 등이 차이를 나타내는 건수	낮은 분절성	시스템개발의 비계획성 검증	PI 적용	0.2
72	B-7-10	시스템의 종속성 혹은 대체성	대체능력 여부 확인	대체성 높음	시스템에 경영이 종속되는 정도, 과다한 이익익배분의 상황 우려	tool의 범용사용 권장, 대체능력 관리	0.2
73	B-7-11	시스템의 호환성 및 통합성	시스템의 분절성 여부를 진단	호환성 높음	회사내외의 시스템 사이의 통합성을 높임	tool의 범용사용 권장 부분정보시스템에서통합정보시스템으로 나아감	0.2

일련 번호	분류 번호	진단항목	조사방법(Sein)	판단기준 (Sollen)	해석방법	처방	가중치
74	B-7-12	시스템의 보안성	해커침입 사례조사, 항후 가능성 여부	보안성 높음	보안은 경쟁력의 주요 부분	특히 기술개발이나 재무분야 유의, fire wall 구축, 시스템개발과정의 정보유출문제 주의	0.4
75	B-7-13	전산부서운영 및 전산망 구축과 운영을 위한 투자	당기순이익 총액대비 %	적정수준	과소 혹은 과도한 투자는 바람직 하지 않다.	PI를 통한 합리적인 전산자원 관리	0.1
76	B-7-14	전략정보시스템	경영전략을 실천하기 위한 통합정보시스템 여부, 시스템 활용도	경영전략과 시스템통합의 높은 결합도	전산자원의 낭비 파악, 전산부서요구와 회사전체 전략과 상충현상 밝힘	상동	0.1
77	B-7-15	Extranet 적용 수준	타기업체와의 시스템 연동 및 호환성	결합도	외부 업무 Re-engineering	외부 시스템 호환성 증가	0.2
78	B-7-16	Ubiquitous 적용	시스템 확인.	적용	각종 경영관리 적용가능성 분야를 판단	Ubiquitous 적용	0.2
79	C-1-1	조직 전체 성과 측정	사기업은 value, (시가총액 혹은 M&A offer가격) 공기업은 legitimacy (여론, 질문지)	높음	자유시장경제체제 하에서 M&A시장 공기업은 조직의 존재이유.	가치경영 패러다임 도입	2
80	C-1-2	노동생산성	노동생산성, 생산물, 부가가치 기준, 전체 및 부서별	높음	조직관리의 효율성	노동생산성 성과관리, 성과급과 연결	1
81	C-1-3	매출액증가여부	시장점유율, 증가율	높음	성장성지표, 경쟁력평가	기술개발 및 판촉	0.5
82	C-1-4	자금유동성	유동성비율, 외상매출금, 재고수준, 단기부채 등 분석	높음	기업의 재무구조의 건전성	거시적 금융위기 시에는 유동성비율 높힐 것	0.5
83	C-1-5	자금조달능력	현금동원능력, 유동성에 대한 신축성	높음	위기관리능력	금융기관과의 관계개선	0.5
84	C-1-6	수익성(ROI)	투자대비 수익성	높음	자산활용의 효율성	경제안정시. EVA에 의한 leverage효과 활용.	0.5
85	C-1-7	재무구조 안정성	부채비율, 은행 경우 BIS 기준	낮음 (BIS는 10%이상)	자기자본에 의한 경영, 위기대처능력향상	불경기시 차입경영 가급적 회피	0.5
86	C-1-8	원자재 확보능력	좋은 품질의 좋은 가격으로 안정적인 확보능력	높음	CSF와 관련될때, 석유화학업체 혹은 공기업	원자재 확보를 위한 대안의 개발	0.5
87	C-2-1	핵심첨단기술의 인력확보	기술관련부서 면담, 충분성 혹은 만족도	확보	기술경쟁력강화	직능급제 적용	0.5

일련번호	분류번호	진단항목	조사방법(Sein)	판단기준(Sollen)	해석방법	처방	가중치
88	C-2-2	기술개발투자비율(R&D)	국내외 경쟁업체와의 비교	비율 높음	기술경쟁력강화	제로베이스 예산편성	0.3
89	C-2-3	특허신청 및 등록건수	국내외 특허신청 및 등록건수,	많은 건수	기술경쟁력강화, 기술관리능력	직능급 혹은 인센티브	0.2
90	C-2-4	지식경영	tacit knowledge와 explicit knowledge의 구분, 관리차이	적정성	인식 및 실행	지식경영 도입	0.2
91	C-2-5	인력개발	CDP, Career path 활용	활용	기술인력 양성, 노사갈등 대체효과	보상체계 도입	0.3
92	C-3-1	종업원직무만족도	직무만족도 질문지조사	공정성전제하의 만족	만족하면 직무몰입 및 성과증대 예상	자본,이익,의사결정종업원참가제, 고충처리,제안제도, 면담제도, 민주적리더십, 직무재설계 등	0.3
93	C-3-2	직무몰입	직무몰입도 질문지조사	몰입증대	성과증대예상	직무만족증대 노력	0.3
94	C-3-3	결근율	변동율, 국내외 타회사와 비교	낮음	직무몰입과도 관련	인사고과와 관련, attribution 분석	0.1
95	C-3-4	이직율	변동율, 국내외 타회사와 비교	낮음	직무몰입 혹은 혁신의지의 좌절과 관련	이직의 원인규명이 중요	0.1
96	C-3-5	이직의도	이직의도 질문지조사	낮음	직무만족이 낮은 경우 높아짐	혁신의지와 이직의도 사이의 대체관계 분석	0.4
97	C-3-6	직무특성에 의한 MPS	Oldham/Hacman의 이론에 근거하여 diversity, identity, significance, feedback, Autonomy 질문지조사	높음	직무설계가 잘못된 것임, 혁신의 필요성 인식	낮은 경우 조직재설계의 혁신 필요	1
98	C-3-7	종업원 의협심	정보독점을 지양하고 서로 옆 사람의 일을 도와주려는 마음	높음	팀 정신에 의한 시너지 효과 증대	인사고과에 관련 항목 포함	0.3
99	C-3-8	성취동기	McClelland 이론에 근거하여 하면 된다는 확신수준	높음	동기유발, Self-evaluation 관련, 조직성과와 관련	자신감 및 성취동기 교육	0.3
100	C-4-1	상징적 리더십 사용	event, ceremony, language,education, story 등 방법,	사용도	혁신문화조성에 의한 동기유발, 신뢰관계, 공감대형성 중시	첨단고급 인력대상, 혹은 불확실성에 적합한 리더십.	0.5
101	C-4-2	리더십스타일 상황적합성	Life-cycle theory에 근거한 주요한 리더들의 스타일의 상황적합성 조사	적합성, 차이분석	올바른 리더십 행사여부 평가	리더십 혹은 조직관리 교육	0.5
102	C-4-3	path-goal	Path-goal theory 에 근거한 goal path의 명료성 조사,	명료성	리더십의 목표상의 혼선을 평가	리더십 교육	0.3
103	C-4-4	리더의 지지세력	VDL model 혹은 LMX에 근거하여 ingroup/outgroup 비율	높음	리더의 지지기반	리더의 커뮤니케이션 강화	0.3

일련번호	분류번호	진단항목	조사방법(Sein)	판단기준(Sollen)	해석방법	처방	가중치
104	C-4-5	목표관리 (목표설정 및 업적평가)	Goal-setting theory에 근거하여 목표설정의 구체성, 적정난이성, 피드백, 합의성 평가 업적평가의 객관성, 공정성명료성에 대한 인식수준	원칙적용, 인식 높다.	목표설정 및 목표관리의 합리성, 만족, 노사갈등 저하	결과중심조직으로의 조직재설계, MBO 도입	0.4
105	C-4-6	통솔범위 (span of control)	한 상사가 통솔하는 부하의 수,	평균 7인	업무불확실성이 높으면 보다 소수, 반대변 보다 다수	적정통솔범위	0.2
106	C-4-7	등가의 법칙	권한=책임=정보=수단	등가	조직관리의 합리성	조직관리 교육	03
107	C-4-8	신뢰수준	최고경영자 혹은 부서장에 대한 신뢰수준	신뢰도	비문서화, 리더십 향상 윤리성	정서공유, 약속지킴, 전문성을 통한 신뢰 향상	0.3
108	C-4-9	의사소통 원활화	정보소외수준	원활화	조직구성원간 합의 도출 문제, 사기앙양, 노사갈등 예상	핵심기술,주요전략, 긴급상황을 제외한 최대한 정보공유	0.2
109	C-4-10	리더의 피드백	업무수행의 결과를 리더가 피드백 하는 수준, 피드백 하는 종류와 강도.	높은 피드백 수준	경영의 기본 원칙 준수, 동기유발	리더십 교육	0.3
110	C-4-11	권한 위양의 수준	리더가 부재할 경우 일이 불가능하게 되는 수준 조사	가능수준	권한위양 수준에 따라 조직역량이 비례, Self-leadership 관련,	신뢰를 전제조건으로 최대한 권한위양, 중앙집권화 탈피	0.2
111	C-5-1	환경불확실성과 조직문화 특성사이의 적합성	보수적문화와 혁신적문화 차이인식	적합성	환경불확실성경우 통합보다 변동을 강조 문화	조직관리론 교육	0.3
112	C-5-2	조직혁신과정	unfreezing-masterplan-refreezing	순서합리적	혁신과정의 성공여부 예상	masterplan은 단기간 적용, 종합적적용	0.5
113	C-5-3	조직혁신의 저항수준	저항수준 질문지조사	저항 낮음	상동	저항의 이유를 분석하는 것이 필요	0.5
114	C-5-4	혁신의 저항 요인 평가	조직적-기대효과, 위기의식, 혁신비용, 부서간 협력 개인적-불안회피, 해고불안	적은 요인의 수와 강도	저항요인에 대한 대처 및 해결의 필요성!	전체의 혁신 효과와 개인 목표 연결, 혁신 챔피언과 혁신전위조직 구성	0.3
115	C-5-5	change management	구성원의 인식-관심-참여 수준을 평가	높은 단계	혁신에 대한 조직구성원의 공감대형성 및 동원능력	상징적리더십 및 합리적 보상체계	0.2
116	C-6-1	부서간 협력성	스피드, 부서간협력, 원가절감, 기술심화, 품질통제, 규모경제, 고객만족 등의 조직변동 필요성 조사, 부서간 협력성 수준	조직변동의 필요성	functional 조직에서 output중심으로의 조직변동 및 적정권한배분	조직 기본모형 교육	1

일련번호	분류번호	진단항목	조사방법(Sein)	판단기준(Sollen)	해석방법	처방	가중치
117	C-6-2	업무의 마비 수준	역할 및 프로세스의 혼란으로 업무의 마비수준	마비수준 아닐 것	각종자원관계의 혼란 수준 인식, 혁신의 필요성 인식	PI 교육, 제로베이스접근	0.5
118	C-6-3	업무의 재작업 수준	역할 및 프로셋스의 혼란으로 업무를 재작업해야 하는 정도	재작업 않을 것	각종자원관계의 혼란 수준 인식, 비용 상승, 혁신의 필요성 인식	상동	0.5
119	C-6-4	사업부별 독립채산제	제도 확인	불확실성환경-실시	스피드 경영	권한위양, 동시에 투명경영통제 강화	0.1
120	C-6-5	사업부의 목표달성 평가 및 업적평가제	객관화, 명료화, 합의성, 공정성 등	잘 수행	동기유발, 사기앙양과 관련	MBO 방식	0.1
121	C-6-6	사업부간 내부거래	내부거래의 개방적 경쟁 및 대체가능성 여부, 내부가격의 적정성, 면담	개방적, 가격적정	평가의 타당성과 관련, 성과급제 적용의 조건	전문가 평가 지원, 사업부간 자율적 합의 중시	0.1
122	C-6-7	업무의 과부하	리더의 업무 과부하로 결재가 지연되는 수준 질문지 조사	지연수준 낮을 것	관료조직의 문제점, 리더십 문제.	조직재설계	0.3
123	C-6-8	부서간 이기주의 및 비협조	부서간 전체적인 목표보다는 부서목표를 중시한 과도한 경쟁상황 여하	이타주의	혁신의 필요성, 관료조직의 특성	조직문화, 보상체계 설계	0.1
124	C-6-9	업무량변동에 대한 공동대처 불능	부서간 업무가 분리되어 한쪽은 업무과다 다른 쪽은 업무과소 현상이 있어도 상호 도와주지 못하는 상황	공동대처	관료조직특성 조직간의 벽이 심화, 부서간 조정이 어려움	유연조직으로 조직혁신	0.1
125	C-6-10	인사승진적체	연공급제임에도 불구하고 승진이 불능	적체해소	관료조직특성, 동기유발 및 사기저하.	리엔지니어링, 팀제조직으로 혁신, 직위와 직책의 분리	0.1
126	C-6-11	임금부담증가	기하급수적증가	매년 임금부담증가율	관료조직특성, 자금난	상동	0.1
127	C-6-12	의사결정다단계	단계수	적음	관료조직특성, 의사결정의 스피드와 관련	flat한 조직으로 혁신	0.1
128	C-6-13	조직구성원 소외현상	의식조사	참여의식	관료조직특성, 불만족, 노사갈등 가능성	정보공유 및 각종 종업원 참가제도	0.1
129	C-6-14	조직의 비대화경향	Parkinson,s Law에 근거하여 필요한 일과 관계없이 조직이 비대하는지	생산량 혹은 판매량대비 인원증가율	관료조직특성, 임금부담의 증가	직무분석	0.1

일련번호	분류번호	진단항목	조사방법(Sein)	판단기준(Sollen)	해석방법	처방	가중치
130	C-6-15	업무절차의 복잡화 및 규정증대	red tape 수준, 의식조사	업무절차 단순화 및 규정감소	관료조직의 특성	혁신의 필요성, 규정철폐, 표준화 폐지	0.1
131	C-6-16	문서화	실제 일을 할 때 문서작업에 드는 시간의 비중	낮을 것	관료조직의 특성, 문서화는 업무의 지연, 효율,경직성 비용발생을 낳는다.	신뢰의 문화, 조직재설계 책임회피행위 인사고과에 반영	0.1
132	C-6-17	통신량 및 회의시간 폭증	통신 또는 회의에 소모되는 비중	감소	관료조직의 특성, 부서간 비협조 및 조정의 어려움을 나타냄, 조직이나 사무실의 모순적 구획	결과중심의 조직으로 혁신	0.1
133	C-7-1	응집력	cohesiveness index	높음	성과와의 관련성	interaction, 입단절차,성공경험, 희소자원소유, 경쟁자 존재 등	0.2
134	C-7-2	조직구성원들 사이의 파벌 수준	파벌로 구획되어 있는 골의 깊이,	약함	갈등의 가능성 응집력의 성과관련조건	조직문화 혹은 보다 상위의 목표를 공유토록 함	0.1
135	C-7-3	파벌특성	Demography 이론에 근거하여 cohorts분석	cohort의 적정양극화	목표달성의 방해정도, 응집력의 성과관련조건	조직갈등의 윤리적인 문제와 효율성의 문제 구분	0.3
136	C-7-4	집단압력 (group pressure)	반대의견을 표출할 수 있는 분위기	낮음	창의성 관련	devil's advocate, brainstorming, norminal group technique, Delphi	0.3
137	C-7-5	청중효과	업무특성에 따라 집단압력이 성과에 미치는 영향, 사무실 밀폐성, 남녀공동작업 여하, csae study	단순반복업무는 청중효과 높음, 복잡창의업무는 청중효과 낮음	사무실구획 및 남녀공동작업형태 여하	복잡성, 창의적인 업무일 경우는 사무실구획화	0.2
138	C-8-1	갈등수준	갈등수준의 질문지 조사	적정 갈등	의사소통활성화, 조직활성화, 노사분규의 가능성, 윤리 혹은 투명경영 효과	갈등의 긍정적 측면인식,문화조성, 부정적 견해 탈피	0.5
139	C-8-2	Whistle blowing 제도	인사상의 불이익을 받지 않고 조직의 문제점을 외부에 폭로할 수 있는 제도	존재	조직의 투명성, 윤리성 높인다.	조직규모가 매우 방대하여 감사부의 기능으로 부족할 때	0.2
140	C-8-3	Cross-checking system	전체 혹은 부서별 조직내 민주화, 투명성, 특히 강한 cohort에 대한 강한 견제	적정견제	cross=checking 시스템의 수준, 조직자원유출의 방지, 윤리성 보장	분권화와 상호견제, 특히 독립채산제부서에 주의,data multi- flow 방식의 적용	1
141	C-9-1	정치적 행동 수준	본연의 업무를 등한시하면서 정치행위에 몰두하는지 조사	낮음	자신의 조직내 영향력증대를 위한 노력	보상제도의 불확실성 제거	0.2

일련번호	분류번호	진단항목	조사방법(Sein)	판단기준(Sollen)	해석방법	처방	가중치
145	C-9-2	오너와 전문경영자 갈등	오너의 권한이 전문경영자 사이의 세력 경쟁 상황	오너가 통제	조직내 하극상 문제, 투자와 권한의 불일치 문제	오너가 통제권을 잃을 경우 조직의 윤리성 투명성 점검	0.2
146	C-9-3	소유와 경영의 분리	사례연구, 확인	분리	전문경영자의 경영능력 발휘	규모의 확대, 과다투자 주의	0.1
147	C-10-1	조직의 성숙도	Vico의 조직지배 원리에 근거하여 본능호소-규범-인간성존중의 3단계	높은 단계	조직의 질적 발전 측면,	조직발전의 방향성인식	0.2
148	C-10-2	조직규모에 따른 조직전략	조직의 라이프사이클에 의한 stage별 대처방안 확인 창업-리더십-체계화-팀혁신-해체 및 창업	단계별 적합성	각 단계별 위기극복을 위한 조직전략 및 조직관리 형태의 적용	타기업 단순 모방을 지양함, 조직론 교육	0.1
149	C-10-3	조직구성원 인성의 성숙도	Kohlberg의 발달심리학에 근거하여 벌-상-규범-양심-정의-인본주의	높은 단계	조직구성원 일반적 인성의 성숙도 수준, 높은 단계는 유연조직과 적합	인성발달의 방향성 인식	0.2
150	C-10-4	통제의 유형	관료적 규범적 통제 -거래적 교환적 통제 -문화적 신의 통제	환경불확실성에 따른 적합성여하	통제방식의 효율성 문제	전체 또는 부서별 적용	0.3
151	C-11-1	기술개발조직의 특성	Ambidextrous approach에 근거하여 기술개발의 조직특성	organic한 조직	기술개발조직은 실행조직과 차이를 나타내야 함	기술개발조직은 별도조직 특성	0.3
152	C-11-2	6-Sigma 적용	주요 프로세스별 품질관리여부, 불량율	적용	품질관리의 고도화	6-Sigma적용	0.5
153	C-11-3	혁신의 핵	Dual core approach에 근거하여 경영혁신과 기술혁신의 중심 파악	경영혁신은 top-down, 기술혁신은 bottom-up	경영혁신을 하위권위에 맡겨두는 경우 혁신의 실패가능성 높다.	Dual core approach 원칙 존중	0.2
154	C-11-4	dis-intermediation	생산성(효율성) 분야의 자동화 정보화 적용	높음	잉여인원의 발생 및 재배치 우선순위원리준수	자동화,정보화 추진	0.2
155	C-11-5	outsourcing	가능성부분, 대체성 확인,	조건적합	핵심역량에 집중 가능	종속성부분 유의	0.2
156	C-11-6	Interaction 분석	Interaction이 높으면 팀으로 만든다. 질문지 조사	적용	자원의 낭비의 극복, 사무실, 부서 구획의 합리성 문제, 조직모듈적용, 스피드 경영	모듈 구성 원리와 유사함	0.3
157	C-11-7	BOM의 혼란 여하	생산소요량, 작업장, 생산계획, 도구장비, 작업인력 사이의 합리적 조합	혼란극복	생산관리의 합리화	제조업체가 아닌 경유도 유사 적용, PI/ERP 구축	0.5
158	C-11-8	JIT실시	Just In Time 제도 실시 확인, 거래선과의 신뢰관계 혹은 경합관계인지 파악	조건부적용	재고비용감소와 스피드 경영	거래선과의 신뢰구축 필요	0.1

일련번호	분류번호	진단항목	조사방법(Sein)	판단기준 (Sollen)	해석방법	처방	가중치
159	C-11-9	유연생산체제	CAD/CAM, FMS, CIM,ERP에 의한 생산기술적용 확인	적용	다품종 대량생산의 능력을 갖추고 스피드경영의 실현	자동화, 정보화기술 적극도입	0.1
160	C-11-10	제로베이스 예산편성	예산편성과정의 진지성, 예산,결산과정 절차의 합리성.	제로베이스	예산자원배분의 합리화	권력구조의 제로베이스	0.5
161	D-1	전략적인적자원관리 (SHRM)	인적자원의 경쟁력 향상 및 부가가치 창출에 결정적 기여	적용	인적자원관리의 패러다임 변동	기업의 가치창출 및 경쟁력 향상에 중요성 부여	0.5
162	D-2-1	노동시장상황	핵심인력 수요공급 초과 상황의 여부	공급초과상황	유리한 상황으로 평가	공급초과면 선발, 수요초과면 모집 중시	0.2
163	D-2-2	직무분석	직무기술서, 직무평가서, 직무요구서 확인	실시	적정인력충원 평가방법	합리적 선발, 교육, 배치, 고과 등과 관련	0.5
164	D-2-3	무분별한 충원요구에 의한 조직의 비대현상	Parkinson's Law에 근거한 분석생산 및 판매증가율과 인원증가율 비교	과다충원요구 부재	노동강도저하, 유리한 승진기회, 부서권한강화 이유로	직무 분석	0.5
165	D-2-4	인사선발타당도	성과관련 선발기준이나 선발방법을 택하고 있는지 타당도 계산	타당도 크기	경영합리화 방안, discrimination 문제관련	공정한 선발 문제인식	0.8
166	D-2-5	정실인사 배제	인사선발의 합리화, 객관화,	배제	인사선발의 타당성 제고	친인척은 재무상 신뢰, 그러나 사기 저하, 리더십훼손을 인식, 공개채용비율 확대	0.2
167	D-2-6	인적자원 거래시스템	시스템을 통한 내부노동시장과 외부노동시장을 관리하고 활성화시키는 여부	구축 활용	모집과 선발의 질적 향상	인력에관한 정보활용도 높임	0.1
168	D-3-1	적재적소배치	업무특성과 인적특성사이의 적합성 인식조사	적합성	인적자원 활용의 효율성	직무분석, 경력관리, 인성검사.	0.3
169	D-3-2	Flexi-time	적용실태 및 적용가능성확인	조건적합 경우 실행	고령자, 여성근로자에게 적용, 고급기술자 유치 효과	노동활용의 유연성, 직무만족 증대	0.1
170	D-3-3	업무의 공정배분	업무담당자 사이의 공정한 업무 배분, 질문지 인식 조사	공정배분	인사고과에 오류를 낳는다.	업무배분의 악순환 주의할 것	0.3
171	D-3-4	Job-rotation	변경정도, 기간	적정	generalist 양성, 노동활용의 유연성 확보, 업무투명성, 지나치면 업무숙련도 약화	generalist 경로와 specialist 경로의 구분	0.2

일련번호	분류번호	진단항목	조사방법(Sein)	판단기준(Sollen)	해석방법	처방	가중치
172	D-4-1	교육방법의 타당성	직무교육의 성과 관련성 조사	성과 관련성	형식적인 교육이 아니라 얼마나 목적 지향적인지.	교육방법의 장단점 검토	0.2
173	D-4-2	OJT교육	직무배치후 선임자에 의한 직장내 교육 실시 여부	실시	수행할 직무성과 와 직접적 관련성	전문가 교육의 보강	0.3
174	D-4-3	Mentoring	선입자와 후임자 사이를 연결하여 직무적응력 높힘	실시	암묵지 관리방식, 여성관리자 양성에 도움	선임자와 후임자 인간관계 중시	0.2
175	D-5-1	MBO	목표성과의 합의수준, 결과평가기준의 합의수준, 인사고과기준의 동의 수준	합의 및 동의성	구성원 불만 및 노사갈등가능성 감소, 인사고과 객관성증대(intersubjectivity)	서구의 경우는 Punitive Damage Act 대비	0.5
176	D-5-2	고과요소의 종합성 및 체계성	태도, 능력, 성과의 고과항목의 종합성 및 체계적 구성	종합성, 체계성	고과항목의 체계적인 구성은 인사고과의 주관성 배제, bias, error 방지	고과요소가 없는 회의식 고과의존 지양	0.5
177	D-5-3	다면평가제	수평적, 수직적 평가자 다각화, 자기평가 포함	다각화	1인의 주관성 배제	권한과 책임등가법칙 고려, 상사의 리더십 고려	0.2
178	D-5-4	고과자료관리의 다각화	평가자료 관리의 다각화, 평가자와 인사고과자료 고과관리자와의 분리	다각화	평가자가 소급하여 수정하는 주관성 배제	인적자원 관리교육	0.2
179	D-5-5	고과시점의 다원화	연중 평가시점의 다각화,	다각화	인사고과직전과 직후의 직무몰입 차이의 배제	항상성 유지	0.2
180	D-6-1	보상제도평가	연공급, 직무급, 직능급, 성과급 비율 조사, 기술변동성 및 객관적 고과의 가능성 고려,case study	적합성	보상제도의 합리성 평가	인적자원 관리교육	2
181	D-6-2	인적분포분석	근속년수별 인적분포의 U자형 여부, 기술변화가 급변하는 업무의 경우	U자형 현상이적을 것	U자형이면 연공급이나 직무급의 적용경우	직능급이나 성과급 적용, 입사시성적우수자나 초기승진자의 이직 경우 특별분석	0.5
182	D-6-3	3D 업무에 직무급제도 활용	기피하는 직무에 대한 내부 인력수요공급을 조정하는 직무급체계여하	원칙준수	기피하는 직무에 대한 내부 인력공급 증대	직무특성 및 무가치 사전적 파악 전제	0.2
183	D-6-4	직능급 비중	전체 보상 중 차지하는 비율	높은 비율	기술변화 빠른 경우, 인력활용의 유연성, 핵심기술자확보,	선택과 집중의 방식	0.3
184	D-6-5	연봉제평가	노동시장발달을 전제로 한 시장가격보다 더 경쟁력 있는 임금 및 근로조건	경쟁력 있음	직능급 중심으로 보상제도가 개혁되는 수준	핵심기술자에게 적용	0.5

일련번호	분류번호	진단항목	조사방법(Sein)	판단기준(Sollen)	해석방법	처방	가중치
185	D-6-6	다능직능제도	직능급제의 적극적 적용	적용	인적활용의 유연성을 높힘, 인력개발의 촉진	노사갈등의 대체효과	0.3
186	D-6-7	성과급차등화	성과급을 회사 전체로 지급하는지 아니변 부서별, 인별 차등화 시키는지	차별화	부서별, 개인별 차등화 되지 않고 전체적으로 지급하는 성과급은 동기유발약화	성과측정 객관적 지표 마련	0.2
187	D-6-8	성과급을 위한 목표의 명확성	관리자나 근로자가 성과평가를 위한 목표를 확실히 인식하는 정도	명료화	목표의 혼선이 있는 경우의 성과급의 차별화는 불만요인, 성과급수용성증대	목표수령 혹은 목표인식에 대한 확인 작업의 필요	0.1
188	D-6-9	상호협력을 위한 보상체계	팀워크를 중시하는 인식의 조성, 이를 보상체계의 평가요소로 반영한 여부	강한 인식	조직구성원들은 평가받는대로 움직인다.	인적자원관리 교육	0.1
189	D-6-10	직위와 직책의 분리	리엔지니어링 추진 경우, 또는 승진없는 기술전문가 양성의 경우,	분리	리엔지니어링의 저항약화, 혹은 기술전문가 양성 효과	무분별한 승진 지양, 승진 없어도 승진한 것과 같은 보상의 대우	0.3
190	D-7-1	Folly분석	회사 혹은 상사가 부하를 대해주는 수준과 부하가 받는다고 생각하는 수준의 인식의 차이, 질문지 조사	상호인식의 차이가 작을 것	상호인식의 차이가 크면 불만이나 노사갈등의 가능성 높다.	상호 인식의 차이를 줄이기 위한 공감대 형성을 위한 노력 필요	0.5
191	D-7-2	공정성인식	Adam이론에 근거하여 자신의 O/I,(outpu/input) 타인의 O/I,와 비교, 보상절차의 공정성	공정성	생산량, 품질조정, 기계보수유지, 환경, 노사분규, 이직문제와 관련	공정성인식 제고	0.3
192	D-7-3	보상증대 혹은 승진의 원인 인식	Attribution theory 및 Observation learning에 근거, 질문지 조사	합리적 인사고과 관련 인식	정실인사에 의한 인과관계 인식은 성과관련의 동기유발 저해	올바른 엄정한 인사 관리	0.4
193	D-8	연공제하에서의 승진문제	Peter principle에 근거한 확인, 승진기간, 승진전과 승진후의 직무의 이질성	승진경로 적정 이질성	무능의 편재현상 평가, 무분별한 승진 문제	직책과 직위의 분리 제안, 직무숙련도활용 방안 고려	0.3
194	D-9-1	신인사제도와 팀조직 사이의 적합성	리엔지니어링 팀조직과 능력주의 신인사제도의 결합정도	높은 결합도	상호 보완효과를 통한 성공가능성	양자 동시 혁신을 추진	0.5
195	D-9-2	임금피크제	고용의 불안정성,직능급 혹은 연봉제의 적용조건	적용조건에 맞는 실시	고령화 근로자 능력 활용	이직자 관리와 관련	0.2
196	D-10-1	CDP	회사의 직무요구와 개인의 경력요구 사이의 연결 확인, 각 개인별 career path를 시스템으로 관리하는지	실시	인력개발 촉진, 노사갈등 가능성 감소효과	인사정보시스템 구축	0.3
197	D-10-2	인력개발의 투자	매출액 대비 비율	%	인적자원개발을 중시하는 경영	지식경영과 관련	0.1

일련번호	분류번호	진단항목	조사방법(Sein)	판단기준(Sollen)	해석방법	처방	가중치
198	D-10-3	인적자원가치평가 및 원가분석	업무확인	실행	인적자원을 자산증식으로 파악	가치경영과관련	
199	D-10-4	암묵지 관리	핵심첨단기술 분야의 man-to-man 방식의 지식 및 기술 전수	원칙준수	인적네트워크에 대한 투자 필요성	지식경영 관련	0.2
200	D-11-1	이직의도	이직의도 질문지조사,	낮음	직무만족이 낮은 경우 높아짐, 혁신의도와는 서로 대체적인 관계	이직의도의 원인규명이 중요	0.3
201	D-11-2	퇴직자 관리	퇴직자의 회사에 대한 이미지, 기술퇴직자 활용, 기술유출문제	관리	퇴직자가 계속 기업에 도움을 주도록 함	퇴직자관리를 위한 정보시스템	0.1
202	D-12	cafeteria	획일적인 복리후생인지	실시	복리후생의 만족도 높임	보상체계와의 비중 고려	0.3
204	E-2-1	사무직과 생산직사이의 임금격차	타기업체와 비교,차이의 매년 증감,차이인식에 대한 불만족 인식	만족	직무차이를 고려한상대적인 적정차이를 지향	차이의 합의 도출,정당한 이유나 합리적 근거 확보	0.3
205	E-2-2	남녀간 임금격차	상동	만족	상동	상동	0.2
206	E-2-3	학력간 임금격차	상동	만족	상동	상동	0.2
207	E-2-4	정규직과 비정규직 임금격차	상동	만족	상동	상동	0.2
208	E-2-5	임금역전현상	노조에 가입되어 있는 하위직의 임금과노조에 가입되어 있지않은 상위직의 임금차이, 관리직 기피현상	비역전현상, 비기피현상	임금역전현상은 노조에 의한 과잉임금인상요구, 관리자 리더십 마비가능성	임금수준에 상응하는 승진이나 책임부여	0.2
209	E-3-1	정규직과 비정규직혹은 협력업체 근로자와의 갈등상황	갈등사건에 대한 case study	갈등 없음	노노갈등의 가능성	원인분석 및 대처	0.3
210	E-3-2	비정규직의 정규직화	비정규직의 비율,비정규직의 정규직화 비율,	정규직의 비정규직화	심각한 인건비 부담과 인사선발의 타당성 붕괴	정규직의 비율을 최대한 줄이는 것이인건비 부담 및 노동의 유연성을 높힌다.	0.2
211	E-4-1	협력업체 근로행위의 대체가능성	대체가능성 및 대안 평가	대체가능성	협력업체에 대한 종속성 평가	직접통제를 하든지아니면 대체를 할 수 있든지	0.2
223	E-6	이해관계 상황분석	제3의 이익, 즉 노사협력의 시너지 효과를 창출할 수 있는 상황인지의 평가	시너지 효과 상황	노사협력의 필요성이 높다.	win-win전략	1
224	E-7-1	종업원 자본 참가제도	사주조합 규모 및 참가비율, 근로자 손익여부 판단	증대	주인의식을 높임으로서 노사갈등을 줄일수 있다. 종업원 동기유발 및사기앙양	주식배정비율 증대	0.2

일련번호	분류번호	진단항목	조사방법(Sein)	판단기준(Sollen)	해석방법	처방	가중치
225	E-7-2	종업원 의사결정 참가제도	공동의 전략 목표설정참가, 실천전략 및 평가기준참가	참가	합의도출 및 동기유발	참가와 저해의 구분	0.2
226	E-7-3	종업원 성과 참가제도	전체, 부서별 혹은 개인별 참가	참가, 차별화	차별화 되어야 만족 및 동기유발	객관적 평가기준마련이 관건	0.2
227	E-7-4	제안제도	제안건수, 적용수준, 포상수준	발전	종업원만족도, 노사분규저하요인	제안제도의 활성화	0.1
228	E-7-5	고충처리제도	고충처리 건수, 해결건수	발전	상동	평소의 적극적인 운용이 중요	0.1
229	E-7-6	Scanlon Plan 실시	성과급 년말정산 이전 소급적용	적용	노사협력의 강력한 수단, 위기극복 혹은 기술혁신에 노조의 적극적인 태도 유도	평소의 실시가 노사 협력에 중요	0.2
230	E-8-1	사용자측 협상대표에 대한 노조측의 평가	기피인물여부 확인	호감	기피인물의 경우는 불필요하게 노사갈등이 지연될 우려가 있다.	근로자나 노조로부터 신뢰를 받는 인물을협상대표로.	0.2
231	E-8-2	노사갈등해결에 대한 관리자평가제도	노사갈등이 없이 조용한 경우에 좋은 평가를 받는지 여부	상대적평가	회사의 이익을 대변하느라고 갈등하는 관리자가 불이익 당하면 노조와 내통하는 관리자가 나타남	회사의 이익을 대변하는 정도와 갈등발생을 상대적으로 평가	0.2
232	E-8-3	노조에 대한 경영자의 인식	노조에 대한 경영자의 거부감, 적대감의 인식수준	긍정적 인식	과잉 강경대처로 노사관계를 악화시킬 위험	경영자노사교육	0.2
233	E-8-4	사용자의 노동자에 대한 노동통제의 방법	노동대체성이 높은 탈숙련화 정책 혹은 인력개발을 중시하는 숙련화 정책 사용인지의 여부	지식경영 및 첨단복합기술 환경에서는 숙련화정책	노동통제 방법의 적합성판단	숙련화 정책 쪽으로 나아갈 것	0.2
234	E-9	노조의 투명경영을 위한 경영통제	노조가 경영의 윤리성, 투명성에 대한 기여도	통제	경영자가 공사구분을 하도록 함, 노조의 건전한 발달 측면, 노조의 존재가치 증대	대주주의 전횡을 막는다.	0.2
235	E-10-1	산재율 변화	매년 산재사고, 사고내용,배상규모	산재율 감소	근로자의 안전에 대한 시설투자, 관리, 교육 등의 수준	근로자 생명과 안전을 가장 중시하는 경영	0.2
236	E-10-2	해직자 및 구속자 수	파업으로 말미암은 해고자, 또는 구속자	적을 것	노사분규의 지속성, 격렬성의 원인이 된다.	해당 인원이 적도록 할 것.	0.2
237	E-10-3	strike fund	파업발생시 노조가 준비하여 적립한 파업기금의 규모	적을 것	파업기금이 너무 크면 노조가 지나치게 강력해 진다.	관련정보관리를 하여 파업의 강력도를 짐작할 것	0.2

일련번호	분류번호	진단항목	조사방법(Sein)	판단기준(Sollen)	해석방법	처방	가중치
238	E-10-4	불법노동운동의 민사법 적용	파업이나 분규시에 불법행동을 한 노조원에대한 손해배상 청구	적용	노조의 불법행동에 대한 통제권의 강화, 형사법에의한 경우보다 실제상 더 강력하다.	법전문가 컨설팅	0.2
239	E-10-5	노사분규 이슈의 범위	노조원의 근로조건이외의 이슈로 노사분규나 파업이 발생하는지의 여부	근로조건 이슈 범위내	근로조건이외의 이슈로 범위가 확대되면노사분규 해결이 더욱어려워진다.	이슈 범위 통제	0.2
240	E-10-6	파업상황분석	참가자수, 파업일수, 손실규모 등의 매년 추이	적은규모	노사분규 실태파악	근본적으로 건전한 조직 및 조직관리가중요함.	0.5
241	E-10-7	인력개발과 노사분규의 양자선택의 선호도	Rational choice theory에근거하여 자기발전을 위한 더 효율적인 방법을 선택, 의식조사	인력개발 선택	노사분규 보다 인력개발을 통하여 자기발전을 꾀하는 것이 더 합리적이라는 인식수준	더욱 강력한 인력개발 프로그램이나 직능급제 도입	0.5
242	E-10-8	협력적 노사관계의 조건	제3의 이익 및 시너지를 창출하는 이해관계 상황, 상호신뢰관계, 세력균형, 여유있는 상황 등	호조건	조직경쟁력 강화	협력적 노사관계를 통한 일체감 형성	0.2
243	E-11-1	삶의 공간으로 인식	근로자가 직장을 자신의 삶의 중요한 공간으로 인식하는 정도	삶의 공간으로 인식	직장생활 자체가 삶의 수단이 아니라 목적으로 생각, 애사심, 노사분규저하	직장생활을 행복하고 즐겁게 하도록 하고 동료들사이의 우정관계로 발전,직장을 아름다운 환경으로 조성, 체육시설 등	0.2
244	E-11-2	인격적인 대우	회사가 근로자의 품위와 자존심을 유지할 수 있도록 해주는 정도	인격적	소속에 대한 자긍심, 애사심, 노사분규 저하	보상체게와 결합	0.1
245	E-11-3	직장속의 희망	미래의 설계를 현 직장에서 찾을 수 있는지의 여부	희망적	직장을 통한 자기발전의가능성 인식, 애사심, 노사분규 저하	다른 대안을 찾을 필요가 없도록 하는 배려	0.1

3. 문제인식별 정보분류체계 구성

1) 내부검색 7영역에 관한 설명

〈표 IX-3〉 내부검색 각 메뉴의 내용에 관한 설명

내부검색초기메뉴	내용 설명
외부환경	기업의 외부환경에 관한 정보로서 환경의 특성 및 기업의 적응가능성 및 신축성을 주로 나타내 준다.
경영전략	최고경영층을 중심으로 한 경영진단, 중역조직, 특징, 전략, 리더십, 경영혁신, 신뢰도 등을 파악하여 환경변동과 기업구조사이의 종합적 매개성 및 관리과정을 파악케 한다.
목표관리	목표의 다원성, 목표달성 성과평가기준, 제 집단의 이해관계 분석, 공정성 등에 관한 정보 제공한다.
조직구조	기업의 역학적 통제형태와 통제구조를 본다. 사업부조직 및 각 하부조직과 각 구성원 정보, 인적분포특징, 노사관계 등 그리고 예산, 설비, 기계 등 물적 조직도 살핀다. (이 조직구조의 조직도는 초기화면의 조직도와 같은 기능을 갖는다. 차이점은 선 내용검색 후 조직별 선택방식 이다.)
기술과 기능	기능은 각 제약조건하에서의 목표달성을 위한 효율적 수단의 문제이다. 공학기술 외에 인사, 생산, 마아케팅, 재무, 회계, 투자, 정보 등의 기술과 기능의 문제를 다룬다.
문화와 교육	기업구성원들의 공유하는 의식구조의 공감대와 관련이 있다. 그리고 이를 위한 교육계획 및 실시내용을 알려준다.
도움말	내부정보 검색 방법 Button체계, 정보분류체계에 관한 상세한 설명이 들어 있다.

2) 내부검색 각 정보영역별 내용〈IX-4〉

(*표시는 활용빈도가 높은 분류)

(1) 외부환경의 정보영역

정보분류 큰 영역	정보분류 중간영역	정보분류 작은 항목.	주요 카테고리별 재분류	비고	
1. 각종	A. 판매시장	a.제품별 판매시장	사업부별	종류와 변동성	*
시장환경	B. 구매시장	a.구매품목별 구매시장 b.거래선의 각 특징	사업부별, 거래선 각 특징별	종류와 변동성	*
	C. 노동시장	a.직군별	계층별,부서별		
	D. 금융시장	a.금융자산 종류별			
	E.부동산시장	a.실물자산 종류별	국내외, 지역별.	공장부지 평가 및 물색.	
	F. 기술시장	a. 기술구입, 제휴비용		자체개발비교	
2.공장 및	A. 공업용수				
회사입지	B. 교통 및 수송	a. 교통종류별 b. 물류비용별 정보 c. 무역수송여건			
	C. 대주민관계	a.민원사항		비용문제	*
	D.지역사회관계	a. 정치, 경제, 사회, 문화등 b.사회간접자본 c.그린환경 d.정보환경 e.사회복지여건		회사부담관련 회사부담관련 회사부담관련	
	E.지방정부관계	a.각 부서와의 관계			
3. 외부 일반환경	A. 정치	a. 국내정치환경 b. 해외정치환경			
	B. 경제	a. 국내경제환경 b. 해외경제환경	국가별, 시대별.		
	C. 사회	a. 국내사회 b. 국제사회	국가별.		
	D. 문화	a. 국내문화 b.해외문화	지역별,세대별, 남녀별,연령별, 국가별,민족별		
	E. 과학기술	a. 업종직접관련기술 b. 업종간접관련기술	국내, 국외기술동향		* *
4.환경 분석정보	A. 환경의 복잡성	a. 제품의 다양성 b. 기술의 난이도	제품별,사업부별		
	B. 변동성	a.시장변동의 정도 (제품의 사이클)	제품별,사업부별		

2) 경영전략의 정보영역(대외비 영역)

정보분류 큰 영역	정보분류 중간영역	정보분류 작은 항목	주요 카테고리별 재분류	비고	
1. 최고 경영자	A. 최고경영자 의식구조	a. 성격,지식,기술인식,사고방식 b. 경영철학,경영비젼 c. 종합적 정보인식 및 분류체계 d. 종합적 조직마스터플랜 관심 e. 경영혁신에 관한 관심수준	각 사업부 중역별	최고경영자 프로필 분석. 장점과 약점. 대외비.	
	B. 최고경영자 행위	a. 의사결정 스타일, 과정과 방법 b. 권한위양 방식과 수준 c. 리더쉽 유형과 수준 d. 신뢰도,지지도	각 사업부 중역별		
	C.커뮤니케이션	a. 경로종류와 수,수준 b. 개별면담 지시사항기록 c. 전문컨설팅 구조 d. 정보지원조직 수준	각 사업부 중역별		*
	D. 최고경영자 통제능력	a. 권력장치 구조 b. 조직감사 형태와 방법 c. 인사권행사 d. 예산편성과 사용권한 e. 전문경영자 여부 f. 최고의사결정 저항수준		지지자와 반대자 (대외비) 소유경영비교	
2.경영 전략	A.각 부서별 경영전략	a. 전체 경영전략 b. 각 사업부,부서별 경영전략		대외비	* *
	B. 장단기 경영전략	a. 단기경영전략 b. 중장기경영전략		대외비	* *
	C.제품개발전략	a. 제품구성전략 b. 기술개발전략		대외비	* *
	D. 각종 특수전략	a. 구조변동, 조직스림화전략. b. 판매촉진, 원가절감, 투자, 매수합병,매각,정보화,세계화 전략		대외비	* *
3.참모 집단	A.참모중역 구성원	a. 구성원 프로필 b. 구성원 속성 및 공유의식			*
	B. 회의형태	a. 의사결정방식 b. 상호작용형태, 의사소통방식 c. 회의내용 및 지시사항기록			*

3) 목표관리의 정보영역

정보분류 큰 영역	정보분류 중간영역	정보분류 작은 항목	주요 카테고리별 재분류	비고	
1.목표설정	A. 매출액 목표/ 실적 대비	a. 전사의 목표/수주,판매 b. 각 사업부별 목표/수주,판매 c. 각 품목별 목표/수주,판매 d. 거래선별목표/수주,판매 e. 전사, 각 카테고리별 매출액노동생산성 목표/실적	중역별, 직원별, 각 년도별, 분기별,월별, 기간별,변동분석	실무정보취합 방식을참고, 원인분석정 보추가. 측정방법.	* * * * *
	B. 이익목표 /실적대비	a. 전사,사업부,품목별, 거래선별 이익 목표/실적 b. 전사,각 카테고리별 이익노동생산성 목표/실적 c. 투자이익율(ROI)목표/실적	중역별,직원별. 기간별,변동분석	원인분석정 보추가. 측정방법.	* * *
	C. 원가절감	a. 전사,사업부,부서,개인별 목표와 실적 b. 각 잇슈별 목표와 실적	기간별 변동분석	측정방법	* *
	E. 기타	a. 각종 전략목표/실적 b. 기술도입 및 개발 목표/실적 c. 시스템 개발 목표/실적 d. 원자재확보 목표/실적 e. 투자목표/실적 f. 각 부서별 특수 목표/실적	잇슈별 추가. 기간별,변동분석.	측정방법	* * * * * *
2.이해관계 분석	A. 목표상충 현상분석	a. 각 사업부,팀부서, 개인 사이 b. 카테고리별 부정적 문제점	기간별. 분석내용.	분권화 및능 력제전제	* *
	B. 내부거래 분석	a. 각 사업부,팀부서,개인사이 내 부거래분석	기간별 분석내용.	분권화 및 능력제전제	*
	C. 갈등 및 공정성분석	a. 각 사업부, 팀조직, 개인사이 b. 비공식적 파벌이나 집단사이 c. 노사관계 d. 주주, 전문경영자 사이. e. 주주와 사채업자 사이 f. 근로자와 중간관리자 이 g. 회사와 판매래선, 소비자 사이 h. 회사와 협력 및 납품업체	계층별,연령별. 직군별 등.		* *

4) 조직구조의 정보영역

정보분류 큰 영역	정보분류 중간영역	정보분류 작은 항목	주요카테고리별 재분류	비고	
1. 조직범위	A. 공식라인 조직	a. 본부, 사업부, 팀조직, 파트조직 b. 개인내용	개인 상세프로필	선정보검색, 후조직지정의 방식	* *
	B. 매트릭스 조직	a. 해당부서 각 매트릭스 조직			*
	C. 프로젝트 조직	a. 각 특수 프로젝트조직			*
	D. 조직도	a. 초기,사업부,각 부서 홈페이지와 조직도 b. 개인의 특징	내부검색메뉴가 선택등장	선조직지정 후정보검색의 방식	* *
2 조직통제	A. 권한집중 및 분권화	a. 각 사업부,부서별 검토		조사내용. 질적분석.	
	B. 4면등가 법칙	a. 사업부,부서,리더의 권한, 책임,정보,예산의 등가성 분석		조사분석 내용	*
	C. 통제형태	a.결과적,과정적통제, 문화적 통제의 적합성 분석. b. 조직설계마스터플랜유무 c. 정치현상,권력통합, 저항수준 d. 노동통제전략, 노조 대응 전략	각급 각종 조직별. 시스템화 유무.	조직설계 및보상체계와 적합성	*
	D.역학관계	a. 판매, 구매거래선 관계 b. 노사간 역학관계 분석 c. 제 이해관계집단간 분석 d. 각 파벌 인적분포 역학특성 e. 관리자 의사결정 저항수준	대기업,중소기업 역학관계 유대수준분석.		
3. 자원배분	A. 예산자원 편성	a. 각 조직별 예산/실행	기간별		*
	B.정보자원	a. 수평적, 수직적 정보 분류 체계 b. 정보의 혼란 수준 c. 청소, 각종 정리정돈 수준 d. 정보지원조직 상태	각 조직		
	C.설비자원.	a. 시스템통합수준 b. 고부가가치시스템 구축 여하 c. 각종설비 물류상태 d. 설비투자상태 및 계획	3단계		
4. 조직 합리화	A.조직설계	a.조직설계 마스터플랜 b. 조직통폐합,간소화 문제	각 조직. 규모경제고려	첨단기술 보호 고려	*
	B. 자동화	a. 정보기술 적용,시스템화 b. 리엔지니어링 프로세스 혁신 c. 공장,사무자동화 상태, 계획	각 조직	인력대체 가능성, 성력화계획	*

5) 기술 및 기능의 정보영역

정보분류 큰 영역	정보분류 중간영역	정보분류 작은 항목	주요 카테고리별재분류	비고	
1. 마이케팅	A. 시장조사	a. 품목별,거래선별 시장정보 b.품목별경기예측 c.경쟁사 정보	국내,해외. 지역별, 기간별.		* * *
	B. 계약판매	a. 품목별수주액,판매액, 크레임 b. 대리점별,유통경로별, 무역,통관사항	거래선,지역, 부서별		* *
	C. 마아케팅 전략	a. 가격,품질,납기,패션, 포장, A/S, 운송, 광고 등 각종 전략 b. 다품종전략, 대량생산 전략 여하	품목별, 부서별	ABC 회계	*
2.생산관리	A.생산성 향상	a. 품질생산성, 노동생산성 향상 c. 생산원가절감	부서별, 기간별		* *
	B. 물류	a. 상품물류 b. 상품재고관리	품목별, 공장별	.	*
	C.설비유지	a. 설비유지상황			*
	D. 생산계획/ 실행	a. 배치계획, 일정계획, 수송 계획/실행 b. 설비계획,치공구계획/실행	부서별, 기간별		* *
3.공학기술	A.기술투자	a. 기술제휴, 기술투자, 자체개발	제품별		*
	B.설계	a. 제품설계, 치공구설계, 공정설계 b. 각 도면관리	제품별, 공장별		* *
	C.제품개발 기술	a. 자체개발기술, 도입 기술의 내용 b. 기술개발 및 도입계획		대외비	* *
4.정보기술	A. 기술적용	a. CIM, SI 등의 현황과 계획 b. Bench-Marking	공정별, 공장별.		
5.구매조달	A. 구매	a. 원자재, 일반자재계획(MRP) /실적 b. 납품업체,협력업체,외주업체 관리 c. 수입,통관,환급사항	구매품목별		
	B. 조달	a. 재고관리, 발주, 수급, 보관, 수송, 불출 b. 원자재,일반자재 물류 c. 해외공장 조달	구매품목별. 비용분석 포함.	BOM 문제 .	* * *
6.재무회계	A. 투자	a.투자계획/실적. 투자수익율	잇슈,부서별		*
	B. 자금관리.	a. 재무전략, 자금계획과 집행 b. Cash Flow와 자금동원능력	사업부별, 기간별		* *
	C. 회계	a. 재무제표 각 항목별 b. 재무제표 내용	부서,기간별	예)외상 매출금	* *
7.인력관리.	A.인사정보 시스템	a. 각 인사정보 항목별 정보 (인력계획, 직무분석, 업무 분장, 고과, 임금, 승진, 복리, 인력개발, 경력계획, 산업안전	사업부별, 부서별	보상 방법의 적합성	*

6) 문화와 교육의 정보영역

정보분류 큰 영역	정보분류 중간영역	정보분류 작은 항목	주요 카테고리별 재분류	비고	
1.기업문화	A. 신문화 내용	a. Mission Statement. b. Vision과 사훈,기업전략(교육용)	전체, 각 사업부		* *
	B. 신문화 성격	a.혁신적 문화/통합적 문화 b.긍정적 문화/부정적 문화 c.다원적 문화/ 획일적 문화 d. 분권적인 서브컬쳐/전체문화		조사 분석	
	C. 문화 행사	a.상징조작, 스로건 b.전입환영회,격려회, 목표달성축하회 등 c.체육대회,야유회.등산, 경영혁신 경영대회		상징의 합리성 분석	
	D.문화 형성과정	a. 해빙과 결빙과정과 마스터플랜적용		과정 분석	
2.문화진단	A.직무 만족	a. 동기유발 조사내용 b. 직무만족 조사내용(MPS) c. 애사심 수준, 소외수준	직위별,직군별, 연령별,부서별		
	B.상호 작용	a. 응집력 및 상호작용 분석 b. 커뮤니케이션 경로 및 내용 c. 정보독점현상, 정보누출현상 d. 정보관리 및 활용수준 진단	부서별,직위별, 직군별		
	C.인적 분포특성	a. 각종 파벌의 인적분포와 그 특성 b. 근속년수별 인적분포특성과 이직자분석 c. 직위불일치현상			
	D.문화 풍토	a.민주적 문화/권위적인 문화 b.공식조직과 비공식조직의 목표차이 c. 갈등현상 수준과 분석내용 d. 갈등처리 전략과 실적			
3. 교육.	A. 의식 개혁.	a. 의식개혁을 위한 방침 및 교본 b. 의식개혁 교육프로그램/실시	전체, 각 부서		* *
	B. 리더쉽 교육	a. 리더쉽 리더쉽 평가 및 교본 b. 리더쉽 교육프로그램 계획/실시			
	C.지식 및 기술교육	a. 각종 지식 및 기술교육 방침 교본 b. 기술교육 교육프로그램/실시 c. 초빙강사관리 및 평가자료			*

4. 조직리더십 예상문제

1) 객관식 문제

1. 조직설계 이론과 가장 관련이 적은 설명은?

① 오늘날 조직환경의 극심한 불확실성 때문에 나타난 학문분야이다.
② 상대적으로 미시적 접근의 성격을 갖는다.
③ 올바른 조직진단의 과정을 전제로 한다.
④ 조직설계의 인식은 넓은 의미에서의 리더십을 위한 하나의 조건이다.
⑤ 환경변동으로 말미암은 조직의 혼란 상태를 방지하는 작업이다.

2. 조직의 본질을 바라보는 4가지의 주요한 관점에 속하지 않는 것은?

① 도구적 기능적 관점.
② 비판적 공동체적 관점.
③ 교환적 거래적 관점.
④ 문화적 상징적 관점.
⑤ 권력적 리더십 관점.

3. 진리가 될 가능성, 즉, 학문적 가치가 높은 이론을 위한 방법과 무관한 것은?

① 이론을 만든 자의 가치관, 관점, 문제인식, 배경이 잘 밝혀질 수 있을 때.
② 개념의 정의, 명제의 증거, 이론 체계의 논리성에 문제가 없을 것.
③ 이론이 도출되기까지의 과정이이나 절차가 밝혀져 오류검증(falsification)이 가능할 때
④ 대다수에게 그렇듯 함(plausibility)의 수준을 높일 것.
⑤ 연구방법론, 연구자, 연구 시간, 연구대상 등에 대하여 다각도 접근을 (Multi-approach)를 시도할 때.

4. 기능별 조직과 무관한 설명은?

① 서로 같거나 비슷한 성격의 일이나 정보를 모아서 한사람 또는 한 부서에 할당시킨다.
② 아담스미스나 테일러의 분업화 원리에 입각한 조직의 형태로서 벽있는 조직이 된다.
③ 내부효율성을 높이거나 품질 및 기능, 기술의 심화를 보다 잘 추구하게 된다.
④ 리엔지니어링 프로세스 혁신을 중시한다.
⑤ 관료조직의 특성을 닮게 된다.

5. 조직이론 패러다임(Paradigm) 연구와 관련하여 설명한 내용 중 잘못된 것은?

① 패러다임은 비슷한 사고방식, 용어, 원리를 가진 이론의 집합, 즉 학파와 같은 의미를 갖는다.
② 패러다임이 나타나게 된 환경 및 문제인식과 같은 배경을 이해하게 되면 그 패러다임의 적용 조건 및 한계를 알게 된다.
③ 조직이론 패러다임 연구는 실무 현장에서 문제해결을 하기 위한 이론

및 방법의 선택기준을 제시한다.

④ 역사적으로 보면 과학적 관리이론, 인간관계론, 상황이론, 비판이론, 학습조직이론 순서로 조직관리 이론의 패러다임이 부침이 있어 왔다.

⑤ 패러다임 사이의 변동이란 점진적인 이론의 변동을 의미하는 것이다.

6. 조직이론 패러다임의 환경(또는 문제인식)의 특성과 이를 배경으로 나타난 이론의 특성을 상호 잘못 짝지은 것은?

① 과학적관리이론(Scientific Management Theory)-독점자본주의(잉여금극대화)-생산성(능율성).

② 인간관계론(Human Relations)-대공황, 무한(無限)생산-종업원의 심리적 만족.

③ 상황이론(Situational Theory) - 2차 세계대전 직후, 환경중시 - 유연성

④ 비판이론 - 노사분규, 학생운동, 민중운동 - 공동체 중시, 조직의 대안(代案)

⑤ 학습조직이론 - 자동화, 정보화 - 조직혁신, 학습.

7. 결과중심(Output)의 조직의 적용조건, 특징, 장단점과 관련이 없는 것은?

① 환경의 불확실성과 다품종의 생산상황.

② 사업부제 또는 독립채산제(Profit Center) 경향으로 성과급 적용이 용이.

③ 고객만족지향.

④ 부서 간 협력과 빠른(speedy) 환경적응을 중시하는 벽 없는 조직 구현.

⑤ 원가절감 및 전문기술의 심화발전의 강점.

8. 다음 조직모형 중에서 관료조직의 원리와 가장 관련이 깊은 조직모형은?

① 기능별 조직은 유사한 일이나 정보를 전문화하여 취급하는 기능별(Functional) 조직.

② 프로세스 리엔지니어링 하여 다양한 일을 병렬적으로 스피드하게 처리하는 결과중심(Output)의 조직.

③ 기능과 스피드를 동시에 중시하는 매트릭스(Matrix)의 조직.

④ 기능별 조직과 결과 중심의 조직, 대체가 쉬운 모듈형 조직(modular organization)을 필요에 따라 모자이크한 혼합형(Hybrid)의 조직.

⑤ 핵심역량과 아웃소싱 조직부분을 Web중심으로 연결시키는 네트워크(Network) 조직.

9. 능율성(Efficiency)의 원리를 중시하는 기능별(Functional) 조직과 가장 관계가 깊은 내용들만으로 구성된 조합은?

① 원가절감, 통제중시, 생산성향상, 품질향상, 표준화, 소품종대량생산, 기술 및 기능의 심화, 수직계층증대. 프로세스 리엔지니어링, 마케팅 중시.

② 원가절감, 통제중시, 스피드 중시, 품질향상, 표준화, 소품종대량생산, 기술 및 기능의 심화, 수직계층증

대, 고객만족 지향, 조직의 신축성 향상.

③ 원가절감, 통제중시, 생산성향상, 벽 없는 조직, 품질향상, 표준화, 다품종소량생산, 기술 및 기능의 심화, 수직계층증대, 환경변동에의 적응.

④ 원가절감, 통제중시, 생산성향상, 품질향상, 부서간 협력중시, 스피드 중시, 소품종대량생산, 기술 및 기능의 심화, 수직계층증대.

⑤ 원가절감, 통제중시, 생산성향상, 품질향상, 표준화, 소품종대량생산, 기술 및 기능의 심화, 수직계층증대.

10. 매트릭스(Matrix) 조직의 적용조건, 특징, 장단점과 관련이 없는 것은?

① 환경의 불확실성이 높으며 다품종 생산의 상황에 적합하다.

② 이중의 권위 시스템으로 혼란 및 갈등유발 가능성이 높으며 업무 조정 및 합의 도출에 시간이 많이 걸릴 수 있다.

③ 부족한 인적자원으로도 결과중심의 팀조직을 만들 수 있다.

④ 비교적 누구나 쉽게 조직 관리할 수 있는 장점이 있다.

⑤ 결과중심 조직의 팀조직과 기능별 조직의 부서장의 권한이 반드시 상호 같아야만 하는 것이 아니다.

11. 오늘날처럼 기업 환경이 급변하는 상황에 해당되지 않는 경향은?

① 조직혁신에 관한 연구가 보다 활발하여진다.

② 거시적인 조직이론의 접근경향이 두드러진다.

③ 경영혁신 및 경영전략의 중시경향이 나타난다.

④ 기능적인 조직설계의 경향이 나타난다.

⑤ 종합적인 조직인식의 경향이 요구된다.

12. 다음의 여러 조직설계원리 중에서 가장 중요한 상위의 원리는?

① Efficiency의 인력을 빼내어 Opportunity 영역으로 이동시키는 Disintermediation을 적용한다.

② 환경이 급변하고 불확실할 때에는 이에 상응하여 직의 Differentiation과 Integration 수준을 동시에 높인다.

③ 조직의 목표와 전략을 근거로 한다.

④ 환경이 급변하고 불확실할 때에는 결과중심의 조직 또는 BPR을 적용한다.

⑤ Interaction이 높을 때는 Team으로 묶어준다.

13. 봉계불고기식당 단지에 어떤 종류의 가게를 내려고 할 때 고려할 가장 적합한 대외 전략수립의 원리는?

① Population ecology

② Resource dependence

③ Institutionalism

④ Collaborative network

⑤ Dis-intermediation

14. 자유시장경제 메카니즘의 도래에 관한 설명이 아닌 것은?

① 경기변동의 심화로 스피드, 신축성, 위험관리(관계형성, 보험활용) 등의 접근이 필요하다.
② 기업매매시장(혹은 M&A시장)의 발달로 새로운 경영의 패러다임인 가치경영으로 바뀐다.
③ 공급과잉현상으로 독과점현상의 붕괴, 다품종소량생산의 경향, 전사적품질경영(TQM)의 등장이 나타난다.
④ IMF를 계기로 우리나라는 자유시장경제메카니즘으로부터 관리경제 메카니즘으로 크게 변동되었다.
⑤ 선진국들은 주로 자동화, 정보화 기술의 적용에 의한 생산양식의 변동을 성공시키면서 이 자유시장경제 메카니즘을 전 세계로 팽창시키고 있다.

15. 다음 중에서 비즈니스의 존재의 이유(legitimacy)를 추구하는 조직관계를 가장 잘 설명하는 카테고리는?

① resource dependence
② collaborative networks
③ population ecology
④ institutionalism
⑤ Niche & Selection

16. 21세기의 주요한 기업 환경에 해당되지 않는 것은?

① 세계기술의 발달 및 생산력의 향상은 일반적인 공급과잉 상황을 초래함.
② 치열한 공급자 사이의 경쟁으로 시장 및 고객만족 우선의 경영정책.
③ 동력화, 기계화, 자동화, 정보화의 역사적 진행과정으로 더욱 노동의 대체현상의 심화.
④ 자본장비율이 낮고 노동생산성의 저하.
⑤ 국내외 무한경쟁의 시대의 도래로 자유무역질서도래 및 노동독점 현상의 실종 경향.

17. 기업 환경이 급변할 경우와 상호 적합적인 관계가 가장 긴밀한 내용들만의 조합구성은?

① 문제인식별 정보분류체계-스피드 중시-네트워크 팀형조직 - 능력주의 신인사제도 - 중앙처리 정보시스템.
② 기능별 정보분류체계 - 기술 및 기능의 중시 - 네트워크 팀형조직 - 능력주의 신인사제도- 분산처리 정보시스템.
③ 기능별 정보분류체계 - 스피드 중시 - 네트워크 팀형조직 - 능력주의 신인사제도- 분산처리 정보시스템.
④ 문제인식별 정보분류체계 - 기술 및 기능의 중시 - 네트워크 팀형조직 - 능력주의 신인사제도 - 분산처리 정보시스템
⑤ 문제인식별 정보분류체계 - 스피드 중시 - 네트워크 팀형조직 - 능력주의 신인사제도 - 분산처리 정보시스템

18. 오늘날 자유시장경제체제의 도래로 일반적인 기업 환경의 변동과 관련하여 잘못 설명한 것은?

① 기술혁신으로 공급과잉이 일반화되어 공급자간에 무한경쟁의 시대가 되었다.
② 다품종 대량생산 및 제품의 고급화 차별화 전략이 중시되고 있다.

③ 원가절감 및 표준화된 활동과 절차가 더욱 중시되고 있다.
④ 스피드가 중요한 경영혁신전략 및 조직재설계의 요인으로 등장하고 있다.
⑤ 관료조직을 극복하는 유연한 조직의 등장이 요구되고 있다.

19. 환경과 조직사이의 자원의존이론의 관점에 관한 아래 설명 중에서 잘못된 것은?

① 정보의 관점에서는 불확실성의 영향에 대한 적응의 문제를 중시하는 반면 자원의 관점에서는 불확실성의 의존성에 대한 극복을 중시한다.
② 자원(resource)과 의존성(independence)은 상호 교환관계에 있다.
③ 조직이 필요한 자원을 스스로 확보함으로서 불확실성의 의존성을 극복하게 되면 그만큼 조직의 독립성을 잃게 된다.
④ 조직이 독립하여 스스로 문제해결의 능력이 있으면 이익 추구가 그만큼 가능하여 진다.
⑤ 타조직과 많은 좋은 유대를 갖고서 자원 확보를 하거나 자기의 환경 자체를 바꾸는 방법도 있다.

20. Balanced Scorecard(BSC)에 관한 설명 중 잘못된 것은?

① 자유시장경제메카니즘 도래, 기업매매시장(혹은 M&A시장)의 발달 그리고 가치경영의 등장과 밀접한관련이 있다.
② 매출액 또는 당기순이익 실현에 의한 재구구조의 개선은 가치경영 활동으로 포함될 수 없으므로 이는 전통적인 경영패러다임에 해당된다.
③ 첨단 지식 및 기술의 개발 또는 첨단기술 인력의 확보는 역시 가치경영의 일부분이 된다. 그리고 이부분을 특별히 강조하게 될 경우에는 지식경영(Knowledge Management)이 된다.
④ 조직 및 시스템의 슬림(slim)화나 효율성 제고는 기업 가치를 크게 높이는 가치경영의 일부분이 된다.
⑤ 윤리경영, 투명경영 등으로 투자자 및 채권자의 관계를 향상시키는 것도 가치경영을 위한 방안이 된다,

21. 21세기 기업환경의 변동과 관련된 새로운 조직관리의 일반적 경향과 가장 무관한 것은?

① 다품종 소량생산의 시대에 알맞는 분권적인 조직형태 및 관리.
② 정보혼란의 극복의 문제 제기.
③ 생산형 기업에서 정보형 기업으로의 변환 경향.
④ 질적노동관리의 시대에서 양적노동관리의 시대로의 전환.
⑤ 결과중심의 거래적 보상방식에 의한 고임금 고급인력의 시대.

22. 목표설정 및 전략수립과 관련하여 최고경영자가 취할 태도는?

① 환경변동과 관련 없이 항상 소신을 밀고 나간다.
② 한번 정한 목표와 전략은 변동 없이 고정화 시킨다.
③ 환경의 변동에 따른 새로운 목표설정과 전략수립은 최고경영자의 가장 우

선적인 중요한 임무(primary responsibility)라고 생각한다.

④ 목표와 전략은 조직설계의 기준이 되지만 역으로 조직설계에 의하여 그 내용들이 좌우되지는 않는다고 본다.

⑤ 이것들은 경영성과에 큰 차별성을 나타내는 부분이 아니라고 본다.

23. Globalization에 관한 설명 중 잘못된 것은?

① 무한(無限)경쟁 시대 대한 의 도래를 의미한다.

② 자유시장경제체제가 도래되고 기업환경의 큰 변동을 초래하는 원인이 된다.

③ 정보통신기술의 발달로 말미암아 국제간 금융의 거래 비중이 매우 급속히 높아지고 있다.

④ 국가의 권력과 역할이 점점 약화되고 경제주권의 문제가 위협을 받게 된다.

⑤ 빈익빈부익의 불평등 구조가 현상이 점차 해소되어 가는 경향을 보인다.

24. 목표설정의 효과와 관련이 가장 적은 것은?

① 활동의 정당성을 부여한다.

② 동기유발의 효과가 있다.

③ 의사결정의 지침이 된다.

④ 상호 경쟁을 촉진할 수 있다.

⑤ 성과평가의 기준을 제공한다.

25. 자원의존의 관점(Resource-dependence perspective)에 의거한 전략이 아닌 것은?

① 장기계약체결.

② 환경변동에 맞춘 구조의 적응.

③ 공장의 해외이동이나 업종의 변경.

④ 조합의 결성.

⑤ 로비활동.

26. 비전이나 전략이 바뀔 때 이에 상응하는 가장 과감한 조직변화는?

① Human Resource Development.

② 소집단의 Leadership

③ M&A를 포함한 Re-structuring.

④ 리엔지니어링.(Re-Engineering).

⑤ Motivation 과정

27. Organic한 조직의 패러다임과 가장 관련이 적은 경향은?

① 규정을 잘 따름(follow procedures).

② 분권적인 작은 규모(small size).

③ 효과성(Effectiveness).

④ 팀조직(teams).

⑤ 혼돈과 비정형(chaotic and non-routine)의 환경.

28. 최고경영자가 기업의 방향, 비전, 목표, 전략 등 주요정책들을 수립하기 위하여 SWOT기법을 사용할 때 고려할 주요 요인이 아닌 것은?

① 기회(Opportunities.)

② 위협(Threats)

③ 합의가능성(Consensus)

④ 약점(Weakness).

⑤ 강점(Strengths).

29. Effectiveness 평가와 관련하여 설명이 잘못된 것은?

① 각 이해관계자(stakeholder)들의 목적을 달성하려는 전략수립 및 그 달성 수준을 평가하는 것이지만 이들 상호간에는 경합적인 관계가 되는 경우가 많다.
② Stakeholder들로는 고객, 납품업자, 투자자, 채권자, 근로자, 거래선, 정부, 지역사회 등이다.
③ Stakeholder의 접근 조직 내 각 다양한 이해관계자 집단을 동시에 적절히 만족시키려는 평가지표를 만드는 종합적인 방법이다.
④ 환경의 불확실성이 높은 경우에 effectiveness평가가 efficiency평가 보다 더 중시된다.
⑤ Efficiency의 평가는 Effectiveness평가 보다 훨씬 더 넓은 개념이다.

30. 아래의 내용에서 가장 그럴듯하지 않는 주장은?

① Efficiency는 Effectivness의 부분집합이 된다.
② 비전 및 목표는 바람직한 조직진단 및 조직설계의 판단기준이 된다.
③ 미래는 불확실한 혼돈의 시대이므로 기업문화와 학습이론에 의한 새로운 리더십이 필요하다.
④ 환경의 변화가 심할 때 필요한 정보관리의 범위가 넓어진다.
⑤ 환경이 급변할수록 수직적인 control이 수평적인 process보다 더 중시 된다.

31. 다음 설명 중 가장 그럴듯 하지 않는 경우는?

① Re-engineering 원리는 결과(Output) 중심의 조직으로 만드는 것과 공동 데이터베이스(D/B) 사용을 통한 업무의 병렬처리(Simultaneous working) 혹은 동시공학(Concurrent Engineering)을 행하는 2 원리로 구성된다.
② 자유거래관계는 비용이 높아지며 자유시장과 관료조직은 상호 대체적 성격을 지닌다.
③ 경영자가 다양한 조직의 관점을 갖는다면 보다 창의적인 해결방법이 강구할 수 있다.
④ 기업조직의 설계는 조직의 목적이나 전략의 실천과정의 산물이다.
⑤ 협력회사와의 관계가 악화되거나 고립화 되더라도 기술 이전은 막아야 한다.

32. 자원의존관점(Resource Dependence Perspective)에 대한 설명과 가장 관련이 적은 것은?

① 외부와 불가피하게 발생한 의존성을 줄이기 위하여 자원 확보하려는 시도이다.
② 환경의 불확실성 및 그 영향력에 대한 구조적 적응이 중시된다.
③ 소유(M&A), 장기계약, 전략적 제휴, 호선(Co-optation), 경영자 영입 또는 업종을 바꾸거나 사업의 장소를 바꾸는 방법 등이 해당된다.
④ 담합, 조합결성, 로비활동, 비합법적인 교섭 등도 역시 해당된다.
⑤ Resource와 Independence 사이의 상호교환(trade-off)관계의 문제라고 본다.

33. 조직의 도구적 관점과 가장 관련이 없는 설명은?

① 목적-수단의 관계로 구성된 조직.

② 공동체의 평등이념과 해방개념.
③ 균형의 중시.
④ 환경 적응적 구조.
⑤ 합리성과 능률성의 중시.

34. 다품종 대량생산을 실현하기 위한 돌파구가 아닌 것은?
① CAD/CAM기술
② SI(System Integration) or Marketplace
③ CIM(Computer Integrated Manufacturing)
④ Standardization
⑤ FMS(Flexible Manufacturing System)

35. Dependence를 줄여나가는 전략(혹은 Independence를 추구하는 전략)이 아닌 것은?
① Ownership확보,
② Contracts, Joint ventures
③ Co-optation
④ Fixed domain
⑤ Trade Association

36. 유기적 조직(Organic Organization)의 특징이 아닌 것은?
① 규정이나 절차가 적다.
② 분권적이다.
③ 계층이 적다.
④ 팀워크를 중시한다.
⑤ 수직적인 의사소통이 강화된다.

37. 자유시장경제체제의 도래로 말미암아 경기변동이 심화되는 기업환경 변동의 특징과 무관한 것은?
① Speed 중시
② 조직의 Flexibility의 요구.
③ Network나 team spirit의 중시
④ Insurance 확대
⑤ Standardization 경향

38. Ecosystem과 관련된 경영자의 역할 변동에 관한 설명 중 잘못된 것은?
① 수평적인 협력과 제휴가 수직적인 조직통제 만큼 못지않게 중시되는 경향을 갖는다.
② 큰 투자, 큰 위험 및 큰 기회가 동시에 다가오는 첨단복합기술시대의 불확실성과 관련이 있다.
③ 협력과 제휴를 통한 조직공동체(Organizational Community) 전체의 가치를 증대시킨다.
④ 조직공동체의 중요성이 증대됨에 따라 개별 조직간 경계가 많이 강화되고 있다.
⑤ Big picture의 비전과 함께 Broad Leadership이 동시적으로 요구되고 있다.

39. 다음 보상체계 중 지식 및 기술노동시장의 발달과 가장 관련이 깊은 것은?
① 연공급제(Seniority-based payment system)
② 직무급제(Job-based payment system)
③ 직능급제(Skill-based payment system)
④ 성과급제(Performace-based payment system)
⑤ 차별성과급제(Differential Piece rating system)

40. 다음 중에서 win-win 전략의 필요성과 가장 관련된 카테고리는?
① resource dependence

② collaborative networks
③ population ecology
④ institutionalism
⑤ legitimacy & isomorphism

41. Open System의 사고방식에 의한 전략수립과 관련된 설명 중 잘못된 것은?

① 전략을 수립하는 것과 그 평가체계는 상호 분리되어야 한다..
② 공공조직은 대체로 input 혹은 efficiency로서 전략을 수립함이 적절하다.
③ 영리조직은 대체로 output에 의하여 전략을 수립함이 적절하다.
④ 투입(input) - 변환(transformation) - 산출(output)의 사고방식으로 설명한다.
⑤ transformation을 위한 efficiency는 output/input의 maximization의 논리이다.

42. 환경의 불확실성(Uncertainty)에 대응하여 조직이 환경적응(Adptation)을 전략을 추구하는 경우가 아닌 것은?

① 정보요구 차원이 아닌 자원 확보 차원에서의 분석의 경우이다.
② 불확실성이 높으면 충분한 정보를 갖지 못하여 환경 예측이 어려워진다.
③ 복잡성과 변동성의 두 요인이 모두 높은 경우에 불확실성이 높다.
④ 불확실성이 높으면 유기적인 조직(Organic Organization)이 더욱 적절하다.
⑤ 조직과의 관련 전략으로는 Lawrence & Lorsch의 주장이 대표적이다.

43. 환경이 불확실할 때 분화(differentiation)와 통합(Integration)에 관하여 Lawrence & Lorsch가 주장한 것은?

① 환경이 불확실 할 때 분화가 크나 통합은 작다.
② 분화는 작으나 통합이 크다.
③ 분화도 작고 통합도 작다.
④ 분화가 크며 동시에 통합도 크다.
⑤ 분화와 통합에 관한 주장과 무관하다.

44. 조직생태학적 모델(Population Ecology Model)과 관련이 없는 것은?

① 적자생존모델(Natural Selection Model)에 역행한다.
② 경영자가 기업 환경의 적소(Niche)를 찾아 적응하는 것이 기업의 사활과 직결된다고 본다.
③ 구조적 관성(Structural Inertia)은 환경변동에의 적응 및 생존을 어렵게 만드는 요인이 된다.
④ 돌연변이 - 선택 - 강화의 개념이 활용된다.
⑤ 기업의 성공을 위하여 사후적인 설명을 하는데 많은 도움이 되는 이론이다.

45. 기업의 조직설계의 원리 중에서 가장 중요한 것은?

① 최고경영자의 목표와 전략에 근거하여 조직구조 및 평가제도가 만들어져야 한다.
② 기업전체의 환경의 Uncertainty가 높을 때는 Mechanistic 한 조직이 되어야 한

다.

③ 조직의 불확실성이 높을 때는 Differentiation이나 Integration의 수준이 모두 높아야 한다.

④ 개인이나 부서사이에 Interdependence나 Interaction이 높으면 팀 조직으로 설계를 한다.

⑤ 조직의 불확실성이 높을 때의 조직설계 및 시스템설계는 상호 대체성과 아웃소싱이 용이하도록 가급적 모듈(Module)로 만드는 것이 바람직하다.

46. 기업시장 환경과 각종 경영전략 및 경영활동 사이의 관련성이 가장 적합하지 않은 것으로 되어 있는 것은?

① 소품종 대량생산-원가절감전략-생산지향 통제적 관료조직.

② 소품종 대량생산-차별화 전략-팀조직.

③ 다품종 소량생산-차별화전략-마케팅지향, 네트워크 팀형조직.

④ 다품종 대량생산-집중화 전략-유연생산시스템(CIM, FMS)

⑤ 다품종 소량생산-차별화전략-광고확대, 신제품개발

47. 조직과 환경사이의 관련에 대하여 잘못 설명한 것은?

① 기업은 정보획득을 통하여 불확실성을 감소시킨다.

② 기업은 자원획득을 통하여 의존성을 증대시켜나간다.

③ 공급초과 현상은 기술발전과 생산성 향상과 관련이 크다.

④ 차별화 고급화 전략은 기술개발을 더욱 가속화시키고 있다.

⑤ 대규모 새로운 기회 및 위험을 만나고 동시에 대규모의 비용을 필요로 하는 시대이기 때문에 앞으로 경영자는 기업 밖의 관계 형성을 더욱 중시해야 한다.

48. 오픈시스템의 접근 중 결과중심의 목표와 가장 관련이 적은 것은?

① 당기순이익.

② 매출액, 시장점유, 규모성장.

③ 신제품 개발.

④ 자원 확보, 노동생산성.

⑤ 기술특허 취득.

49. Population Ecology의 설명과 무관한 설명은?

① Niche를 찾는다.

② cooperative한 상황에서의 현상이다.

③ 조직의 타성(Structural inertia)은 적자생존의 원리에 위배된다.

④ 새로운 전략 variation과 환경의 selection에 의한 새로운 기업 탄생과 관련된다.

⑤ 같은 유사업종 내에서의 현상을 설명한다.

50. Kast & Resensweig의 Subsystem 체계는?

① 환경, 목적, 조직구조, 기술 및 기능, 사회심리 및 문화, 경영층의 종합관리

② 환경, 목적, 조직구조, 마케팅, 생산, 재무

③ 환경, 인사, 조직구조, 공학기술, 생산, 재무

④ 인사, 조직, 마케팅, 회계, 재무, 생산, 공학기술,
⑤ 인사, 마케팅, 회계, 재무, 생산, 공학기술

51. PI 방법론의 아래의 5가지 중요한 과정들 중에서 ABC(Activity-based costing) 회계를 위한 작업과도 가장 관련이 깊은 것은?

① 리스트럭처링(Re-Structuring) 방법론,
② WBS(Work Breakdown Structure),
③ 일의 분해(Work Analysis) 방법론,
④ 핵심프로세스(Core Process)를 찾는 매트릭스 방법,
⑤ ERD(Entity Relationship Diagram) DFD (Data Flow Diagram) 및 ODD(Organization Design Diagram) 3자 모듈(module) 사이의 관계 설정 문제.

52. PI-Matrix 작성을 통하여 얻을 수 있는 이점과 가장 관련이 적은 것은?

① 현재의 정보시스템 진단.
② ERP solution의 적합서 여부의 판정
③ 일의 분해 구조(Work Breakdown Structure) 정보 획득.
④ 핵심프로세스(Core Process)의 발견,
⑤ 정보시스템 개발업자와의 계약협상 및 그 시스템 개발에 대한 감리 능력 제고

53. 조직관리 리더십을 위한 아래의 인식능력 중 Big Picture를 가진 Broad Leadership과 관련되는 것은?

① 소집단(small group) 리더십 원리 이해.
② Power structure 및 background 파악.
③ 조직 외부와의 Network 형성 및 negotiation 능력.
④ 정보기술(IT) 발전 이해.
⑤ 조직설계, 프로세스 혁신(PI)과 조직의 환경, 지식, 정보 파악

54. 네트워크형 기업조직(Network Organization)에 대한 설명과 관련이 가장 적은 것은?

① 기능의 대체(replacement)가 용이한 모듈회사(Modular Corporations)라 불리어진다. 생산공장, 재정부서, 영업부서 등 기능부문이 없는 가상기업(Virtual Corporations)들이 많이 등장할 것이다.
② 조직구성원의 충성심 및 전체적인 조직통제력을 강화시킨다.
③ Hierachy를 Network로서 대체하여 평등조직(Equalitarian Organizations)으로 지향한다.
④ 네트워크기술과 제휴능력, 기업이미지 향상, 기술개발 및 품질검사 등 핵심역량을 중시하는 주로 정보기술형 기업.
⑤ 아웃소싱(Outsourcing), 하부계약, 제휴, 임시고용 등으로 자체생산능력을 초월하여 기업을 키우는 성장전략 추구한다..

55. 프렌치와 라벤(French & Raven)이 제시한 개인의 권력의 원천 중에서 오늘날 급변하는 환경과 가장 관련된 것은?

① 보상능력에 의한 권력(Reward Power)
② 남에게 해를 끼치는 능력에 의한 권력(Coercive Power)

③ 명분 및 정당한 권한 위양을 받음으로 인한 권력(Legitimate Power).
④ 모범을 보이는 행위에 의한 권력(Referent Power).
⑤ 전문적 지식이나 주요 정보를 확보함에 의한 권력(Expert Power).

56. 동태적인 변화관리(Change Management)의 영역과 가장 관련이 적은 정태적인 경향의 내용은?
① PI 및 조직설계에 관한 마스터플랜을 작성한다.
② 최고경영자의 의사결정 또는 조직적인 합의를 도출한다.
③ 갈등을 이해하고 이를 해결한다.
④ 조정(Negotiation), 타협, 절충하는 노력을 한다.
⑤ 최후의 수단으로 권력 및 정치의 방법에 의존한 강제적 영향력을 행사한다.

57. 기술혁신을 촉진하기 위한 조직변화의 시도로서 잘못된 것은?
① 전환적 조직(Switching structure)는 임시적으로 유기적인 조직 환경을 구성한 특별 팀을 구성한 후 그 임무가 끝난 뒤에도 영속시키는 것이다.
② 창의적인 부서(Creative department)의 설치는 기존의 조직과는 별도로 새로운 아이디어의 창출을 위한 항구적인 부서이다.
③ 벤처 팀(Venture teams)은 기존 조직의 절차에 의하여 구애를 받지 않은 별도의 시설, 위치, 설비, 조직 및 체계를 갖는 항구적인 회사 내의 작은 회사와 같은 것이다. 이는 관료조직의 특성을 배제한다.
④ 창업조직화(Corporate entrepreneurship)는 회사전체의 종업원들이 창의적이고 모험적인 정신을 갖도록 기업문화 전체를 변화시키는 것이다.
⑤ 신제품의 성공율과 스피드를 향상시키기 위하여 Horizontal Coordination Model을 사용하는 것이 바람직하다.

58. 윤리경영을 위한 아래의 미시적 거시적 여러 방안 중에서 잘못된 접근은?
① Ethics Code 혹은 Ethics Committee를 만든다.
② Punitive Damage Act를 만든다.
③ Efficient PI를 개발 적용한다.
④ 조직 내에 적절한 Conflict 현상을 활용한다.
⑤ Whistle Blowing의 제도를 채택한다.

59. PI에 관한 설명 중 잘못된 것은?
① 조직 내의 혼란(chaos) 및 제 자원 사이의 비효율적인 관계들을 체계적으로 풀어내어 업무 스피드와 고객 만족도를 높이려는 것이다.
② 시스템통합(SI, System Integration)작업의 전(前)과 후(後)에 모두 필요하며 사이클링(cycling)을 그리면서 계속되는 작업이라고 할 수 있다.
③ Re-engineering의 원리를 핵심적인 내용으로서 도입하고 있다
④ 조직전략의 효율적인 실천적 성격을 갖으며 Re-engineering 보다 더욱 포괄적인 개념이다.
⑤ Efficient PI 는 갈등, 견제, 분리의 접근논리인 반면 Ethical PI 는 화합, 일체성, 통합의 접근 논리이다.

60. 다음의 내용 중에서 가장 그럴듯 하지 않는 것은?

① 조직의 규모가 클수록 규모의 경제, 관료조직의 형태가 나타난다.

② 신제품 개발, 기술혁신은 그 생산 및 실천을 위한 조직의 원리와 동일하게 하는 것이 바람직하다.

③ 리엔지니어링은 조직설계와 정보기술을 결합한 영역이다.

④ 조직설계마스터플랜의 필요성은 환경이 불확실하고 조직이 크면 클수록 더욱 높아진다.

⑤ 기업의 정보자원과 조직구조 사이의 적합성은 조직 경쟁력에 중요하다.

61. 결과중심(Output)의 조직의 적용조건, 특징, 장단점과 관련이 없는 것은?

① 환경의 불확실과 다품종 소량생산의 상황.

② 사업부제 또는 독립채산제(Profit Center) 경향.

③ 고객만족지향.

④ 부서간 협력과 스피드한 환경적응을 중시하는 벽 없는 조직 구현.

⑤ 원가절감 및 전문기술의 심화발전.

62. 매트릭스(Matrix) 조직의 적용조건, 특징, 장단점과 관련이 없는 것은?

① 환경의 불확실성이 높다.

② 이중의 권위 시스템으로 갈등유발 가능성이 높다.

③ 부족한 인적자원의 결과중심의 팀 조직간 공유가 쉽다.

④ 기능별 조직과 결과중심 조직의 양 장점을 동시 추구한다.

⑤ 결과중심 조직의 팀조직과 기능별 조직의 부서장의 권한이 상호 같아야만 바람직하다.

63. 다음 조직 모형 중 관료조직과 가장 관련이 깊은 것은?

① 기능별 조직은 유사한 일이나 정보를 전문화하여 취급하는 기능별 (Functional) 조직.

② 프로세스 중심으로 다양한 일을 종합적으로 스피드하게 취급하는 결과중심(Output)의 조직.

③ 기능과 스피드를 동시에 중시하는 매트릭스(Matrix)의 조직.

④ 기능별 조직과 결과 중심의 조직, 매트릭스 조직을 필요에 따라 모자이크한 혼합형(Hybrid)의 조직.

⑤ 계층을 대체하는 네트워크(Network) 조직.

64. 기술혁신을 위한 양면적 접근(Ambidextrous approach)에 대하여 잘못 설명한 것은?

① 새로운 아이디어를 창출하는 조건과 이를 실행하는 조건 사이는 상호모순이 발생한다.

② 새로운 아이디어를 창출은 중앙집권적인 방식이 바람직하며 이것의 실행은 분권적인 방식이
조직이 바람직하다.

③ 새로운 아이디어의 창출은 상향적 접근(bottom-up)방식이 적합하고 이를 실행하는 과정은 비교적 하향적 (top-down) 방식이 더욱 적합하다.

④ 새로운 아이디어의 창출을 위해서는

상대적으로 유기적(Organic)인 조직이 필요하고 이를 실행하기 위해서는 기계적(Mechanistic)한 조직이 필요하다.

⑤ 양면적 접근(Ambidextrous approach)은 기술혁신(innovation)과 능율(efficiency)를 위한 두 가지 조직을 함께 만든다는 뜻이다.

65. 새로운 문화의 형성이 가능한 영역과 가장 관련되지 않는 것은?

① 의식과 행사(rites and ceremonies).

② 영웅, 전설, 신화 등의 이야기 만들기(stories), 강의, 회의 등.

③ 고객이나 종업원을 중시하는 새로운 조직도와 같은 상징의 사용(symbols).

④ 포스터나 표어(slogan)와 같은 언어의 사용(language)

⑤ 이미 합의된 신념 태도 감정의 공유(beliefs, attitudes, feelings)의 중시.

66. 다음의 내용 중에서 가장 그럴듯하지 않는 내용은?

① 문제가 어렵고 복잡하면 요구되는 정보의 질과 량의 수준이 낮아진다.

② 경영자의 직위가 높고 시스템의 복잡성의 수준이 큼에 따라 거래처리시스템(TPS),경영정보시스템(MIS), 전략정보시스템(SIS)의 순서로 정보기술의 발전과정이 이루어진다.

③ BPR(Business Process Re-engineering)에서는 "일을 자동화하는 것이 아니라 없앤다"(Not automate but obliterate)는 목적을 중시한다.

④ 중간관리자의 통제시스템은 정보내용 및 그 구조에 따라 달라진다.

⑤ Internet의 기술의 특징은 국제표준문서 및 국제표준 통신프로토콜(TCP/IP)의 사용과 웹(Web)기술에 의하여 수많은 분산된 컴퓨터의 D/B를 마치 하나의 대형컴퓨터의 D/B처럼 관리할 수 있다는 점이다.

67. Mass-customization과 관련된 설명 중 잘못된 것은?

① 다품종 대량생산의 전략이다.

② 수요 초과의 안정된 환경의 상황에 알맞다.

③ CAD/CAM, FMS, CIM, ERP와 관련이 있다.

④ 고객만족과 원가절감을 동시에 달성하려는 접근이다.

⑤ Internet 발달에 의한 거시적인 Market-place로 더욱 촉진된다.

68. 권력과 정치현상에 대하여 잘못 설명하는 것은?

① 환경이 불확실하고 경쟁이 심하여 의견 사이에 불일치나 갈등이 많을 때 정치적 모델이 합리적 모델보다 더 적합하다.

② 정치현상은 늘 부정적으로 보기때문에 기업에서는 이러한 정치현상이 나타나지 않도록 노력하여야 한다.

③ 권력은 영향력 수준에 대한 정태적 접근인 반면 정치는 보다 동태적인 갈등해결의 접근이다.

④ 정치적 행위는 갈등을 극복하고 합의를 도출하는 것을 보다 중요시한다.

⑤ 권한위양을 성공적으로 하면 조직전체의 권력의 량이 증가하여 성과를 증진시키는 능력이 커진다.

69. 다음의 내용 중에서 가장 그럴듯 하지 않는 내용은?

① 경영혁신은 장기적으로 볼 때 문화 변동을 초월하여 이루어진다.

② 기업문화는 환경, 전략에 따라 적합적 관계로서 선택하여 이루어져야 하며 크게 혁신적 문화(Adaptability culture)와 통합적 문화(Consistency culture)로 나누어 볼 수 있다.

③ 상징적 리더십(Symbolic Leadership)은 전도사(evangelist)와 같이 문화나 윤리적인 가치관을 구성원들에게 광범위하게 의사소통 하여 의미를 부여하며 또한 위기에 혁신이나 적합한 리더십이다.

④ 문화의 해빙(Unfreezing), 재결빙(Re-freezing)의 사이에 조직설계 마스터플랜을 준비하여 적용하는 것이 바람직하다.

⑤ 조직설계와 정보기술사이의 긴밀한 결합에 기업경쟁력의 시너지 효과가 크게 발생한다.

70. 조직설계 및 PI(Process Innovation) 설명 중 잘못된 것은?

① 경영전략을 근거로 조직의 정의(definition) 자체가 달라지며 이에 따라 조직의 근본적 구조가 크게 달라질 수 있다.

② 정보분류체계는 기업의 데이터베이스(D/B)를 설계할 때 참고가 될 수 있다.

③ 데이터, 조직, 어플리케이션(A/P) 모듈 중에서 일반적으로 데이터가 가장 permanent하기 때문 에 데이터 모듈을 우선적으로 setting하는 것이 필요하다.

④ 데이터와 Process(조직 및 A/P 포함) 사이의 PI-Matrix를 만들고 이 때 가장 긴 프로세스를 Main 혹은 Core process로 선정한다.

⑤ 조직과 A/P는 상호 비대체적 보완 관계로 파악하는 것이 바람직하다.

71. 아래의 조직혁신의 장애요인 중 가장 중요한 개인적인 이해관계 측면은?

① 혁신과정에서 발생하는 비용에 대하여 지나친 통제와 최고경영층의 지원의 부족.

② 혁신의 필요성에 대한 공감대가 결여하고 또한 결과로서 나타나는 긍정적인 기대효과에 대하여 확신하지 못함.

③ 혁신의 실패의 위험성이 너무 높다.

④ 기존의 지위와 권력의 상실 및 실직의 우려.

⑤ 부서간의 협력의 부족 및 신구시스템 사이의 갈등.

72. Transformational Leadership에 관한 설명 중 잘못된 것은 ?

① 조직문화의 Integration 보다 Adatation 측면이 보다 강조된다.

② 조직환경이 high uncertainty한 경우로서 주로 리더가 전문가 집단을 관리할 때이다.

③ 문화적, 정신적 통제, 신뢰에 의한 통제와 관련된다.

④ Culture(Climate)형성, Communication (Information-processing), Meaning

부여, 그리고 Reward-punishment의 4 가지를 중시하는 리더십이다.

⑤ Value-based Leadership, Symbolic Leadership, Charismatic Leadership과 유사한 개념이다..

73. 기업의 정보처리 통합에 관한 설명 중 잘못된 것은?

① PI에 의한 수평적 데이터의 흐름은 주로 SCM(Supply Chain Management), CRM(Customer Relationship Management)에 의하여 처리 된다.

② PI에 의한 수직적 데이터 흐름은 주로 EIS(Executive Information System) 및 TPS(Transaction processing System)에 의하여 처리된다.

③ PI의 수평적 데이터 흐름과 수직적 데이터 흐름의 결합 부분은 D/M (Data Mining), D/W(Data Warehousing)과 같은 기술이 많이 적용된다.

④ Internet의 발달로 외부고객 및 내부고객은 모두 주로 Web시스템을 통하여 Interaction(혹은 Input 및 Output)이 이루어지는 경향을 보이며 이 때 PI의 수평적 및 수직적 프로세스는 이 Web을 중심으로 빠르고 효율적으로 지원하는 프로세스로 혁신되는 양상을 보인다.

⑤ 수요자와 공급자 사이의 기업 외부 Marketplace와 기업내부의 Web을 중심으로 한 내부 프로세스 사이의 상호 통합은 e-비지니스를 가능하게 한다.

74. 통제시스템(Control System)과 관련하여 잘못된 설명은?

① BSC(Balanced Scorecard)의 기업측정 방법은 종합적인 통제방식으로서 오늘날 가치경영(Value Management)의 실현을 위한 방안이 되고 있다.

② 미국 Ouchi 학자에 의하여 조직의 통제전략은 거래적 통제(Market),결과적 통제(Output)의 통제, 관료적 통제(Bureaucracy), 문화적 통제(Clan)의 4 유형으로 분류되고 있다.

③ 거래적 통제(Market)는 경쟁과 가격의 형성에 의한 거래적 관계를 전제하고 있으며 객관적인 결과중심의 조직인 팀조직, Profit/Cost Center나 독립채산제의 사업부조직의 통제에 적합하다.

④ 관료적 통제(Bureaucracy)는 환경이 안정되었을 때의 과정적 통제로서 명령, 규칙, 절차, 표준 등을 기준으로 한 과정적 통제의 형식이며 기능별 조직이나 비영리조직의 통제에 적합하다.

⑤ 문화적 통제(Clan)는 공감대나 문화에 통제로서 신뢰를 중시한다. 환경이 매우 급변하고 불확실성이 매우 높은 최첨단기술의 연구개발(R&D) 조직에 적합하다.

75. Garbage Can Model의 특징이나 적용조건에 해당되지 않는 것은?

① 조직 내에서의 동시다발적인 많은 의사결정(multiple decisions)의 결과들을 설명한다.

② 문제인식(problem identification)과 해결책 발견(problem solution) 사이의 상호결합 및 앞뒤 순서가 분명하다.

③ 독립된 4가지 사건의 흐름이 무작위

로 동시에 충족될 때 마다 의사결정 이 이루어진다.

④ 대단히 급변하는 불확실한 환경의 조직에서 잘 설명이 된다.

⑤ Michael Cohen, James March, Johan Olsen이 주장하였다.

76. Garbage Can Model에서 설명하는 의사결정의 결합조건이 되는 독립된 4가지 사건의 흐름이 아닌 것은?

① 문제인식.

② 해결방안(solutions).

③ 참여자 및 추진자(participants).

④ 보상체계(Incentives).

⑤ 의사결정의 기회(choice opportunities)

77. 공동승리의 전략(Win-Win Strategy)과 가장 관련이 적은 설명은?

① 갈등의 이슈를 공동의 문제로서 파악한다.

② 공동의 이익이 되는 방향의 시너지 효과를 추구한다.

③ 개방적이고 정직하며 정확한 의사소통을 한다.

④ 위협적인 방법을 동원한다.

⑤ 제3의 돌파구를 찾는 협력적 노사관계의 전략과 관련된다.

78. **제한적 합리성 관점(Bounded Rationality Perspective)에 의한 의사결정에 관한 설명이나 그 적용조건이 아닌 것은?**

① 환경이 불확실하고 충분한 정보가 없을 때.

② 경험 및 통찰력(insight)에 의한 의사결정을 한 후에 이것이 여러 가지 제약요건 및 기준들(criteria)를 충족하는지를 검증함.

③ 정형적인 문제(programmed decisions)에 적합하다.

④ 경쟁적인 상황이며 의사결정의 시간이 없을 때.

⑤ 구성원 사이의 공감대 형성이 중요할 때이며 상위 층에 특히 중요하다.

79. **잘못된 의사결정의 Escalating Commitment 경우의 이유로서 가장 맞지 않은 것은?**

① 기존의 의사결정에 대한 책임모면, 정당화.

② 일관적인 행위에 대한 일반적인 긍정적 평가.

③ 이미 투자한 손실에 대한 미련.

④ 모험심과 용기.

⑤ 계속투자로 실패가 성공으로 반전할 가능성 증가.

80. Service의 특징이 아닌 것은?

① 비구체적이며 지식 집약적이다.

② 핵심기술과 고객 사이의 직접적인 Interaction이 높아진다.

③ Service 생산과 소비가 일어나는 시점이 서로 다르다.

④ 고객에 대한 빠른 반응이 더욱 필요하다.

⑤ 재고의 개념은 필요 없다.

81. 아래의 설명 중에서 잘못된 것은?

① 조직혁신을 실현하는 과정에서 부단히 새로운 의사결정과 권력 및 갈등 현상을 경험하게 된다.

② 카네기모델(Carnegie Model)은 문제인식의 공감형성에 적합하고 점진적

과정모델 (Incremental Decision Process Model)은 시행착오 과정을 거쳐 해법을 찾는 과정에 적합하다.

③ 목표와 해결책의 공감이 이루어지면 합리적 의사결정을 사용하고 반면에 목표 및 해결책의 갈등이 심하면 정치적 의사결정방법이나 직관 및 경험을 사용한다.

④ 어린아이로 하여금 거름마를 배우게 할 때 넘어질 때마다 벌을 주면 훨씬 빨리 학습하게 된다.

⑤ 합의된 내용에 대한 구성원들의 지원 확보 및 그 실천력은 정치적 의사결정의 방법이 합리적 의사결정보다 더 크다.

82. 다음 설명 중 잘못된 것은?

① Globalization Strategy에 의한 Global Product structure는 국제적 소품종 대량생산 및 원가절감 전략을 지향한다.

② Service기업 조직은 Manufacturing기업 조직보다 더욱 분권적이고 유연한 Organic한 조직에 적합하다.

③ Interaction이 maximized 되었을 때 team이나 module로 만들고 minimized 되었을 때 이들 사이의 경계로 만든다.

④ CAD/CAM, FMS(Flexible Management System, CIM(Computer Integration Manufacturing), SI(System Integration)은 기업의 환경의 불확실성으로 다품종 소량생산을 통하여 기업의 경쟁력을 높이려는 시도들이다.

⑤ Lawrence & Lorsch는 환경의 불확실성(Uncertainty)가 높을 때 조직의 분권화(Differentiation)와 통합 (Integration)을 같이 높여야 한다고 주장한다.

83. 기술 환경과 조직사이의 연구와 관련이 없거나 잘못된 것은?

① Woodward는 기업전체의 기술 환경을 연구하여 상황론을 제시하였다. 대량생산은 주문생산이나 장치산업 보다 기계적(Mechanistic)인 조직의 성격을 갖는다.

② 첨단정보기술의 적용과 조직설계 작업은 상호 독립적인 문제로서 접근해야 한다.

③ 부서별 기술 환경과 조직특징에 관한 연구는 Perrow의 연구가 유명하다. Non-routine한 경우는 유기적인 (Organic)인 조직이 적합하다.

④ 서비스 기술 환경은 생산과 소비의 동시발생, 핵심기술과의 고객밀착 및 참여증대, 분권화, 수평적 조직의 성격을 갖는다.

⑤ 기술의 상호의존성(Interdependence)이나 상호작용의 수준이 높을수록 기능 사이의 상호조정 및 협력이 가능한 팀 조직의 형성이 필요하게 된다.

84. 권력을 효과적으로 사용하는 방법이 아닌 것은?

① 공식적, 비공식적인 면담이나 회의를 통하여 공감대 형성을 강력히 추진한다.

② 반대자를 흡수하고 네트워크를 구축하여 지지 세력을 많이 확보한다.

③ 안건, 일정, 절차, 의논범위, 정보제약 등을 통하여 의사결절정의 전제조건을 통제한다.

④ 명분 및 정당성을 확보하고 관련분야의 전문가가 되도록 한다.
⑤ 권력이 있음을 강하게 표현하여 항상 위엄을 잃지 않도록 한다.

85. 카네기 모델(Carnegie Model)의 조직적 의사결정 과정과 무관한 것은?

① Richard Cyert,James March, Herbert Simon의 연구결과를 기초로 하였으며 제한적 합리성 관점(Bounded rationality perspective)의 개인별 접근방법과 유사한 특성을 갖는다.
② 여러 관리자들 사이에 유대(Coalition-building)를 맺는 것이며 여러 이해관계자들로 부터 광범위하게 지지를 받아 실천력을 높인다.
③ 시간, 자원, 정보의 제약을 극복하는 의사결정 방법이며 의견 및 관점을 상호 활발히 교환함으로서 환경의 불확실성을 줄인다.
④ 여러 관계자 동시만족(satisfycing)의 논리가 아닌 극대화(maximization) 논리로서 의사결정을 한다.
⑤ 상위 층에서 규정과 절차를 초월하여 협상 및 갈등해결을 시도하는 비정형적 정치적 의사결정에 더욱 적합하다.

86. PI 실행을 위한 과정 중 잘못된 것은?

① 기업의 환경을 분석하고 경영전략을 수립한 것을 근거로 PI를 시도한다.
② 전략으로부터 도출된 과제(Task)가 기존의 조직에서 수행될 수 있는지의 여부를 판단하여 기존의 조직의 규모를 가감하는 Re-structuring을 수행한다.
③ Task를 Data와 Process로 나누고 이 Process를 다시 사람이 수행하는 경우와 Application Software가 수행하는 경우로 나눈다. 그리고 이 양자 사이의 PI-matrix를 상세 수준별로 만들어 Long Process를 Core Process로 선정하고 Re-engineering을 수행한다.
④ PI-matrix를 근거로 ERD(Entity Relationship Diagram), DFD(Data Flow Diagram), ODD(Organization Design Diagram)을 만들다. 그리고 이 3자의 경계를 같게 만든다.
⑤ Data를 가장 우선적으로 설정하며 또한 ODD는 DFD에서 자동화나 정보화를 할 수 있는 부분을 제외한 인적자원 부분에 대하여 조직설계 원칙에 입각하여 만든다. ERD > DFD > ODD 순서로 작성한다.

87. 부서 사이의 수평적 권력의 원천에 해당되지 않는 것은?

① 타부서로 하여금 자기 부서에게 dependent 하게 만든다.
② Networking을 확대하거나 이것의 Center가 되도록 한다.
③ 자기부서의 비대체성(non-substitutability)을 높인다.
④ 의사결정을 위한 정보나 전제조건을 잘 통제한다.
⑤ 불확실성을 대처하거나 불확실성을 감소시킨다.

88. 지식경영(Knowledge Management)에 관한 설명 중 잘못 설명하는 것은?

① 형식지(Explicit knowledge)는 외적 자

료에 그 지식의 복사가 가능한 지식으로서 시스템에 의한 데이터 관리의 투자를 중시한다.

② 암묵지(Tacit knowledge)는 인간 자체와 결합되어 외적 자료에 그 지식의 복사가 어려운 지식으로서 인간 네트워크 형성의 접근을 중시하며 암묵지는 형식지로 쉽게 바꿀 수 없는 것이다.

③ 지식경영은 시행착오를 용납하지 않기 위하여 사전에 완벽한 지식의 준비를 강조하는 의사결정의 원리와 관련이 크다.

④ 지식경영은 가치경영의 일부로서 지식의 획득, 개발, 축적이 기업의 전체적인 가치를 증식시킨다는 입장이다.

⑤ 암묵지는 지식과 인적자원의 분리가 어렵기 때문에 직능급제 및 연봉제의 보상체제가 결합되어야 바람직하다.

89. 각 부서 사이의 상대적 권력(Department Power)을 차별화 하는 전략적 주요한 문제인식(Strategic Contingencies) 요인 중에서 오늘날 기업의 환경급변과 가장 관련되는 권력은?

① 타부서가 원하는 것을 보유하여 의존케 하는 능력(Dependency).

② 자금 제공 및 조달 능력이나 수익 창출 능력(Financial Resources).

③ 결정적인 주요 최종 결과물과 직접 관련이 있을 것(Centrality).

④ 비체체성(Non-Substitutability)

⑤ 불확실성을 대처하는 능력(Coping with Uncertainty).

90. 합리적 모델(Rational Model)이나 정치적 모델(Political Model)이 갖는 특징이 아닌 것은?

① 정치는 협상이나 타협을 통하여 여러 조직 내 이해관계자들 사이의 차이를 극복하고 갈등을 극복하는 긍정적인 측면도 있다.

② 환경이 급변하거나 불확실할 때 최고경영층의 경우 이를 극복하기 위한 정치모델이 더욱 요청된다.

③ 합리적 모델은 환경이 안정되고 중앙집권적인 계층적 상황에 적합하다.

④ 정치적 모델은 극대화 논리에 의한 최적해(Optimization)를 구한다.

⑤ 정치적 모델은 빠른 합의(Speedy Consensus)를 구축하는 능력과 관련된다.

91. 학습조직(Learning Organization)과 가장 관련이 적은 설명은?

① 지식이나 아이디어를 기반으로 한 조직이다.

② 문제해결(Problem Solving)보다는 규칙(Rule)과 능율성(Efficiency)에 의하여 조직되었다.

③ 조직 및 구성원의 학습능력을 배양하고 환경에 빠른 대처를 하는 조직이다.

④ 수평적 조직(Horizontal Organization)이며 보다 더욱 전략수립이 상향적(Bottom-up)이고 그 활동이 상당히 분권적인 조직이다.

⑤ 정보의 공유(information sharing), 상징적 리더십(Symbolic Leadership)과 관련된다.

92. 갈등과 관련하여 잘못된 설명은?

① 일반적으로 영업부서는 다양한 신제품을 많이 요구하는 반면 생산 부서는 이로서 너무 원가가 상승하는 것을 우려한다.

② 기술부서는 단일의 표준 규격의 부품을 요구하는 경향이 있는 반면 구매부서는 다양한 부품의 대체를 요구한다.

③ 능력제를 잘못 적용하면 개인 사이, 부서 사이의 치열한 갈등과 불신으로 치닫는다. 그리고 한 부서만 상을 받으면 타부서가 다음에 다른 부서가 그 부서를 잘 도와주지 않는다.

④ 더 큰 공동의 목표를 제시하여 강조하면 더욱 갈등이 심화된다.

⑤ 타부서를 도와주고 협력하는 것을 인사항목으로 평가하여 보상하는 방식은 갈등극복에 도움이 될 것이다.

93. Incremental Decision Making의 설명과 무관한 것은?

① What 보다는 How에 대한 의사결정에 적합하다.

② 주로 대규모의 첨단 복합기술과 관련된 의사결정의 경우이다.

③ 하나의 큰 의사결정은 많은 작은 의사결정의 합으로 이루어진다.

④ 실패는 무가치한 것이 아니라 다음 성공을 위한 학습의 과정으로 본다.

⑤ 의사결정을 위하여 사전의 완벽한 지식의 준비가 필요하다.

94. 기업의 세계화 조직전략과 관련하여 옳지 않는 것은?

① Global Product Structure가 Global Geographic Structure보다 더 진보된 개념이다.

② Globalization Strategy는 주로 국제적 원가절감 전략이다.

③ Multidomestic Stratgy는 주로 국제적 차별화, 고급화 전략이라고 할 수 있다.

④ Transnational Model은 Global Matrix Structure 보다도 Multiple Issues를 중심으로 하여 더욱 다양한 종류의 Center를 포함하고 있다.

⑤ Joint venture나 Consortia는 대규모 투자(또는 위험부담)를 공동으로 감당하거나 대규모 기회를 공동으로 추구하기 위함이다.

95. 조직설계 및 시스템 설계와 관련된 설명 중 가장 잘못된 것은?

① 조직설계(ODD)의 모듈, 어프리케이션 설계(DFD)의 모듈, 데이터베이스설계(ERD)의 모듈의 구획을 근본적으로 달리한다(ODD≠DFD≠ERD).

② Data > Process > Organization의 순서로 permanent한 속성에 대한 신뢰를 부여한다.

③ Process의 Application Module을 Component로서 관리하는 WFMS (Work Flow Management System) 또는 BPMS(Business Process Management System)의 기술발전은 상용 ERP를 대체할 가능성이 크다.

④ 조직설계(ODD)의 모듈과 Application Design(DFD)의 모듈의 경계가 같으면 대상기능이 중복되고 경합하여 오히려 조직혁신 및 시스템 구축을

크게 촉진하게 된다.

⑤ ERP를 위한 PI(Process Innovation)는 과거 기존 시스템의 알고리즘 및 프로세스를 분석하는 것을 생략하는 방법을 택한다.

96. 조직의 Life-cycle 중에서 팀조직으로의 혁신을 가장 필요로 하는 단계(stage)는?

① Entrepreneurial stage
② Collectivity stage
③ Formalization stage
④ Elaboration stage
⑤ Decline(no choice) stage

97. 윤리경영의 실현을 위한 자유로운 비리폭로와 가장 관련 있는 방법은?

① 조직 내에 Ethics Committee를 만든다.
② Whistle Blowing의 제도를 둔다.
③ Punitive Damage Act의 법제정을 한다.
④ Code of Ethics를 만든다.
⑤ Ethical PI를 만든다.

98. Dual-Core Approach의 설명으로서 적합하지 않는 것은?

① Dual-Core Approach는 Technical Core와 Administrative Core가 별도의 영역에 위치함을 의미 한다.
② 조직관리의 핵은 위계상 상부에 위치하고 기술적인 핵은 하부에 위치한다.
③ 기술혁신과 경영혁신은 동시에 같은 곳에서 같은 방향으로 수행되어야 함을 의미한다.
④ 조직혁신은 Top-down의 방식으로 접근하고 기술혁신은 Bottom-up방식으로 접근할 것을 권하는 의미이다.
⑤ 조직관리의 혁신은 기계적인 조직과정으로 기술혁신은 유기적인 조직과정으로 수행할 것을 권하는 의미이다.

99. 21세기 급변하는 기업 환경의 조직 관리의 경향과 거리가 먼 것은?

① 조직과 환경을 통합하는 조직생태계(Ecosystems)의 개념이 강화되고 관계망(web of relationship) 관리가 주요한 경쟁력이 된다.
② 아웃소싱(Outsourcing) 및 수평적 조직관계(horizontal relationship)가 보다 중시된다.
③ 조직사이의 경계가 없는(boundaryless) 큰 그림(big picture)의 넓은 리더십(broad leadership)이 요구된다.
④ 창의성을 중시하고 유연성이 높은 학습조직(Learning Organization)이 관련된다.
⑤ 문화적 통제보다 앞으로 더욱 매뉴얼(manual)이나 프로그램(program)에 의한 통제방법이 요구된다.

100. Win-win Strategy을 잘못 설명하는 것은?

① 적극적으로 네트워크나 파트너십을 구축하기 위한 전략개념이다.
② 지식경영, 아웃소싱, 서비스산업의 경향을 갖는 오늘날 기업 환경의 변동과 관련된다.
③ 대규모 투자(공동노력)와 대규모 기회를 직면하는 오늘날 기업 환경의 특성과 관련된다.
④ 오늘날 기술혁신 및 경영혁신 등을 통한 제3의 영역의 부가가치 창출의 가

능성으로 말미암은 협력적 노사관계도 이러한 전략과 관련된다.

⑤ 비공개적 접근이나 위협을 적극 활용하여 승리를 더욱 굳히는 전략이다.

101. 조직행동론과 관련이 가장 적은 것은?

① Behavioral Science 및 Closed System이론과 관련이 크다.

② 인사관리(혹은 인적자원관리)와는 연구대상이 같아도 종합학문적 방법론의 특징을 토대로 새로이 생겨난 학문 분야이다.

③ 기능(Function)과 원리(Principle)를 통합하는 경향이 있다.

④ 거시(Macro)와 미시적(Micro) 접근을 통합하려고 한다.

⑤ 구조적(Synchronic) 접근과 역사적(Diachronic) 접근의 통합을 시도한다.

102. 조직행동론에 관한 다음의 설명 중에서 가장 그럴 듯 하지 않는 것은?

① 조직현상은 매우 삶의 보편적인 현상으로서 인간의 행복과 불행, 성공과 실패를 결정짓는 요인이기 때문에 직접 조직경험 뿐만 아니라 간접 조직경험의 활용도 모두 중시해야 한다.

② 사회학, 심리학, 문화인류학이 그 기초과목으로서 매우 밀접하다.

③ 종합인식의 능력(Conceptual Skill)의 비중은 기업의 규모가 크고 지위가 높을수록 기술기능적 능력(Technical Skills) 보다 많아지는 경향이 있다.

④ 조직행동론은 1920년경에 종합학문의 방법론에 의하여 나타난 역사가 오래된 학문이다.

⑤ 환경이 급변함에 따라 거시적인 조직혁신, 조직전략, 인력개발 등의 변혁적 측면이 점차 중시되어 간다.

103. 다음 조직관리이론의 패러다임 변동에 관한 설명 중 잘못된 것은?

① Scientific Management theory는 Efficiency를 중시한다.

② Human Relations는 Satisfaction을 중시한다.

③ Situational Theory는 Situation을 중시한다.

④ Critical Theory는 Employee에 대한 효율적인 통제방법에 관심이 크다.

⑤ Learning Organization Theory(혹은 Zerobase Theory)는 자동화 정보화 기술에 의한 Innovation에 관심이 많다.

104. 아래의 조직관 중 조직의 본질을 설명하는 관점이 아니 것은?

① 기능적(Functional) 조직관

② 비판적(Critical) 조직관

③ 교환적(Exchange) 조직관

④ 동양적(Oriental) 조직관

⑤ 문화적(Cultural) 조직관

105. 다음 조직관리이론의 패러다임 중에서 행태주의 심리학(Behaviorism)과 가장 관련이 깊은 것은?

① 과학적관리론

② 인간관계론

③ 상황이론

④ 비판이론

⑤ 제로베이스이론(학습조직이론)

106. 각 심리학의 패러다임에 관한 설명 중 잘못된 것은?

① Psycho-analytic Psychology는 성격이론에 대한 기여도가 크다.

② Behaviorism Psychology는 자극(Stimulus)과 반응(Response)에 관한 이론으로서 행위나 태도의 변동문제와 밀접한 관련이 있다.

③ Humanistic Psychology는 자아발달단계 및 Conditioning 이론 등과 관련이 크다.

④ Cognitive Psychology는 두뇌의 법칙의 규명에 대한 관심이 크다.

⑤ Cognitive Psychology에는 Dissonance theory, Attribution theory, Self-perception theory, Impression Management theory가 포함된다.

107. 고전적 조건화(Classical Conditioning)와 관련이 가장 적은 설명은?

① 과학적 관리이론의 차별성과급제와 관련이 있는 원리이다.

② 조직의 틀을 유지시키는 구조적 관성(Structural Inertia)의 문제와 관련이 있다.

③ 러시아의 Pavlov가 발견한 원리로서 유기체의 비조건화된 본능의 반응을 전제로 시작한다.

④ 중성자극이 조건화된 자극이 되어 조건화된 반응을 일으킬 수 있는 능력이 붙는다. (공식; UCS-UCR / CS-CR)

⑤ 어린아이들이 언어를 배우는 과정이나 동물들의 사육의 원리가 되기도 한다.

108. 자극과 반응이론(S-R이론)과 가장 관련되지 않는 내용은?

① 장기적인 태도, 동기, 행위의 변동과 관련된다.

② 초기의 기본이론으로서 고전적 조건화(Classical Conditioning)이론과 조작적 조건화(Operant Conditioning)이론이 있다.

③ 초기이론의 대표적인 학자는 Bandura이다.

④ S-R이론은 지나치게 환경결정론적이며 비인간적인 접근방법으로서 비판을 받기도 한다.

⑤ Social Learning Theory는 대리학습 또는 모델학습과 관련되는 후기 S-R 이론이다.

109. Kast Rosenzweig이 제시한 조직의 하부시스템의 분류방식으로서 가장 해당되는 것은?

① 환경, 목적, 조직구조, 기술 및 기능, 사회심리 및 문화, 경영층의 전략.

② 환경, 목적, 조직구조, 마아케팅, 생산, 재무.

③ 목적, 인사, 조직구조, 공학기술, 생산, 재무.

④ 인사, 조직, 마아케팅, 회계, 재무, 생산, 공학기술.

⑤ 인사, 마아케팅, 회계, 재무, 생산, 공학기술.

110. 조작적 조건화(Operant Conditioning)과 가장 관련이 적은 설명은?

① 도구적 조건화(Instrumental Conditioning)이라고도 불리운다.

② 다양한 행위 중에서 긍정적(positive) 강

화의 자극을 준 행위의 가능성이 높아지고 그렇지 않은 행위의 가능성은 낮아진다.(공식; R-S'-R'↑)

③ 와 승진, 보상 등 기업의 인센티브 제도관련이 있다.

④ "좋은 결과를 낳는 방향으로 행위가 변한다"는 Thorndike의 효과의 법칙(Law of Effect)과 관련이 있다.

⑤ Goffman에 의하여 정리된 원리이다.

111. 사회학습이론(Social Learning Theory)의 특징과 무관한 것은?

① 귀인이론(Attribution theory)과 결합하여 자주 동기유발 현상을 설명하기도 한다.

② 행태주의 심리학(Behaviorism)과 인본주의 심리학(Humanistic Psychology)과의 중간형태라고도 볼 수 있다.

③ 자극과 반응 사이의 매개변수적 기능을 포함시켰다.(S-O-R 방식).

④ 매개변수적 내적 기능의 내용은 머릿속에 지각된 S-R관계라고 볼 수 있다.

⑤ 사회학습이론의 대리학습, 관찰학습의 특성을 갖는다.

112. 다음 개방시스템(Open System)의 특징 중에서 가장 대표적인 기본적인 특징은?.

① 전체성(wholeness).

② 투입 변환 - 산출(input-transformation-output).

③ 피드백(feedback).

④ 분화(differentiation).

⑤ 균형(equilibrium).

113. 다음 중 가장 강력한 Reinforcement Schedule은?

① Fixed Interval

② Variable Interval

③ Fixed Ratio

④ Variable Ratio

⑤ Variable Interval과 Variable Ratio의 결합

114. Goal Setting Theory에 대한 설명과 다른 것은?

① 목표설정 그 자체가 일에 대한 관심 증대, 노력의 집중, 역경극복의 인내, 창의적인 전략 및 방법 추구 등으로서 동기유발의 효과가 있다.

② 불가능하거나 도전적인 목표를 설정하는 것이 아니라 처음에는 아주 쉬운 목표를 설정하는 것이 동기유발에 중요하다.

③ 가급적 구체적이고 계량적인 목표를 설정하는 것이 중요하다.

④ 목표관리(M.B.O)은 부하들이 수용하거나 합의(consensus)를 더욱 강조하는 특징이 있다.

⑤ 일의 수행결과에 대하여 잘했는지 못했는지 Feedback하는 것이 중요하다.

115. 공정성이론(Equity theory)에 관한 설명 중 해당되지 않는 것은?

① Radical Behaviorism이론이 적용된다.

② 비교이론(Comparison theory)을 중시한다.

③ 교환이론(Exchange theory)이 적용된다.

④ 인지부조화이론(Dissonance theory)이 적용된다.

⑤ 절대보상 수준이 높지 않아도 공정성만으로도 동기유발이 되는 경우를 설명할 수 있다.

116. Vroom의 Expectancy Theory의 설명과 틀린 것은?

① Goal Setting Theory를 Ability에 결합시키고 Equity Theory를 Instrumentality와 결합시키면 더욱 통합적인 모형으로 나아갈 수 있다.

② 동기유발이론의 Process이론 보다는 Content이론에 더 가깝다고 볼 수 있다.

③ 성과는 능력(Ability), 보상가치인식(Vr), 도구성(Instrumentality), 결과기대(Expectancy)의 4개의 변수의 값을 높이는 것을 종업원 동기유발을 위한 관리자 지침으로 제시 되고 있다.

④ Porter & Lawler는 공정성 변수 때문에 Vroom의 "만족→성과"의 사고방식을 비판하면서 "성과→만족"의 인과관계가 더 옳다고 그 대안을 주장하였다.

⑤ Reinforcement Theory 보다 더욱 미래지향적인 기대개념을 사용하고 있다.

117. 아래 동기유발에 관한 설명 중 잘못된 것은?

① 내용이론(Content theory)은 주로 인간의 욕구(needs) 자체에 관한 연구를 중시하는 반면 과정이론(Process theory)은 그 욕구를 충족시키는 만족과정(satisfaction) 및 기대(expectancy)에 관심을 갖는다.

② Maslow학자는 인간관계론(Human Relations) 학파에 속하는 동시에 인지심리학자(Cognitive Psychologist)의 대표로서 욕구단계설(Needs Hierarchy theory)을 주장하였다.

③ 직무특성이론(Job Characteristics theory)은 Hackman과 Oldham이 주장한 것으로서 직무 특성 자체가 동기유발에 영향을 줄 수 있음을 나타낸다.

④ Vroom의 Expectancy theory는 능력 및 보상에 대한 기대(expectancy)가 동기유발에 많은 영향을 미친다고 보았다.

⑤ Pfeffer가 주장하는 Information Processing theory는 어떤 정보나 해석체계를 만나 새로운 의미를 깨닫게 되면 인간의 욕구 자체가 근본적으로 변하며 동기가 유발된다고 보고 있다.

118. Freud의 정신분석학파와 가장 적합지 않은 설명은?

① 성격의 본질은 현재적 진행의 의식(Consciousness)이 아니라 오히려 역사적인 누적치의 무의식(Unconsciousness)이라고 본다.

② 본능(Id)에 대한 초자아(Superego)에 의한 억압구조의 역사적 누적치(storage)는 마치 나무의 나이테처럼 인간의 무의식의 세계를 구성한다.

③ 자아(Ego)는 생각, 절충, 교환 등의 이성(Reason)적 활동을 의미하며 이 기능을 활성화시켜 ID와 Superego의 갈등을 중간에서 풀거나 조화시킨다.

④ Freud는 사회적 규범의 내면화(Internalization)에 의하여 형성되는 Superego의 힘이 본능에 의하여 형성되는 Id의 힘을 완전히 압도하면 바람직한 현상이라고 보고 있다.

⑤ Freud는 그 당시에 성적 해방 및 종교적 금기의 해방을 주장함으로서 비판을 많이 받았다.

119. Job Characteristics Model(혹은 MPS 이론)에 관한 개념 중에서 재량권(discretion) 및 책임(responsibility)와 관련된 것은?

① Skill Variety
② Task Identity
③ Task Significance
④ Autonomy
⑤ Feedback

120. 인간의 가장 내면적 미시적인 접근에서부터 외면적 거시적 접근의 방향으로 개념들을 올바르게 나열한 것은?

① 동기-태도-성격-행위-집단-사회
② 태도-성격-동기-행위-집단-사회.
③ 성격-동기-태도-행위-집단-사회.
④ 동기-성격-태도-행위-집단-사회.
⑤ 성격-태도-동기-행위-집단-사회.

121. 심리학의 주요한 4가지 관점이 부상해 온 시대를 순서대로 잘 배열한 것은?

① 정신분석학파(Psychanalysis) - 행태주의 심리학(Behaviorism) - 인본주의 심리학(Humanistic Psychology) - 인지심리학(Cognitive Psychology).
② 정신분석학파-인본주의 심리학-행태주의 심리학-인지심리학.
③ 행태주의 심리학- 정신분석학파-인지심리학- 인본주의 심리학.
④ 인본주의 심리학-정신분석학파-행태주의 심리학-인지심리학.
⑤ 정신분석학파-행태주의 심리학-인지심리학-인본주의 심리학.

122. 가장 외적결정론적인 특징이 강한 심리학의 관점은?

① 인본주의 심리학.
② 정신분석학파.
③ 인지심리학.
④ 행태주의 심리학.
⑤ 모두 유사하여 해당사항이 없다.

123. 진리가 될 가능성, 즉, 학문적 가치가 높은 이론을 위한 방법과 무관한 것은?

① 이론을 만든 자의 가치관, 관점, 문제 인식, 배경이 잘 밝혀질 수 있을 때.
② 개념의 정의, 명제의 증거, 이론 체계의 논리성에 문제가 없을 것.
③ 이론이 도출되기까지의 과정이이나 절차가 밝혀져 오류검증(falsification)이 가능할 때
④ 대다수에게 그럴듯 함(plausibility)의 수준을 높일 것.
⑤ 연구방법론, 연구자, 연구 시간, 연구 대상 등에 대하여 다각도 접근(Multi-approach)를 시도할 때.

124. 성격 발달에 미치는 아래의 영향중에서 유기체의 타고난 내적 요인에 해당되는 것은?

① 생리적 특징(physiology).
② 문화(culture).
③ 가족과 집단(family and group).
④ 역할(role)
⑤ 상황(situation).

125. Maslow의 욕구단계설에서는 어느 욕구를 가장 고차적인 욕구로 보았는가?

① Self-actualization
② Esteem
③ Affiliation
④ Security
⑤ Physiological need

126. 자존심(Self-esteem, 혹은 Self-Efficacy)와 관련되지 않는 설명은?

① 자존심은 자기 가치 및 자기 능력에 대한 인식이며 자신의 매력의 정도와 존경받을 가능성에 대한 확신의 정도를 말한다.
② 자존심이 높은 사람은 서로 정을 주고받기가 쉽다.
③ 자존심이 높은 사람은 목표설정이 높고 성취동기가 높다.
④ 자존심이 높은 사람은 모험심이 약하다.
⑤ 자존심이 높은 사람은 직무만족 수준이 높다.

127. 탓 의식(Locus of Control)과 관련된 설명으로 잘못된 것은?

① 자기운명의 자기통제 수준과 관련된다.
② 내적 귀인을 하는 사람은 동기유발이 높고 도전적 모험적이다.
③ 내적 귀인을 하는 사람은 노력과 성과 사이의 관련성의 인식이 강하다.
④ 내적 귀인을 하는 사람에게는 민주형의 관리가 적합하다.
⑤ 외적 귀인을 하는 사람에게는 권위형의 관리나 약한 인센티브 제도가 알맞다.

128. 동기유발이론에 대한 설명으로서 옳지 않은 것은?

① Need-Satisfaction Theory는 정신적, 무한공헌, 욕구의 동태적 접근의 특징을 갖는다.
② Need-Satisfaction Theory는 추가욕구의 충족과정에서 동기유발이나 행위유발이 가능하다고 보는 논리이다.
③ 동기유발의 Content Theory으로는 욕구체계에 관한 이론으로서 Maslow의 욕구단계설(Need Hierarchy Theory)이 대표적이다.
④ 동기유발의 Process Theory로는 Vroom의 Expectancy Theory가 여기에 속한다.
⑤ Social Information Processing Theory는 문화(culture), 커뮤니케이션(communication), 의미(meaning)를 중시한다.

129. Maslow의 욕구단계설 이론의 단점이 아닌 것은?

① 비실증적 비과학적인 경향이 있다.
② 비사회적, 비역사적이다.
③ 동물에게 적용되는 원리를 인간에게도 그대로 적용하여 인간을 인간답게 보지 못했다.
④ 실제로는 욕구사이의 구분이 그렇게 명확하지 않으며 또한 순차적으로 나타나는 것이 아니다.
⑤ 실패와 성공을 개인책임으로 돌리고 있다.

130. 인본주의 심리학(Humanistic Psychology)과 관련되는 내용 중 잘못된 것은?

① Maslow는 욕구의 5단계를 주장하였으며 특히 이중에서 자아실현욕구(Self-actualization need)는 인간의 주체성, 능동성 창의성을 나타내는 가장 고차적인 욕구로서 개인의 주요한 성공요인이 된다고 보았다.
② McClelland는 대개 성취동기욕구(Achievement need)가 높은 국민들이 경제발전을 이루었고 또한 이 성취동기욕구는 올바른 교육에 의하여 학습될 수 있다고 보았다.
③ Kohlberg는 개인의 자아발달이 어릴 때부터 나이를 먹어감에 따라 가장 영향력 있는 행위의 기준이 6단계로 점차 성숙되어 간다고 제시하였다.
④ Vico는 인류의 문화가 역사의 흐름을 따라 거시적으로 볼 때 Firstamn, Heroic Nature, Human Nature의 3단계로 휴머니즘의 종착지를 향하여 성숙해 간다고 보았다.
⑤ 인본주의 심리학은 개인의 자아나 인류의 문화의 발전 수준을 평가하는 기준을 제시하지 못하는 이론적 약점을 지닌다.

131. 동기유발 이론들 중에서 Need-Satisfaction theory의 계통과 Information Processing theory의 계통 사이를 비교 설명한 것 중 잘못된 것은?

① Need-satisfaction theory는 욕구체계를 사전에 전제하며 어느 욕구를 추가적으로 충족시켜 가는 과정에서 새로운 동기나 행위가 유발된다고 보는 입장이다.
② Need-satisfaction theory는 교환(Exchange)의 개념으로 설명되며 욕구만족이 이루어지는 범위만큼 유한(有限)적 동기유발이 이루어지는 이론이다.
③ Information Processing theory는 오늘날 조직문화와 그 해석과정의 영향력을 중시하는 과거의 전통적인 동기유발 패러다임이다.
④ Information Processing theory는 욕구체계를 사전에 전제하는 것이 아니라 어떤 정보와의 만남과 깨달음에 의하여 인간의 욕구체계 자체가 근본적으로 변함을 주장한다.
⑤ Information Processing theory는 의미(Meaning)의 추구에 의한 무한(無限)적인 더욱 강력한 동기유발을 주장한다.

132. 직무급(Job-based pay)와 직능급제(Skill-based pay)에 관한 설명 중 잘못된 것은?

① 직무급은 보상을 직무에 결부시키는 반면 직능급은 보상을 사람의 능력에 결부시킨다.
② 기술 환경이 급변하고 불확실해지면 직무급보다는 직능급의 비중을 더욱 크게 하는 것이 보다 바람직하다.
③ 직무급은 직능급 보다 인력 활용의 유연성을 더욱 크게 한다.
④ 직능급에서는 다능직능(multiple skills)이 더욱 바람직하며 오늘날 노동시장의 발달로 인한 연봉제와는 관련이 있다.
⑤ 직능급의 발달은 인력개발 및 자기개발을 더욱 촉진하고 노사갈등을 줄이는 효과가 있다.

133. Kohlberg의 자아발달론에서 행위의

가장 중요한 결정기준으로 본 자아발달의 순서를 올바르게 배열한 것은?

① 벌-상-규범-정의-양심-휴머니즘.
② 벌-상-규범-양심-정의-휴머니즘.
③ 상-벌-규범-양심-정의-휴머니즘.
④ 상-벌-규범-휴머니즘-정의-양심.
⑤ 벌-상-양심-정의 규범-휴머니즘.

134. 인본주의 심리학(Humanistic Psychology)에 대한 잘못된 설명은?

① 역사심리학자인 Vico는 인류의 문화적 정신적인 역사발전단계를 Firstman단계, Heroic Nature단계, Human Nature의 단계의 3단계를 제시하면서 역사의 방향성 또는 그 종착점을 설명하였다.
② 욕구단계설을 제창한 Skinner가 가장 대표적인 학자이며 실존주의 철학과 관련이 있다.
③ Kohlberg의 자아발달론은 개인의 자아의 성장과정을 말하고 있으나 Vico의 정신적 문화적 인류역사의 발전단계와 흡사한 성격과 방향성을 갖고 있다.(Precoventional - Conventional - Postconventional)
④ 정신적인 측면에서도 육체적인 측면과 마찬가지로 개체발생은 계통발생을 반복한다고 볼 수 있다.
⑤ 인본주의 심리학은 S-R이론을 비인간적인 심리학이라고 비판하며 이에 대한 반발로서 나타났다.

135. 다음 설명 중 잘못된 것은?

① Classical Conditioning은 Unconditiond stimulus-Unconditiond response사이의 관계가 반복될 때 마다 중성자극(Neutral stimulus)을 결합시키면 이 중성자극에게도 같은 반응(response)을 일으킬 수 있는 능력이 붙는다는 원리이다.
② Reinforcement Schedule은 강화의 효율성 문제(R'↑/S')의 극대화(maximization)와 관련 된다.
③ Bandura의 Social Learning Theory는 후기의 Radical Behaviorism으로서 모델학습, 대리학습, 관찰학습과 밀접한 관련이 있다.
④ Classical Conditioning Theory는 조직의 관성(Inertia) 문제와 관련이 있다.
⑤ Operant(혹은 Instrumental) Conditioning Theory는 인간관계론과 밀접한 관련이 있다.

136. 선택적 주의(Selective Attention)를 기울이게 만드는 요인 중에서 내적 영향력(Internal Influences)에 해당되는 것은?

① 크기(size)나 강도(intensity).
② 반응자의 욕구, 필요성 및 과거의 지식이나 경험 등에 의한 준거틀(Frame of Reference).
③ 상황과 관련된 대조효과, 신기함, 친숙함.
④ 움직임(motion)
⑤ 반복(repetition).

137. 지각의 방어기제(Defense Mechanism)에 관한 설명 중 틀린 것은?

① Festinger의 인지부조화이론(Cognitive Dissonance Theory)과 가장 밀접한 관련이 있다.
② 인지구조가 일관성 및 통일성을 유지

하려고 한다는 가정에 입각하여 있다.

③ 위협을 주거나 받아들이기 어려운 자극들을 취사선택하거나 왜곡시키거나 무시함으로서 자신의 인지구조의 통일성을 보호한다.

④ 최초의 신념이나 태도를 보호하기 위하여 때때로 허위의 정보를 창출하거나 의사 결정 후 자신을 합리화(justification) 하기도 한다.

⑤ 인지부조화를 느낄 경우에 자극이 강하면 강할수록 태도변화의 반응이 커진다.

138. 다음의 내용 중에서 가장 그럴 듯 하지 않는 내용은?

① 최초의 신념과의 차이가 큰 변화 요구를 하면서 강한 자극을 주면 그 요구가 유사한 경우 보다도 인지부조화(Dissonance)를 더욱 느껴서 S-R이론의 반응과 상반되는 방어기제(Defense Mechanism) 현상이 나타난다는 Fishbein의 주장이 있다.

② Kelley의 귀인이론(Attribution Theory)에 의하면 자극이 클 경우에 탓을 돌릴 수 있는 행위의반대편에 자신의 진심이 있다고 인식하여 최초의 태도의 변화가 잘 이루어지지 않는다고 해석한다.

③ Bem의 자기지각이론(Self-Perception Theory)은 남이 자기를 어떻게 생각하느냐의 대인지각의 해석체계와 모순이 없는 방향에 자기의 진심을 위치시킨다고 본다. 즉 자극이 큰 경우에 이루어진 행위를 타율적 행위(Managed Behavior)로서 타인들이 해석하기 때문에 행위의 반대쪽에 그 진심을 위치시킨다.

④ Goffman의 인상관리이론(Impression Management Theory)은 인지심리학의 인지일관성이론(Cognitive Consistency Theory)과 관련되는 이론으로서 이중(二重) 자아의 개념을 도입한다.

⑤ Goffman은 일관성(consistent) 있는 행위나 태도를 유지하는 이점과 이것의 코스트(cost) 사이의 상호비교를 통하여 사람들이 합리적 선택을 한다고 본다.

139. 귀인이론(Attribution Theory)과 관련이 없는 것은?

① 어떤 행위나 사건의 원인이 되는 탓을 어느 곳에 돌리는 인식에 관한 이론이며 크게 내적 귀인과 외적귀인으로 나누어 볼 수 있다.

② 귀인이론은 자기운명 통제에 관한 의식의 수준을 나타낸다.

③ 귀인이론에 관한 지각은 동기유발 및 미래의 행위에 영향을 준다.

④ 만약에 한번 승진한 사람이 그 자기 승진의 원인을 성과에 귀인 하는 지각을 강하게 하고 앞으로 더욱 승진하기를 원한다면 다음에 높은 성과를 내려는 동기가 생길 것이다.

⑤ 일반적으로 타인이 잘한 것은 내적 귀인을 하고 자기가 잘한 것은 외적 귀인을 하는 경향이 있다.

140. 개인적 차이를 고려하는 문제와 관련하여 가장 잘못된 설명은?

① 일의 특성의 차이와 사람의 특성의 차이를 유사하도록 연결시키는 것은 인사관리의 주요한 기능들의 본질이

된다.

② 개인적 차이를 잘 고려하면 적재적소의 배치에 도움이 된다.

③ 의욕(동기), 능력(기술)는 사전적으로, 성과는 사후적으로 인사평가를 할 때의 3가지의 주요 영역이다.

④ 첨단기술시대에는 점차 근로자의 능력(기술)의 평가의 중요성이 의욕(동기)의 중요성 보다 더 커지는 경향이 있다.

⑤ 경영관리의 복잡성이 커지는 것은 개인 및 조직문화간의 특성 차이와 무관하다.

141. 직능급제에 대한 다음 설명 중 옳지 않는 것은?

① 직능급제(Skill-based Pay)는 노동시장의 발달과 관련이 많다.

② 직능급제는 연봉제의 가장 본질적인 부분이다.

③ 직능급제는 직무가 아니라 사람의 능력과 결부된 보상제도이다.

④ 직능급제의 적용이 성공하면 임금피크제의 도입의 필요성이 줄게 된다.

⑤ 직능급제를 적극적으로 접근하면 유능한 핵심적 기술 인력을 밖으로 유출하게 된다.

142. 자극과 반응이론(S-R이론)과 가장 관련되는 정신질환의 치료방법(Therapy)은?

① 무의식의 세계를 관찰하여 본능의 억압구조의 실마리를 찾아내어 의식화시킨다.

② 상벌메카니즘이나 강화의 자극체계를 통하여 행위나 태도를 원하는 방향의 모델로 주조시키거나 변화시킨다.

③ 정신질환자를 이해하고 친구가 된다.

④ 정신질환자의 삶의 형태도 어려운 한계상황에서의 한 적응형태로 보는 긍정적인 관점을 갖는다.

⑤ 잘못된 두뇌속의 지식체계의 팻키지를 바람직한 방향으로 바꾼다.

143. 동기유발과 관련하여 Need-Satisfaction Theory와 Information Processing Theory와의 차이점이 아닌 것은?

① 전자는 욕구의 구조를 전제하여 이를 추가로 충족하는 과정에서 동기가 유발된다고 본다.

② 후자는 새로운 정보를 접하고 새로운 해석을 통한 깨달음으로 사람의 욕구체계의 변혁을 강조한다.

③ 전자는 인간을 만족추구의 존재로 가정하는 반면 후자는 인간을 의미추구의 존재로 가정한다.

④ 후자는 첨단기술시대에 창의력을 발휘시키는 학습조직(Learning Organization)이나 문화적 통제(Clan Control)와 관련이 된다.

⑤ 과학적 관리이론(Scientific Management)과 인간관계론(Human Relations)은 후자에 속한다.

144. Vroom의 Expectancy-Valence Theory에 대하여 틀린 설명은?

① 성과가 만족을 유발한다는 사고방식이다.

② Behavior=f(A, I, E, Vr)이며 Motivation =f(Vr, I, E).이다. (이 경우 A=Ability, Vr= valence of reward, I= Instrumentality,

E=Expectancy).

③ Goal-setting theory는 Ability 부분의 Role clarity와 결합될 수 있다.

④ Equity Theory는 Instrumentality부분에 결합될 수 있다.

⑤ 관리자가 동기유발을 시키는 points를 제시하는 개념적 틀을 제공한다.

145. 지각과정(Perceptual Process)과 관련된 설명 중 잘못된 것은?

① 현상학(Phenomenology)은 인간의 주관적 지각에 의한 재구성물을 강조하고 인간의 객관적 진리의 추구의 근본적 한계를 지적하였다.

② 현상학에서는 인간이 말하는 객관성이란 간주간성(Inter-subjectivity)를 의미하여 궁극적으로 객관적 과학의 성립이 불가능함을 말하였다.

③ 준거틀(Frame of reference)이란 지각을 할 때 선택적 지각을 하는 근원이 된다.

④ Gestalt 학파는 통일된 지각, 지각의 통일화에 대하여 연구를 하여 준거틀의 형성에 대한 이론을 뒷받침 하였다.

⑤ Gestalt 학파는 후기 S-R이론과 함께 인본주의 심리학의 형성과 가장 밀접한 관련이 있다.

146. 권위주의 성격(Authoritarian Personality)에 관한 설명과 가장 무관한 것은?

① Freud 정신분석학파에게는 일종의 정신질환으로 파악된다.

② 권위주위 성격은 상위의 권위에는 맹종하나 하위의 권위에는 잔인할 수 있는 성격이다.

③ 상위의 명령이 권위주의 추종자들을 통하여 하위에서는 축소되어 실시된다.

④ 마음속에 불신, 증오, 공포가 심하며 또한 도피심리가 작용하고 있다.

⑤ 폐쇄적 독선적이 될 가능성이 많으며 엄격하고 경직된 감독 하에서 성과가 높다.

147. 동기유발이론에 대한 내용 중 설명이 잘못된 것은?

① Need-Satisfaction theory는 의미부여에 의한 욕구체계 자체의 변동을 추구하는 반면에 Information-Processing theory는 욕구체계의 내용을 사전에 전제하는 특징을 갖는다.

② Need-Satisfaction theory는 Exchange 이론의 성격인데 비하여 Information-Processing theory는 Meaning부여를 하는 이론의 성격을 갖는다.

③ Need-Satisfaction theory는 비교적으로 유한(有限) 공헌의 동기를 유발하는데 비하여 Information-Processing theory는 무한(無限)의 동기유발을 하는 이론의 속성을 갖는다.

④ Maslow의 Need-Hierarchy theory는 실증성 및 역사성, 사회성이 결여되나 인간의 인간다운 점인 능동성, 주체성을 강조하였다.

⑤ Alderfer의 ERG이론은 3가지 욕구가 동시다발적으로 만족과 좌절의 2방향으로 움직인다고 보았으며 욕구 사이의 hierarchy의 개념은 포기하였다.

148. Adams의 Equity Theory에 관하여 잘못 설명한 것은?

① Comparison theory, Exchange theory, Dissonance theory가 결합하였다.
② 내가 노력한 대가가 타인이 노력한 대가와 같다고 느껴지지 않으면 인지부조화를 느끼게 되며 이 인지부조화를 해소하려는 방향으로 나아간다.
③ 내가 노력한 대가가 타인이 노력한 대가보다 적다고 느끼면 노동의 강도를 줄이거나 품질을 저하하게 만드는 경향이 있다.
④ 노사분규의 정도는 절대적 보상의 박탈감에 영향을 받으며 상대적 보상의 Equity Theory와는 관련이 없다.
⑤ 내가 노력한 대가가 타인이 노력한 대가와 같다고 느껴지지 않으면 이직하거 비교대상을 교체 또는 포기하는 경우도 있다.

149. 인본주의(Humanistic Psychology) 심리학과 관련이 적은 것은?
① 인간관계론(Human Relations).
② McGreger의 X이론, Y이론
③ Argyris의 Maturity theory
④ Herzberg의 Two factor theory
⑤ Kelley의 Attribution Theory

150. Bounded Rationality Decision Making의 특징을 Rational Decision making과 대비하여 잘못 설명한 것은?
① 직관(Intuition)을 더 많이 활용한다.
② 어떤 안(案)이 채택이 되지 않으면 그 다음 대안을 하나씩 순서적(sequential)으로 검토한다.
③ 환경이 보다 불안정하고 복잡할 때 적용한다.
④ 판단기준(criteria)를 미리 설정해 두고 안(案)의 수락여부를 결정한다.
⑤ 의사결정을 위한 시간과 돈 노력이 충분할 때 적용한다.

151. Hersey & Blanchard의 Life-cycle 리더십 이론을 잘못 설명하는 것은?
① 구조성(Initiating structure)과 관계성(Consideration)의 2차원으로 만든 오하이오 대학의 리더 스타일의 4가지 구분을 활용하고 있다.
② 상황변수는 조직구성원들이 리더를 존경하고 잘 따르는 성숙도(maturity)의 변수이다.
③ 상황변수를 포함하여 전체적으로 3차원적인 접근이다.
④ 리더십 스타일과 상황변수의 적합성이 있으면 성숙도가 증가하고 비적합적이면 성숙도가 떨어진다.
⑤ Fiedler의 Contingency 리더십 이론과 그 결론이 서로 같다.

152. 리더십 이론에 관한 설명 중에서 가장 잘못된 것은?
① 전통적 리더십 이론은 크게 리더십 특성이론(Trait theory), 행위이론(Behavioral theory), 상황이론(Situational theory)의 셋으로 나누어 볼 수 있다.
② 리더십 특성이론은 리더의 육체적 정신적 특성과 리더십 성과와의 관련성을 연구하여 성공적인 리더의 고정적인 조건을 규명한 것이지만 반면에 리더십 행위이론은 인간관계론 학파의 영향 하에서 리더가 인간적 측면을 강조하는 리더의 스타일을 선택할 때 누구나 바람직한 리더가

될 수 있다는 고정된(fixed) 방향성을 제시하고 있다.

③ 큰 조직의 상위계층은 의미부여의 상징적 리더십, 중간계층은 인간관계 중심의 리더십 그리고 하위계층은 상벌 메카니즘의 리더십의 특성이 상대적으로 강한 편이다.

④ 리커트(Likert) 중심의 미시간(Michigan) 대학의 이차원적 접근인 리더십 모델과 플레이쉬만(Fleishman) 중심의 일차원적인 오하이오(Ohio) 대학의 리더십 모델은 리더십 행위이론에 속한다.

⑤ 리더십 상황이론은 상황에 따른 신축성 있는 리더의 스타일을 선택할 경우에 누구나 성공적인 리더가 될 수 있으며 Hersey & Blanchard의 Life - cycle theory와 Fiedler의 Contingency theory이 여기에 해당된다.

153. Fiedler의 Contingency 이론과의 설명이 다른 것은?

① 상황변수를 Leader-member relations, Task structure, Position power의 3차원으로 분석하였다.

② 이 상황변수들의 결합은 8가지의 경우수로 세분화하여 호조건(favorableness)의 경우와 악조건(Unfavorableness)의 경우로 순서대로 배열하였다.

③ 리더의 특성으로서 LPC(Least Preferred Co-worker) 값을 구하였는데 이것은 리더가 조직 내에서 가장 싫어하는 사람을 어느 정도로 좋게 평가하느냐의 점수이다.

④ 상황변수가 매우 호조건의 경우나 매우 악조건의 경우에는 낮은 LPC의 Task-oriented 리더 스타일과 관계 할 때, 반면 중간 수준의 호조건의 경우는 높은 LPC의 Relationship- oriented 리더 스타일와 관계 할 때에 성과가 가장 높을 것이다.

⑤ Fiedler의 Contingency theory의 이론은 가장 호조건의 상황일 때 위양형(delegating)의 리더십 스타일이 적합하다고 주장하고 있다.

154. Transformational Leadership과 관련된 설명으로서 가장 거리가 먼 것은?

① Transactional Leadership은 규범적이거나 거래적 관계를 중시하지만 Transformational Leadership은 신뢰, 신념, 충성심 등 정신적 관계를 중시한다.

② Transactional Leadership은 추종자들의 이해관계에 따라 공헌도가 무한이지만 Transformational Leadership은 그 공헌도가 거의 유한적이다.

③ Transactional Leadership에는 리더십 특성이론, 행위이론, 상황이론이 포함된다.

④ Transformational Leadership의 부각은 조직이 중앙집권적인 관료조직에서 분권화(decentralization)의 혁신적 경향과 관련된다.

⑤ Transformational Leadership은 상징적 리더십과 관련이 있으며 기업문화에 기반을 둘 때 강력한 리더십을 발휘할 수 있다.

155. 직능급제(Skills-based Compensation)와 관련된 설명 중 틀린 것은?

① 사람의 능력(Ability)과 결부하여 보

상을 주는 방법이다.

② 연봉제(Annual salary)의 가장 중요한 근거가 되며 노동시장의 발달과 관련이 있다.

③ 다능직능(multiple skills)은 인적자원의 활용의 유연성과 관련이 있으며 Re-engineering 조직 변동일 때 더욱 그 필요성이 증대된다.

④ 기업 환경의 불확실성이 높아짐에 따라 연공급제(Seniority-based) 및 성과급제(Performance-based)로 부터 직능급제(Skills-based)와 직무급제(Job-based)로 바뀌고 있다.

⑤ 직능급제는 인력개발을 촉진하여 노사분규를 줄이는 대체적(代替的) 효과도 있다.

156. 합리적 의사결정(Rational Decision Making)의 전제조건이 아닌 것은?

① 지식이나 정보의 충분성.

② 결과 예측의 충분성.

③ 모든 대안들의 동시적 검토의 노력 가능성.

④ 조직구성원 모두의 최소한의 만족의 원리(satisficing)를 추구.

⑤ 의사결정의 확실성과 의사결정 목적의 안정성이 높을 것.

157. Kast Rosenzweig이 제시한 조직의 하부시스템의 분류방식으로서 가장 알 맞는 것은?

① 환경, 목적, 조직구조, 기술 및 기능, 사회심리 및 문화, 경영 및 관리.

② 환경, 목적, 조직구조, 마케팅, 생산, 재무.

③ 목적, 인사, 조직구조, 공학기술, 생산, 재무.

④ 인사, 조직, 마케팅, 회계, 재무, 생산, 공학기술.

⑤ 인사, 마케팅, 회계, 재무, 생산, 공학기술.

158. 관료조직의 특징과 가장 거리가 먼 것은?

① Hierarchy, Seniority.

② Speedy.

③ Division of Labor.

④ Stability, Rigidity, Rule, Procedures, Red Tape.

⑤ Control, Authority.

159. 오늘날 기업들에 적용되고 있는 팀제 조직과 신인사제도와 관련이 가장 적은 설명은?

① 모두 환경변화에 신축성 있게 잘 적응하기 위함이다.

② 이들은 인사적체 현상에 대하여 직책과 직위를 분리시킴으로서 사실상 종래의 승진 개념을 없는 방향으로 나아가고 있다.

③ 연공제와 정율 임금인상에 의한 임금부담의 누증을 해소한 목적도 크다.

④ 팀제조직과 신인사제도는 상호 보완되어야 더욱 성공의 가능성이 있다.

⑤ 신인사제도는 직능자격제보다 직무급제도를 더 선호하고 있다.

160. 의사결정의 Escalating Commitment 현상과 관련이 없는 것은?

① 미국의 과거 월남전 개입의 예.

② 과거 실패의 은폐 또는 정당화(Retrospective rationality).

③ 일관성 있는 행동으로서 신뢰 확보의 이점.
④ 과거의 실패의 국면전환(Prospective rationality) 가능성.
⑤ Nominal Group Technique를 통한 개성과 창의성 존중.

161. 정보의 충실성(Information Richness)과 관련된 설명으로서 틀린 것은?
① 전화가 직접대면 보다 정보의 충실성이 높다.
② Multimedia 정보통신기술의 발달은 시스템 channel의 정보의 충실성을 크게 더 높이는 계기가 되고 있다.
③ 정보의 충실성이 낮은 정보시스템 구축의 경우에 조직구성원들이 이 시스템을 잘 사용하지 않는 경우가 발생한다.
④ 전달하는 내용이 애매모호(ambiguous)하거나 어렵거나(difficult) 서로 의견이 크게 다르거나 감정이 개입된 문제일 경우에는 정보의 충실성이 보다 높아야 한다.
⑤ 다각도 경로와 즉각적인 피드백이 결합되면 정보의 충실성이 높아 견해의 차이를 빠르게 극복하고 상호 공감대에 도달하기가 보다 쉬워진다.

162. 의사소통(Communication)에 관련된 설명으로서 가장 잘못된 것은?
① 일반적으로 관리자들은 자신의 시간의 대부분을 의사소통에 사용하고 있으며 특히 부하들과 직접 대면을 많이 하고 있는 것은 리더십의 행사 때문이다.
② 계층이 많을 때는 정보의 누수현상(Information Loss)을 유의하여야 한다.
③ 계층적인 관료조직에는 중앙집권적인 의사소통이 적합하며 평평한(flat) 팀조직에는 분권적인 의사소통이 적합하다.
④ 부하의 말을 잘 듣는 태도는 권위의 상실을 초래하기 때문에 리더십 행사에 중요하지 않다.
⑤ 오늘날 Web, ERP, EIS, PI, Mobile에 의한 시스템 통합은 조직내외의 의사소통의 분절성을 극복하고 또한 새로운 조직혁신에 심대한 영향을 미치고 있다.

163. 기능별(Functional) 조직, 결과중심(Output) 조직, 매트릭스(Matrix) 조직의 장단점에 대한 설명 중 잘못된 것은?
① 기능별 조직은 같거나 유사한 기능을 갖는 사람들을 grouping한 것으로서 규모의 경제, 품질통제, 기술 및 기능의 심화의 장점을 갖는다.
② 기능별 조직은 벽 있는 조직, 기능사이의 비협조, 스피드 저하, 성과평가의 비객관성, 고객만족에 대한 무책임성 등이 단점이라고 할 수 있다.
③ 결과 중심의 조직은 같은 결과의 수행을 중심으로 다양한 기능을 갖는 사람들을 grouping하여 조직한 것으로서 스피드, 기능사이의 협조, 고객만족의 효과를 장점으로 갖는다.
④ 기능별 조직은 인력활용의 신축성을 갖게 하는 다능 직능(Multiple-skills)에 대한 선호도가 높으며 관료제적인 통제

보다는 보다 인사평가의 객관성이 높은 결과중심의 통제방식이 더 적용될 가능성이 높아진다.

⑤ 매트릭스 조직은 기능별 조직과 결과중심의 조직의 양 장점을 모두 동시에 추구하며 부족한 인적자원의 효율적인 활용의 장점이 있지만 두 보스(boss)를 둠으로 말미암아 조직관리의 혼란이 발생 할 가능성이 있다.

164. 집단응집력(Group Cohesiveness)의 증가와 가장 관련이 없는 설명은?

① "우리"라는 감정이 강하게 형성된다.

② 집단의 매력을 느끼고 그 집단에 남아 있으려는 경향이 강해진다.

③ 소속 집단의 성공을 함께 기뻐하고 그 집단의 실패를 함께 슬퍼하는 경향을 갖는다.

④ 집단의 크기(Size)가 커야 집단응집력이 커진다.

⑤ 상호작용이 빈번하면 집단응집력이 높아진다.

165. 다음 조직관리 이론의 패러다임 변동에 관한 설명 중 잘못된 것은?

① Scientific Management theory는 Efficiency를 중시한다.

② Human Relations는 Social Sentiments를 중시한다.

③ Situational Theory는 Situation을 중시한다.

④ Critical Theory는 Employee의 통제에 대한 관심이 크다.

⑤ Learning Organization Theory(혹은 Zerobase Theory)는 Information Technology에 의한 Innovaton에 관심이 많다.

166. Effectiveness를 가장 올바르게 설명하는 것은?

① Effectiveness는 조직의 여러 관련자들의 동시만족의 원리이다.

② Effectiveness의 원리는 Efficiency 원리의 부분 집합에 해당된다.

③ Effectiveness 경영전략의 경우는 Efficiency의 경영전략의 경우보다 정보처리의 범위가 좁다.

④ Effectiveness의 원리는 Efficiency 원리의 경우 보다 원가절감, 규모의 경제, 기능의 발달을 더욱 중시한다.

⑤ Effectiveness의 경영전략은 기능별 관료조직 및 중앙집권적 시스템에 적합에 적합하다.

167. 조직의 중요한 구조변수에 가장 해당되지 않는 것은?

① 분권화 또는 권한 위양(Decentralization).

② 리엔지니어링(Re-Engineering).

③ 계층화(Tall versus Flat Organization).

④ 분업화(Division of Labor or Specialization).

⑤ 업무구획(Departmentalization).

168. 집단압력 특성과 가장 무관한 것은?

① 응집력(cohesiveness).

② 순응(conformity)

③ 청중효과(Audience Effect).

④ 과격성향(risky shift).

⑤ 일탈행위(deviant behavior).

169. 다음의 연관성이 가장 옳은 것은?

① 환경 불확실성 - efficiency전략 - 문제

인식별 정보 분류-Flexible한 조직-분산처리시스템

② 환경 불확실성-efficiency전략-기능별 정보 분류-Flexible한 조직-분산처리시스템

③ 환경 불확실성-effectiveness전략-문제인식별 정보 분류-Bureaucratic 조직-분산처리시스템

④ 환경 불확실성-effectiveness전략-문제인식별 정보 분류-Flexible한 조직-분산처리시스템

⑤ 환경 불확실성-effectiveness전략-기능별 정보분류-Flexible한 조직-분산처리시스템

170. 아래의 설명 중에서 잘못된 것은?

① 권력을 유지하기 위한 수직적 전략으로서 부하가 정보나 상위자에게 많은 근접을 하는 것을 막고 또한 회의 시에 판단기준, 가정설정, 의사진행 순서, 정보제공 등을 조정하기도 한다.

② 강압적 권력(Coercive Power)을 사용할 때 가급적 조직구성원들이 규칙을 잘 숙지하도록 하고 사전에 몇 차례 경고과정을 갖게 한다면 더욱 윤리적인 행사가 될 것이다.

③ 정치적 행위(Political behavior)는 희소자원 및 능력제에 의하여 경쟁이 심하거나 혁신의 시대처럼 상황이 불확실하고 복잡할 경우라고 볼 수 있다.

④ 정치적 행위는 표준관리절차(Standard Operating Procedures)가 잘 정비되면 늘어날 수 있다.

⑤ 자원의 배분은 권력의 크기에 영향을 미치고 이 권력의 수준은 다시 자원의 재분배에 영향을 미치면서 순환관계를 갖는다. 전략적 의사결정에 관한 비중도 마찬가지이다.

171. 권력 및 정치에 관한 설명 중 잘못된 것은?

① 권력은 저항극복을 할 수 있는 잠재적 영향력이다.

② 리더십은 추종자들의 자발성을 강조하며 공식적, 비공식적 양측이 해당된다.

③ 권력이 동태적(dynamic)인 분석이라면 정치는 정태적(static)한 분석이라고 할 수 있다.

④ 권위(Authority)는 정당한 권한 위양이나 합의에 근거하는 공식적 권력이다.

⑤ 권력의 원천에 대한 고전적 논의로서 French & Raven이 유명하다.

172. 조직의 환경과 관련하여 잘못된 설명은?

① 환경의 특성에 관한 해석은 인식의 주체의 지위나 담당 부서에 따라서 상대적이다.

② 환경의 불확실성(Uncertainty)을 결정하는 주요한 두 가지 차원은 환경의 복잡성(Complexity)과 변동성(Changeability)이라고 할 수 있다.

③ 환경이 불확실할 때는 기계적(Mechanistic)인 조직이 유기적(Organic)인 조직보다 더 알맞다.

④ 환경에는 적응(Adaptation)의 논리뿐만 아니라 환경에의 의존성을 줄이는 독립(Independence)도 역시 중요하다.

⑤ 오늘날의 급변하는 기업 환경은 경영전략 및 조직형태의 진화나 혁신을 요구하고 있다.

173. 정보기술이 조직에 미치는 영향에 대하여 잘못 설명하고 있는 것은?

① ERP(Enterprise Resource Planning)에 의하여 수평적 Re-engineering 뿐만 아니라 수직적 Re-engineering이 가능하다.

② Ubiquitous는 주로 AI(Artificial Intelligence)기술과 Wireless mobile기술이 결합한 것으로서 시간과 공간의 문제를 극복한 극도의 Virtual Organi- zation으로 나아가게 할 것이다.

③ PI(Process Innovation)는 ERP구축을 위한 사전(事前)작업에 국한해야 한다.

④ ERP는 고도의 불확실한 기업환경에서 다품종 대량생산의 전략을 수행하기 위하여 필요하다.

⑤ 효율적인 ERP 및 KM(Knowledge Management)는 Internet의 TCP/IP 통신통합기술 및 Web기술에 의하여 가능해졌다.

174. 아래에서 win-win 협상의 필요성이 제기되는 가장 큰 이유는?

① 교환의 가치가 작은 경우.

② 의사결정의 참여도나 몰입이 작은 경우.

③ 신뢰수준이 낮은 경우.

④ 상호 권력 차이가 큰 경우나 협상 여유 시간이 없는 경우.

⑤ 양측 사이의 상호협력에 의한 제3의 이익이 크게 발생하는 경우.

175. 조직혁신과정에서 조직적인 차원이 아닌 개인적인 차원에서의 저항(resistance)과 가장 관련이있는 경우는?

① 보상체계 및 해고에 대한 불확실성.

② 부서 사이의 갈등 및 비협조 발생.

③ 매몰가치(Sunk cost) 발생의 우려.

④ 기존의 조직문화와 구조의 경직성.

⑤ 과거 성공한 조직혁신의 경험.

176. 다음 환경적응 접근(Structural Contingency Approach) 설명 중 잘못된 것은?

① Chandler는 환경변화-전략변동-구조변동의 상호 적합적 관계를 형성할 때 조직의 성과 및 경쟁력이 생긴다고 보았다.

② Burns와 Stalker는 환경이 안정되고 예측 가능할 때는 기계적(Mechanistic)인 조직이 적합하지만 환경이 급변하고 불확실할 때는 유기적(Organic)인 조직이 적합하다고 보았다.

③ Laurence & Lorsch는 환경이 불확실할 때 성공한 기업들의 경우 분화(Differentiation)와 통합(Integration)의 수준이 모두 동시에 낮아진다고 보았다.

④ Perrow는 과업기술(Departmental Technology)의 Non-routine한 기술특성 여하가 조직특성에 미치는 영향을 보여주었다.

⑤ Woodward는 회사 간의 기술수준을 3가지로 분류하여 조직관리 특성 사이의 관련성을 파악 하였다.

177. 갈등(Conflict)에 관한 설명 중 옳지 않는 것은?

① 갈등이란 어떤 목표나 기대가 상대방에 의하여 방해받고 있거나 그럴 가능성이 있는 경우라고 정의할 수 있

다.

② 갈등이 없으면 없을수록 성과가 높아지는 경향이 있다.

③ 갈등의 부정적인 측면으로는 목표의 저급화 현상으로 불필요한 시간, 노력, 자원 등의 낭비를 초래할 가능성이 높다. 그리고 응집력의 파괴나 스트레스의 원인이 될 가능성이 많다.

④ 갈등의 긍정적인 측면으로는 새로운 문제인식, 해법, 관점이 부각되는 계기를 갖게 되며 구성원들의 자기위치 인식, 사후에 더 나은 통합의 계기도 될 수 있다.

⑤ 갈등해결의 전망으로서 Avoiding, Compromising, Collaborating, Competing, Accomodating의 5가지로 나눌 수 있다.

178. Re-engineering Team 중심의 조직에 관한 설명에 해당되지 않는 것은?

① 어떤 결과를 산출하기 위하여 다양한 지식이나 기술, 기능을 묶어서 하나의 팀으로 구성하는(cross-functional) 방법이다.

② 문제인식 및 문제해결(problem-solving) 중심의 조직이다.

③ 자율성이 높아지는(self-managed) 조직이다.

④ 공동데이터베이스와 네트워크 등 정보기술을 적극 사용하여 온-라인상(virtual)한 조직이다.

⑤ 전문성과 원가절감을 지향하는 관료적(Bureaucratic)인 조직이다.

179. 다음 설명 중 잘못된 것은?

① 조직혁신은 문화변동 만큼 수렴되는 경향이 있다.

② 상징적 리더십은 상징을 사용하며 새로운 문화를 형성함으로 보다 성숙한 조직으로 혁신이 이루어질 때까지 큰 의의를 갖는다..

③ 조직설계마스터플랜은 미리 준비하여 조직문화의 해빙(Unfreezing)과 결빙(Refreezing) 사이에 가급적 걸리는 시간을 늘리고 또한 종합적인 혁신 내용을 내포하려는 모형이다.

④ 합의가 안 된 문화는 동태적인 조직 구성원들의 가설이나 신념체계 및 규범을 새롭게 형성하기 위하여 Transformational leader가 상징적 조작을 하는 영역이며 이미 합의가 된 공유의식의 문화는 정태적인 조직의 틀이다.

⑤ 조직문화 연구는 조직의 일체성을 강화하는 방향과 혁신을 강조하는 두 방향이 있다.

180. 기능별(functional) 조직에 관한 설명 중 잘못된 것은?

① 같거나 유사한 지식이나 기능, 기술을 묶어서 하나의 팀으로 구성하는 방식이다.

② 고객과의 접촉점(contact point)를 분명히 하여 고객만족을 잘 할 수 있다.

③ 규모의 경제 활용, 원가절감 통제, 품질통제를 보다 철저히 할 수 있다.

④ 기술이나 기능의 발달을 심화시킬 수 있다.

⑤ 환경이 비교적 안정되고 확실성이 높을 경우에 보다 알 맞는 조직이다.

181. 비즈니스 프로세스 리엔지니어링

(BPR, Business Process Re-engineering)에 관한 설명 중 잘못된 것은?

① 결과 중심의 조직으로 프로세스를 바꾼다.
② 업무의 병렬처리 및 동시공학의 방식을 취한다.
③ 업무처리의 스피드를 매우 높이는 방법이다.
④ 네트워크 정보기술 및 통합데이터베이스 기술의 지원으로 더욱 촉진되었다.
⑤ 과정적 규범적 통제방법과 관련이 많다.

182. 응집력(cohesiveness)과 관련된 설명 중 잘못된 것은?

① 응집력이 높으면 언제나 조직성과가 높게 된다.
② 응집력을 다원적(多元的)으로 접근하는 연구로서 Demography 연구가 있다.
③ 응집력이 높으면 집단의사결정(Group think)을 할 때 개성 및 창의성이 줄어질 우려가 크다.
④ 응집력이 크면 Audience Effect가 보다 커진다.
⑤ 응집력이 크면 과격한 집단의사결정의 경향(Risky shift)이 나타난다.

183. 집단의사 결정시 집단압력(group pressure)을 극복하는 방안이 못되는 것은?

① 비판을 장려하는 악역(Devil's Advocate)을 미리 설정한다.
② Brainstorming 방법.
③ Audience Effect 강화.
④ Nominal Group Technique.
⑤ 복수집단에서 다각도 재검토하거나 재모임 추진(second-chance meeting).

184. 권력(power)와 정치(politics)에 관한 설명 중 잘못된 것은?

① 권력은 정치와 비교할 때 보다 더 정태적 개념으로서 타인을 움직일 수 있는 영향력 및 그 잠재가능성을 의미한다.
② 정치는 권력과 비교할 때 보다 더 동태적 개념으로 볼 수 있으며 권력의 획득 및 그 효율적인 사용법을 주로 다룬다.
③ 정치가 권력배분은 곧 자원배분에 비례하게 된다는 전제하에 권력을 자신들의 자원배분에 유리하도록 이기적으로 사용할 때는 부정적 관점을 갖게 한다.
④ 정치가 세력간의 negotiation을 통하여 물리적 충돌을 사전에 막는 평화적 갈등해소(peace-maker)의 기능을 수행할 경우 긍정적 관점을 갖게 한다.
⑤ 권력추구를 위한 정치행위의 수준은 조직의 규범화가 잘 되어 있지 않고 조직의 상황이 불확실할 때에 더욱 낮아진다.

185. 다음의 갈등처리스타일(conflict handling style) 중에서 가장 고도의 win-win negotiation의 능력이 요구되는 것은?

① Avoiding
② Forcing
③ Collaborating

④ Compromising
⑤ Accommodating

186. 아래 개인적 권력의 기반 및 원천 (sources) 중에서 카리스마 혹은 상징적 리더십과 가장 가까운 것은?
① 모범적 권력(Referent Power)
② 전문적 권력(Expert Power)
③ 정당성 권력(Legitimate Power).
④ 보상적 권력(Reward Power).
⑤ 강압적 권력(Coercive Power)

187. 아래에서 협상의 단계에 포함되지 않는 경우는?
① 합의될 부분과 합의 못할 부분을 인식한다.
② 자기의 협상목표를 설정하는 것이다.
③ 가장 중요한 이슈를 설정하고 논의할 부차적인 이슈의 순위를 정한다.
④ 상대편을 비판하는 데에 가급적 많은 시간을 할애한다.
⑤ 상대편의 특징, 강점, 약점, 보유자원, 기대, 이력 등에 대하여 가급적 사전에 상세히 파악한다.

188. win-win 전략에 의한 negotiation을 접근하는 경우와 가장 거리가 먼 것은?
① 환경의 불확실성과 복합기술의 발전으로 말미암아 대규모의 투자와 대규모의 기회가 함께 다가올 때.
② 양보하면 손해를 입는다는 Zero-sum 상황에서 Negotiator's dilemma를 느낄 때.
③ 협력하면 나눌 수 있는 파이가 커질 수 있는 flexible-amount situation일 때.
④ 제3의 대안을 도출하여 새로운 협력의 시너지의 효과 및 원천을 발견할 수 있을 때.
⑤ 상호 신뢰하고 협의할 시간이 충분하며 합의를 도출할 의지가 강할 때.

189. 아래 조직유형의 특징 및 장단점을 잘못 설명하는 것은?
① 기능별 관료조직은 능율, 통제, 기능별 숙련, 원가절감, 품질, 규모의 경제에 유리한 특징을 갖는다.
② 결과중심의 팀 조직은 환경적응, 고객만족, 스피드, 납기이행, 부서간의 협력의 증대의 장점을 갖는다.
③ 매트릭스 조직은 인적 활용도를 높이고 현실적으로 대기업에 매우 광범위하게 적용되는 형태이다.
④ 기능별 관료조직은 안정된 기업 환경에 보다 적합하다.
⑤ 매트릭스 조직은 조직 내의 갈등이 적고 조직구성원의 역할이 확실한 편이다.

190. 다음 세부적인 PI(Process Innovation) 방법론 중에서 ABC(Activity-based costing) 회계를 위해서도 동시에 도움이 되는 단계는?
① Re-structuring
② WBS(Work Breakdown Structure)
③ Work analysis
④ PI-matrix(Re-engineering)
⑤ Module relations

191. 조직이론 패러다임의 역사적 발전 단계에 대한 설명 중 잘못된 것은?
① 어떤 패러다임의 나타나게 한 원천인 그 문제인식 및 환경의 특징을 파

악하게 된다.

② 한번 인정받은 패러다임은 영구적인 보편적인 진리의 속성을 갖게 된다.

③ 어떤 이론의 적용조건과 한계를 규명하여 그 적용의 타당성을 높인다.

④ 적용해야 할 이론의 선택을 위한 판단 기준을 제공하게 된다.

⑤ 단순 모방이 아니라 스스로 생각하고 판단하는 혁신(innovation)의 사고방식을 높인다.

192. 과학적 관리론(Scientific Management)의 패러다임과 관한 설명 중에서 가장 관련이 적은 것은?

① Taylor가 대표적이며 분업화의 원리를 적극 적용하여 과업단위를 설정하였고각종 표준화를 시도하였다.

② 표준생산량을 중심으로 차별성과급(differential piece-rate system)과 같은 강력한 인센티브를 적용하였다.

③ 환경이 불확실하여 다품종 소량생산에 적합한 패러다임이다.

④ 인간은 경제적 동기에 의하여 행동하며 개인적으로 경쟁한다는 가설을 취하였다.

⑤ 기능별(functional) 조직의 원리를 강하게 주장하는 입장을 취하였다.

193. 인간관계론(Human Relations)의 패러다임과 관한 설명 중에서 가장 관련이 적은 것은?

① Mayor 교수팀의 호돈 공장 실험(Hawthorne Plant Experiment)이 그 발전의 계기가 되었다.

② 사람은 집단적으로 단합하기 보다는 개별적으로 경쟁한다는 가설을 취하였다.

③ 만족이 성과를 높인다는 상관관계의 전제를 중시한다.

④ 대공황으로 재고가 많이 쌓여 유한생산(limited production)을 해야 하는 상황과 관련 있다.

⑤ 경제적인 요인 보다 심리적인 요인을 보다 중시하였다.

194. 상황이론(Situational theory)의 패러다임과 관련된 설명 중에서 가장 관련이 적은 것은?

① 세계 2차 대전 이후의 세계 상황의 급격한 대변동과 관련이 있다.

② 최선(best)의 조직 및 관리의 방법은 미리 고정된 것이 아니라 상황의 특성에 따라 결정된다는 입장이다.

③ 미시적인 이론은 리더십상황이론으로서 Maslow의 Hierarchy of Need의 이론이나 Fiedler의 Contingency이론이 여기에 해당된다.

④ 거시적인 이론으로는 조직 환경론으로서 Burns & Stalker, Lawrence & Lorsch, Woodward, Perrow 등과 같은 학자들이 관련된다.

⑤ 종합적으로 인식하는 행동과학(Behavioral Science)의 발전과도 맥락을 같이 한다.

195. 비판조직이론(Critical theory)의 패러다임과 관련된 설명 중에서 가장 관련이 적은 것은?

① 조직 내 파벌 갈등으로 일체성 위기를 극복하려는 이론의 속성이다.

② 노동에 대한 자본의 지배의 정당성 및 배분의 정당성 문제를 거론한다.

③ 기존 조직의 목적을 부정하고 그 대안을 추구하는 진보적인 조직의 패러다임이다.
④ 사용자를 제외한 근로자에 대한 동기유발이 중요한 이슈이다.
⑤ 자본을 지원하는 국가권력의 정당성 문제도 비판한다.

196. 1990년 이후에 새롭게 나타나는 조직이론 패러다임에 관한 설명과 가장 관련이 적은 것은?

① 자동화 정보화로 말미암은 생산양식의 대변동과 관련된 패러다임이다.
② 조직재설계 및 조직혁신이 최대의 이슈이다.
③ 학습조직이론(또는 제로베이스이론)의 패러다임과 관련된 입장이다.
④ 사회주의 몰락으로 노동을 자본으로 대체하기 위하여 매우 강하게 등장한 패러다임이다.
⑤ 노동가치설이 보다 강화되고 자본이 스스로 자본을 재생산하는 상황과도 관련이 있다.

197. 다음 설명 중 가장 그럴듯하지 않는 것은?

① 환경의 불확실성(uncertainty)과 첨단기술(high-tech)의 수준이 높을수록 조직의 통제 방법이 Bureaucratic(규범적, 과정적) control, Market(결과적, 거래적) control, Clan(Culture, Trust) control로 나아간다.
② Transactional Leadership은 주로 상벌메카니즘(Reward-punishment)에 의한 Bureaucratic control, Market control를 행하며 동기유발이론의 Need-satisfaction theory 계통과 이론적 성격과 흡사하다.
③ Transformational Leadership은 주로 의미(Meaning) 부여에 의한 Clan control을 행하며 동기유발이론의 Information processing 이론과 성격이 흡사하다.
④ Transactional Leadership은 교환(exchange) 관계를 전제로 한 유한적 충성(limited loyalty)를 유발하는데 반하여 Transformational Leadership는 커뮤니케이션을 통하여 무한적 충성(unlimited loyalty)을 유발한다.
⑤ Transformational Leadership은 Transactional Leadership 보다 혁신적(innovative)일 뿐만 아니라 그 리더십 행사의 결과에 대한 예측력(prediction)도 또한 매우 높다.

198. 리엔지니어링 팀의 조직특성과 가장 거리가 먼 것은?

① 기능(function)중심으로 만들어진다.
② 신인사제도와 상호보완적 밀접한 관련이 있다.
③ 분권적인 경향을 갖는다.
④ 중간관리자 직무의 필요성이 적어진다.
⑤ 스피드 경영에 도움이 된다.

199. 갈등(Conflict)에 관한 설명 중 잘못된 것은?

① 목표 달성을 가로막는 반대의 영향력이 존재할 때이다.
② 갈등 수준이 적을수록 성과가 높아진다.
③ 투명경영을 가능케 하다.

④ 윤리경영에 도움을 준다.
⑤ 조직구성원의 인권보호 및 민주화에 기여한다.

200. Power 및 Dependency에 관한 설명 중 잘못된 것은?

① Dependence와 Resource와 사이는 상호 교환관계에 있다.
② 자기가 갖고 있는 자원에 대하여 상대편이 그 중요성을 더욱 느끼면 느낄수록 자기에게 Dependence가 커진다.
③ 이 경우 자기가 갖고 있는 자원의 희소성(Scarcity)이 크면 클수록 상대편의 Dependence가 더욱 커진다.
④ 자기의 자원의 비대체성(Non-substitutability)이 크면 클수록 상대편의 자기에 대한 Dependence가 더욱 작아진다.
⑤ 자원에 대한 상대가 갖고 있는 Alternative 수(數)가 한 단위 더 많아질 때 자기의 Power가 작아지는 정도를 나타내는 것을 권력의 탄력도(Elasticity of power)라 한다.

201. 인적자원 활용의 유연성과 인재육성을 촉진하는 보상제도와 가장 관련 있는 방법은?

① 연공급제(Seniority-based Pay)
② 직무급제(Job-based Pay)
③ 직능급제(Skills-based Pay).
④ 성과급제(Performance-based Pay).
⑤ 집단보상제(Group Pay)

202. 제한적 합리성 모델(Bounded Rationality Model)에 가장해당되지 않는 것은?

① 대개 순서대로 하나씩 검토(sequential
② 비슷한 전례 중에서 통찰력(insight)을 통한 해석적(heuristic)인 최선의 안을 우선적인 검토 대상으로 삼는다.
③ 의사결정의 실제적 현상을 잘 설명한다.
④ Management Science 적용과 관련이 크다.
⑤ 불확실성이 큰 환경에서 합의안 도출을 중시하는 경우이다.

203. 태도형성과 관련하여 Pfeffer와 Salancik이 제시한 Social Information Processing Theory 와 관련이 없는 것은?

① 자기자신이 아닌 타인의 행위를 귀인하여 이를 지각하여 배우는 경우의 태도변화와는 관련이 없다.
② 해석의 정보를 제공하여 태도를 변화시키는 문화 및 사회적 맥락(context)의 영향력을 중시한다.
③ Bandura의 Social Learning Theory의 관찰학습 및 대리학습과 논리적인 관련성이 크다.
④ 개인이 어느 집단에 가입하여 소속하느냐의 문제와 동료들의 인적환경이 태도변화에 매우 중요함을 나타낸다.
⑤ 경영자가 거시적인 새로운 문화환경을 설계함으로서 종업원의 태도변화 및 동기유발을 주도하는 역할을 중시한다.

204. 지각과정(Perceptual Process)과 관련된 설명 중 잘못된 것은?

① 현상학(Phenomenology)은 인간의 주관적 지각에 의한 재구성물을 강조하

고 인간의 객관적 진리의 추구의 근본 적 한계를 지적하였다.

② 현상학에서는 인간이 말하는 객관성이란 간주간성(Inter-subjectivity)를 의미하여 궁극적으로 객관적 과학의 성립이 불가능함을 말하였다.

③ 준거틀(Frame of reference)이란 지각을 할 때 선택적 지각을 하는 근원이 된다.

④ Gestalt 학파는 통일된 지각, 지각의 통일화에 대하여 연구를 하여 준거틀의 형성에 대한 이론을 뒷받침 하였다.

⑤ Gestalt 학파는 후기 S-R이론과 함께 인본주의 심리학의 형성과 가장 밀접한 관련이 있다.

205. Centralization 또는 Decentralization 에 관한 설명중 잘못된 것은?

① Michael의 과두지배의 철칙(The iron law of oligarchy)에서는 아무리 좋은 이념으로서 출발하였다 할지라도 결국은 소수독재의 중앙집권화가 이루어진다는 법칙을 말하고 있다.

② "권한(일) = 책임 = 수단(예산) = 정보"의 4면 등가의 법칙은 조직의 건전성을 진단하는 한 주요 지표가 될 수 있다.

③ 성공적인 권한위양은 조직전체의 권력을 증가시키고 이에 비례하여 조직전체의 문제해결 능력과 성과를 증가시킨다.

④ 권한 위양을 하면 조직이 외부의 기술이나 기술자를 받아들이기가 수월해지고 기능이나 자원을 부서 사이에 공유하기가 보다 수월해 진다.

⑤ 권한위양을 많이 하면 flat한 조직이 되기가 쉽다.

206. Hackman과 Oldham이 제시한 직무설계 직무특성모델(Job Characteristics Model)에서 MPS(Motivating Potential Score)의 값을 구하기 위한 아래 공식의 (　　)안에 알 맞는 말은?

MPS = (Skill Variety + Task Identity + Task Significance) / 3 × Autonomy × (　　　)

① Power

② Conflict

③ Negotiation

④ Feedback

⑤ Absenteeism

207. 갈등해결 방법 중 가장 정신적인 의식변화 방법은?

① 갈등하는 당사자들을 separation시킴.

② rule의 적용.

③ integrator를 두거나 confrontation하여 negotiation함.

④ third party를 활용하거나 역할의 상호 rotation.

⑤ superordinate goal을 설정하거나 intergroup training 방법

208. 아래 조직유형의 특징 및 장단점을 잘못 설명하는 것은?

① 기능별 관료조직은 능율, 통제, 기능별 숙련, 원가절감, 품질, 규모의 경제에 유리한 특징을 갖는다.

② 결과중심의 팀 조직은 환경적응, 고객만족, 스피드, 납기이행, 부서간의 협

력의 증대의 장점을 갖는다.

③ 매트릭스 조직은 인적 활용도를 높이고 현실적으로 대기업에 매우 광범위하게 적용되는 형태이다.

④ 기능별 관료조직은 안정된 기업 환경에 보다 적합하다.

⑤ 매트릭스 조직은 조직 내의 갈등이 적고 조직구성원의 역할이 확실한 편이다.

209 Job Characteristics Model에 관한 설명이 아닌 것은?

① Hackman과 Oldham이 주장하였으며 직무자체에 의한 동기유발 가능성을 측정하였다.

② Meaningfulness, Autonomy, Feedback의 3요인의 값을 곱하여 MPS(Motivating Potential Score) 값을 구하였다.

③ 이때 Meaningfulness의 값은 Skill variety, Task Identity, Task significance의 3개의 값을 평균한 것이다.

④ 피드백의 매개변수로서 GNS(Grow Need Strength)의 값을 설정하였으며 같은 MPS의 경우라 GNS값이 크면 더욱 동기유발이 잘되며 또한 높은 MPS의 직무를 좋아하게 된다.

⑤ Job Enrichment가 많이 이루어지면 MPS 값이 낮아진다.

210. 분권화(Decentralization) 의 단점이 아닌 것은?.

① 하위직의 자율성과 책임성이 낮아져서 참여도, 만족, 성과가 떨어진다는 점이다.

② 혁신이 단위 부서의 인식범위로 국한되고 조정과 통합능력이 떨어진다는 점이다.

③ 자원의 배분문제를 야기하거나 기능의 공유(인사, 구매 등)가 어렵게 된다.

④ 부서간의 영역싸움이나 갈등이 생길 가능성이 높아지며 상위의 문제해결 능력을 제한하는 경향이 있게 된다.

⑤ 외부전문가를 배제하는 경향이 있게 된다.

211. 자원의존모델(Resource Dependence Model)과 거리가 먼 설명은?

① 조직의 성과는 환경이 영향력으로부터 독립하여 환경을 통제하는 능력과 관련이 있다.

② 업종을 바꾸거나 회사의 입지를 바꿈으로서 환경을 능동적으로 선택하는 경우.

③ 조합이나 협회를 만들어 동종 신규업자들의 진입을 막거나 협정가격을 체결하는 경우.

④ 적자생존의 원리이며 조직의 생사, 성패를 사후적으로 설명하는데 강하다.

⑤ 로비활동을 하여 정보의 불확실성을 극복한다.

212. 자원의존모델(Resource Dependence Model)에 해당되지 않는 것은?

① Joint Venture.

② Contractual Relations.

③ Merger & Acquisitions.

④ Co-optation.

⑤ Niche.

213. 무한경쟁의 시대가 도래 하는 21세

기의 조직 환경의 특징이 아닌 것은?

① 동력화, 기계화, 자동화, 정보화의 기술혁신을 통한 노동절감이 역사적으로 계속 심화되어 진행되는 과정이다.
② 일인당 노동생산성, 자본장비율이 매우 높고 고임금 고급인력의 질적노동의 시대로 나아간다.
③ 노동가치설이 붕괴되고 점차 자본이 스스로 자본을 재생산하는 방향으로 생산양식이 바뀐다.
④ 자유무역체계 및 노동독점의 현상이 생겨나고 노동은 게임이나 쾌락으로 인식되는 경향이 점차 없어진다.
⑤ 원점에서 근본적인 조직재설계와 신인사제도가 요청된다.

214. 서구문화에 대비한 동양문화의 차이로 볼 수 없는 것은?

① 동양은 비교적 Yes 또는 No의 대답이 불분명하다.
② 동양은 공사의 구분이 덜 명료하다.
③ 동양은 선 인간관계 후 사무추진의 경향이 강하다.
④ 구성원의 집단화합을 보다 중시한다.
⑤ 비교적 성악설의 인간관을 갖고 있다.

215. 다음 설명 중 잘못된 것은?

① 관료조직은 M. Weber가 처음 사용한 조직특성 개념으로서 Planned Organization의 성격을 갖는다고 보았다.
② 영리조직은 대개 input에 의하여 조직의 Effectiveness를 평가하는 반면 비영리조직은 output에 의하여 조직의 Effectiveness를 평가하는 경향이 있다.
③ CAD/CAM, FMS, CIM, ERP는 불확실한 환경에 대처하기 위한 다품종 대량생산을 지향하는 방향이다.
④ 일반적으로 상호 Interaction이 매우 많은 부서 사이는 하나의 조직으로 통합시키는 것이 바람직하다.
⑤ 조직을 바라보는 관점으로는 기능적(Functional) 관점, 비판적(Critical) 관점, 교환적(Exchange) 관점, 문화적(Cultural) 관점의 4가지로 정리해 볼 수 있다.

216. 리더십이 필요한 이유와 가장 먼 것은?

① 조직설계의 내용을 보충함.
② 변화하는 환경에 기민한 조정과 적응.
③ 갈등하는 양측의 완충 역할.
④ 조직 구성원들의 만족과 동기유발.
⑤ 조직의 안정성과 반역동성 유지.

217. Resource dependence model와 관련이 없는 전략은?

① Joint Venture.
② Business Process Re-engineering.
③ Merger & Acquisition or Join Trade Association
④ Cotractual Arrangement
⑤ Shift to different sector of environment

218. 직무만족 측정도구와 관련한 Minnesota Satisfaction Questionaire(MSQ)의 내용이 아닌 것은?

① 일의 흥미나 학습기회 책임 등의 일 자체의 특성.
② 인지부조화나 자기합리화 가능수준.

③ 급료의 수준과 공정성 및 승진의 기회.
④ 상사나 감독자의 능력 및 부하에 대한 배려수준.
⑤ 동료들과의 친밀감 및 지원적 분위기.

219. 조직혁신을 할 경우에 개인적인 차원이 아닌 조직적인 차원에서의 저항의 이유에 해당되는 것은?
① 혁신의 목적과 필요성에 관한 낮은 이해도.
② 지위나, 기득권 및 안정에 관한 불확실성에 대한 공포나 불안감.
③ 혁신활동에의 소외감.
④ 타성에 젖은 사고방식.
⑤ 기존의 보상체계 및 역할 규정과의 상충.

220. 성과평가(인사고과) 과정에서 근시성 오류(Recency Error)을 극복하기 위한 가장 적합한 방법은?
① 요소분석을 실시한다.
② 평가횟수를 늘이고 평가자와 평가기록관리자 사이를 분리시킨다.
③ 피평가자의 수를 적정화시킨다.
④ 강제할당제를 실시한다.
⑤ 평가항목의 행위기준을 구체적으로 서술한다.

221. 아래의 성과평가 기법 중에서 시간, 비용 등은 적게 드나 오류(Error)의 가능성이 가장 높은 것은?
① Rating Scale.
② Critical Incidents
③ BAR법
④ MBO법
⑤ Assessment Center법.

222. 기본적인 업무구획의 방법이나 조직유형에 속하지 않는 것은?
① 기능별 구획(Functional Departmentalization).
② 결과중심의 구획(Product Departmentalization).
③ 매트릭스 조직(Matrix Organization).
④ 평평한 조직(Flat Organization).
⑤ 혼합형 조직(Hybrid Organization).

223. 리더쉽 이론의 Path-Goal theory에 관한 설명이 아닌 것은?
① Evans와 House가 주장하였다.
② 리더의 방향제시를 중시한다.
③ 조직목표와 개인목표의 상호 독립과 보완을 강조한다.
④ 목표관련 성과와 보상의 내용을 강조한다.
⑤ 회사의 목표와 리더의 목표 그리고 개인의 목표의 상호 연결성을 홍보한다.

224. 아래의 갈등해결의 방법 중에서 가장 심리적인 것은?
① 상호 격리나 상호작용의 제한.
② 규칙의 적용 또는 상사의 판단.
③ 조정자나 제 3의 컨설턴트 활용.
④ 교육훈련.
⑤ 조직구성원의 직무순환(rotation).

225. 인력개발과 관련이 없는 설명은?
① 환경의 변동과 조직의 혁신은 인력개발의 필요성을 높이고 있다.
② 첨단기술시대에는 인력개발이 매우 중시된다.
③ 인력개발 수준과 노사갈등은 상호

대체적인 관계에 있다.

④ 개인적인 관점에서는 경력개발, 경력 경로의 형성과 관련 있다.

⑤ 직무급제도와 관련이 많다.

226. 서비스 기술의 특징과 관련이 없는 것은?

① 결과물이 추상적이다.

② 기술의 핵심이 고객에게 밀착한다.

③ 재고가 불가능하다.

④ 업무 플로우(work flow)의 통합수준이 높다.

⑤ 분권적인 조직이 알맞다.

227. 아래의 기능 중에서 가장 Non-routine technology에 해당되는 것은?.

① Research & Development.

② Sales.

③ Finance.

④ Administration.

⑤ Production.

228. 동태적 분석에 해당되는 주제와 가장 거리가 먼 것은?

① 리더쉽

② 의사결정

③ 커뮤니케이션

④ 권력과 협상

⑤ 역할과 지위

229. Resource dependence model과 가장 가까운 설명은?

① Chandler의 Strategy-structure contingency와 관련이 있다.

② Burns & Stalker가 주장한 Organic versus mechanistic structures와 관련이 있다.

③ 비록 희소자원 때문에 자원확보의 불확실성에 dependent 할지라도 기업이 환경의 영향력을 감소하여 independence를 지향하는 전략을 취한다는 입장이다.

④ 기업의 발생, 생존, 성공과 실패를 사후적으로 잘 설명하며 특히 niche와 관련된 ecology이론 이다.

⑤ Structural contingency model이라고도 부른다.

230. 상향적 의사소통(Upward Communication)을 증진시키는 방법에 해당되지 않는 것은?

① 선별적 검색과 예외관리를 한다.

② 정보독점을 하지 않고 타부서를 도와주는 경우에 인사고과상에 유익을 준다.

③ 나쁜 보고를 하더라도 두려움이 없도록 만들어 준다.

④ 보고의 순서(queuing)를 정한다.

⑤ 보고서 양식을 구조화한다.

231. 다음의 내용들 중에서 Efficiency 원리와 가장 관련되는 것은?

① Stakeholder Approach.

② Multiple constituency.

③ 환경적응, 스피드, 부서간 협력.

④ 기능별 관료조직.

⑤ 시장의 빠른 적응 및 고객만족의 원리.

232. 아래 권력의 기반 및 원천(Bases) 중에서 구성원들의 저항이 가장 큰 경우는?

① 모범적 권력(Referent Power)

② 전문적 권력(Expert Power)

③ 정당성 권력(Legitimate Power).
④ 보상적 권력(Reward Power).
⑤ 강압적 권력(Coercive Power).

233. 아래 갈등해결 방법중 가장 효과적인 것은?

① 문제의 무시하거나 뒤로 미룸.
② 포괄적인 공동의 큰 목표를 설정.
③ 절차를 까다롭게 함.
④ 비밀리에 접근.
⑤ 갈등의 상대자를 불명예스러운 문제아로 만듬.

234. 아래의 설명 중에서 가장 잘못된 것은?

① 동양에서는 갈등 시 협상을 하기 전에 Non-task time이 서구보다 훨씬 길다.
② Win-win접근은 장기적인 관점으로서 배분해야할 자원이 극히 고정되고 의견수렴이 상호간이 이익이 되는 경우라고 할 것이다.
③ 협상의 필요성은 교환의 조정자나 제 3의 컨설턴트 활용.
④ 협상의 단계로는 첫째, 합의될 부분과 합의 못할 부분을 인식하고 자기의 협상목표를 설정하는 것이다.
⑤ ERP(Enterprise Resource Planning)시스템은 제조업분야에서 그리고 KMS (Knowledge Management System)은 지식서비스 산업 분야에 각각 보다 더 알맞다.

235. 다음 설명중에서 틀린것은?.

① Behavioral Modification Program은 타인의 행위를 변화시키는 단계적 모형이다.
② Behavioral Self-Management는 자기자신이 자기행동을 변화시키는 이론이다.
③ Behavioral Self-Management는 Self-Regulation과 Social Learning Theory이 상호결합한 모형이다.
④ Self-Regulation(또는 Self-Control)은 Self-Monitoring, Self-Evaluation 그리고 Self-Reinforcement의 3단계로 되어 있다.
⑤ Social Learning Theory은 Behaviorism심리학의 초기이론이다.

236. 노사분규와 관련된 원리중에서 가장 그럴 듯 하지 않는 것은?

① 인력개발과 노사분규는 상호 대체적(代替的)인 법칙관계에 있다.
② Folly의 연구는 노사분규의 가능성을 사전에 예측케 한다.
③ 노동시장 및 사회보장제도의 발달은 근로자의 대안(代案)을 제공하여 노사분규의 가능성을 높여 준다.
④ Adams의 Equity Theory에 의하면 절대적 보상수준 뿐만 아니라 상대적 보상의 비교의식이 노사분규의 적지 않은 원인이 되고 있음을 나타내고 있다.
⑤ Agyris의 성숙이론(Maturity Theory)에 의하면 세월이 흐름에 따라 조직구성원 개개인의 자아발달과 관료조직화 경향 사이의 갈등 속에 노사분규 가능성이 놓여 있다고 본다.

237. 품질관리에 관한 설명 중 틀린 것은?

① 오늘날처럼 기술혁신으로 수요가 공급을 월등하게 초과하는 시대에는 공급

자끼리의 치열한 경쟁으로 말미암아 품질관리의 중요성이 매우 높아진다.

② 일본에서 크게 성공한 품질관리(QC)는 1970년대부터 우리나라에 사무직의 능율향상을 포함한 종합품질관리로(TQC)의 개념으로 발전하면서 도입되었다.

③ 오늘날 종합품질경영(TQM)은 품질관리의 개념이 매우 확대한 것으로서 경영개선 전체가 품질관리와 관계된다고 볼 수 있다.

④ 종합품질경영(TQM)에 의하면 제품내용, 가격, 포장, 디자인, 납기, 배달방법, 친절, 상표, 기업이미지 등도 모두 품질의 영역에 속하여 진다.

⑤ 다품종 소량생산의 시대에는 관료조직보다 분권적이며 스피드한 팀형조직이 보다 알맞다.

238. 미래의 직업으로서 빠르게 성장하는 직업으로 예상하기가 가장 어려운 것은?

① 컴퓨터시스템 분석가.

② 여행업무 대행업.

③ 건강관련업무.

④ 은행창구직원.

⑤ 전기분야 엔지니어.

239. Argyris의 성숙이론(Maturity Theory)의 설명으로서 가장 잘못된 것은?

① 일명 Basic Incongruity Thesis라고도 불리워 진다.

② 사람이 성숙함에 따라 성격이 보다 능동적이며 독립적이 되며 보다 다양한 대안의 발견과 일에 대한 깊은 관심, 장기적 관점, 폭넓은 이해 등을 요구하게 된다.

③ 조직은 능율성을 위하여 점차 표준화되며 통제지향적, 숙련화 과정, 복종의 요구 등의 경향을 갖는다.

④ 조직구성원의 성숙과 조직의 통제 사이의 근본적인 갈등이 초래됨을 논하고 있다.

⑤ 개인의 성숙과 조직 사이의 조화를 이루지 못하면 결근, 이직, 생산성 저하, 폭음, 약물중독, 노사갈등 등의 문제점을 낳는다.

240. 미국의 평등고용기회법(Equal Employment Opportunity Act)에 관한 설명과 무관한 것은?

① 1971년 흑백평등, 남녀평등의 고용을 실현하기 위하여 성과와 관련 없는 차별은 위법으로 규정하였다.

② 거증책임(擧證責任)이 있는 기업체에서는 성과관련 있는 차별화임을 증명하기 위하여 인사선발의 타당도 분석(Validity Analysis)을 실시하였으며 또한 미국에는 이를 지원하는 컨설팅 회사가 많이 생겨났다.

③ 타당도 분석(Validity Analysis)은 인사선발 의사결정과 성과 사이의 관련성을 검증하는 것으로서 합리적인 경영의사결정 기법으로도 발전하고 있다.

④ 소송을 대행하기 위한 EEOC가 만들어졌으나 남성이나 백인들이 소송을 제기하는 경우는 없다.

⑤ EEOA에 위법한 기업의 경우는 강력한 Punitive Damage Law의 배상금을 물게 된다.

241. 가치나 이념의 기능이 아닌 것은?

① 기업의 우열을 가리게 만든다.
② 행위를 교정하기 위한 행위의 판단 기준을 제공한다.
③ 의사결정을 위한 기준을 제공한다.
④ 갈등해소를 위한 판단기준을 제공한다.
⑤ 동기유발에 영향을 미친다.

242. 산업주의 시대의 노동통제전략과 관련된 설명이 아닌 것은?

① 질적노동시대가 아닌 양적노동의 시대이다.
② 표준화된 소품종 대량생산의 형태에 알맞는 노동통제의 형태이다.
③ 탈숙련화의 전략이다.
④ 농민 또는 가사노동의 노동시장 공급 방지의 방법이다.
⑤ 농산물 가격통제와 기업지원을 위한 통화발행에 의한 인플레이션 방식이다.

243. 타인을 인식하는 사회적 지각과정(Social Perception Process)에 관한 아래 내용 중 틀린 설명은?

① 지각대상자의 외모, 언행, 표정, 몸짓, 직업, 능력 등이 지각에 영향을 미친다.
② 사회적 지각과정을 도와주는 이미지 컨설턴트(Image Consultant)의 직업이 앞으로 상당히 등장할 것이다.
③ 담당부서, 역할 등의 상황이 다르다고 문제인식 및 관심, 지각내용 등이 달라질 수는 없다.
④ Folly의 연구는 상사가 부하에게 베푸는 각종 인정이나 혜택에 대한 평가의 상하간의 인식격차로서 조직구성원의 소외감, 불만 등에 의한 조직갈등 등을 사전에 예측하는데 도움을 준다.
⑤ 지각자의 자의식(Self-concept)이나 인지구조의 발달, 지각자의 욕구, 경험 등이 사회적 지각과정에 요한 영향을 미친다.

244. Mary Parker Follett는 경영을 다음과 같이 정의 하였다. (　　)안에 알맞는 말은?

"Management is the art of getting things done through (　　　　)". A manager coordinates and oversees the work of others to accomplish ends he or she could not attain alone.

① Technology.
② People.
③ Machine
④ Equipment.
⑤ Capital.

245. 다음 설명 중 잘못 된 것은?

① 평가제도가 잘못되면 개인이나 조직이 비정상으로 움직일 가능성이 높다.
② 우리나라는 근로자들이 노동시장의 미발달과 사회보장제도의 미비로 그 대안을 찾지 못하여 이직율이 서구에 비하여 매우 낮은 편이다. 그 대신 노사분규가 심하다.
③ Porter-Lawler는 성과가 만족을 유발한다고 보았으며 보상제도의 불공정성이 있으면 성과가 높은 사람이 오히려 불만족이 높을 것이라고 보았다.
④ 평가기법은 비용과 노력이 많이 들수록 대개 그 타당성이 높아지는 경향

을 보인다.

⑤ 동기유발은 오직 가장 좋은 모델 하나를 선택하여 적용하는 것이 옳다.

246. 조직행동론과 인사관리론 사이의 차이점과 가장 관련이 적은 것은?

① 조직행동론은 종합학문적 특성에 근거를 두고 있다.

② 조직행동론은 인사관리 보다 기능적 접근을 하고 있다.

③ 조직행동론은 인식의 문제에 비중이 높고 인사관리는 처방의 문제가 더욱 강하다.

④ 조직행동론은 삶의 현장을 총체적으로 이해하는 교양학문과 밀접한 관련이 있다.

⑤ 조직행동론은 순수원리에 강하고 인사관리는 보다 실무적 실제적인 성격이 보다 강하다.

247. 고전적 조건화(Classical Conditioning)와 조작적 조건화(Operant Conditioning) 사이의 차이점 또는 유사점이 아닌 것은?

① 고전적 조건화는 자극의 성격의 변동에 관심이 많은 반면 도구적 조건화는 자극의 선택된 내용에 관심이 많다.

② 고전적 조건화는 계속적 자극을 중시하는 반면 도구적 조건화는 선택적 자극을 강조한다.

③ 고전적 조건화는 많은 자극이면 많은 반응을 낳으므로 자극의 극대화를 추구하지만 도구적 조건화는 최소의 자극으로 최대의 반응의 변화를 도모하는 합리성을 추구한다.

④ 고전적 조건화는 조작적 조건화의 경우보다 피험자들(subjects)을 더욱 민주적 상황에 놓이게 한다.

⑤ 모두다 동물의 실험에서 원리를 찾은 후에 인간에게 유사하게 적용하고자 하였다.

248. 다음 조직관리이론의 패러다임 중에서 행태주의 심리학(Behaviorism)과 가장 관련이 깊은 것은?

① 과학적관리론

② 인간관계론

③ 상황이론

④ 비판이론

⑤ 제로베이스이론(학습조직이론)

249. 지위에 따른 리더십 역할이 아닌 것은?

① 최고경영자는 조직의 비전이나 방향을 설정하며 조직의 혁신을 위한 창의적인 카리스마적인 영향력을 갖는다.

② 중간계층은 종합적 시스템의 관점이 가장 필요하다.

③ 중간계층 수준의 리더십은 구조나 직설계의 보충적인 역할을 한다.

④ 낮은 지위의 리더는 기술과 업무 규칙에 대한 많은 이해가 필요하다.

⑤ 낮은 지위의 리더는 현존의 구조의 관리를 위한 상벌의 재제를 관리한다.

250. 아래의 내용 중에서 잘못 설명하고 있는 것은?

① Woodward는 기업사이의 업종별 제조기술이 조직관리에 미치는 영향을 연구하였다.

② Perrow는 Input를 Output로 효율적으로 변환(Transformation)시키는 사고방식, 문제인식, 해결책, 제도, 조직 등 일체의 것을 기술이라고 정의하였다.
③ 기술변동의 영향은 작은 조직보다는 큰 조직에 더욱 영향을 미칠 것이다.
④ 상징적 리더쉽은 혼돈의 기업 상황과 첨단기술의 시대에 더욱 알맞다.
⑤ Graen이 주장한 리더쉽의 VDL(Vertical Dyad Linkage Model)이론은 리더가 조직 내에서 자기편(In-group) 인간관계의 형성과 상대편(Out-group)의 부작용을 극소화하기 위한 공정성 인식의 형성을 강조하였다.

251. 다음 조직설계에 관하여 잘못 설명한 것은?

① 은행에 관련된 법이 deregulation이 되면 은행조직은 더욱 중앙집권화 된다.
② 서비스 산업은 고객과의 밀착성의 필요 때문에 제조업 보다도 더욱 분권적이 된다.
③ Woodward는 기술환경에 따라 조직 관리의 형태와 특성이 달라진다고 하였다.
④ Perrow에 의하면 Nonroutine Technology일 경우에 조직이 organic한 특성과 적합적 관계를 갖는다고 보았다.
⑤ Uncertainty의 환경에서 differentiation과 integration을 동시에 설명한 Lawrence & Larsch가 Organic한 조직특성을 제시한 Burns & Stalker 보다 더욱 발전한 이론이다.

252. 의사결정과 관련된 설명 중 잘못된 것은?

① Gresham Law of Planning은 저부가가치 Programmed Decision이고부가가치 Non-programmed Decision을 못하게 만드는 현상을 설명하는 법칙이다.

② Incremental Trial and Error에 의한 의사결정은 큰 의사결정은 작은 의사결정 요소들의 합이며 실패의 과정을 통하여 결국 미로를 찾아가는 것과 흡사한 의사결정 과정이다.
③ Gabage Can Model에 의한 의사결정은 매우 불확실한 조직환경에서 문제인식, 해결수단, 주장자, 기회의 네 가지 요소가 모두 결합될 때마다 여러 의사결정이 동시다발적으로 이루어지는 모습을 설명하는 것이다.
④ 정치적 의사결정은 best solution을 추구하는 것이다.
⑤ 기업을 경쟁력 있는 의사결정시스템 자체로 정의할 때 기업조직이 매우 많이 달라질 수 있다.

253. 노동가치설이 무너지며 노동을 즐거운 게임으로 보는 노동관은?

① 고대 및 중세사회 노동관
② 초기자본주의시대 노동관
③ 사회주의 노동관
④ 자본주의 임금노동 노동관
⑤ 후기산업사회 노동관

254. 다음 설명 중 틀린 것은?

① 관리자의 지위가 높을수록 비정형적(Non-programming)인 의사결정을 많이 하게 된다.

② 비정형화된 의사결정을 먼저 처리하고 정형화된 문제에는 결국 나중에 시간부족으로 소홀히 다루는 것은 의사결정의 그레샴 법칙(Gresham's Law of Planning)이라고 한다.
③ 합리적 의사결정 모델(Rational Model)은 매우 논리적이고 이상적이지만 그 전제조건의 충족이 어려워 대개 비현실적이라고 볼 수 있다.
④ Garbage Can Model은 문제인식, 해법, 참여자, 기회의 네 가지 요인의 무작위적 상호작용의 결과로서 조직적인 의사결정을 설명하고 있다.
⑤ 집단의 의사결정은 여러 지식 및 경험을 다각도로 활용할 수 있는 장점은 있으나 무오류, 도덕성, 만장일치의 환상에 빠지기 쉽고 창의성을 말살할 위험성이 있다.

255. Goal-setting theory 및 Management By Objective에 관한 설명 중 틀린 설명은?

① 목표는 가급적 구체적이면 더욱 동기가 유발된다.
② 목표는 힘들고 어려울수록 더욱 동기가 유발되어 노력을 집중하고 역경을 이기게 된다.
③ 부하의 합의를 도출하면 더욱 동기가 유발된다.
④ 피드백을 하면 동기가 더욱 유발된다.
⑤ 목표관리(Management By Objectives)와 밀접한 관련이 있다.

256. 권위주의 성격(Authoritarian Personality)에 관한 설명과 가장 무관한 것은?

① Freud 정신분석학파에게는 일종의 정신질환으로 파악된다.
② 권위주위 성격은 상위의 권위에는 맹종하나 하위의 권위에는 잔인할 수 있는 성격이다.
③ 상위의 명령이 권위주의 추종자들을 통하여 하위에서는 축소되어 실시된다.
④ 마음속에 불신, 증오, 공포가 심하며 또한 도피심리가 작용하고 있다.
⑤ 폐쇄적 독선적이 될 가능성이 많으며 엄격하고 경직된 감독 하에서 성과가 높다.

257. 조직행동론에 관한 설명 중 잘못된 것은?

① 조직행동론은 종합학문적 방법론을 토대로 새로이 생겨난 학문 분야이다.
② 조직행동론과 인사관리는 동 시대에 같이 나타났다.
③ 기능과 원리, 미시와 거시, 역사와 구조의 이론통합을 꾀한다.
④ Open System의 특징들을 받아들인다.
⑤ 조직행동론은 경영의 직접관리 대상인 인적자원을 그 연구 대상으로 한다.

258. 윤리경영(Ethics Management)과 관련이 가장 적은 것은?

① 투명경영
② 가치경영
③ 상징적 리더쉽
④ M&A 시장 발달
⑤ 관리경제체제의 상황

259. 조직행동론과 관련이 적은 것은?

① Behavioral Science와 Open System이

론과 관련이 크다.

② 인사관리(혹은 인적자원관리)와는 연구대상을 달리하기 때문에 독자적인 학문으로 성립하게 되었다.

③ 기능(Function)과 본질(Principle)을 통합하는 경향이 있다.

④ 거시(Macro)와 미시적(Micro) 접근을 통합하려고 한다.

⑤ 구조적(Synchronic) 접근과 역사적(Diachronic) 접근의 통합을 시도한다.

260. 다음의 내용 중 잘못된 설명은?

① Organizational Behavior의 학문분야는 종합학문적 접근(Interdisciplinary Approach)의 특징에 의하여 성립되었다.

② 조직행동론의 종합학문적 방향은 크게 기능적 접근과 순수원리의 종합, 미시적 접근와 거시적 접근의 종합, 공시적 접근과 통시적 접근의 종합으로 나아간다.

③ 조직행동이론은 Open System의 연구의 결과를 활용하여서 조직의 공통 메카니즘 및 공통원리를 발전시켰다.

④ 이 세상의 만물은 아무리 System 수준의 차원을 달리한다고 하더라도 그 모두를 포용할 수는 없다.

⑤ 교양학문은 삶의 현장에 관한 총체적 인식을 지향함으로서 Organizational Behavior와 밀접한 관련을 갖는다.

261. IBM회의 경영실패의 사례와 가장 관련이 적은 것은?

① 처음에는 무해고정책(No-layoff policy)을 기업의 자랑으로서 고수하였으나 너무 늦게 이를 포기 하였다.

② Mainframe 대형컴퓨터 품목에만 관심이 지나쳐 소형 PC컴퓨터 품목을 중시해야 하는 시장변동에 소홀하였다.

③ 관료조직의 특성이 심화되어 시장변동에의 대응 및 의사결정이 늦었다.

④ 하드웨어(H/W) 보다 소프트웨어(S/W)를 점차 중시하는 시장변동에 소홀히 대처하여 Microsoft회사나 Intel회사에게 주요한 S/W 개발의 기회를.넘겨주게 되었다.

⑤ 불행히도 IBM은 PC개발을 위한 신기술을 타기업보다 일찍 보유하는데 실패했다.

262. 목표를 설정하는 이점이 아닌 것은?

① 각종 활동의 정당성 부여 및 범위 설정.

② 종업원의 방향감각 및 동기유발의 향상.

③ 창의성을 발휘토록 함.

④ 행위 및 의사결정의 기준과 제약 요건 부여하고 성과평가의 기준을 제공.

⑤ 조직진단 및 설계의 기준 제공.

263. 모험적인 전략(Prospector Strategy)과 방어적인 전략(Defender Strategy)을 설명하는 방식이 잘못되어 있는 것은?

① 모험적인 전략은 급변하는 환경에 적합하며 창의성과 유연조직을 강조한다.

② 모험적인 전략은 신제품개발과 기술혁신을 강조한다.

③ 방어적인 전략은 안정된 환경이나 쇠퇴하는 기업에 알맞다.
④ 모험적인 전략은 고객만족을 위하여 내부능률성과 원가절감을 보다 중시한다.
⑤ 방어적인 전략은 중앙집권적인 통제적인 조직으로 나아가는 경향이 있다.

264. 조직설계에 영향을 미치는 설명 중 잘못된 것은?

① 기업의 목표와 전략이 조직설계에 가장 중요한 원리 및 기준이 된다.
② 환경이 불확실한 경우나 부서기술이 Non-routine한 경우에는 기능조직이 알맞다.
③ Interaction 또는 Interdependence 수준이 높으면 Team Design하는 것이 바람직하다.
④ 서비스 업종은 보다 유연조직이 알맞고 조직의 규모가 크면 관료조직이 알맞다.
⑤ 각종 정보기술의 적용, 리엔지니어링, 아웃소싱은 조직설계에 미치는 영향이 크다.

265. 태화강변 불고기식당 단지에 옷가게를 내려고 할 때의 고려할 가장 적합한 원리는?

① Population ecology
② Resource dependence
③ Institutionalism
④ Collaborative network
⑤ Dis-intermediation

266. 자유시장경제체제의 도래의 특징이 아닌 것은?

① 경기변동의 심화로 불확실성 증대, 스피드경영, 유연조직, 보험, 선물의 확대 적용의 현상이 나타난다.
② 자본시장, 기업매매시장(M&A), 노동시장이 확대 된다.
③ 기업매매시장의 발달로 BSC(Balanced Scoreboard), 지식경영, 투명경영 등이 강조되는 전통적 경영패러다임보다 더욱 광범위한 새로운 가치경영의 패러다임으로의 변동이 생긴다.
④ 공급초과현상으로 경쟁이 더욱 치열해진다. 차별화 고급화전략으로 창의성이 존중되고 고객만족을 위한 TQM이 강조되며 다품종소량생산의 전략이 강조된다.
⑤ 독과점체제와 공급자 진입제약이 더욱 이루어지는 반면 무한경쟁 및 globalization은 점차 약화된다.

267. 조직설계 및 PI(Process Innovation) 설명 중 잘못된 것은?

① 경영전략을 근거로 조직의 정의(definition) 자체가 달라지며 이에 따라 조직의 근본적 구조가 크게 달라질 수 있다.
② 정보분류체계는 기업의 데이터베이스(D/B)를 설계할 때 참고가 될 수 있다.
③ 데이터, 조직, 어플리케이션(A/P) 중에서 일반적으로 데이터가 가장 permanent하기 때문에 데이터를 우선적 기준으로 설정하는 것이 필요하다.
④ 데이터와 Process(조직 및 A/P 포함) 사이의 Matrix를 만들고 이 때 가장

긴 프로세스를 Main process 로 선정한다.

⑤ 조직과 A/P는 상호 비대체적 보완관계로 파악하는 것이 바람직하다.

268. 조직이론의 주요한 제 관점이 아닌 것은?

① 합리적 적응 관점(Rational-Contingency Perspective).

② 급진적 맑시즘 관점(Radical-Marxism Perspective).

③ 거래적 비용경제 관점(Transaction-Cost Economics Perspective).

④ 문화적 공유의식의 관점(Cultural-Common Consciousness Perspective).

⑤ 권력 리더십 관점(Power-Leadership Perspective).

269. 프로세스혁신(Process Innovation) 방법론과 제일 관련이 없는 것은?

① 목표 및 전략을 근거로 과제(task) 도출을 한 후 조직의 규모를 조정한다.

② 과제(task)의 결과(output)는 자원(resource) 투입과 기능(function) 수행으로 분해 한다.

③ Data 자원은 많이 공유하는 Core process 중심으로 리엔지니어링을 구현한다.

④ Data를 위한 설계(ERD)와 기능의 관계를 나타내는 프로세스 설계(DFD)를 한다.

⑤ 조직설계(ODM)는 자동화나 시스템이 수행하는 것을 포함하여 인적자원의 기능이 상호 중복되도록 설계한다.

270. 다음 중 조직설계 원리에 해당되지 않는 것은?

① 전략과 조직설계는 결부되어야 한다.

② Efficiency의 영역은 자동화 정보화로 대체시키고 인력들을 learning의 영역으로 이동시키는 Dis-intermediation의 원리가 있다.

③ SWOT, BCGM, Porter의 원리들은 전략수립원리가 아니라 조직설계의 원리들이다.

④ Interaction 이 높으면 team으로 묶으며 이 interaction이 가장 낮은 경우(minimized)에 team module사이의 경계를 설정하는 것이 바람직하다.

⑤ 환경의 불확실성이 높을 때는 분화(differentiation)와 통합성(integration)이 높은 네트워크 팀형조직(network-team)으로 그 속성을 높이는 것이 바람직하다.

271. 유효성(Effectiveness)원리의 목표와 관련성이 가장 낮은 것은?

① 환경급변상황과 고객만족정책.

② 문제인식별 정보분류체계.

③ 기술과 기능을 위한 업무 및 정보분류.

④ 네트워크 팀형조직.

⑤ 분권적인 사용자 중심의 정보시스템.

272. 다원적 목표를 관리하는 방식과 거의 관련이 없는 것은?

① 만족(satisfactory)원리 보다 극대화의(maximization)논리 추구.

② 합의도출 과정을 위한 정치적 의사결정의 속성.

③ 상호 타협을 위한 타협(Bargaining)의 과정.

④ 목표의 다원적인 측정기준의 마련.

⑤ 여러 목표를 동시에 달성하기 위한 여러 관련 집단의 Effectiveness 충족 과정.

273. 경영전략에 대한 설명 중 잘못된 것은?

① 원가절감전략은 확실한 환경에서의 표준화 생산과 관련이 깊다.
② 차별화전략 또는 고급화전략은 불확실한 환경에서의 다품종소량생산과 관련이 깊다.
③ 다품종소량생산은 원가절감 및 투자절약으로 각 제품의 수요량 변화에 잘 대처할 수 있다.
④ 다품종대량생산 능력을 위한 시스템 통합은 변경변동에 대처하여 자원들의 스피드한 동원을 꾀하여 기업경쟁력을 높게 한다.
⑤ SI, CIM, FMS, CAD/CAM 등은 다품종 대량생산의 집중화전략과 깊이 관련된다.

274. 이해관계자 접근(Stakeholder)으로서 유효성 성과기준(Effectiveness Criteria)의 상호관련성이 적은 것은?

① 소유자(투자자)-시설 및 조직 규모 확장.
② 종업원-직무만족, 임금수준, 복지향상.
③ 고객-품질
④ 채권자-상환능력, 신용.
⑤ 납품업자- 좋은 거래조건.

275. 기업조직 설계의 주요원리들에 대하여 잘못 설명한 것은?

① 일차적으로 기업의 목표와 전략에 근거해야 한다.
② Dis-intermediation은 efficiency와 관련된 인력을 빼내어 learning과 관련된 인력의 영역으로 최대한 이동시키는 것이다.
③ 조직의 효율성을 높이기 위하여 interaction이 가장 높을 때에 이를 team으로 묶어 주어야 한다.
④ 환경의 불확실성이 높으면 Mechanistic한 조직이 설계 되어야 한다.
⑤ 시스템설계와 조직설계는 서로 적합적 관계를 가져야 한다.

276. 갈등에 관한 설명 중 가장 무관한 내용은?

① 목표의 저급화 현상이 생기고 정력의 낭비(Diversion of Energy)가 생긴다.
② 견제세력에 의한 조직의 민주성과 투명성을 높이는데 도움이 되기도 한다.
③ 조직이 비활성화 되고 조직 내 에너지의 흐름이 정체된다.
④ 갈등에 실패할 경우 패배감 및 사기저하를 초래하기도 한다.
⑤ 심한 경우에 상호 불신과 상호비방 및 비협조 상황에 빠지고 일의 스피드가 떨어진다.

277. 다음의 내용 중에서 가장 그럴듯하지 않는 내용은?

① 기업의 전략방법의 차이는 중간관리자의 조직 및 통제형태의 차이를 낳는다.
② 측정할 수 없다면 통제하기 어렵다.
③ 중간관리자의 통제방식에 따라서 정보시스템의 통제방법이 달라진다.

④ Efficient PI(Process Innovation)와 Ethical PI가 상호 적절히 공존하는 것이 필요하다.
⑤ 거래적 통제(Market control)를 위하여 과정적 규범적인 정보통제 시스템이 적합하다.

278. 가장 규모가 큰 다국적기업의 국제조직 유형에 가장 가까운 것은?

① 생산품목 중심조직(Global Product Structure)은 세계적인 표준화, 원가절감, 규모의 경제, 품질향상을 통하여 시장확대를 꾀하는 글로벌 전략(Globalization Strategy)에 근거한다.(예, Eaton Corporation).
② 지역특성 중심조직(Global Geographic Structure)은 민족이나 국가에 따라서 다양한 제품을 생산하고 고객의 특화(Customization)를 위한 다국적 전략(Multi-domestic Strategy)에 근거한다.(예, Dow Chemical).
③ 국제적 매트릭스조직(Global Matrix Structure)은 글로벌 전략과 다국적 전략의 동시적 사용에 근거한다.(ABB)
④ 본사를 기준으로 국내외에 기능별조직-품목별조직-지역별조직의 3겹으로 배열하는 것이 일반 적이며 각 사이는 매트릭스조직으로 처리되어질 수 있다.(Saint-Gobain-Point-a-Mousson).
⑤ 국제적 혼합조직(Global Transnational Model)은 글로벌 전략과 다국적 전략 이외의 다른 요인들이 더욱 많이 결합되어 있는 다수 센타의 조직이다.(Philips).

279. 오늘날 경영자정보시스템(EIS)이 중요하게 부각되는 이유가 아닌 것은?

① 인터페이스(Interface)에 의한 고도정보기술의 기업 내 파급효과가 적어 안정적이다.
② 고부가가치 전략정보시스템(SIS)과는 밀접한 관련성이 크다.
③ 인트라넷 기술의 적용으로 그 실현성 및 효과성이 매우 높아졌다.
④ 조직 상부의 수직적 리엔지니어링이 가능해 졌다.
⑤ 종합정보시스템 또는 시스템통합(SI) 구축의 핵심적 위치에 있기 때문이다.

280. 가장 그럴듯하지 않은 설명은?

① 권력을 아무리 아래 계층으로 위양을 해도 전체의 권력량은 불변하는 법칙이 있다.
② 조직설계는 인적자원 뿐만 아니라 설비자원, 전산, 예산자원, 정보자원 등의 설계로서 확대하는 것이 더욱 바람직 하다.
③ 권력이 없는 만큼 성과도 없다(No Power = No Performance).
④ 권한위양(Empowerment)은 부하로 하여금 동기유발, 참여의식, 창의성을 발휘케 한다.
⑤ 정치(Politics)의 개념은 권력(Power)의 개념보다 더욱 동태적이다.

281. 학습조직(Learning Organization)과 관련하여 역시 가장 관련이 적은 설명은?

① 권한위양에 의한 종업원의 상향적 전략도출(Emergent Strategy)을 강조하고 주인의식을 불어 넣는다.
② 전략은 경영자에 의해서만 수립되는

것이 아니라 종업원, 납품업자, 고객, 경쟁자 등 으로부터 도출되기도 한다.
③ 조직내외의 파트너 쉽에 의한 수평적 제휴 및 네트워크를 강조한다.
④ 계층을 없애고 임금, 예산, 권한 등의 격차를 없애는 조직의 평등주의(equalitarian) 성격의 위험성을 피한다.
⑤ 실험 및 시행착오에 의한 지식습득 능력의 배양을 강조하고 구성원에 대한 애정과 사랑으로실패를 두려워하지 않는 안정감을 준다.

282. 학습조직(Learning Organization)의 리더와 관련하여 가장 관련이 적은 설명은?
① 학습조직의 리더는 조직구성원들의 태도나 행위에 영향을 주는 배경이 되는 비전, 가치, 목적, 전략, 구조 등의 문화설계를 위한 사려 깊은 노력을 한다.
② 전체적인 비전 및 정보의 공유를 강조하고 조직의 내외에 경계를 없애도록 노력한다.
③ 반기능적 팀조직(cross-functional teams)을 강조하고 지식 및 정보의 공유와 원활한 흐름을 통한 창의성 발휘를 중시한다.
④ 봉사자(Servant)라는 자세보다는 강력한 보스(Boss)로서의 권한과 책임을 강조한다.
⑤ 사람들은 호기심을 갖고 배우는 즐거움이 있다는 동기유발 가정을 갖는다. 그리고 인간신뢰 및 인간존중 의 정신을 갖고 이들이 최선을 다할 수 있는 환경의 조성과 인력개발을 위하여 노력한다.

283. 갈등과 관련된 내용 중 틀린 것은?
① 갈등의 근본적인 원인은 각자의 환경 및 생활배경의 차이에서 비롯된다.
② 환경이 급변하면 더욱 갈등이 심화된다.
③ 집단갈등의 3요소로는 자기집단의 일체감 인식, 타집단과의 차이인식, 박탈감 및 좌절감 인식.
④ 갈등이 줄면 조직의 목표의식의 저급화 현상이 나타난다.
⑤ 갈등이 심하면 조직구성원들의 정치행동 현상이 보다 뚜렷해 진다.

284. 갈등의 이유가 되는 일반적 사례가 아닌 것은?
① 영업부서는 제품의 다양성을 요구하는 반면 생산 부서는 표준화를 지향한다.
② 까다로운 새로운 품질통제 절차는 생산 부서의 능율성과 상충한다.
③ 자금 부서의 신용기준 및 조건의 강화는 영업부서의 고객의 확보를 어렵게 만들어 서로 갈등한다. 그리고 자금 부서의 구매자금 통제는 구매부서의 재고관리를 불안하게 한다.
④ 연구실 건물의 안전을 위한 엄격한 관리는 연구팀의 자유로운 연구 활동에 제약을 준다.
⑤ 영업부서는 상품재고를 적게 유지하고자하는 반면 생산 부서는 이것을 많이 유지하려고 한다.

285. 윤리경영을 위한 방안 아래 중에서 가장 거시적 기업외부적인 접근은?
① Ethics Code 혹은 Ethics Committee를

만든다.

② Punitive Damage Act를 만든다.

③ 수직적 PI를 개발 적용한다.

④ 조직 내 적절한 Conflict 현상을 활용한다.

⑤ Whistle Blowing의 제도를 채택한다.

286. 아래의 전략정보시스템(SIS)에 관한 설명 중에서 원가절감 전략과 가장 직접 관련이 있는 것은?

① 신규기업가 제품 및 거래선을 바꾸어 새로이 진입하는 경우에 비용증대 및 장벽을 치는 효과가 있다.

② American Airline항공회사에서 47개국의 여행사 85,000여 곳에 컴퓨터 터미널을 설치하여 항공스케쥴, 요금, 숙박, 렌트카 등의 정보를 조회하도록 하여 크게 이익을 낳게 하였다.

③ 리엔지니어링 업무혁신을 추진할 수 있다. Ford 자동차회사는 Mazda회사를 본받아 외상매입금 관리자의 인원을 500명에서 100명으로 줄였다. 그리고 협력업체와의 생산계획 및 설계에 깊이 참여시키고 네트워크로 통합한다.

④ 경영자정보시스템(EIS)은 고부가가치의 신속한 전략적 의사결정을 지원한다.

⑤ 전자문서교환(EDI)및 전자상거래(CALS)는 판매싯점관리(POS)와 적정재고관리 및 경쟁력 있는 거래선과의 제휴를 가능케 한다.

287. 다음의 설명 중 가장 그럴듯하지 않는 것은?

① 조직설계 마스터플랜에서 다양한 조직모델의 모자이크식 접근(Mosaic Approach)은 피하여야 한다.

② 인간존중의 조직혁신을 수행하여야 그 성공의 가능성이 높다.

③ 조직혁신은 최고경영자의 권한과 책임 하에 수행하여야 한다.

④ 변화를 위한 압력은 외부의 환경으로부터 오고 안정을 지키기 위한 압력은 조직 내부로부터 온다.

⑤ 리엔지니어링은 결과중심의 프로세스 혁신과 그룹웨어(또는 공동데이터베이스) 정보기술의 적용 등이 결합한 기법이다.

288. 가치경영 및 지식경영과 관련된 설명 중 잘못된 것은?

① 자유개방 시장경제 메카니즘의 도래로 기업매매시장, 자본시장, 노동시장 등이 발달하고 가치경영의 패러다임으로 바뀌었으며 지식경영은 가치경영을 실현하기 위한 중요한 한 방법이다.

② 가치경영은 종래의 매출액 및 당기순이익 증대의 재무적인 관점의 경영패러다임을 넘어서서 보다 넓은기업가치 자체의 증가를 꾀하는 BSC(Balanced Scorecard) 관점의 새로운 경영패러다임이다.

③ 가치경영을 실현하기 위한 BSC는 CSF(Critical Success Factors)로 그 구성 비중이 결정되며 이를 측정하기 위한 KPI(Key Performance Indicator)가 만들어져 목표관리를 위한 전제 작업이 된다.

④ 지식경영은 핵심역량의 개발, 네트워

크 활용, 아웃소싱으로서 조직구조의 변화를 꾀하고 인적자원의 확보개발을 위한 적극적인 직무급제 및 연공급제를 도입한다.

⑤ 지식경영은 기업의 Capacity이상으로 초월하여 기업을 발전시키기 위한 생산형기업에서 정보처리형기업 으로의 변환을 의미하며 대부분 성공적인 다국적기업들이 이와 같은 지식경영의 전략을 택하고 있다.

289. 정보와 자원에 관한 다음의 설명 중 잘못된 것은?

① 기업은 정보의 확보를 달성함에 따라 환경의 불확실성을 줄인다.

② 기업은 자원의 확보를 달성함으로서 환경에의 의존성을 증가시킨다.

③ 기업은 자원과 의존성의 장단점을 비교하여 이 양자의 교환수준을 정한다.

④ 자원의존이론은 능동적으로 환경을 통제하거나 선택하는 전략을 사용한다.

⑤ 환경적응이론은 환경변동에 조직전략 및 구조를 적응시켜 나간다.

290. 프로세스 혁신(PI)에 과한 정의와 상관이 가장 적은 것은?

① Cross-functional 한 프로세스 리엔지니어링이다.

② 경영전략 실현을 위한 프로세스 재구축이다.

③ 고객만족을 위한 프로세스 재구축이다.(PI = CS)

④ SI시스템을 개발하거나 ERP를 도입하기 전후의 시스템 진단이나 Maintenance과정이다.

⑤ 인력의 절감 및 해고를 강조하는 접근이다.

291. Interorganizational Relationship의 Framework에 따른 경영 및 조직전략에 관련된 설명에 가장 해당되지 않는 것은?

① 자원의존(Resource Dependence) 접근은 상호 경쟁적 제로섬(Zero-sum) 환경하에서 업종이 서로 다른 경우에 알 맞는 전략이며 외부의존을 줄이고 자원에 관한 직접통제 및 독립성을 꾀하는 전략이다.

② 협력적 네트워크(Collaborative Network) 접근은 상호 협력에 의한 제3의 시너지 효과를 창출이 가능한 공동이익의 환경 하에서 업종이 서로 다른 경우에 알맞는 전략으로서 제휴, 컨소시움, 재벌형성 등을 통한 상호보완전략이다. 대규모 투자와 대규모 기회가 다가오는 첨단복합기술 시대에 더욱 알맞은 이종간 연합전략이다,

③ 생태학적(Population Ecology)인 접근은 이종업종끼리 경쟁이 치열한 상황 하에서 이루어지며 새로운 조직, 혁신, 변종(Variations), 신제품개발 등 차별화, 고급화 전략이 여기에 해당된다.

④ 제도화(Institutionalism) 접근은 동종업종끼리 조직통합을 통한 강한 협력을 할 때 시너지 효과가 크게창출되는 상황이며 여러 관계자들의 만족을 주는 조직의 동형화(Isomorphism)되는 현상이 나타나고 명분 및 정당성(Legitimacy)의 사회적 합의창출이 그 경쟁력이 된다.

⑤ 구조적 환경적응(Structural Contingency)접

근은 정보에 대한 적응을 중시하기 때문에 자원에 의한 독립성을 강조하는 자원의존접근과 상반된다.

292. Organizational Ecosystem에 관한 설명과 가장 무관한 것은?

① 조직과 환경사이의 경계를 극복하고 상호관계 및 통합성을 강조하는 미래지향적 접근이다.

② 협력적 관계를 맺는 것이 점차 조직경쟁력의 주요부분이라고 본다.

③ 전통적인 수직간, 수평간, 기업내외, 국제경계를 없애고 Larger System, Big Picture, Broader Leadership의 개념이 필요하다.

④ Big Project의 수요에 대처하기 위하여 Coalition 보다 Conflict가 필요하다.

⑤ 동종간, 타업종간의 차원과 경쟁적, 협력적 상황차원 2차원에 의한 4개의 카테고리로서 다양한 관계의 특징 및 대처전략을 분석할 수 있다.

293. 부서 간에 수평적인 의사소통의 장애를 극복하는 방법이 아닌 것은?

① 네트워크 정보시스템

② 직접 대면이나 교섭창구역할(Liaison Roles).

③ 계층사이의 보고나 지시, 그리고 규정.

④ 임시특별팀(Task Force Teams).

⑤ Re-engineering Team

294. 조직혁신의 수행을 돕는 기법이나 사고방식 중에서 잘못된 것은?

① 혁신의 필요성 및 이익의 공감대 형성을 위하여 노력함.

② 혁신에 우호적인 세력의 조기 참가를 유도하고 좋은 아이디어를 광범위하게 구함.

③ 최고경영자의 강력한 지원을 유도하고 그로 하여금 혁신 현장을 자주 방문케 함.

④ 혁신 리더는 전략이나 정책을 잘 수립하는 일 이외의 조직구성원들에 대한 접촉이나 설득, 공감대 확인은 생략하는 것이 바람직하다.

⑤ 혁신이 개인 구성원들에게 도움이 된다는 의사소통을 철저히 하고 별도의 혁신 팀이나 아이디어 챔피언(Idea Champion)을 양성한다.

295. 임금피크제(Wage peak system)에 대한 설명 중 잘못된 것은?

① 임금피크제는 적은 급료를 받는 대신 정년 이후에도 계속근무를 보장 받는 방법이다.

② 직능급(Skills-based payment)이 잘 운영되고 있어도 임금피크제의 도입이 매우 필요하게 된다.

③ 노동조합이 강성이기 때문에 고용안정이 안정되면 근로자에게 임금피크제의 도입이 불필요하게 된다. 반대로 고용이 불안정한 경우는 임금피크제를 요구하게 된다.

④ 능력이 있는 근로자는 임금피크제에 대하여 별 매력을 못 느낀다. 왜냐하면 언제든지 퇴사하면 노동시장에서 높은 임금으로 자신을 필요로 하기 때문이다.

⑤ 나이가 많을수록 성과가 떨어질 것이라는 전제하에서 회사는 임금피크제를 불필요하게 느끼지지만 근로자 당사자는 그 필요성을 절실하게 느

길 것이다.

296. Bandura의 Social Learning Theory와 관련이 가장 적은 것은?

① Direct Experience
② Fore thought
③ Vicarious Learning
④ Self-control 및 Self-efficacy
⑤ Observation Learning

297. 학문이 주는 효과와 무관한 것은?

① 간접경험으로 시간, 노력, 비용, 위험 등을 줄이며 더욱 효율적으로 조직 인식의 수준에 도달하게 한다.
② 극히 제한적인 직접경험에 의한 고정관념 및 편견에서 벗어나는 정신적 해방을 가능케하고 정신을 보다 자유롭게 한다.
③ 이론의 적용 조건과 한계를 밝힘으로서 이론의 타당성을 분별할 수 있는 성찰의 능력, 즉 지성적 성향을 높여준다.
④ 더욱 전문화됨으로서 모든 연구대상의 공통속성, 공통메카니즘을 파악하는 것을 보다 용이하게 한다.
⑤ 학문적 가치를 높히는 과정을 통하여 지식, 이론, 주장 등의 옳을 가능성, 즉 진리가 될 가능성을 높혀 준다.

298. ABC 회계와 가장 밀접한 작업은?

① Re-structuring
② Work breakdown structure
③ Work analysis
④ Re-engineering and PI-matrix
⑤ Module relations setting

299. 모듈조직(Modular organization)에 관한 설명 중 잘못된 것은?

① Interaction maximized의 경우를 외부의 경계(external border)로 삼는다.
② Automation이 용이하다.
③ Outsourcing이 용이하다.
④ 기업의 정의(definition)가 달라진다.
⑤ 대체로 방사형(放射型) 조직의 양상을 띤다.

300. PI-matrix 작성과 관련된 내용으로 틀린 것은?

① 기존 시스템 진단 및 추가개발 여부를 판단하는데 도움이 된다.
② ERP가 자사에 적합한 여부를 판단하는데 도움이 된다.
③ Re-engineering을 위한 critical path 혹은 core process를 찾는데 도움이 된다.
④ One organization에는 one PI-matrix 작성이 필요하다.
⑤ ERP 혹은 In-house development 시스템 개발 비용절감을 위한 교섭력을 증대시킨다.

301. 인간성 발달과 가장 관련 있는 학파는?

① Psycho-analysis psychology
② Behavourism psychology
③ Humanistic psychology)
④ Cognitive psychology
⑤ Gastalt psychology

302. 다음 중 구조적 인식방법이 아닌 것은?

① 비록 일부분만의 파편일지라도 오직

확실하게 발견된 그 유적의 증거에 의해서만 고대문명을 판단하는 방법이다.

② 경찰수사관이 범죄사건과 관련된 수많은 단서들을 가장 그러듯하게 설명하는 사건의 진상을 구성해 본다.

③ 천동설을 버리고 지동설을 인식하는 과정이 해당된다.

④ 상대가 진실로 나를 사랑하는지의 여부를 지금까지 그의 수 백 가지 언행들을 가장 체계적으로 모순 없이 설명할 수 있는 인식의 틀로서 그의 마음을 그려본다.

⑤ 조직, 국가, 신(神)에 대하여 수많은 직접경험 혹은 간접 경험을 총괄하는 종합적 인식을 통하여 그 존재를 인식하려고 한다.

303. 다음 중에서 '시스템이론의 확장(I)'과 관련이 가장 적은 내용은?

① 인간, 조직, 국가, 우주, 신(神)이 모두 구조적 상호관계의 특성을 갖는 존재라는 점에서 공통된다.

② 구조적 상호관계의 특성은 종합적 구조적 사유를 통한 인식의 대상이며 분석적 인과관계 나 부분적 육감으로 실증될 수 있는 대상이 아니다.

③ Output은 Input이나 Transfomation이 없어도 얼마든지 가능하다. 즉, 무(無)에서 유(有)가 창조될 수 있다.

④ 전 우주를 모두 포함한 total system은 스스로 목적과 선의지, 생명현상을 갖고 부분세상을 역동적으로 바꾸어가며 영원에서부터 영원까지 존재한다.

⑤ 인간의 구조적 상호관계의 특성은 사망시 그 속성에 따라 전우주의 구조적 상호관계의 특성과 합하여 졌다가 시공을 초월하여 부활 혹은 윤회의 양상으로 다시 생명을 얻을 수 있다.

304. '시스템이론의 확장(II)'의 사고방식이 아닌 것은?

① 신의 속성과 그의 운행법칙을 알려고 하는 것이 학문이요 과학이다.

② 구조적 상호관계의 특성이 고도로 결합되는 곳에 생명현상이 나타난다. 인간은 이러한 신의 창조법칙을 찾아냄으로서 인간도 곧 생명체를 만들 수 있게 될 것이다. 이는 종교와 학문이 만날 수 있는 또 하나의 사례가 될 것이다.

③ 기독교, 이슬람교 불교, 유교, 도교 등 거의 모든 종교는 전우주를 포함한 하나의 토탈시스템을 단지 다른 관점에서 보았을 뿐이므로 결국 하나로 통합할 가능성이 있다.

④ 전 우주를 포함한 토탈시스템 밖에도 또 다른 세계가 존재한다고 본다.

⑤ 언어(로고스)는 반드시 먼저 사실 혹은 실체가 선행적으로 존재해야 만들어진다. 따라서 전우주보다 더 위대한 언어(로고스 혹은 神)이 따로 존재하지 않는다.

305. 비전이나 전략이 바뀔 때 이에 상응하는 가장 과감한 조직변화는?

① Human Resource Development.

② 소집단의 Leadership

③ M&A를 포함한 Re-structuring.
④ 리엔지니어링.(Re-Engineering).
⑤ Motivation 과정

306. 다음 중 견제 영향력(counter-influence)와 관련이 깊은 것은?
① 권력과 정치현상
② 윤리 및 투명경영
③ 리더십
④ 업무수행능력 여하
⑤ 자유와 생존능력

307. 자아발달을 통한 인격완성의 방향에 가장 가까운 것은?
① 과학적 실증적 접근에 국한된 타율적 주입식 종합화 교육
② 상상력 자유정신의 접근에 국한된 타율적 주입식 종합화 교육
③ 과학적 실증적 접근과 상상력 및 자유정신을 모두 포함한 자율적 각성의 종합화 교육
④ 과학적 실증적 접근의 자율적 각성의 전문화 교육
⑤ 상상력 자유정신 접근의 자율적 각성의 전문화 교육

308. Resource Dependence 이론에 입각한 전략에 속하지 않는 것은?
① 수직계열화
② 장기계약
③ 공장이전 혹은 품목변경
④ 조합결성
⑤ 고객만족전략

309. System theory에 대한 아래 설명 중 틀린 것은?
① 학문의 모든 연구대상을 꿰뚫는 공통개념, 공통원리, 공통 메카니즘 인식의 추구이다.
② 1950년대 이후 종합적 학문연구방법론의 영향을 받은 업적이다.
③ 세포, 인간, 조직, 사회, 국가, 우주, 신의 상호 관련성을 이해하는데도 도움을 준다.
④ 모든 Output는 반드시 그전에 Input와 Transformation 과정을 필요로 한다고 주장한다.
⑤ Open System의 특징이 강할수록 비결정론적이며 분석적 방법이 동원된다. .

310. 내적 역동성(immanent dynamics)의 원인과 관련 없는 논의는?
① 완전평등상태는 비록 민주주의,인권보장, 평등, 자유, 투명조직 등으로 윤리적이고 이상적이기는 하나 반면에 무질서, 혼란, 상호 갈등투쟁 상황, 비효율성을 초래함으로 말미암아 적정불평등으로의 회귀하려는 속성을 갖는다.
② 극단적 완전불평등상태는 독재, 불공정, 부정부패, 인권유린, 위화감, 불만증대, 창의성말살, 등으로 저항을 불러 일으켜 역시 적정불평등 방향으로 수정된다.
③ 조직에는 권력집중화 경향에 의하여 완전불평등 상태로 가려는 속성이 있다. 또한 조직에는 집중된 권력을 더욱 해체시켜 완전평등으로 향하려는 원리도 동시에 존재한다.
④ 변동의 힘의 원천에 관한 역사성(Historicity) 연구, 진화론 및 적자생

존의 원리, 역사적 구조적 특성의 누적 현상에 관한 원리가 적용된다.

⑤ 전체시스템(total system)의 Integration과 differentiation 사이의 힘이 공교롭게도 완전 균형을 이를 확률은 매우 낮다. 더구나 각급 sub-system에서도 모두 Integration과 differentiation 사이의 힘이 완전 균형을 이를 확률은 더욱 더 낮을 것이다. 따라서 조직의 역동성의 정지 상태란 상정하기가 매우 어렵다.

311. WBS(work breakdown structure)의 유용성과 관련이 가장 적은 것은?

① PI(process innovation)
② ABC(Activity-based costing)
③ Profit/Cost center
④ Standardization
⑤ 목표관리(Management By Objectives)

312. 자본주의 사회에서 생산성 및 효율성을 가장 잘 초래하는 상태는?

① 완전평등상태
② 완전불평등상태
③ 자본(Capital)세력의 우위에 의한 적정불평등상태
④ 유대(Solidality)세력의 우위에 의환 적정불평등상태
⑤ 자본과 유대의 세력균형

313. 조직이 권력집중화 경향에 의하여 완전불평등상태로 가려는 속성의 법칙이 아닌 것은?

① M.Weber의 카리스마지배,
② Michael의 과두지배의 철칙(Iron law of Oligarchy),
③ 시스템의 Negative entropy현상 및 Harmony 강화이론
④ 권력배분과 자원배분을 일치시키며 불평등 구조를 더욱 심화시키는 정치의 부정적인 견해(Negative perspective)
⑤ Counter-power의 필요성에 관한 이론

314. 조직에는 집중된 권력을 더욱 해체시켜 완전평등으로 향하려는 원리가 아닌 것은?

① Michael의 과두지배의 철칙(Iron law of Oligarchy),
② Counter-power의 필요성에 관한이론
③ .Conflict의 순기능이론
④ Demand-resource theory의 스트레스 및 불만이론
⑤ Frankfurt 학파, Critical theory 및 Marxism

315. PI-matrix 작성의 유용성과 무관한 것은?

① 시스템 진단에 도움이 된다. Application과 Database의 중복 및 추가 개발 사항을 파악하는데 관련된다. 그리고 DFD, ERD, ODD작성의 기초자료가 된다.
② ERP solution의 업무 적합성 여부를 판단하는데 도움이 된다.
③ ERP provider와 시스템 구축을 위한 계약협상 능력에 유리한 입장에 설 수 있으며 또한 그 시스템개발에 대한 감리능력을 향상시킬 수 있다.
④ 제한적 시스템 개발 자원의 상황에서 Core process를 발견하여 리엔지니어링을 중심으로 한 시스템개발의 우선순위 선정에 도움이 된다.

⑤ 일의 분해구조(Work breakdown structure)의 정보획득에 도움이 된다.

316. 조직관리 리더십을 위한 아래의 인식능력 중 특히 Big Picture를 가진 Broad Leadership과 관련되는 것은?

① 소집단(small group) 리더십 원리 이해.
② Power structure 및 background 파악.
③ 조직 외부와의 Network 형성 및 negotiation 능력.
④ 정보기술(IT) 발전 이해.
⑤ 조직설계, 프로세스 혁신(PI)과 조직의 환경, 지식, 정보 파악

317. 비판이론(Critical theory)의 관점이 아닌 것은??

① 조직이 존재하기 위한 전제조건으로 목적이 꼭 필요한 것이 아니다.
② 조직에는 사실상 목적이 없고 구성원 상호간의 이해관계의 충돌 및 상충현상만 있을 뿐이다.
③ 서로의 힘이 경합한 후 가장 세력이 있는 자(혹은 집단)의 이해관계가 사후적으로 조직의 목적인 것처럼 보일 뿐이다.;
④ 기능별 관료조직을 다르게 보는 대안(alternative)을 찾고자 Mogan은 조직관(Organizational perspective)의 지도(map)를 제시하였다.
⑤ 실존주의 철학(Existentialism)과 관련이 있다. ,

〈객관식 문제 정답〉

1	②	2	⑤	3	④	4	④	5	⑤	6	②	7	⑤	8	①
9	⑤	10	④	11	④	12	③	13	①	14	④	15	④	16	④
17	⑤	18	③	19	③	20	②	21	④	22	③	23	⑤	24	④
25	②	26	③	27	①	28	③	29	⑤	30	⑤	31	⑤	32	②
33	②	34	④	35	④	36	⑤	37	⑤	38	④	39	③	40	②
41	①	42	①	43	④	44	①	45	①	46	②	47	②	48	④
49	②	50	①	51	②	52	③	53	③	54	②	55	⑤	56	①
57	⑤	58	③	59	⑤	60	②	61	⑤	62	⑤	63	①	64	②
65	⑤	66	①	67	②	68	②	69	①	70	⑤	71	④	72	④
73	②	74	②	75	②	76	④	77	④	78	③	79	④	80	③
81	④	82	④	83	②	84	⑤	85	④	86	④	87	④	88	③
89	⑤	90	④	91	②	92	④	93	⑤	94	①	95	④	96	④
97	②	98	③	99	⑤	100	⑤	101	①	102	④	103	④	104	④
105	①	106	③	107	①	108	③	109	①	110	⑤	111	②	112	②
113	⑤	114	②	115	①	116	②	117	②	118	④	119	④	120	⑤
121	①	122	④	123	④	124	①	125	①	126	④	127	⑤	128	①
129	③	130	⑤	131	③	132	③	133	②	134	②	135	⑤	136	②
137	⑤	138	④	139	⑤	140	⑤	141	⑤	142	②	143	⑤	144	①
145	⑤	146	③	147	①	148	④	149	⑤	150	⑤	151	⑤	152	④
153	⑤	154	②	155	④	156	④	157	①	158	②	159	⑤	160	⑤
161	①	162	④	163	④	164	④	165	④	166	①	167	②	168	⑤
169	④	170	④	171	③	172	③	173	③	174	⑤	175	①	176	③
177	②	178	⑤	179	③	180	②	181	⑤	182	①	183	③	184	⑤
185	③	186	①	187	④	188	②	189	⑤	190	②	191	②	192	③
193	②	194	③	195	④	196	⑤	197	⑤	198	①	199	②	200	④
201	③	202	④	203	①	204	⑤	205	④	206	④	207	⑤	208	⑤
209	⑤	210	①	211	④	212	⑤	213	④	214	⑤	215	②	216	⑤
217	②	218	②	219	⑤	220	②	221	②	222	④	223	④	224	④
225	⑤	226	④	227	①	228	⑤	229	③	230	②	231	④	232	⑤
233	②	234	②	235	⑤	236	③	237	①	238	④	239	③	240	④
241	①	242	④	243	③	244	②	245	⑤	246	②	247	④	248	①
249	②	250	③	251	①	252	④	253	⑤	254	②	255	②	256	③
257	②	258	⑤	259	②	260	④	261	⑤	262	③	263	④	264	②
265	①	266	⑤	267	⑤	268	⑤	269	⑤	270	③	271	③	272	①
273	③	274	①	275	④	276	③	277	⑤	278	⑤	279	①	280	①
281	④	282	④	283	④	284	⑤	285	②	286	③	287	①	288	④
289	②	290	⑤	291	③	292	④	293	③	294	④	295	②	296	①
297	④	298	②	299	①	300	④	301	③	302	①	303	③	304	④
305	③	306	②	307	③	308	⑤	309	⑤	310	④	311	④	312	③
313	⑤	314	①	315	⑤	316	③	317	⑤						

2) 주관식 문제

1. 경영을 위한 조직관리에 관한 연구의 중요성?

2. 경영혁신의 원천과 그 주요 과정은?

3. 직접경험 외에 이론을 간접학습을 해야 하는 이유는?

4. 조직을 바라보는 4가지 관점은?

5. 학문을 통한 여러 효과를 열거해 보면?

6. 오픈시스템(Open System)의 가장 주요한 특징은?

7. 조직이론의 패러다임이 나타난 환경변동 및 문제인식을 이해해야 하는 필요성은?

8. 자유시장경제체제의 도래의 가장 큰 원인은?

9. 자유시장경제제체의 도래로 말미암은 기업 환경 변동의 3가지 주요한 특징은?

10. 가치경영의 패러다임이 무엇이며 이것이 등장한 가장 중요한 형성 배경 및 원인은 무엇인가?

11. 연봉제의 전제조건은?

12. 다품종대량생산을 추구하는 이유와 그 돌파구는?

13. BSC(Balanced Scorecard)란 무엇인가?

14. 기술혁신 및 생산양식의 대변동을 겪으면서 인류는 어떤 역사적 변화를 경험해 왔는가?

15. 어떤 이론의 진리가 될 가능성, 즉 학문적 가치를 높이는 요건은?

16. Efficiency 전략과 Effectiveness 전략의 차이점은?

17. 기능별(Functional) 조직, 결과(Output) 중심 조직 사이의 차이점은?

18. 매트릭스(Matrix) 조직의 장단점은?

19. 리엔지니어링(Re-engineering)를 구성하는 두 가지 원리는?

20. PI의 정의 및 특징은?

21. PI 방법론의 5가지 주요한 고려점은?

22. 모듈(Module) 조직의 구성 원리와 이점은?

23. 사회학과 심리학의 중요한 공통점과 차이점은?

24. 동기유발 및 리더십에 관한 새로운 패러다임의 특성에 관하여 논함

25. 심리학의 4가지 패러다임은?

26. Conditioning이론의 2가지 접근과 조직이론과의 관계?

27. 통제(control)의 3형태는?

28. 문화적 통제의 비중이 높아지는 이유는?

29. 새로운 리더십 패러다임의 주요 특징은?

30. Win-win 전략의 적용 조건?

31. Hersey & Blanchard의 Life-cycle

theory와 Fiedler의 Contingency theory 사이의 가장 중요한 차이점은?

32. MPS(Motivating Potential Score)는 무엇이며 어떤 문제에 유용한가?

33. Adams의 Equity Theory 설명

34. Vroom의 Expectancy 이론의 특성과 장점은?

35. Festinger의 Cognitive Dissonance theory의 특성과 심리학적 위치는?
그리고 자극반응이론(S-R이론)과의 관계는?

36. 조직의 윤리성, 투명성을 확보하는 제도적 방안은?

37. 새로운 리더십 패러다임의 주요 특징은?

38. 인과관계(causality)와 상관관계(correlation)의 차이점은?

39. 조직의 혼란(Chaos) 상태의 문제점과 그 해결의 주요한 방법은?

40. 새로운 패러다임인 Transformational leadership이론의 비중이 왜 점점 높아지는 경향을 갖는가?

41. Transactional leadership이론과 Transformational leadership이론 사이의 상호 특징의 차이점은?

42. 심리학의 도구적 조건화 이론(Operant conditioning theory)은 어떤 조직관리 이론과 가장 밀접한 관련을 맺는가?

43. 자아발달 및 인성발달의 이론과 관련 깊은 심리학의 패러다임은?

44. 오픈시스템은 클로즈드시스템(Closed system)에 비하여 결정론적인가 비결정론적인가? 그리고 분석적 실

증적 접근방법이 더 적합한가 혹은 종합적 구조적 접근방법이 더 적합한가?

45. High uncertainty 상황이면 일수록 조직의 Technology(혹은 function)의 Sub-system이 전체시스템에서 차지하는 상대적 비중이 더 커지는가 혹은 더 작아지는가?

46. 조직설계의 기본모형 3가지를 열거하고 각각의 조직원리, 적용조건 그리고 최대의 장단점 하나씩을 설명해 보시오.

47. 윤리경영 및 투명경영을 위한 Coss-checking system, Multiple data-flowing system, Job rotation system은 조직의 Harmony원리를 활용한 것인가? 아니면 Conflict 원리를 활용한 것인가?

48. 보상체계를 결정하는 4가지의 주요 원리는?

49. 대개 조직혁신의 바람의 원인은 어디서부터 출발하는가?

50. 조직현상을 연구하는 인사관리(혹은 인적자원관리)의 학문이 1910년경부터 연구되어 왔음에도 불구하고 1950년경에 조직행동론의 학문이 새로이 나타난 근거는?

51. 인간과 동물 사이에 결정적인 차이를 나타내는 원인은?

52. 공조직(non-profit organization)과 사조직(profit organization) 사이의 조직평가 기준의 차이점은?

53. Resource-dependence theory의 주요 특징은?

54. 리더십이론에 관하여 전체적인 체계를 종합적으로 논술함.

55. 집단압력이 집단속의 개개인의 행위에 어떤 영향을 미치는가?

56. Incremental Decision Making의 특징과 적용조건은?

57. 응집력(cohesiveness)과 성과(perfomance) 사이의 관련성은?

5. ERD 및 DFD의 예시

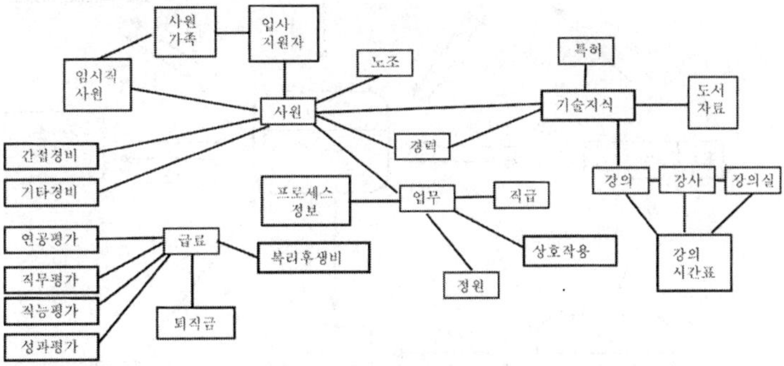

〈그림 9-1〉 ERD 작성을 위한 세부적인 D/B 분석예
(분류된 데이터베이스 사이의 상호관련성)

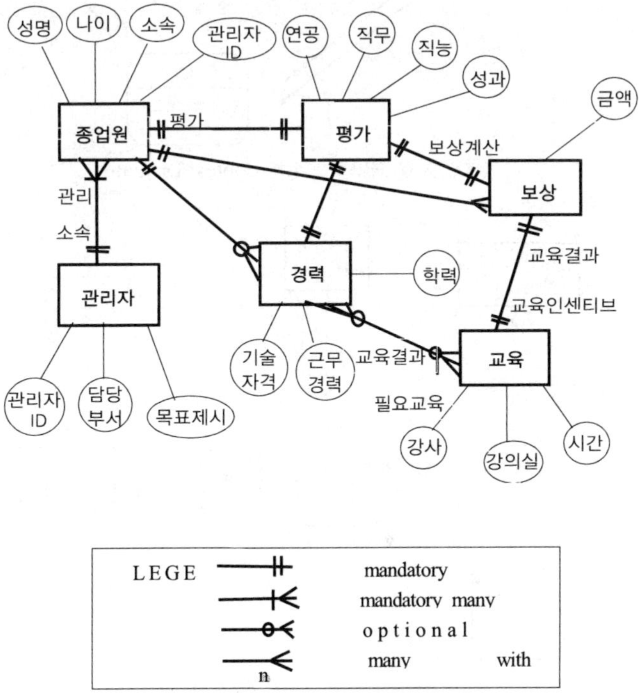

〈그림 9-2〉 ERD 설계 예시

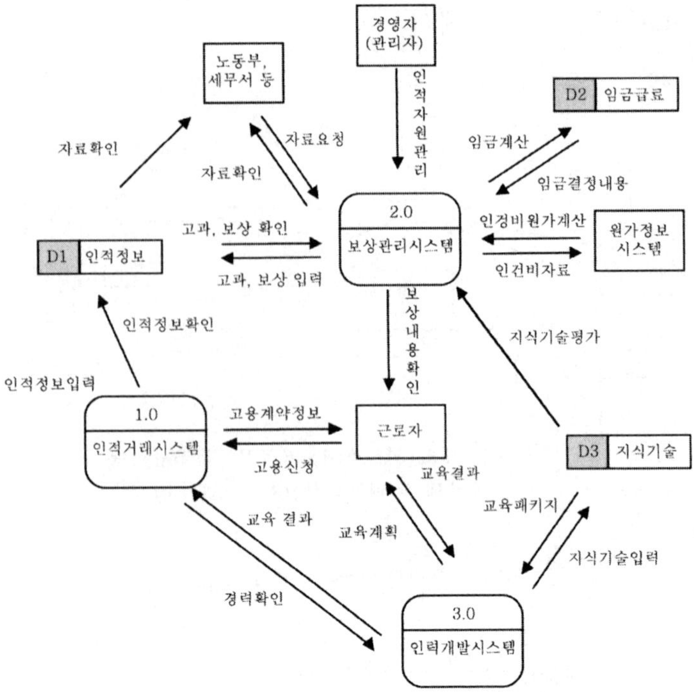

〈그림 9-3〉 HRMS를 위한 Context Diagram

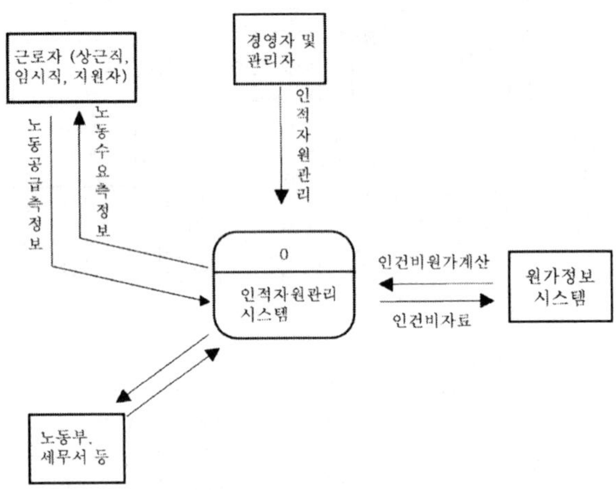

〈그림 8-4〉 level-0의 DFD

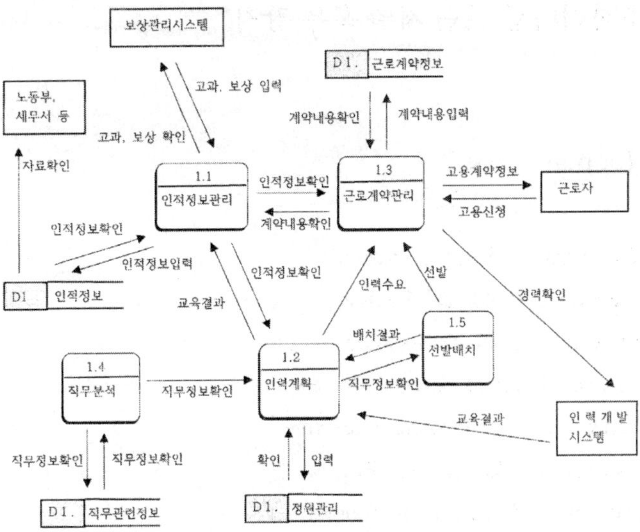

〈그림 9-5〉 인적거래시스템의 level-1 DFD

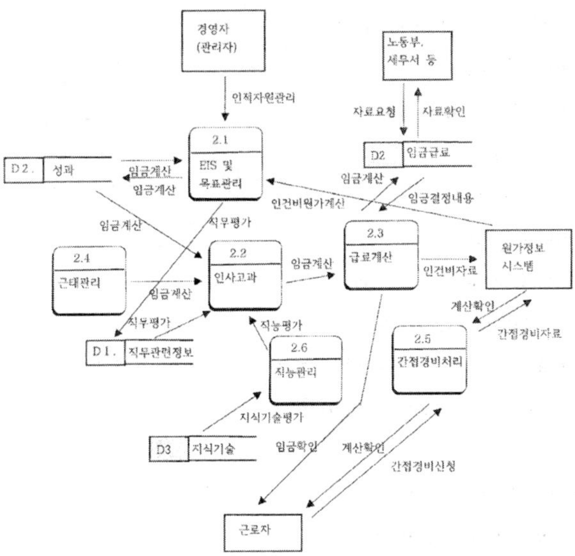

〈그림 9-6〉 보상관리시스템의 level-1 DFD

6. 조직리더십 관련 저널 혹은 잡지

1) Journal

Administrative Science Quarterly
American Sociological Review
American Journal of Sociology
American Political Science Review
Academy of management Executive
Academy of Management Review
Academy of Management Journal
Academy of Management learning and Education
Annual Review of Psychology
Annual Review of Sociology
Behavioral Science
Business Ethics Quarterly
Business Quarterly
Business Horizons
Business Topics
Canadian Business Review
Communication Research
Columbia Journal of World Affairs
Competitive Intelligence Review
Data
Database Management
Data Management Review
Datamation
DBMS
Database Journal

Data Resource Management
Database Programming & Design
Decision Sciences
European Journal of Work and Organizational Psychology
Group & Organizational Studies
Human Relations
Human Organization
Human Resource management
Human Resource Planning
International Review of Industrial and Organizational Psychology
Information & Software Technology
Information Systems Research
Information Systems Planning
Indutrial Relations
Indutrial Relations Journal
Industrial management Review
Industrial and Labour Relations Review
Industrial and Labour Review
International Management Review
International Journal of Conflict Management
International Journal of Cross Cultural Management
International Journal of Management Reviews
International Journal of Organizational Analysis
International Journal of Value Based Management
International Studies of Management and Organization
IBM Systems Journal
Journal of Abnormal and Social Psychology
Journal of Applied Psychology
Journal of Applied Social Psychology
Journal of Applied Behavioral Sciences

Journal of Behavioral Decision Making
Journal of Business
Journal of Business Communication
Journal of Business Ethics
Journal of Business and Psychology
Journal of Business research
Journal of Business Strategy
Journal of Change management
Journal of Conflict Resolution
Journal of Communication
Journal of Contemporary Business
Journal of European Industrial Training
Journal of General Psychology
Journal of Information System Management
Journal of Management
Journal of Management Education
Journal of Management Studies
Journal of Managerial Psychology
Journal of MIS
Journal of General Management
Journal of Information Technology
Journal of International Business Studies
Journal of Intercultural Relations
Jurnal of International Business Studies
Journal of Management Information Systems
Journal of Management Inquiry
Journal of Management Studies
Journal of Managerial Psychology
Journal of Organizational Behavior
Journal of Organizational Behavior Management

Journal of Personality and Social Psychology
Journal of Product Innovation Management
Journal of Psychology
Journal of Social Issues
Journal of Social Psychology
Journal of Systems management
Journal of Vocational Behavior
Leadership Quarterly
Management Science
Management of Information System
Management International Review
MIS Quarterly
MIT Management
National Productivity Review
Negotiation Journal
Occupational Psychology
Organizational Behavior Teaching Review
Organizational Behavior and Human Performance
Organizational Behavior and Human Decision Processes
Organization and Administrative Sciences
Organization Science
Organization Studies
Psychological Bulletin
Psychological Studies
Personnel Management
Personnel Psychology
Personnel and Training Management
Public Administration Review
Research in Industrial Relations
Research in Personnel and Human Resources Management

Research in Organizational Behavior
Research in Organizational Change
Sloan Management Review
Sociology
Sociometry
Social Psychology Quarterly
Sociological Quarterly
Software Quarterly
Strategic Management
Strategic Management Journal
The Executive's Journal
The Organizational Behavior Teaching Journal
Training and Development Journal

2) Magazine

Advanced management journal
American management Association Research Reports
American Psychologist
Annual Review of Psychology
Behavioral and Social Science Teacher
Business
Business Horizons
Business Month
Business Week
Business Wire
Canadian Business
Canadian HR Report
California management Review
Chief Executive

Communication World
Compensation & Benefits Review
Computer World
Database
Database Programming & Design
Entrepreneur
Executive Excellence
Fast Company
Fortune
Forbes
Financial Times
Group & Organization Management
HR magazine
Harvard Magazine
Harvard Business Review
Human Communication Research
IBM Systems Journal
Industry Week
Industry Standard
Interfaces
Information Week
International Business
Investor's Business daily
Journal for Specialists in Group Work
Journal of Contemporary Business
Los Angeles Times
MSU Business Topics
Management Review
Managerial Science
Management Record

Monthly Labour Review
McKinsey Quarterly
New Your Times
News & World Report
News Week
Organizational Dynamics
Parade Magazine
People Management
Personality and Social Psychology Bulletin
Personnel
Personnel Journal
Personnel Series
Psychological Bulletin
Psychological Reports
Psychological Review
Psychology Today
Public Administration Review
Public Personnel Management
Research in Organizational Behavior
Review of General Psychology
Review of Public Personnel Administration
Strategy, Business, Issue
Software Magazine
Social Forces
Social Science Reporter
Supervisions
Strategy & Business
Time
Training
Training & Development

Training & Development Journal
Trends in Organizational Behavior
The Economist
The Washington Post
USA today
U.S. News & World Report
Wall Street Journal
Workforce
Wall Street Journal

7. 주요 참고문헌

김효석, 김경한 지음, 「리엔지니어링 열풍 그후」, 명진출판, 1995.

강문설 외 3인 공저, 「시스템 분석 및 설계」, 정익사, 1998.

권영해, "슈퍼리더십이 멘토링 기능, 셀프 리더십 및 구성원의 태도에 미치는 영향에 관한 연구, 「박사학위논문」, 2012.

김남현,이덕로 공역(Edward E Lawler지음,Pay and Organization Development), 「임금과 조직개발」, 경문사, 1991

김복만외, 「2000년대 공업도시 울산」, 울산상공회의소, 1990.

김인수, 「거시조직이론(조직설계의 이론과 실제)」, 무역경영사, 1991.

남중헌, 「제로베이스이론I(부제 : 조직진단 및 설계)」, 도서출판 석정, 1994,11.

남중헌, 「조직진단 체크리스트」, UUP, 2009.

남중헌, 「리엔지니어링 조직재설계(제로베이스이론III)」, 울산대학교 출판부, 2003.

남중헌, 「PI방법론」, UUP, 2005.

남중헌, 「조직사회의 근본문제」, 형설출판, 1988.

남중헌, "정보기술사회와 조직혁신의 방향", 「한국경영학추계발표논문집」, 1993.10.30.

남중헌, 「제로베이스이론II(조직진단의 방법과 적용)」, 울산대학교 출판부, 1996.

노중호지음, 「다운사이징과 기업재창조」, 1994.

박준성, 「인재육성형 신인사제도(삼성,LG그룹의 혁신 사례)」, 비북스, 1995.

박준성지음, 「일본적 인사노무관리의 비밀」, 비북스, 1994.

박진우외 공저, 「ERP 도입전략과 비즈니스 개혁」, 박영사, 2001.

백종현 옮김. Immanuel Kant(1724-1804) 저서의 번역서 「순수이성비판1」 2014, 「순수이성비판2」,2014, 「실천이성비판」 2012, 「판단력비판」, 아카넷, 2013.

신영일, 「시스템 분석 그리고 설계」, 이한출판사, 1997.

서의호,박홍국 지음, 「중역정보시스템」, 명진출판, 1994.

신철, 「알기 쉬운 ERP」, 미래의 경영, 2000.

양병무,안희탁, 「직능급의 이론과 실제」, 노동경제연구원(한국경영자총협

회부설),1993.
이동길, 「ERP 전략과 실천」, 대청, 1999.
안희탁,「능력주의시대의 인사고과」, 한국경영자총협회,1994.
안희탁,양병무 지음,「직무급의 이론과 실제」, 노동경제연구원,1994.
안중호,박찬구 공역,「리엔지니어링 기업혁명」(Michael Hammer & James Champy,
Re-Engineering the Corporation,Harper Collins Publisher,Inc.), 김영사, 1993.
오세철,「조직행동」, 박영사, 1984.
오라클 솔루션 연구회(유춘번 외),「e-비지니스시스템」, 율곡출판사, 2004.
이학종,「인적자원관리(현대인사관리 사례와 연구)」,세경사 , 1995.
이학종,「조직개발론,법문사」, 1989.
전략기업컨설팅,「능력주의신인사제도」, 1994.
전략기업컨설팅,「신인사제도의 도입과 운용방안」, 1994.
조지입(George S.Yip)지음/국제경영연구회 옮김,「세계경영전략」,김영사, 1992.
포스코 PI 프로젝트 추진팀, 「디지털 포스코」, 21세기 북스, 2001.
피터드러커(Peter F Drucker),「미래기업」,한국경제신문사, 1992.
한국경영정보학회(KMIS),「국제학술대회논문집(부제: 2000년대 조직을 위한 정보기술활용」, 정보기술고도활용과 새로운 조직설계),1992.
마이클 해머와 제임스 챔피 공저(안중호 & 박찬구 공역), 리엔지니어링 기업혁명, 1993.
오라클 솔루션 연구회(유춘번 외), e - 비지니스시스템, 율곡출판사, 2004.
手島步三外(박진우외 공저), ERP 도입전략과 비즈니스 개혁, 박영사, 2001.
Andreu, R. & Ricart, J. E., Process Innovation: Changing Boxes or Revolutionizing Organizations?, Knowledge and Process Management, 1997. pp. 114-144.
Burke, W. W., Organization Development(Principles and Practices), Little Brown and Company,1982.
Burrell, G. & Morgan, G., Sociological Paradigms and Organizational Analysis, Heinemann, pp.21-37.
Chirot, D & Merton, R. E., Social Change and the Modern Era, Harcourt Brace College Publishers, 1996.
Chung, Dae-Young & Roh, Kyoung-Hoon, “The Effects of Entrepreneurs' Self-Efficacy and Network Types on the Performances of New or

Groewing Firms" Daehan Journal of Business, Vol.23 No.1., February, 2010, pp. 385-404.

Churchill, N. C. & Lewis, V. L., "The five Stages of Small Business Growth", Harvard Business Review 61(May-June), 1983, pp.33-51.

Cleff, T. & Rennings, K., "Determinants of environmental product and process innovation", European Environment, 1999, p191

Daft, R. L., Organization Theory and Design, Thomson, South-Western, 2010.

Davenport, T. H., Process Innovation(Re-engineering Work through Information Technology), Harvard Business School Press, Boston, 1993.

Deutsch, M. & Krauss, R.M., *Theories in Social Psychology,* Basic Books, Inc., 1965,

Edwords, M. G., "Integrative Meta-Theory for Organizational Learning and Sustain Ability in turbulent times", The Learning Organization, Vol.16, Emerald Group Publishing Ltd., 2009, pp.189-207.

Ekel, G. & Steen, W., Intranet Working, New Riders publishing. 1996.

Gareth, R. J., Organizational Theory, Design and Change(Text and Cases), Pearson Education Inc. 2004.

Geroff, E. A., Organizational Theory and Design(A Strategic Approach for Management), McGraw-Hill Book Co.,1985.

Greenberg, J. & Barron, R. A., Behavior in Organizations, Prentice-Hall, Inc., 2000.

Hammer, M., "Reengineering Work : Don't Automate, Obliterate!". Harvard Business Review, 1990, pp. 104-112.

Hammer, M. &, Champy, J., Reengineering the Corporation : A Manifesto for Business Revolution, HarperCollins Inc., Business, New York, 1993.

Hesketh, A. & Fleetwood, S., "Beyond Measuring the Human Resources management-Organizational Performance Link: Applying Critical Realist Meta-Theory", Organization, Vol. 13, pp.677-699.

Hill, C. W. L. & Jones G. J. Strategic Management, Houghton Mifflin Co. 1992, pp. 69-139,

Hitt, M A. & Ireland, R. D. & Hoskisson, R. E., Strategic Management(comptitiveness and Globalization), South-western College Publishing, 2001, pp.28-34.

Hoffer, J. A. etc. System Analysis & Design, Prentice-Hall, 2002, p.384, 388, 392, 394-395.

Hoffer, J. A. etc. (2002), System Analysis & Design, Prentice-Hall. 384, 388, 392, 394-395.

Hoffer, J. A. & George, J. F. & Valancich, J. S., Modern Systems Analysis & Design, Addison Wesley Longman, Inc., 1999.

Hwang, Geehyun & Lee, Jeonghoon, The process innovation in a competitive telecommunications market, Total Quality Management, 2002, p728-758.

Itzhak Bentov, *Stalking the wild pendulum*, New York : Bantam Books, 1981. (류시화와 이상무 옮김, 「우주심과 정신물리학」, 정신세계사, 1987.).

Jefferey, L. W. & Lonnie, D. B., System Analysis and Design Methods, Irwin/MacGraw Hill, 1998.

Jefferey A. Hoffer & Joey F. George & Joseph S. Valacich,Systems Analysis & Design, Prentice-Hall, 2002.

Johns, G. R., Organizational Theory, Design and Change(Text and Cases), Pearson Education Inc. 2004.

Jung, Jin-Chul & Kim, Sung-Man, (2008), "The Effects og Person-Organization Fit on the 3-Components of Organizational Commitment and Organizational Citizenship Behavior", Daehan Journal of Business, Vol.21 No.6., December, pp. 2451-2474.

Kaplan, R. S. & Norton D. P.,"Using the Balanced Scorecard as a Strategic Management System," Harvard Business Review, 1996, Jan-Feb, pp.75-85.

Kaplan, R. S. & Norton D. P. "Linking the Balanced Scorecard Measures that drive Performance", Harvard Business Review, Jan-Feb, 1992, pp.71-79.

Kaplan, R. S. & Norton D. P. "Using the Balanced Scorecard as a Strategic Management System," Harvard Business Review, Jan-Feb, 1996, pp.75-85.

Kast, F. E & Rosenzweig, J. E., Organization and Management(A system and contingency Approach, 3rd), McGraw-Hill Book Co., 1979. pp.109-121.

Kleiman, L. S., Human Resource Management, South-Western College Publishing, 2000.

Lawrence S. Kleiman, Human Resource Management, South-Western College Publishing, 2000.

Lee, Soon-Chul, Process Business Innovation, Research institute of Younsei Univ. 1997.

Lim, Lisa, Product and process innovation in biopharmaceuticals: a new perspective on development. R & D Management, 2006, pp.27-36.

Nam, Joong-Heon, "Trying a Meta-theory for clarifying a Researcher's Perspective and Background influenced by Cultural Differences", DAEHAN Jounal of Business, 2010, pp.2191-2217.

Nam, Joong-Heon, Zero-based Theory(Organization & Design, Suckjung Pub. Co. 1994.

Nam, Joong-Heon, Re-engineering Organization Redesign(Zero-based Theory III), UUP, 2003.

Nam, Joong-Heon, PI Methodology, UUP, 2005.

Nystrom and Starkbuck, "Designing and Understanding Organizations", Handbook of Organizational Design, Oxford University Press,1981.

Ouchi, W. G., "Markets, Bureaucracies, and Clans", Administrative Science Quarterly 25, 1980, pp.129-141.

Piajet, J., *Science of Education and the Psychology of the Child,* New York; Orion Press, 1970.

Porter, M. E., Competitive Strategy; techniques for Analyzing Industries and Competitors, New York: Fee Press, 1980.

Reichstein, T., Investigating the sources of process innovation among UK manufacturing firms, Industrial & Corporate Change, 2006, pp.653-682.

Reiner, R. K. & Watson, H. J., "The Keys to Executive Information System Success", Journal of Management Information System, Fall, Vol. 12, No. 2, 1995, pp. 83-98

Rob, p. & Coronel, C., Database Systems, International Thomson Publishing Company, 1997, pp. 495-609.

Rob, P. & Coronel, C.. Database Systems, Course Technology, 2002.

Robbins, S. P. & Judge, T. A., Organizational Behavior, Pearson Education Inc., 2011.

Sadler, P., Designing Organizations(The Foundation for Excellence), Kogan Page Limited, 1994.

Salk, J. E. & Simonin, B. L., "Beyond Alliances: Towards a Meta-theory of Collaborative Learning", Blackwell Handbook of Organizational learning & Knowledge Management, 2003, pp.253-277.

Soda, Y. & Mischel, W., "Applying Meta-theory to achieve Generalisability and Precision in Personality Science", Applied Psychology: An International Review, Vol.55, pp.439-452.

Steers, R. M. & Black, J. S., Organizaional Behavior, HarperCollins College Publisher, 1994.

Stair, R. M. & George W. Reynolds, G. W., Information Systems (Managerial Approach) Course Technology,1998.

Wofford, J. C. & Liska L. Z., "Path-Goal Theories of Leadership: A Meta-Analysis", Journal of Management, vol.19. No.4. 1993, pp.857-876.

Willie E. Hopkins, Ethical Dimensions of Diversity, Sage publications, 1997, pp. 83-93.

Whitehead, A, N. *Science and Mordern world*, Cambridge Univ. Press, 1926. (오영환 옮김, 「과학과 근대세계」,(개정판) 서광사, 2014.)

Yi, Myung-Sin & Son, Seung-Woo & Chang, Young-Chul. "Determinants and Outcomes of Ethical Leadership", Daehan Journal of Business, Vol.22 No.6., December, 2009, pp. 3169-3194.